中国法学会后期资助项目文丛

BOOK SERIES FUNDED BY CHINA LAW SOCIETY

**中国法学会审稿责任人**

李存捧　刘海燕　肖志威

中国法学会后期资助项目文丛
BOOK SERIES FUNDED BY CHINA LAW SOCIETY

# 以审判为中心诉讼制度改革视野下的刑事诉讼法律关系研究

Research on the Criminal Procedure Legal Relationships in the Perspective of Trial-centered Litigation System Reforms

边慧亮◎著

法律出版社
LAW PRESS·CHINA

图书在版编目（CIP）数据

以审判为中心诉讼制度改革视野下的刑事诉讼法律关系研究 / 边慧亮著. -- 北京 : 法律出版社, 2021
（中国法学会后期资助项目文丛）
ISBN 978-7-5197-5786-1

Ⅰ. ①以… Ⅱ. ①边… Ⅲ. ①刑事诉讼－法律关系－研究 Ⅳ. ①D915.304

中国版本图书馆 CIP 数据核字(2021)第 150104 号

**以审判为中心诉讼制度改革视野下的刑事诉讼法律关系研究**
**YI SHENPAN WEI ZHONGXIN SUSONG ZHIDU GAIGE SHIYE XIA DE XINGSHI SUSONG FALÜ GUANXI YANJIU**

边慧亮 著

责任编辑 黄倩倩 曲 杰
装帧设计 李 瞻

**出版发行** 法律出版社
**编辑统筹** 学术·对外出版分社
**责任校对** 王 丰 李景美
**责任印制** 陶 松
**经　　销** 新华书店

**开本** 710 毫米×1000 毫米 1/16
**印张** 22.75 **字数** 297 千
**版本** 2021 年 8 月第 1 版
**印次** 2021 年 8 月第 1 次印刷
**印刷** 北京虎彩文化传播有限公司

地址:北京市丰台区莲花池西里 7 号(100073)
网址:www.lawpress.com.cn
投稿邮箱:info@lawpress.com.cn
举报盗版邮箱:jbwq@lawpress.com.cn

销售电话:010-83938349
客服电话:010-83938350
咨询电话:010-63939796



**书号**:ISBN 978-7-5197-5786-1　**定价**:98.00 元
凡购买本社图书,如有印装错误,我社负责退换。电话:010-83938349

中国法学会后期资助项目文丛

# 文丛说明

为进一步落实中央《关于加强中国特色新型智库建设的意见》，充分发挥中国法学会作为党和政府联系法学法律界桥梁和纽带的作用，着力实现中国法学会作为国家法治建设领域核心智库的发展目标，为专家学者开展法学研究和成果转化提供支持，不断丰富和发展中国特色社会主义法治理论体系，中国法学会特决定设立后期资助项目，对具有重要理论和实践价值的优秀法学研究成果予以后期资助，纳入“中国法学会后期资助项目文丛”出版。2015 年中国法学会后期资助项目设立以来，累计立项 80 余项成果，已交付出版 70 余部。今后每年我们还将评选确定一定数量的后期资助项目并予以出版。

中国法学会研究部

2020 年 11 月

# 序

本成果是2019年中国法学会后期资助项目［项目编号：CLS（2019）HQZZ12］最终成果，感谢在项目申报过程鼎力推荐的王敏远教授、刘广三教授、王超教授，感谢中国法学会后期项目负责人孙立军、刘海燕，感谢在博士后研究报告撰写过程中给予指导的合作导师宋英辉教授，感谢在后期修改过程中给予无私帮助的各位领导同仁、教授专家和老师。

本成果的研究对象是“以审判为中心的诉讼制度改革”和“刑事诉讼法律关系”，前者是理论界和实务界普遍关注的前沿性热点问题，是党中央决策部署的重大战略举措，事关国家司法制度和诉讼制度的深层次变革，事关当代中国刑事诉讼格局的重塑，事关国家司法上层建筑的系统性变革，对整个国家政治体制深层次变革也有不可忽略的重要影响。后者是习近平总书记2016年在哲学社会科学工作座谈会上的讲话中所侧重关注和研究的“热门学科，冷门问题”，旨在探索阐释法律关系理论的中国学派、中国话语、中国方案。当代中国法理学和法哲学中的法律关系理论，就是哲学社会科学领域、特别是法学领域的“冷门绝学”。记得德国著名刑法和刑事诉讼法学家托马斯·魏根特（Thomas Weigend）教授于2018年在北京师范大学授课时，笔者曾借提问之机向他请教。魏根特教授说，刑事诉讼的法律关系问题，即便在德国，也是个非常复杂、非常难的问题。魏根特教授的回应表明，尽管本成果不一定比它的最初发源地德国的理论更先进、更完备，但至少它是中国土壤里生长出来的，能在很大程度上反映现实、回应现实和解释现实以满足我国立法和司法实践的现实需要，能够系统解读和科学阐释当代中国刑事诉讼的立法和司法实践问题、司法体制机制和诉讼制度改革的实践问题，能够为司法体制改革和诉讼制度改革提供比较系统、科学的理论参考。综上，笔者认为，本成果是“热点”和“冷门”相结合的产物，是理论和实践两者在逻辑互动中相互促进、相辅相成的产物。

十数载寒窗冷板凳，饥寒颠沛、炎凉流离常有，孜孜以求、唯愿有所建树。

十数载古道翌热肠，茕茕孑立、孑然一身常态，板荡诚臣、情怀家国天下。

边慧亮

2020 新年元旦于京郊寓所

# 目　录

Contents

第一章　绪论 …… 1
一、研究对象和内容 …… 2
二、主要创新点 …… 9
第二章　以审判为中心与刑事诉讼法律关系的基本理论问题研究 …… 10
一、“以审判为中心”的基本内涵 …… 10
（一）对“以审判为中心”内涵的争论 …… 12
（二）以审判为中心的基本要求 …… 20
（三）审判中心主义与侦查中心主义 …… 28
（四）案卷中心主义与庭审中心主义 …… 34
（五）以审判为中心诉讼制度改革视野下的刑事审判理论问题研究 …… 38
二、刑事诉讼法律关系的基本理论研究 …… 42
（一）国内外研究现状 …… 42
（二）经典学说与学术流派 …… 44
（三）新型理论构建的研究思路 …… 52
三、审判中心改革视野下的刑事诉讼法律关系研究 …… 53

（一）宏观视野下以审判为中心诉讼制度改革与刑事诉讼法律关系理论的辩证统一 …… 54
（二）新型刑事诉讼法律关系学说的理论构建 …… 56
第三章 以审判为中心的刑事侦查法律关系研究 …… 69
一、刑事侦查法律关系理论的研究现状 …… 70
二、刑事侦查法律关系的理论形态 …… 72
三、刑事侦查法律关系的结构研究 …… 76
四、新型刑事侦查法律关系理论的理论构建 …… 77
（一）动态视角下的“诉讼两面说” …… 77
（二）“诉讼两面说”基础上的构成要素理论 …… 79
五、审判中心改革视野下的刑事侦查法律关系研究 …… 83
（一）审判中心改革视野下的侦辩关系 …… 85
（二）审判中心改革视野下的侦监关系 …… 89
（三）审判中心改革视野下的侦审关系 …… 93
六、以审判为中心的刑事侦查制度改革：规范解读、实践探索和理性反思 …… 103
（一）以审判为中心的刑事侦查制度改革之规范解读 …… 104
（二）以审判为中心的刑事侦查制度改革之实践探索 …… 109
（三）以审判为中心的刑事侦查制度改革之理论构想 …… 121
第四章 以审判为中心的审查起诉法律关系研究 …… 124
一、中外审前程序中审查起诉制度的比较研究 …… 126
二、审查起诉法律关系的范畴界定及其理论形态 …… 131
（一）审查起诉法律关系的范畴界定 …… 131
（二）审查起诉法律关系的理论形态 …… 133
三、审查起诉法律关系的结构研究 …… 140
四、新型审查起诉法律关系学说的理论重构 …… 142

（一）程序动态性理论视角下的“公诉审查两面说” …………… 142
（二）“公诉审查两面说”基础上的构成要素理论 …………… 146
五、审判中心改革视野下的审查起诉法律关系 ………………… 152
（一）审判中心改革视野下的审前诉辩关系 ………………… 152
（二）审判中心改革视野下的审前诉侦关系 ………………… 158
六、以审判为中心的刑事检察制度改革：规范解读、实践探索和理论构想 …………………………………………………………… 167
（一）以审判为中心的刑事检察制度改革之规范解读 ……… 168
（二）以审判为中心的刑事检察制度改革之实践探索 ……… 178
（三）以审判为中心的刑事检察制度改革之理论构想 ……… 191
第五章　以审判为中心的刑事审判法律关系研究 ……………… 195
一、刑事审判法律关系基本理论的研究现状 ………………… 197
二、刑事审判法律关系的理论形态 …………………………… 199
三、以审判为中心诉讼制度改革视野下的审判理论构建和审判制度改革 …………………………………………………………… 202
四、新型刑事审判法律关系理论的研究思路 ………………… 210
五、新型刑事审判法律关系理论的理论重构 ………………… 214
（一）程序动态性理论视角下的“诉讼两面说” ……………… 214
（二）“诉讼两面说”基础上的构成要素理论 ………………… 218
六、审判中心改革视野下的刑事审判法律关系研究 ………… 248
（一）审判中心改革视野下的新型诉审关系 ………………… 249
（二）审判中心改革视野下的新型（审中）诉辩关系 ……… 254
（三）审判中心改革视野下的新型审辩关系 ………………… 262
七、以审判为中心的刑事审判制度改革：规范解读、实践探索和理论构想 …………………………………………………………… 271
（一）以审判为中心的刑事审判制度改革之规范解读 ……… 272

（二）以审判为中心的刑事审判制度改革之实践探索 …………… 299
（三）以审判为中心的刑事审判制度改革之理论构想 …………… 327
参考文献 …………………………………………………………… 332
后　记 ……………………………………………………………… 353

# 第一章　绪　　论

“法律关系”是近现代法哲学和法理学中最基本、最重要的范畴之一。正如学者郑玉波先生所言，“法书万卷，法典千条，头绪纷繁，莫可究诘，然一言以蔽之，其所研究或所规定者，不外法律关系而已”。[①] 由此可见，法律关系学说在所有法律学术思想中的重要性，可谓不言而喻。尽管法律关系理论的起源、发展和成熟经历了一个漫长的社会历史过程，但是在人类几千年的法律学术思想史上，它却无时无刻不闪现着智慧的光辉和思想的光芒。尤其是在中西方法律思想的近现代化和后现代化过程中，或隐或现、潜移默化地渗透到人们的思想观念中去，对人们普遍、广泛的日常社会生活起着不可忽视的规范和指导作用。

在人类法治文明高度发达的今天，法律关系理论的学术和实践价值，理应受到世人的普遍关注和高度重视。首先，从客观上而言，它的应用在广度和深度上是前所未有的，几乎渗透到所有的法律科学领域和绝大多数的司法实践场合，无论从公法到私法，还是从实体法到程序法，概莫能外。其次，其法哲学和法理学理论价值，在盎格鲁—撒克逊传统的英美法系和欧洲大陆的民法法系，都得到普遍认同。就代表人物而言，历史法学派、分析法学流派的著名法学家萨维尼是集大成者，美国学者霍菲尔德是

① 郑玉波：《民法总则》，三民书局2003年版，第63页。

英美法理学和法哲学界的集大成者。就其衍化法系和应用领域而言，它在民法法系和私法领域最为发达。但在公法领域特别是在刑事法学理论领域和刑事司法实践场合也得到一定程度的应用和发展。例如，从刑事实体法领域中的刑罚权关系、实体法关系，到程序法领域中的诉讼关系，以及其他旨在规定司法体制、诉讼制度和机制所限定的具体的程序性法律关系，都有着重要的理论和实践价值、呈现着各具特色和明显不同的理论形态。鉴于此，本书以刑事诉讼法律关系为基本的研究对象，侧重于通过考察以审判为中心的诉讼制度改革对刑事诉讼法律关系所带来的影响，来系统分析我国理论和实践中诉讼关系的应然和实然状况，并从法理学和法哲学角度深化诉讼规律研究，总结和提炼可反映我国刑事诉讼规律的理念和原则，以期对我国刑事诉讼立法、司法实践和改革提供理论参照和有益启发，使得从事立法、司法和改革实践的实务工作者在实际操作中能够自觉遵循刑事诉讼规律。

## 一、研究对象和内容[①]

### 1. 问题的提出和研究对象

如前所述，法律关系是现代法理学和法哲学的基础范畴。对于其重要性，如郑玉波教授所言，“法书万卷，法典千条，头绪纷繁，莫可究诘，然一言以蔽之，其所研究或所规定者，不外法律关系而已”。目前，它已得到两大法系的认同，在民法法系和私法领域最为发达，但在英美法哲学中，霍菲尔德是阐释其概念体系的集大成者；在公法领域，尤其是刑事诉讼领域，它被普遍视为难题。同时，以审判为中心的诉讼制度改革是中国共产党第十八届中央委员会第四次全体会议（以下简称十八届四中全会）

---

① 参见卞建林、谢澍：《“以审判为中心”视野下的诉讼关系》，载《国家检察官学院学报》2016 年第 1 期。

提出的重大决策部署，也是新时代全面深化依法治国的重大课题。但传统理论面对全新的时代命题，显得很局限和不适应。因而，这是笔者将二者结合起来进行研究的现实考虑和理论契机。因此，本书坚持改革导向和问题导向，以学科性基础理论问题为突破点，将以审判为中心诉讼制度改革作为基本研究导向，将刑事诉讼法律关系作为基本研究对象，将刑事侦查、审查起诉和刑事审判法律关系作为具体研究对象，旨在通过深化刑事诉讼规律和司法改革规律研究，为新时代司法改革实践提供理论支持。

2. 国内外理论研究现状和文献综述

刑事诉讼法律关系理论最早可追溯到近代德国学者比洛提出的“诉讼法律关系说”，后在德国学术争论中演绎出戈尔德施密特的“诉讼法律状态说”和查瓦尔的“三重过程说”。这些理论在传播到日本后，又演绎出诸如小野清一郎的“折中学说”、团藤重光的“诉讼两面说”和平野龙一的“诉讼三面说”① 等经典学说。我国近代诉讼理论中，夏勤②等学者先后沿袭传统大陆法理论进行演绎。1949 年后，由于特殊的社会历史原因，我国诉讼理论改弦更张，苏联诉讼理论被引入我国，20 世纪末，随着苏联解体和我国诉讼法制的发展，既有理论已无法适应新形势。此时，北京大学陈瑞华教授对国内外学说进行系统梳理后，曾作出这样的著名论断：“我国现行的刑事诉讼法律关系理论已经走到尽头。”③ 也有学者尝试从传统大陆法理论中寻求新的灵感。西南政法大学徐静村教授和杨建广教授就曾在相关论著中对德日学说进行介绍，但遗憾的是未有实质性发展。作为刑事诉讼的基础范畴，鉴于这种现状，笔者认为应当在新的历史条件和制度、理论环境中推进该理论的发展。

---

① 陈朴生：《刑事诉讼法实务》，海天印刷厂有限公司 1998 年版，第 110 ~114 页。

② 参见夏勤：《刑事诉讼法要论》，中国政法大学出版社 2012 年版，第 18 ~19 页。

③ 陈瑞华：《刑事诉讼的前沿问题》，中国人民大学出版社 2005 年版，第 103 页。

3. 主要内容

随着全面依法治国的推进，司法体制改革逐步全面深化、进入“深水区”，同时意味着刑事诉讼法律关系行将发生深刻变化。这种变化不仅体现在司法体制、诉讼机制层面，还体现在法律制度层面。尤其是在中央推进“以审判为中心的诉讼制度改革”指导下，诉讼体制的结构性要素也面临深刻变革。传统的诉审关系、诉辩关系、辩审关系和侦诉关系显然正在面临深刻变革。“以审判为中心”意味着，确认指控犯罪事实是否发生、被告人应否承担刑事责任及其责任范围，指控犯罪的证据程序是否合法、是否达到证明标准等程序性问题都要通过法官在法庭审理过程中加以确定。“庭审实质化”要求，所有与定罪、量刑有关的证据都要经过法庭举证、质证和认证，经由法官法庭调查并由控辩双方在法庭质证、辩论后，当庭或庭后查证属实，才能作为定罪量刑的根据。强调审判程序在我国刑事司法体制中的中心地位及其终局性和权威性，强化法庭审理过程的正当性、实质化，正确把握和处理诉、侦、审、辩等结构性要素的关系以及侦查、公诉和审判的诉讼递进关系，通过审判程序规范和指引审前诉讼行为，确保法庭审理过程在查明事实、认定证据、保护诉权、公正裁判中发挥决定性作用。①

（1）以审判为中心的刑事侦查法律关系。为消除传统“侦查中心主义”弊端，一方面，要通过审判程序对侦查和审查起诉的规范指引作用，规范侦查行为，构建有效制约公权、保障诉讼人权的和谐侦诉、侦辩关系，完善侦查法律关系体系；另一方面，通过强化“检察介入侦查、公诉指导侦查”② 的警检关系模式，完善侦查监督动态制约机制，构建新型的侦查法律关系。同时，强化侦查阶段的辩护职能，促进形成良性互动的警

① 参见沈德咏：《论以审判为中心的诉讼制度改革》，载《中国法学》2015 年第 3 期。

② 卞建林、谢澍：《“以审判为中心”视野下的诉讼关系》，载《国家检察官学院学报》2016 年第 1 期。

律关系，形成“侦查尊重和保障辩护”“辩护监督、制约侦查”的侦辩关系模式。

（2）以审判为中心的审查起诉法律关系、刑事检察法律关系。公诉是审判的前提，诉前的公诉审查是决定是否提起公诉的关键环节，其审查质量直接决定起诉乃至审判质量。同时，检察机关是我国法律规定的法律监督机关。检察机关作为公诉机关和监督机关的双项职能，导致职能紊乱。通过检察机关全面、客观、公正的公诉审查，发挥审判程序对审前诉讼活动的反向传导、规范和制约作用，构建适应现代刑事诉讼规律的侦诉关系，纠正“侦查中心主义”的弊端。一方面，改善“事后监督、被动监督”侦查监督机制，逐步形成主动参与、同步监督的参与性动态制约机制；另一方面，强化审查起诉阶段辩护律师的辩护职能，尊重和保障辩护律师“会见权、通信权、阅卷权”，着力完善“侦查尊重和保障辩护”“辩护监督、制约侦查”的侦查辩护关系模式；改革相应体制机制，在审查起诉活动中构建良性互动的检律关系，将辩诉对抗严格限制在法律法规允许的范围内。在我国公诉审查权虽属“司法权”范畴，但其行政权特征明显，有别于英美法国家由法官主导的司法审查权。其权力行使的单方性、主动性决定其在审查起诉阶段不可能与辩护方处于平等或对等的地位，这种权力惯性向后续阶段的传导、递进，在某种程度上导致审判程序中的诉辩双方事实上的不平等、不对等。因此，因应以审判为中心的诉讼制度改革要求，控辩平等原则应当反向传导到审查起诉阶段，不应仅局限于审判阶段。而且，公诉审查程序中确立诉辩平等原则，也有利于保障辩护律师的阅卷权等诉讼权利。

（3）以审判为中心的刑事审判法律关系。刑事审判法律关系是刑事诉讼法律关系的核心，理论上也被视为狭义的刑事诉讼法律关系。以审判为中心要求“事实查明、证据认定、保护诉权、公正裁判”都要形成于法庭，消除庭审形式化、走过场，推动庭审实质化，首先有赖于诸如独立审判、直接言词等这些规范和调整刑事审判法律关系的重要诉讼原则的遵循。在中外通行的诉讼架构中，独立审判原则也适用于辩审关系和诉审关系的调整；直接言词原则应当成为贯彻审判过程始终的原则。目前司法实践中突出的问题就是证人出庭率低，书面证言在法庭中普遍使用。显然这种情况不符合直接言词原则的要求。尽管《刑事诉讼法》在修改时也进行了制度调整，但由于种种原因证人出庭率并未明显提高。这其中既有社会原因、诉讼观念等因素的制约，也有来自司法机构内部的因素。多数案件中公诉机关和法院办案人员也不希望证人出庭，主要是顾及证人出庭可能推翻之前证言引起不可预判、不可控的诉讼风险，所以尽量不让证人出庭，以免影响诉讼效率。这些问题的解决，都有赖诉讼关系的理顺。所以，在以审判为中心视野下，针对刑事审判法律关系的构成要素的系统研究，最终构建符合庭审实质化和诉讼规律、理论和实践要求的刑事审判法律关系模式，是当前理论部门和实务部门应当引起重视的重要课题。

值得注意的是，在诉讼构造视角下，诉讼关系的结构化研究也是重要研究课题。主要表现为以下几方面：

第一，审判中心改革视野下的诉审关系。在诉讼理论中，诉审分离和不告不理原则是规范和调整诉审关系的重要原则。一方面，“诉审分离”是为避免法官既做告诉者又做裁判者的角色和职能冲突，限制法官做自己案件的裁判者，也确保被告人的主体地位。我国检察机关是法定的法律监督机关，除公诉权外还有诉讼监督权，这导致检法两家通常“配合有余、监督不足、制约虚化”。渐趋畸形的诉审关系极易偏离理想的等腰三角（诉讼）结构，因而在现代刑事诉讼的构造中坚持诉审职能的分离，是确保审判客观、中立和实现司法公正的必然要求。另一方面，不告不理原则是规范和调整诉审关系的重要原则，它要求审判须限制在起诉范围内，审判不得及于起诉对象范围以外的人和事。传统大陆法诉讼谓之“诉讼客体的同一性”，英美法国家有“诉因制度”，尽管两者有所区别，但通常都要求将审判对象限制在起诉事实范围内。在司法改革背景下，亟须探索构建适应改革要求的以审判为中心的诉审关系，从理论构建和实践操作层面加以厘清和矫正，以适应庭审实质化和审判方式改革的新要求。因而，其主体、客体和具体内容等结构性要素的界定和明确，就成为理论上新的研究课题。

第二，审判中心改革视野下的诉辩关系。控辩平等、对抗是现代刑事诉讼中规范和调整诉辩关系的重要原则。而刑事审判程序则是诉辩平等、诉辩对抗在时空上最为集中的场合。以审判为中心的诉辩关系要求据以定案的证据、事实都须经过庭审举证、质证、认证等必经的法庭调查、法庭辩论程序，在定罪量刑和法律适用上也允许诉辩双方提出建议、意见并进行举证、质证和辩论。因此，诉辩关系的主体、客体和具体内容等构成要素的界定和明确，可为在我国现行司法体制和诉讼构造框架下消除诉辩不平等的体制、机制性障碍，以及构建满足实践需要和改革要求的诉辩关系模式提供有益参考。

第三，审判中心改革视野下的辩审关系。依法独立审判是审判中心改革的重要目标和归宿。诸如员额制、人财物省级统管、修订法庭规则等举措都旨在确保依法独立公正行使职权。尽管这些改革措施多为防止来自行政机关的干预，司法实践中却出现一些新情况，使得依法独立审判原则成为调整辩审关系的诉讼原则。如辩审关系冲突问题，典型案件如“北海案”“小河案”等。这些案件的诱发因素是多方面的、复杂的，个中原因不一而足，但无论如何，这类现象都违背诉讼规律、都破坏了正常的等腰三角诉讼结构，导致审理者无法中立、客观审理案件。其中，极少数律师职业从业人员迷信诸如死磕等民粹化诉讼策略、技巧，但这种做法本身通常具有一定程度和范围的程序违法或者刑事犯罪属性。少数案件办理中，个别律师利用微信、微博等网络自媒体和报刊杂志等传统媒体，大肆渲染、恶意炒作办案机关的个别、轻微的程序性违法行为，主观上意图利用媒体和社会舆论加剧辩审关系的紧张、冲突，继而影响审判过程和诉讼结果。更有甚者，意图将司法个案政治化，通过制造政治影响来达到政治目的。在客观上，这些做法在一定范围和程度上造成了恶劣的社会和法律影响。尤其是在新时代全面依法治国、建设社会主义法治国家的特殊背景下，这些错误倾向都是值得警惕的。当然，也有部分原因来自司法机关内部，由于个别办案人员素质不高、程序公正理念淡薄以及实践中的习惯做法，使当事人及其辩护人、诉讼代理人诉讼权利无法得到充分的尊重和保障。因此，如何消除司法实践中“辩审关系冲突”等违反通常诉讼规律的反常现象，是笔者着手展开理论探索和对策研究的重要初衷。笔者认为，只有在“控审分离”“控辩对抗”等司法准则都得到很好遵循的情况下，从理论上厘清控辩、控审、辩审关系的界限和边界，科学界定其主体、客体和具体内容等构成要素，构建适应新时代公正司法、现代诉讼构造和审判方式要求的辩审关系模式，才能更好地解决司法实践和改革过程中所遇到的问题，研究制定行之有效的解决对策。值得庆幸的是，2016 年最高人民法院公布实施新修订的《法院法庭规则》，加强法庭审理环节的秩序监管和集中治理。继而，最高人民法院、最高人民检察院、公安部、国家安全部、司法部（以下简称“两高三部”）在随后制定的《关于推进以审判为中心的刑事诉讼制度改革的意见》（以下简称《刑事诉讼制度改革意见》）第 19 条规定，“当事人、诉讼参与人和旁听人员在庭审活动中应当服从审判长或独任审判员的指挥，遵守法庭纪律。对扰乱法庭秩序、危及法庭安全等违法行为，应当依法处理；构成犯罪的，依法追究刑事责任”。随着这些乱象被逐渐纳入法治轨道，这些在客观上违背诉讼规律的情势才逐渐得到遏制。这在深层次上所反映的是，新时代国家治理水平和治理能力现代化在刑事司法领域的重要表现和内在要求。

## 二、主要创新点

无论司法改革、法典修改，还是司法解释的出台，都意味着对刑事诉讼法律关系的宏观或微观、整体或局部调整。随着依法治国和司法改革的全面深入推进，我国实践中的刑事诉讼法律关系也行将发生深刻变革。目前，国内传统理论局限于刑事诉讼法律关系的构成要素研究，难以解释司法实践中的许多实际问题。域外传统理论虽有“诉讼法律状态说”“两重过程说”“三面说”等经典学说，但因现实国情、司法体制、制度环境和诉讼构造等客观差异而无法直接诠释国内相关问题。鉴于此种现状，本书的主要创新点是将审判中心改革作为出发点和归宿，坚持问题导向，秉持服务实践、服务改革的宗旨，在以审判为中心视野下开展诉讼关系研究，不但注重分析研究司法改革前沿动态对诉审关系、诉辩关系和辩审关系的新要求，还将侦查法律关系、审查法律关系和审判法律关系纳入研究范围。本书力图在新的制度和理论环境中，探索构建既符合诉讼规律，又满足制度和理论实践要求的刑事诉讼法律关系理论体系，并在整体的逻辑框架上涵括“以审判为中心”的刑事侦查法律关系、刑事审查（起诉）法律关系和刑事审判法律关系等理论。这既契合审判中心改革的精神要求，也因应庭审实质化和审判方式改革的现实需要，同时也借此寻求该领域理论研究的突破性进展。

# 第二章　以审判为中心与刑事诉讼法律关系的基本理论问题研究

## 一、"以审判为中心"的基本内涵[①]

在理论上，"以审判为中心"通常被称为"审判中心主义"。就其理论渊源来讲，通常源于传统大陆法诉讼理论中的"裁判中心主义"，并有其专门术语和特定内涵；在英美法国家，因其特殊的诉讼法律文化和诉讼制度，尤其是采用当事人主义诉讼模式，事实上也被认为是以审判为中心

① 对于"以审判为中心"的词源已无法准确考证，但经笔者考证，在有资可鉴的有限资料中，其实早在2007年莫远航主编出版的、专门阐述人民法院管理理论的学术专著——《人民法院管理理论与实务：以审判为中心以法官为主体》较早地提出和系统阐释"以审判为中心"理念，但它是与"以法官为主体"并列出现的。该书"以人民法院管理的基本理论为逻辑起点，围绕'以审判为中心，以法官为主体'这一理念，结合人民法院两个五年改革纲要（特指分别于1999年和2004年制定的《人民法院五年改革纲要》和《人民法院第二个五年改革纲要（2004—2008）》，前者简称《一五改革纲要》，后者简称《二五改革纲要》），对人民法院的各项管理制度进行了系统论述，同时提出了一系列改革和完善的意见、建议。人民法院管理涉及国家的政治制度、经济制度、文化制度、司法制度等多方面的内容，是一项复杂的系统工程。全书共分绪论、审判中心论、法官主体论三大部分。其中，绪论主要介绍了人民法院管理的基本理论，提出人民法院管理应坚持'以审判为中心，以法官为主体'的理念；审判中心论阐述了与司法审判管理相关的人民法院管理制度，包括司法决策管理制度、司法审判管理制度、司法政务管理制度和法院监督管理制度；法官主体论分析了与法官管理相关的人民法院管理制度，包括司法人事管理制度、法院工作人员分类管理制度、法院领导干部管理制度、法官管理制度、人民陪审员管理制度、司法辅助人员管理制度、司法行政人员管理制度以及法院文化管理制度"。（参见莫远航主编：《人民法院管理理论与实务》，人民法院出版社2007年版。）

的。我国刑事诉讼理论中也有这种学术观点，但通常仅限于理论研讨层面，在政策、法律层面的首次确立，要追溯到2014年10月党的十八届四中全会审议通过的《中共中央关于全面推进依法治国若干重大问题的决定》（以下简称《决定》）。这是我党首次在其规范性文件中正式提出“推进以审判为中心的诉讼制度改革”。作为我国刑事诉讼制度改革的顶层设计，其划时代的历史进步意义是不言而喻的，同时也引起社会各界广泛认同和肯定。2015年2月，最高人民法院发布了《关于全面深化人民法院改革的意见——人民法院第四个五年改革纲要（2014—2018）》（以下简称《四五改革纲要》），对如何贯彻实施中央关于“推进以审判为中心的诉讼制度改革”的决策规定了原则精神和具体措施。① 尽管如此，就其在我国制度理论环境中的特定内涵而言，社会各界对“以审判为中心”的理解和认识可谓是众说纷纭、莫衷一是。

近年来，随着改革实践和理论探索的不断深入，理论界和实务界对于“以审判为中心”的基本内涵及其实践中的实现形态的认识逐渐清晰起来。为贯彻落实《决定》的有关要求，经2016年6月中央全面深化改革领导小组第25次会议审议通过，“两高三部”，依据宪法法律规定，结合司法

---

① 为贯彻党的十八大和党的十八届三中、四中全会精神，贯彻实施党中央全面深化改革和全面推进依法治国的战略决策部署，最高人民法院于2015年制定实施了旨在深化人民法院各项改革的《关于全面深化人民法院改革的意见——人民法院第四个五年改革纲要（2014—2018）》（以下简称《四五改革纲要》）。《四五改革纲要》规定：“（二）建立以审判为中心的诉讼制度”，要求“建立中国特色社会主义审判权力运行体系，必须尊重司法规律，确保庭审在保护诉权、认定证据、查明事实、公正裁判中发挥决定性作用，实现诉讼证据质证在法庭、案件事实查明在法庭、诉辩意见发表在法庭、裁判理由形成在法庭。到2016年年底，推动建立以审判为中心的诉讼制度，促使侦查、审查起诉活动始终围绕审判程序进行”。同时，明确规定奖励以审判为中心的诉讼制度的具体措施，第10条规定“全面贯彻证据裁判原则”；第11条规定“强化人权司法保障机制”；第12条规定“健全轻微刑事案件快速办理机制”；第13条规定“完善刑事诉讼中认罪认罚从宽制度”；第14条规定“完善民事诉讼证明规则”；第15条规定“建立庭审全程录音录像机制”；第16条规定“规范处理涉案财物的司法程序”。

工作实际于2016年7月20日共同发布、实施《刑事诉讼制度改革意见》。2017年，最高人民法院为贯彻落实《刑事诉讼制度改革意见》，全面推进改革工作，进一步发布实施了《关于全面推进以审判为中心的刑事诉讼制度改革的实施意见》（以下简称《刑事诉讼制度改革实施意见》）。作为新时代全面依法治国新理念新思想新战略，理论界和实务界对我国诉讼制度改革所追求的目标——“以审判为中心”的内涵等基本理论问题的认识和研究，已经基本臻于成熟、进入全面实施阶段。

### （一）对“以审判为中心”内涵的争论

#### 1. 技术型审判中心论

龙宗智教授主张“技术型审判中心论”，他主张“‘以审判为中心’的基本含义是：侦查、起诉活动应当面向审判、服从审判要求，同时发挥审判在认定事实、适用法律上的决定性作用”。[①]“以审判为中心”是一个刑事诉讼命题，民事、行政诉讼不存在这样的问题；也是一个诉讼关系命题，“确定侦查、起诉与审判三种诉讼职能在刑事诉讼中的基本关系应当‘以审判为中心’”。[②] 但同时，“实现刑事诉讼‘以审判为中心’，最重要的意义是保障案件质量，防止冤假错案，实现司法公正”。“以审判为中心”受到诸多体制机制因素的制约，主要有“分工负责、互相配合、互相制约机制和原则的约束”；检察机关审判监督这种“超诉讼功能”的制约因素等。[③]

#### 2. 核心地位论

王敏远教授认为，“以审判为中心”是指“刑事审判在整个刑事诉讼

① 龙宗智：《“以审判为中心”的改革及其限度》，载《中外法学》2015年第4期。

② 龙宗智：《“以审判为中心”的改革及其限度》，载《中外法学》2015年第4期。

③ 龙宗智：《“以审判为中心”的改革及其限度》，载《中外法学》2015年第4期。

中具有核心的地位”。[①] 它有三点内涵，一是“只有经符合正当程序的审判，才能最终确定被告人的刑事责任问题”；[②] 二是“审前程序应当围绕公正审判的需要、服从公正审判的需要”；[③] 三是“审判机关不仅在刑事诉讼进入审判阶段才发挥其主导刑事诉讼的作用，而且应当对审前程序发挥积极作用，以使审判在刑事诉讼中真正具有决定性的作用”。[④]

3. 诉讼阶段关系论

这种观点主张“以审判为中心是指在刑事诉讼各阶段之间的关系上，审判是中心，侦查和审查起诉都是围绕着审判这一中心而展开的，审判对侦查和审查起诉具有制约和引导作用，侦查和审查起诉需要接受审判的检验”。[⑤]

4. 审判活动中心论

这种观点将“以审判为中心”归结为“审判中心主义”，认为它是“现代法治国家共同遵守的诉讼法则，强调被告人的刑事责任及关涉其人身自由等强制性措施的重大决定应经由审判作出，且必须依照法定的程序和方式；刑事诉讼中一切活动应当以审判活动为中心，围绕审判的任务与目标进行，接受审判活动的检验”。[⑥]

5. 多维中心论

也有学者从诉讼结构角度对“以审判为中心的诉讼制度改革”进行解读，指出应从两个方向上着手，即在水平方向上在宏观的侦查、审查起诉和审判的关系上实现“以审判为中心”，关键是消除卷宗移送制度的弊端；

---

① 王敏远：《以审判为中心的诉讼制度改革问题初步研究》，载《法律适用》2015 年第 6 期。

② 王敏远：《以审判为中心的诉讼制度改革问题初步研究》，载《法律适用》2015 年第 6 期。

③ 王敏远：《以审判为中心的诉讼制度改革问题初步研究》，载《法律适用》2015 年第 6 期。

④ 王敏远：《以审判为中心的诉讼制度改革问题初步研究》，载《法律适用》2015 年第 6 期。

⑤ 张吉喜：《论以审判为中心的诉讼制度》，载《法律科学（西北政法大学学报）》2015 年第 3 期。

⑥ 闵春雷：《以审判为中心：内涵解读及实现路径》，载《法律科学（西北政法大学学报）》2015 年第 3 期。

在审判阶段强调“以庭审为中心”，其核心是保障被告方的对质权。在纵向的审级结构上，应当以一审为中心，确立初审程序在认定事实上的权威地位。①

6. 双重含义论

对于我国传统刑事诉讼理论语境中的“审判中心主义”，早在20世纪90年代末孙长永教授就曾撰文指出：“审判中心主义有两层含义，一是在整个刑事程序中，审判程序是中心，只有在审判阶段才能最终决定特定被告人的刑事责任问题，侦查、起诉、预审等程序中，主管机关对于犯罪嫌疑人罪责的认定仅具有程序内的意义，对外不产生有罪的法律效果。二是在全部审判程序当中，第一审法庭审判是中心，其他审判程序都是以第一审程序为基础和前提的，既不能代替第一审程序，也不能完全重复第一审的工作。”②

7. 诉讼构造改革论

回溯历史，早在1996年《刑事诉讼法》修改后的审判方式改革过程中，理论界和实务界就曾有学者提出“以审判为中心”的理念。在当时特定时代背景和理论语境中，这种观点将“以法官审判为中心”定位在诉讼构造改革层面。就其理论背景而言，它是在借鉴当事人主义诉讼模式合理因素、引入控辩对抗理念，对传统审判方式进行改革过程中提出的，这不仅在当时的时代背景下具有某种进步意义，其某些观点至今仍有借鉴意义。即便论者在论证过程中存在某些局限性，即便这种观点始终没有成为主流观点，但这并不妨碍我们理论回溯去重新认识这种理念所具有的特殊理论和实践价值。

“对于我国‘以法官审判为中心’的刑事诉讼构造改革，不应仅仅将

---

① 参见魏晓娜：《以审判为中心的刑事诉讼制度改革》，载《法学研究》2015年第4期。

② 孙长永：《审判中心主义及其对刑事程序的影响》，载《现代法学》1999年第4期。

其狭隘地视为法庭审判程序的改革，也不能夸大由此而形成的‘控辩对抗’。公正的审判不仅要成为庭审阶段的中心，更应成为刑事诉讼法和整个刑事诉讼程序的中心，‘以审判为中心’的理念转变应突破庭审阶段的限制，拓展到包括侦、诉、审的整个刑事诉讼程序中。相反，若以控辩双方的‘对抗’而臆想出‘两大对立阵营的形成’，进而主张公诉机关应成为审前主导、侦诉一体化等，则是将控辩对抗夸大为整个刑诉程序中的‘实体性对抗’，将是整个刑诉理论错位的源头和‘有罪推定’的新表现。”①

8. 刑事诉讼中心说

这种观点主张应当回归《决定》② 文本，对文本原意进行“最基础和最贴切的解读”。“以审判为中心实际上就是指审判是刑事诉讼的中心，审前程序中的一切刑事诉讼活动都围绕审判活动展开，刑事诉讼通过审判活动最终确定被告人的罪责。以审判为中心的改革应包括两个方面，一是对审前程序的改革，侦查、审查起诉应以审判为标准，确保收集证据、认定事实经得起审判的检验，得到法庭的认可；二是对审判制度的改革，庭审无疑是审判的最中心环节，审判制度的改革应当围绕庭审进行，确保真正由庭审来决定被告人是否承担罪责，是否科处刑罚。”③

9. 法院管理理念说④

这种理论学说将法院管理理论作为理论阐述的逻辑起点，结合人民法院“两个五年改革纲要”⑤ 的精神，创造性地提出“以审判为中心，以法

---

① 周虔：《我国审判中心主义改革的实质辩析》，载《江西公安专科学校学报》2006 年第 3 期。

② 此处特指十八届四中全会通过的《关于全面推进依法治国若干重大问题的决定》。

③ 罗灿、邵新：《以审判为中心诉讼制度中的法庭规则》，载《人民司法（应用）》2016 年第 25 期。

④ 参见莫远航：《人民法院管理理论与实务》，人民法院出版社 2007 年版，第 1 ~43 页。

⑤ 此处特指第一个和第二个“人民法院五年改革纲要”，即 1999 年《人民法院五年改革纲要》和 2005 年《人民法院第二个五年改革纲要（2004—2008）》。

官为主体”的管理理论和改革理念，系统阐述了人民法院的各项管理制度，以及“人民法院管理涉及国家的政治制度、经济制度、文化制度、司法制度”① 等内容。其中，“审判中心论阐述了与司法管理相关的人民法院管理制度，包括司法决策管理制度、司法审判管理制度、司法政务管理制度和法院监督管理制度”。② 由此不难看出，尽管这种观点立足人民法院管理理论，与十八届四中全会《决定》所提出的“推进以审判为中心的诉讼制度改革”在时代背景、内涵和外延等方面存在客观差异，但两者在历史逻辑、理论逻辑和制度逻辑上可能存在的内在关联性，对于司法改革理论的研究者而言，却是不容忽视的。

10. 新诉讼构造说

这种观点认为，“以审判为中心的诉讼制度，就是指刑事诉讼程序应围绕审判程序设计，刑事诉讼过程应围绕审判活动展开，所有诉讼参与人权利通过审判方式获得保障，审判在刑事诉讼中具有中心地位，侦查是为审判服务的活动，起诉是为审判作准备的活动，执行是落实审判结果的活动，侦查、起诉和执行都要面向审判，服务审判，并服从审判的标准和要求”。③ 它立足诉讼制度改革，从程序设计和诉讼活动角度入手，强调“刑事诉讼程序应围绕审判程序设计”“刑事诉讼过程应围绕审判活动展开”。借此，这种观点主张一种新的“诉讼构造说”。这种观点主张：“以审判为中心的刑事诉讼制度本质上应是一种以裁判为中心的诉讼构造，实现庭审实质化，努力让人民群众在每一个司法案件中感受到公平正义。它要求法院审判职能贯穿审前程序、审判程序和执行程序，构建以审判为中心的繁简分流的刑事诉讼体系，统一刑事司法标准，贯彻证据裁判原则，遵循直

① 莫远航：《人民法院管理理论与实务》，人民法院出版社 2007 年版，第 1 ~43 页。
② 莫远航：《人民法院管理理论与实务》，人民法院出版社 2007 年版，第 38 ~43 页。
③ 兰跃军：《以审判为中心的刑事诉讼制度改革》，社会科学文献出版社 2018 年版，第 7 页。

接言词原则，实现有效辩护。‘以审判为中心’不仅包括实体审理的审判中心、程序控制的审判中心和法律适用的审判中心，而且包括程序设计的审判中心和权利救济的审判中心。这不仅要求审前程序为审判作准备，而且审判应反馈于审前程序。通过审前程序的司法控制，使审判具有发现、纠正并预防侦查、起诉错误，并为诉讼参与人提供司法救济的功能，从而有效防范冤错案件。”①

值得注意的是，除以上代表性观点外，也有专家学者持“法院中心论”“法官中心论”等观点，当然这仅是理论界和实务界的少数观点。自十八届四中全会以来，经过各种研讨会的讨论，人们对“以审判为中心”的内涵已然形成某些相对确定的共识。就目前理论界和实务界所达成的共识来看，各派观点都普遍认同“以审判为中心”蕴含着在侦查、审查起诉和审判的关系中应当实现“以审判程序为中心”或者强调“审判程序是中心”的含义。

此外，需要厘清几个概念，“以审判为中心”与“以审判工作为中心”、“以庭审为中心”既有联系又有区别。尽管前者与后两者表述方式相似，却有着本质区别。首先，党的十八届四中全会《决定》规定的“以审判为中心”，侧重于指在侦查、审查起诉和审判三者的关系中审判处于中心地位。“以审判工作为中心”的表述多见于最高人民法院发布的内部规范性文件，强调审判工作在法院各项工作中应当处于中心工作的地位。②其次，它与“以庭审为中心”的联系和区别在于，后者是前者的基础和前提，“以审判为中心”的实现必须“以庭审为中心”作为前提和必要条件，如果“以庭审为中心”无法实现，“以审判为中心”就无从谈起。当然，

---

① 兰跃军：《以审判为中心的刑事诉讼制度改革》，社会科学文献出版社 2018 年版，第 7 页。

② 参见最高人民法院近年来颁布的法院系统内部的规范性文件：2007 年《关于进一步发挥诉讼调解在构建社会主义和谐社会中积极作用的若干意见》、2011 年《关于新形势下进一步加强人民法院基层基础建设的若干意见》。

这也并不意味着，实现“以庭审为中心”就实现了“以审判为中心”，“以庭审为中心”并不是“以审判为中心”的充分条件，而是必要条件。同时，从辩证唯物主义哲学角度来看，这两者是可以相互促进的。就两者的区别而言，“以审判为中心”侧重强调审判与侦查、审查起诉之间的关系，特指法院审判活动与其他司法机关司法活动的外部关系；而“以庭审为中心”侧重强调法院庭审工作与其他审判工作的关系，系指法院审判工作的内部运作关系。①

综上所述，尽管从理论上来讲，“审判中心主义”是大陆法诉讼理论中既有的传统理论，但是长期以来，我国刑事诉讼法治实践并未实行。目前，即便个别学者将与“以审判为中心”改革目标有关的理论、学说、观点和理念简要概括为“审判中心主义”，但它仍然与传统大陆法理论上的特定内涵有着实质区别。同时，由于“审判中心主义”赖以存在所必需的体制环境和制度语境的特殊性，所以笔者不赞成采用“审判中心主义”作为概念术语和话语工具，来解读我国司法体制改革中的“以审判为中心”的诉讼制度改革目标。基于此，笔者认为，在我国当代刑事诉讼语境中，所谓“以审判为中心”应当包括以下几层含义：

第一，在整个刑事诉讼程序中，审判程序处于中心地位，因为从诉讼实体角度而言，只有审判程序才能从实体上终局性地解决定罪和量刑的问题，确定具体案件中的被告人有罪与否、是否应当承担刑事责任及何种具体刑事责任，同时国家是否具有刑罚权及何种具体刑罚权。侦查、审查起诉等审前程序尽管也可依法作出相应无罪处理，但在大多数案件中对犯罪嫌疑人的有罪认定，以及人身自由、财产和资格之限制剥夺仅限于程序性层面，不具有实体性、终局性和权威性；对犯罪嫌疑人、被告人犯罪嫌疑

① 参见张吉喜：《论以审判为中心的诉讼制度》，载《法律科学（西北政法大学学报）》2015 年第 3 期。

的追诉和认定仅是阶段性、程序性认定。

第二，从诉讼程序角度而言，决定诉讼程序进程的程序法事实（尤其是审前程序中诉讼活动的合法性）最终要在审判程序进行全案审查；定罪证据和量刑证据查证认定在审判程序；据以定案的诉讼证据的证据能力、证明力及其可采性最终确定在审判程序；经查证属实并据以定案全案证据，是否达到“证据确实、充分”的有罪判决证明标准，最终要由审判程序确定；涉及据以定案的关键证据或者影响定罪量刑的主要证据的非法证据排除问题，最终也集中在审判程序。

第三，从诉讼实体角度而言，旨在发现实体真实的犯罪事实是否存在的最终认定通常集中在审判程序，尤其是定罪事实和量刑事实在实体上的终局性认定也集中在审判程序，它需要经过法庭质证、辩论后才能作为定案根据；在法律适用上，定罪量刑在审判程序进行，即实体法上的刑罚权关系的最终确定在审判程序。

第四，从诉讼构造角度而言，以审判为中心的诉讼制度改革实质上是以诉讼构造改革作为潜在的价值依归和目标追求的。它要求理论上和实践中都应该强调“控辩平等”“审判中立”，但不应过分夸大“控辩对抗”的功能和实际价值、更不应蓄意制造“辩审对抗”的悖论；而正是因为以审判为中心的诉讼制度改革是以司法公正、社会公平正义为其首要、核心的价值追求，故而它不仅应当成为庭审方式改革、整个审判程序改革的中心任务和核心追求，而且应当突破诉讼阶段限制，成为整个刑事诉讼过程（程序）的中心任务和核心追求。

第五，除前述几点实质内涵外，需要注意的是，无论“以审判为中心”，还是“以庭审为中心”，都内在包含维护正常的法庭审理和裁判过程所必需的，诸如法庭秩序、法庭安全等价值要求，都包含着法院、法庭、法官和其他司法人员在司法场域中的权威和尊严。任何旨在破坏法院日常秩序和机关安全、破坏法庭秩序和安全，或者损害法官和其他司法人员人身财产安全和人格尊严的，以及其他损害司法权威和尊严、破坏司法公正的行为，都应得到法律的惩治和制裁。因此，笔者建议，我国应当借鉴域外立法实践，探索通过刑事立法和司法解释，在实践中逐渐确立藐视法庭罪等以维护法庭秩序、法庭安全和司法场合中法官及司法人员的人身财产安全及人格尊严。从立法技术和实践逻辑角度而言，首先可由最高人民法院根据现行刑法和刑事诉讼法等有关法律规定、立足我国司法实践中的实际情况，以司法解释的形式明确这类犯罪行为的罪名、罪状；其次，立法条件成熟时，依照法律规定的立法程序和步骤，纳入刑法修正案，以刑事、司法行政法律切实保障法官和其他司法人员在司法实践场合中依法享有的、超然中立和客观公正的政治法律地位。

### （二）以审判为中心的基本要求

自党的十八届四中全会最初提出“推进以审判为中心的诉讼制度改革”的总体要求，为持续深化诉讼制度改革，相关部门相继出台多项举措、制定多个规范性文件，2017 年最高人民法院发布实施《刑事诉讼制度改革实施意见》，从中央到地方、从理论界到实务界，就此开展了各种形式的研究讨论。对于“以审判为中心”基本内涵的认识，在短短几年间也经历了一个从模糊到清晰、从模棱两可到规范准确的全面深化过程。这个认识过程符合辩证唯物和历史唯物主义认识论，是一个从主观到客观再到主客观相统一、从理论到实践再到理论实践相结合、从中央自上而下到地方自下而上再到中央地方配合推进、最终形成科学认识的辩证过程。总体上看，这个全面深化认识过程，大体可分为三个阶段。

第一阶段：基于 2015 年《四五改革纲要》的规范解读和理论分析。

2015 年 2 月最高人民法院颁布的《四五改革纲要》明确要求“到 2016 年底，推动建立以审判为中心的诉讼制度”，尽管最高人民法院的规范性文件并未直接明确“以审判为中心”的内涵，但是却对其内在蕴含的某些精神意旨进行了揭示。通过深入解读《四五改革纲要》的要求，笔者认为《四五改革纲要》中蕴含的以审判为中心的诉讼制度改革，主要包括以下方面：

第一，如果要确保“以庭审为中心”，就要确保在“保护诉权、认定证据、查明事实、公正裁判”等诉讼环节都能够发挥庭审的决定性作用。

第二，要实现“庭审实质化”，就要确保“诉讼证据质证在法庭、案件事实查明在法庭、诉辩意见发表在法庭、裁判理由形成在法庭”，切实消除“庭审走过场”“庭审形式化”等弊病。

第三，从证据规则和证明规则角度来看，在我国当前司法实践中还需要强化庭审中心意识，全面贯彻落实证据裁判原则和直接言词原则，防止“侦查中心主义”“案卷中心主义”等弊端，有效“发挥庭审对侦查、起诉程序的制约和引导作用”。完善证人、鉴定人出庭制度，通过吸收传闻证据排除规则的有益因素，尽量将书面证言排除在法庭之外，确保裁判者对证人、鉴定人所直接感知的案件事实的审查判断形成于法庭。正确认识和科学定位非法证据排除规则和疑罪从无原则的制度功能，发挥其防止冤假错案的特殊优势。

此外，尽管《四五改革纲要》并未提及刑事诉讼证明规则的完善问题，但是笔者认为，既然要在刑事诉讼中着力推行以审判为中心的诉讼制度改革，就有必要从证明规则的角度，正视刑事诉讼法和两高司法解释中刑事诉讼证明规则缺失的现实，逐步确立系统、完善的刑事诉讼证明规则体系。强化刑事诉讼证明中检察机关和被告人的主导地位，依法分配控辩双方的证明责任，发挥庭审举证、质证、认证在认定案件事实中的核心作用。一切证据必须经过庭审质证后才能作为裁判的依据，对于定案的关键证据或者控辩双方争议较大的证据，都必须在裁判文书中阐明采纳与否的理由。

第四，以审判为中心的诉讼制度改革的重要目标之一，就是确立符合中国国情和社会主义司法规律的审判权力运行体系。

由前述几点可以看出，无论是“以庭审为中心”，还是“庭审实质化”都是“以审判为中心”的必要条件，而不是充分条件。也就是说，实现了“以庭审为中心”和“庭审实质化”不意味着实现了“以审判为中心”；而如果要实现“以审判为中心”当然就首先要实现“以庭审为中心”和“庭审实质化”，因为这是实现“审判中心”的基础和前提。前两点所体现的是我国刑事审判程序的正当法律程序要求。故而，审判中心改革也是因应我国刑事司法实践中出现的种种问题和弊病，这些问题和弊病恰恰说明我国司法实践中审判过程的正当性程度不尽如人意（如“庭审走过场”“卷宗主义”）。这就意味着，司法改革务必要在尊重中国国情和司法规律的基础上，从宏观、中观和微观层面全方位多角度地改革调整我国的刑事诉讼体制、制度和机制，逐渐增强审判程序在整个刑事诉讼过程中的正当性、权威性和终局性。

同时，值得指出的是，一方面，无论我国法院主导的诉讼制度改革如何推进，都不能脱离中国国情，都不能违背司法规律、诉讼规律和法治规律。这是全面依法治国和全面深化改革的根本要求所决定的。另一方面，从刑事诉讼原理和改革可操作性角度来讲，逐步推进改革进程的直接着力点和抓手在于“促使侦查、审查起诉活动始终围绕审判程序进行”。由此，在笔者看来，《四五改革纲要》的这个要求无疑点出了“以审判为中心”的精神实质和理论核心，其与理论界、实务界所达成的广泛共识也是高度契合的。

第二阶段：基于2016年《刑事诉讼制度改革意见》的规范解读和理论分析。

随着全面依法治国和全面深化改革的持续推进，以审判为中心的诉讼制度改革进入第二阶段。第二阶段是对之前初始阶段“摸着石头过河”所取得的改革共识和经验的总结。作为以审判为中心诉讼制度改革的阶段性成果，它涉及中共中央的政策规范文件和“两高三部”的司法规范文件（2016 年 6 月 27 日中央全面深化改革委员会第 25 次会议审议通过、[①] 随后由“两高三部”联合发布实施的《刑事诉讼制度改革意见》）。两者区别在于侧重点不同，前者侧重把握正确的政治方向，强调诉讼制度改革的政治领导属性；后者侧重决策部署的具体落实，强调具体改革措施都旨在回归司法属性。

“两高三部”有关负责人接受媒体采访时曾作出权威的官方解读，认为《刑事诉讼制度改革意见》兼有“四大特点”。一是“牢牢把握改革的正确方向，立足我国国情和司法实际，坚持公检法三机关分工负责、互相配合、互相制约的宪法原则不动摇，在我国社会主义司法制度和刑事诉讼制度自我完善的基本框架内进行制度机制的完善”。[②] 这是就宏观指导层面而言的，这就意味着我国“以审判为中心”诉讼制度改革，必须立足我国国情和司法实际，必须以坚持分工负责、互相配合、互相制约的宪法原则为前提，必须在尊重我国现行政治体制、司法体制和制度机制前提下，并在社会主义司法制度和刑事诉讼制度的基本框架下推动刑事司法体制和刑

---

① 2016 年 6 月 27 日，中央全面深化改革委员会召开第 25 次会议，审议通过《关于推进以审判为中心的刑事诉讼制度改革的意见》。会议强调，“推进以审判为中心的诉讼制度改革，要立足我国国情和司法实际，发挥好审判特别是庭审在查明事实、认定证据、保护诉权、公正裁判中的重要作用，促使办案人员树立办案必须经得起法律检验的理念，通过法庭审判的程序公正实现案件裁判的实体公正，防范冤假错案发生，促进司法公正。要着眼于解决影响刑事司法公正的突出问题，把证据裁判要求贯彻到刑事诉讼各环节，健全非法证据排除制度，严格落实证人、鉴定人出庭作证，完善刑事法律援助，推进案件繁简分流，建立符合司法规律的刑事诉讼制度”。（载 http：//www. mod. gov. cn/shouye/2016 -06/27/content_ 4683013. htm。）

② 《最高法、最高检、公安部、司法部有关负责人解读〈关于推进以审判为中心的刑事诉讼制度改革的意见〉》，载中华人民共和国中央人民政府网，http：//www. gov. cn/zhengce/2016 -10/10/content_ 5116952. htm。

事诉讼制度、机制的自我完善。

二是“涵盖内容十分丰富，涉及侦查、起诉、审判、辩护、法律援助、司法鉴定等多个领域、各个环节”。① 这是从诉讼制度改革的对象范围和涵盖内容层面而言的，这就意味着，“以审判为中心”的刑事诉讼制度改革并不仅局限于法院，不仅局限于庭审环节、审判程序，而是涵盖包括侦查、起诉、审判、辩护、法律援助、司法鉴定等诉讼环节或领域在内的整个刑事诉讼制度框架范围。

三是“始终坚持问题导向，围绕冤假错案暴露出的有罪推定等错误司法理念不同程度存在，关键性诉讼制度未能落到实处，侦查、起诉、审判等职能作用未能得到充分发挥等问题，有针对性地从贯彻证据裁判要求、规范侦查取证、完善公诉机制、发挥庭审关键作用、尊重和保障辩护权和当事人诉讼权利义务等方面提出改革举措”。② 这是从出发点和落脚点角度而言的，主要针对实践问题和对策问题，尤其是针对刑事司法实践中长期存在的“顽症痼疾”等问题、提出针对性的解决对策。这就意味着，新时代以审判为中心的刑事诉讼制度改革，有其特定的时代背景、基本内涵和特殊要求，区别于传统理论中概括、中性的理论描述，还包含着司法实践和司法改革的现实要求。

四是“注重统筹兼顾，坚持惩治犯罪与保障人权、司法公正与司法效率、实体公正与程序公正、司法文明进步与维护社会大局稳定相统一，既充分考虑现实条件，又遵循诉讼原理和司法规律，力争各项改革措施切实

① 《最高法、最高检、公安部、司法部有关负责人解读〈关于推进以审判为中心的刑事诉讼制度改革的意见〉》，载中华人民共和国中央人民政府网，http：//www. gov. cn/zhengce/2016 －10/10/content_ 5116952. htm。

② 《最高法、最高检、公安部、司法部有关负责人解读〈关于推进以审判为中心的刑事诉讼制度改革的意见〉》，载中华人民共和国中央人民政府网，http：//www. gov. cn/zhengce/2016 －10/10/content_ 5116952. htm。

可行”。① 这是从改革理论和实践相结合角度而言的，这就意味着，“注重统筹兼顾”首先是由诉讼制度改革的实践理性所决定的，它要求“以审判为中心”的刑事诉讼制度改革必须科学辩证地兼顾各种诉讼原则和理念、兼顾当前发展和长远发展、兼顾尊重现实和科学规律。

对此，笔者认为，承担以审判为中心的诉讼制度改革之主要任务的司法实务部门对该问题认识的深化，有着以下几方面不可忽视的重要而积极的意义：其一，改革目标更明确、改革重点更突出。将诉讼制度改革的目标对象和施策重点，限定在刑事诉讼制度范围内，把整个诉讼制度改革的重点和重心集中在“刑事诉讼”的范畴内，多措并举，齐力推进。其二，改革决策层级更高、顶层设计更科学。从初始阶段“中央制定原则性政策指导、法院主导初步探索”，发展为“中央深改组审议把关、司法机关组织起草和颁布实施”；通过提高规范文件的决策层级和政治领导的正向力度，来破解改革阻力、促进以审判为中心的诉讼制度改革系统有序推进。其三，改革举措更具可操作性、参与范围更趋全面。在中央深化改革领导小组的领导下、“两高三部”全面介入，这标志着以审判为中心的诉讼制度改革进入第二轮高潮。

除前述官方解读外，理论界对这个问题的学理认识得到全面深化。例如有学者认为，以审判为中心的内涵包括几方面，其一，“在公诉案件的刑事诉讼中，审判处于中心地位。与相互独立又前后衔接的侦查、起诉和执行阶段相比，只有审判阶段才能作出被告人是否有罪的最终判断”。② 其二，“一审庭审是以审判为中心的重点。审级越高，距离案发时间越长，证据更易灭失，更不利于认定事实。因此，无论是事实的认定还是证据的

① 《最高法、最高检、公安部、司法部有关负责人解读〈关于推进以审判为中心的刑事诉讼制度改革的意见〉》，载中华人民共和国中央人民政府网，http：//www. gov. cn/zhengce/2016 －10/10/content_ 5116952. htm。

② 宋洨沙：《以审判为中心的诉讼制度改革》，载《中国检察官》2017 年第 8 期。

采纳，都重点在一审解决”。[①] 其三，“庭审是审判程序的关键环节。法院在庭审中行使定罪权，庭审是以审判为中心具体得以实现的载体，是司法实践中贯彻落实的切入点”。[②] 同时，指出在理论界和实务部门中常见的理解误区，主要有诸如“以审判为中心并不是四中全会提出的全新理念”“无关部门利益和权力地位，强调的是诉讼职能关系”“不是对公检法机关关系的否认，也不是对现有诉讼阶段论的否定”“不否定审前程序的重要性”“与检察机关的诉讼监督并不矛盾”等。[③]

第三阶段：基于2017年最高人民法院《刑事诉讼制度改革实施意见》的规范解读和理论分析。

随着从中央到地方自上而下的深入推进、理论界和实务界群策群力的深入研讨，对于以审判为中心的基本内涵的普遍认识和所达成的基本共识，逐渐趋于回归科学理性，回归司法规律、诉讼规律和诉讼原理。2017年2月21日，最高人民法院发言人在《刑事诉讼制度改革实施意见》发布会上明确指出，“推动确立审判在刑事诉讼中的中心地位和决定性作用”。[④] 同时指出，“确立‘诉讼以审判为中心’，‘审判以庭审为中心’，是审判权作为最终的判断权和裁决权的性质所决定的。审判是刑事诉讼中决定被告人罪责刑问题的决定性环节，是防范冤假错案的关键性防线”。[⑤] 这就意味着，历经反复实践探索和理论研究，对于以审判为中心基本内涵

---

① 宋汶沙：《以审判为中心的诉讼制度改革》，载《中国检察官》2017年第8期。

② 宋汶沙：《以审判为中心的诉讼制度改革》，载《中国检察官》2017年第8期。

③ 参见宋汶沙：《以审判为中心的诉讼制度改革》，载《中国检察官》2017年第8期。

④ 戴长林：《最高院审委会委员戴长林全面解读〈最高人民法院关于全面推进以审判为中心的刑事诉讼制度改革的实施意见〉》，载庭立方网2017年2月21日，http://www.scxsls.com/knowledge/detail?id=118301。

⑤ 戴长林：《最高院审委会委员戴长林全面解读〈最高人民法院关于全面推进以审判为中心的刑事诉讼制度改革的实施意见〉》，载庭立方网2017年2月21日，http://www.scxsls.com/knowledge/detail?id=118301。

所形成的“诉讼以审判为中心”和“审判以庭审为中心”的思想认识，具有某种程度的真理性，因为它在方法论上，符合辩证唯物和历史唯物的基本立场、观点和方法，符合马克思主义认识论的一般规律；在理论内涵上，它体现着“审判的本质是判断”的古老诉讼原理和揭示着“审判在刑事诉讼中作为决定被告人罪责刑问题的决定性环节”，因而符合裁判的终局性原理、符合审判权的性质原理和诉讼基本规律。习近平总书记指出：“充分发挥审判特别是庭审的作用，是确保案件处理质量和司法公正的重要环节。”《刑事诉讼制度改革实施意见》立足审判实际，全面深入推进以审判为中心的刑事诉讼制度改革，使侦查、审查起诉按照审判的标准进行，保证庭审在查明事实、认定证据、保护诉权、公正裁判中发挥决定性作用，有助于全面推进刑事诉讼制度改革和完善，积极构建新时代以审判为中心的刑事诉讼格局。

综上所述，笔者认为，作为今后很长历史时期指导刑事审判制度改革和刑事审判实践的关键性文件和具有里程碑意义的历史性文件，最高人民法院制定《刑事诉讼制度改革实施意见》所赖以建立的、对“以审判为中心”的基本内涵的认识基础，是经得起历史考验、经得起实践考验、经得起科学理论考验的；面向新时代所采取的坚持以人民为中心的发展思想和坚持问题导向、坚持全面深化改革导向的辩证思维方法，也是经得起党和人民考验的。因此，笔者认为，以审判为中心的诉讼制度改革思想，是新时代全面深化改革思想的重要组成部分，是全面依法治国新理念新思想新战略的重要组成部分，是新时代中国特色社会主义思想在司法改革领域的重要体现，也是在新时代中国特色社会主义思想指引下，在以习近平同志为核心的党中央直接领导下所有法律实务工作者和法学理论工作者集体智慧的结晶。

### （三）审判中心主义与侦查中心主义

#### 1. 审判中心主义

从理论上而言，审判中心主义的理论学说其实早已有之，通常在传统大陆法国家刑事诉讼中较为常见，英美法国家尽管没有这样的说法，但由于其实行当事人主义诉讼制度和陪审团制度，强调发现事实和法律裁判过程中的正当法律程序，整个刑事诉讼过程通常也是围绕法官的刑事审判，因而也是事实上的“审判中心主义”。此外值得注意的是，在英美法国家，审前程序中羁押措施采取令状主义，通常由法官司法审查，这也被看作“审判中心主义”的明证。同时，在发现案件事实上英美法国家通常采用陪审团制度，由陪审团对案件事实、证据和定罪问题进行审理和判断。在庭审过程中，几乎所有证据都要经过当庭质证、辩论，陪审团成员之前没有接触过案卷材料，无法就案件本身产生预断、偏见，对案件事实的内心确信完全形成于庭审过程中控辩双方的证据展示和质证、辩论。从法律传统和诉讼文化角度看，英美法国家在最初也没有划分诉讼阶段，只是在借鉴大陆法过程中逐渐形成某些诉讼阶段，但仍然是以审判程序为中心的。这点与传统大陆法国家区别很大，由于成文法传统和实行职权主义诉讼制度，刑事诉讼法典通常对审前程序中的侦查程序、起诉程序都进行明确规定，同时对审判程序也明确规定各种具体的程序设置，不但在发现事实方面强调实体真实主义，也注重强调追诉过程和审判程序的正当性。

大陆法国家在诉讼文化上，其传统的诉的理论和诉权理论等经典诉讼理论极为发达，有着浓厚的“诉讼主义”传统。比如，日本刑事诉讼中的诉因制度，尽管日本通常被看作大陆法国家，其成文法传统、诉讼制度中存在职权主义倾向，但是日本在二战后借鉴英美法国家当事人主义诉讼的对抗制因素，在实行“起诉状一本主义”的同时确立诉因制度，将审判对象严格限定在起诉书所载明的公诉事实范围内，不得超出其范围。究其深层次的诉讼理论基础，乃是“不告不理”原则的现代运用，体现着不告不理原则的实质要求。日本诉因制度在配套措施上规定了“诉因及罚条的追加、撤回和变更”，[①] 这也是符合诉的确认、追加、撤销和变更原理的，是基于“诉的理论”对刑事诉讼程序所进行的制度改造。因此，笔者认为在日本刑事诉讼中，无论诉因制度还是“诉因及罚条的追加、撤回和变更”措施，都是运用传统大陆法诉讼理论进行诉讼程序制度变革的结果。只是从改革策略和立法技术上而言，理念和指导思想上吸收英美法的有益因素，但在制度设计和配套措施上采用了适应其本国国情和法律传统的实用主义做法。也许这恰恰是值得我们借鉴的，因为我国当前以审判为中心的诉讼制度改革也面临同样的困境和难题，但对日本经验的借鉴，也不可以一味地照搬照抄和简单移植。

在德国审判程序的启动上，实行“起诉原则”（Anklagegrundsatz），根据《德国刑事诉讼法》第151条的规定，“只有在提起控告之后，法院才能开启审判程序”。[②] 同时，在审判程序中，《德国刑事诉讼法》规定了庭审阶段的证据规则，包括调查原则、直接审理原则、自由心证原则和罪疑唯轻原则等，其中《德国刑事诉讼法》第155条和第244条确认庭审阶段的职权调查原则，并将直接审理、自由心证和罪疑唯轻作为支撑；同时，还规定言辞辩论原则，要求“所有与指控有关的事项必须经过口头审理，判决的基础必须经过言辞辩论”。[③] 这就意味着，庭审过程中针对“被告人的讯问、证据调查、起诉书和辩护意见，以及就判决进行的磋商、投票和宣判……都必须要以言辞形式进行”。[④] 在直接审理原则和言辞审理原则的基础上，德国刑事诉讼法还要求自庭审程序启动以后，法庭审理过程

---

① 宋英辉等:《外国刑事诉讼法》，北京大学出版社2011年版，第471～473、485页。

② 宋英辉等:《外国刑事诉讼法》，北京大学出版社2011年版，第266页。

③ 宋英辉等:《外国刑事诉讼法》，北京大学出版社2011年版，第276页。

④ 宋英辉等:《外国刑事诉讼法》，北京大学出版社2011年版，第276页。

应当尽可能连贯、持续、不间断的迅速进行，直到法院作出判决为止。

值得注意的是，作为职权主义诉讼制度的代表，德国刑事诉讼中的职权调查原则似乎也面临某些困境。《德国刑事诉讼法》第155条第2项规定，“法院有权并且有义务在这些范围内独立行使职权”。[①] 同时，第244条第2项规定，“为了发现真相，法院应该依照职权对所有对判决具有重要意义的事实和证据进行调查”。[②] 在职权调查原则的制约下，德国法官需要冒着被声称预断、偏见的风险，阅读侦查程序中由警察制作的调查卷宗，从而形成大致的审判思路；在仅有的被法律允许接触审前案卷材料的主审法官作出开庭审理的决定时，通常基本可以确定将来判决的大体内容。相对我国长期盛行的“案卷中心主义”，德国法律只允许部分法官接触审前案卷材料的做法已经相当先进，即便如此，这种做法也面临某些质疑。即便有认知理论的心理学理论基础来支撑，也使其职权调查原则面临取舍与否的争论。

2. 侦查中心主义

侦查中心主义在我国刑事诉讼理论中早已有之、学术界早有学者论及，故而也并非新鲜事物。在纵览学界观点基础上，通过反思我国制度实践和理论状况，笔者认为理论上所谓的“侦查中心主义”，是指一种司法理念、司法实践中的一种价值取向，就是主张将“控制犯罪”作为刑事诉讼的首要目的，强调刑事侦查在整个刑事司法过程（或者刑事案件处理过程）中的地位、作用、功能，主张侦查程序在与审查起诉、审判的关系上处于事实上的“中心”地位、发挥着核心作用的刑事司法价值取向和刑事诉讼理念。对于我国理论研究或者司法实践观念中“侦查中心主义”的产生、形成原因，笔者认为主要有几个方面：

---

① 宋英辉等：《外国刑事诉讼法》，北京大学出版社2011年版，第268页。

② 宋英辉等：《外国刑事诉讼法》，北京大学出版社2011年版，第268页。

第一，我国宪法确立了公检法三机关分工负责、互相配合、互相制约的特殊刑事司法体制，在这种制度背景下，我国刑事诉讼通常被看作惩治犯罪的“流水线作业”。然而，由于司法实践中形成的各种习惯做法和“重实体、轻程序”“重打击、轻保护”的倾向，以及长期以来在“稳定压倒一切”的实用主义政治哲学指导下，刑事诉讼将打击、惩治和控制犯罪作为首要目的，这也导致这种“流水线型”的刑事司法体制极易被异化。同时，由于在最初恢复重建时的顶层设计和制度设计中的特殊考量，公检法三机关在整个国家司法体制和政治体制中的职能、地位和作用的定位不同，某种程度上造成实践中“配合有余、监督制约不足”的问题，其最终结果就是公、检、法三机关的政治功能和司法职能在实践中潜移默化地被异化，整个刑事程序被演化为“公安做饭、检察端饭、法院吃饭”的现实样态。这通常被视为侦查中心主义的典型表现形态。

第二，就其深层次的原因来看，从权力属性上来讲，国家权力机关的决定权、立法权是第一性的，其他权力都是第二性的，都派生于国家权力机关的授权。尽管从理论上来讲，在第二性的侦查、审查起诉和审判等刑事司法权力体系中并无高低贵贱之分，只是分工和职能的不同，但是由于受到特定历史时期的刑事政策、社会形势和犯罪形势等因素的影响，为有效惩治犯罪而需要在体制、制度和机制上对侦查职能和功能定位作出特殊安排。所以笔者认为，这是侦查中心主义在深层次的政治法哲学中的合理性根据。由此看来，“侦查中心主义”实际上就是一种行政色彩浓厚的司法理念或者价值取向。

第三，长期以来在这种特定的政治体制和刑事司法体制下，尤其是改革开放以来我国社会急剧转型、犯罪呈现高发态势，为维护社会稳定、及时有效打击惩治犯罪，长期强调将控制犯罪作为刑事诉讼的首要目的。无论从先天的体制机制条件，还是从现实的机构职能来考量，公安机关负责实施的刑事侦查的客观功能无论对国家刑罚权的实现还是对刑事司法（执法）整体任务的完成都发挥着至为关键的基础作用。同时，公安机关的刑事侦查部门通常处于发现和查明犯罪、查获犯罪嫌疑人的最前沿，因此其在刑事执法过程中侦查意志的强力、强势程度理所当然。

第四，由于特殊历史原因，我国公安机关最早是由公安部队改造而来，作为国家治安保卫机关和刑事执法机关，其组织形式和管理体制体现出极高的惩治违法犯罪的效率；而出于长期维护政治、社会稳定等方面的现实考量，公安机关在刑事执法体制中的作用、功能和价值惯于被突出强调和极力加强，这在客观上造成这样的情况：公、检、法三机关在刑事司法体制中的实际关系已然演化为“强势的公安、优势的检察、弱势的法院”的特殊样态。这种现象也被看作“侦查中心主义”的特殊表现形式之一。

此外，需要注意的是，实务界和理论界有种观点，认为传统刑事司法实践中长期隐秘、隐性地存在一种所谓的“逮捕中心主义”，① 其得以存在的根源在于“逮捕标准的模糊性、司法实践中普遍存在的过度追诉性和不捕消极性”等主客观因素的综合作用，并将以审判为中心的诉讼制度改革作为破解这种倾向或弊端的重要理念和重要契机。对此，笔者认为，它在实质上是侦查中心主义在司法实践中的一种特殊表现形式或者隐性异化形态，在某种程度上也为以审判为中心的诉讼制度改革提供了更加充分的实践基础和理论根据。因此，在此不再进行专门、系统的阐述。

---

① 这种观点认为，“逮捕中心主义”在刑事司法实务中隐秘存在，严重侵犯嫌疑人的人身自由和诉讼权利，偏离逮捕制度初衷，与新一轮刑事诉讼改革的理念相悖，是当前逮捕制度存在问题的集中体现。其得以存在的根本原因，是逮捕标准的模糊性、司法实践中普遍存在的过度追诉性和不捕消极性。应当按照推进以审判为中心诉讼制度改革的理念和实质要求，积极破解“逮捕中心主义”，进行实体和程序、逮捕和监督相结合的系统改革，构建逮捕实质要件体系，按照司法属性监督权特征完善审查逮捕的构造和程序，增加程序性制裁的监督特别程序。参见王雷：《“逮捕中心主义”的破解：以审判为中心的诉讼制度改革》，载《沈阳师范大学学报（社会科学版）》2017 年第 6 期。

3. 唯物辩证视角下的审判中心主义和侦查中心主义

中国语境中的审判中心主义，同西方的审判中心主义有着本质的区别。在现代西方国家，司法权不仅意味着国家刑罚权力的实现手段，更是一种与立法权和行政权平行并立的特殊政治权力。在这种特殊的体制框架和制度安排下，法院系统和法官的独立性、权威性和程序性都得到彰显。因此，审判中心主义在西方国家，无论是传统大陆法国家还是英美法国家，都被实际贯彻于这些国家的政治和法律生活。这是与其特有的政治体制、法律文化和司法传统相适应的。

但是，值得注意的是，假如回到中国语境，我们不难发现，在我国分工、配合、制约的宪法性刑事司法体制下，任何所谓的“中心主义”的说法，都具有相对性，在客观上都不可能绝对化，在理论上也不应被过分鼓吹。无论侦查中心主义还是审判中心主义都是如此。尤其是在我国刑事法治不断进步，刑事法制不断健全，刑事法律体系日渐趋于科学化、民主化和理性化的大趋势下，更是如此。我国刑事法制通过立法确立了法定原则，以此来防止司法专断、权力滥用和司法随意性。具体而言，即在我国刑事诉讼法确定了程序法定原则、刑法确定了罪刑法定原则的情况下，刑事诉讼中的每个环节都要遵循法律规定的程序、步骤和方法，刑事诉讼结果的最终确定也需要遵循刑事实体法的规定。所有的司法机关都要在宪法和法律分工的基础上，严格依照法定权限和程序履行职责。因此，在我国审判中心主义具有相对性，不宜绝对化。这就意味着，一方面对“审判中心主义”倡导不应绝对化、极端化；另一方面对侦查中心主义弊端的矫治也不应矫枉过正，走向另一极端。笔者认为，当前司法改革过程中，任何司法理念或司法价值取向，都要以尊重中国国情和司法规律为前提。因此，应当本着辩证唯物和历史唯物的立场、观点和方法，客观认识和辩证分析侦查、审查起诉和审判的功能、价值和作用。这就意味着，侦查在刑事司法中的基础地位、作用和功能应该得到切实尊重，检察机关在刑事诉讼中审查起诉和法律监督的关键作用应该得到应有发挥，法院在刑事司法过程中保护诉权（尤其是保障辩护权）、认定证据、查明事实、适用法律（尤其是定罪量刑）和公正裁判的决定性、终局性和权威性作用理应得到深化和加强，尤其是审判程序的正当性应该得到尊重和加强。因为目前无论“以审判为中心”还是“以庭审为中心”的改革尝试和价值导向，都旨在在审理案件、发现案件实体真实的过程中，加强审判程序的正当性、程序性和权威性、终局性。

### （四）案卷中心主义与庭审中心主义

#### 1. 案卷中心主义

案卷中心主义肇始于清末修律确立的近代卷宗移送制度；自此由于法律传统、诉讼文化以及制度实践等因素制约，无论我国刑事法制历经何种法律变革似乎都无法摆脱这种办案模式（抑或司法理念）的局限。据学者考证，中国古代实行“两造具备，师听五辞”的办案模式，尽管这种“坐堂问案”的审理方式自始至终渗透着直接审理原则和言词审理原则，但由于法官集中行使侦查、控诉和审理等职权，造成司法行政不分，以致原告、被告、证人均处于诉讼客体地位。在侦、控、审、执等职能不分、当事人客体化环境下，刑事诉讼无疑是以“问案”的裁判官为中心的。[①] 直到20世纪初沈家本主持“清末修律”，确立了中国近代案卷制度，同时它也是伴随着近代审判方式的出现而确立的。1928年南京国民政府颁布的“刑事诉讼法”第258条规定起诉时卷宗移送制度，同时第285条和第289条规定，在庭审过程中刑事案件卷宗中可作为证据之文件的当庭宣读制度。由于该项制度是在没有确立直接审理原则和言词审理原则的情况下确

---

① 参见单子洪：《案卷笔录中心主义“治愈”论》，载《犯罪研究》2015年第5期。

立的，也被学者认为是我国近现代刑事诉讼制度中“案卷中心主义”的渊源。[①] 尽管我国的刑事诉讼制度是在“废除旧法统、创制新法统”、继而又历经“法制破坏、恢复重建”的漫长历史过程中确立的，但由于受法律传统、诉讼文化等因素的影响，潜移默化地继承了“案卷中心主义”传统。1979 年《刑事诉讼法》第 108 条规定了全案卷宗移送制度和庭前实质审查制度；同时，在案件事实发现上强调客观真实，在这种“重实体、轻程序”的制度设计和司法实践中，案件卷宗的作用被发挥到极致。1996 年《刑事诉讼法》修改时，为增强庭审方式的对抗性，吸收了当事人主义的某些因素，起诉方式上借鉴“起诉状一本主义”，确立“主要证据复印件”移送制度[②]（1996 年《刑事诉讼法》第 150 条），同时在庭前审查方式上采用形式审查制度，目的在于防止法官预断。但是遗憾的是，实践中出现许多问题。1998 年《关于刑事诉讼法实施中若干问题的规定》（“六机关规定”，[③] 已失效）又要求公诉机关当庭或庭后移送法庭上出示、宣读、播放的证据材料。这种证据材料移送制度客观上使办案法官仍然可以在庭后接触全部案卷，[④] 在客观上使刑诉法有关规定的立法目的落空，庭审流于形式。这意味着 1996 年通过改革审判方式所进行的“庭审实质化”尝试，最终在某种程度上流于形式。2012 年《刑事诉讼法》修改时，在保留“庭前形式审查”制度的基础上，恢复了 1979 年《刑事诉讼法》确定的

---

① 参见单子洪：《案卷笔录中心主义“治愈”论》，载《犯罪研究》2015 年第 5 期。

② 1996 年《刑事诉讼法》第 150 条规定，“人民法院对提起公诉的案件进行审查后，对于起诉书中有明确的指控犯罪事实并且附有证据目录、证人名单和主要证据复印件或者照片的，应当决定开庭审判”。

③ 最高人民法院、最高人民检察院、公安部、国家安全部、司法部、全国人大常委会法制工作委员会《关于刑事诉讼法实施中若干问题的规定》。

④ 1998 年“六机关规定”第 42 条规定，“人民检察院对于在法庭上出示、宣读、播放的证据材料应当当庭移交人民法院，确实无法当庭移交的，应当在休庭后三日内移交。对于在法庭上出示、宣读、播放未到庭证人的证言的，如果该证人提供过不同的证言，人民检察院应当将该证人的全部证言在休庭后三日内移交”。

“全案卷宗移送”制度。尽管经历了一个辩证、批判性的“否定之否定”的发展过程，但是我国刑事诉讼中的“案卷中心主义”仍然没有实质性改变。迄今为止，司法实践中围绕案件卷宗的办案模式仍然是常态。而且，值得注意的是，我国在立法上自始至终从未规定直接审理原则和言词审理原则，并设置相应配套措施，这是导致案件卷宗在刑事诉讼中的地位、作用和功能被中心化的重要制度诱因，因而制度缺失是我国实践中“案卷中心主义”得以盛行的重要原因。

值得指出的是，除采行“起诉状一本主义”的国家外，多数大陆法国家实行卷宗移送主义，区别在于他们对法官阅卷的范围有所限制。德国通常只限于合议庭中的一人阅卷，其他人则要通过庭审的亲历性知悉案件事实。对此，我国理论界和实务界都有专家学者提出各种改革方案，但仅限于实务讨论层面或学术研究范畴。

2. 庭审中心主义

所谓“庭审”，就是法庭审理；而庭审中心主义就是旨在强调刑事案件无论其审理过程、抑或裁判结果都必须“以庭审为中心”的一种诉讼理念和价值目标，也是强调庭审在人民法院审判工作处于中心地位的司法理念。这种价值理念针对当前我国刑事司法实践中普遍存在的“庭审走过场”等非正常诉讼现象，特别强调庭审过程的正当法律程序，它要求“事实证据调查在法庭，定罪量刑辩论在法庭，裁判结果形成于法庭”。2013年10月，全国第六次刑事审判工作会议提出“全国各级人民法院要切实转变和更新刑事司法理念，突出庭审的中心地位，有效发挥审判对侦查、起诉的制约和引导作用，确保刑事司法公正”。这通常被认为是当前我国刑事司法领域中提倡“庭审中心主义”司法改革理念的重要渊源。至于为何要强调这种司法理念，究其原因，主要有几方面：其一，党的十八大提出的“让人民群众在每一个司法案件中都感受到公平正义”为法院强调庭审在审判工作中的中心地位提供了政策依据。其二，中央政法委专门出台

《关于切实防止冤假错案的规定》，这是法院强调庭审在审判工作中的中心地位的直接动因。其三，2012 年《刑事诉讼法》有关审判方式改革的规定，为法院强调庭审在审判工作中的中心地位提供了现实的法律基础。如非法证据排除制度、庭前会议制度等。[①] 这些因素既是当前法院强调庭审核心功能的深层次背景和制度诱因，也是司法改革理念的现实基础和合理性根据。

3. 辩证唯物视角下的“折中主义”司法改革价值导向

从制度变革的现实逻辑来看，终极目标上必须实现从“案卷中心主义”向“庭审中心主义”的转变；但在具体过程和现实操作上，还需要尊重历史现实和客观规律，采取务实的“折中主义”立场，就是要促进“案卷中心主义”与“庭审中心主义”的相互妥协，这就意味着，一方面要切实做到对案卷功能的客观评价；另一方面还要切实做到对庭审功能的全面评估。从方法论角度来讲，就是要采用唯物辩证的思想方法，避免将两者绝对化，将案件卷宗和庭审的功能辩证统一起来，发挥两者各自的优势、同时避免各自的弊端。唯有如此，才能最大限度促进改革顺利进行。同时，从诉讼模式角度而言，案卷中心主义司法理念，侧重于强调职权主义在审判活动中的功能和作用；庭审中心主义理念则侧重于强调当事人主义在审判活动中不断增强。这就意味着，在诉讼制度和办案模式的改革导向上，既要肯定传统职权主义诉讼制度的优势，又要积极吸收当事人主义诉讼制度的有益因素，既要增强刑事审判过程和裁判结果形成的亲历性、公开性和公正性，又要增强诉讼程序和司法办案过程的合法性、公开性和民主性，继而为推动诉讼制度和办案模式的深度变革提供理论参考和智识支持，从而最终构建适应新时代以审判为中心诉讼制度改革要求的新型“混合制”诉讼制度和办案模式。

---

① 参见顾永忠：《“庭审中心主义”之我见》，载《法制资讯》2014 年第 6 期。

### （五）以审判为中心诉讼制度改革视野下的刑事审判理论问题研究

鉴于我国实践中长期形成的“侦查中心主义”现状，囿于“案卷中心主义”的传统办案模式，要实现“以审判为中心”的诉讼制度改革和“以庭审为中心”的办案方式，需要首先着力考虑破除立法和司法层面的深层次制约。对此，笔者认为应当注意几方面：首先，就其立法制约而言，审判中心改革决策出台前的刑事诉讼法、法院组织法和法官法，都不是确立在“以审判为中心”思想基础上的，因而“以审判为中心”缺乏立法层面的制度环境和现实语境。其次，就其司法制约而言，主要是我国自清末修律以来长期确立的“案卷中心主义”传统办案模式的制约，如何实现办案方式的根本转变，逐步实现“以庭审为中心”“庭审中心主义”的新型办案模式，是理论和实务部门不得不面对的重要课题。最后，按照中央“顶层设计”与“摸着石头过河”相结合的改革要求，前者意味着运用整体思维来通盘考虑、谋划以审判为中心的诉讼制度改革，以及探索与其相配套的、“以审判为中心”的侦查制度改革、公诉制度改革和审判制度改革，尤其是要注重合理调整审前程序的诉讼构造和制度功能；对于后者而言，则意味着各试点地方如火如荼、争相开展司法改革，以期借此积累改革经验为全方位改革创造条件。在此，笔者认为对“以审判为中心的诉讼制度改革”之命题本体而言，其首要核心就是以庭审为中心的审判制度改革。其实，如果从审判理论和对策研究角度来讲，这就意味着需要实现以下几方面目标：

1. 审判主体改革

当前审判主体改革其实主要是审判组织改革，主要涉及以下几方面：

第一，主要是合议庭组成的人员、数量和方式的改革。[①] 具体言之，即借鉴德国陪审制和英美陪审团制度，借鉴日本《裁判员法》成功经验，通过改革合议制和独任制，完善负责处理具体案件的审判主体组织机制。第二，审判委员会职能、性质、定位和工作机制改革，审委会讨论案件的范围和事项应该主要限于法律规定的范围，审委会原则上不讨论具体案件的事实和证据问题，只讨论法律适用问题；裁判文书签发机制改革，改变实践中习以为常的行政审批式的定案机制。第三，法院内部的司法行政管理体制改革，无论人财物统一收归省级司法机关统管还是员额制改革，其目的都在于增强司法机关和司法人员的相对独立性。也就是从人事、财政等司法行政事务方面，增强法院系统的整体独立性，从而确保法院在人员薪资福利、日常经费管理等方面，防止过多受到来自行政系统的不当干预。

2. 审判方式改革

鉴于传统的围绕案件卷宗的办案模式存在弊端，在刑事诉讼法典中通过立法的形式明确规定直接言词原则，逐渐实现庭审方式的直接审理和言词审理，以矫正过度依赖案卷的倾向。即在办案方式上，改变过去长期过度依赖案卷审理、书面审理来发现案件事实、查明案件真相的习惯做法。在辩证唯物主义认识论的影响下，通过侦查、审查起诉和审判逐步加深对案件事实真相的认识，最终最大限度还原、恢复客观事实真相。这通常被认为是符合辩证唯物主义的认识规律的。尤其是在侦查和审查起诉程序中，侦查人员和检察人员对案件事实的认识存在客观现实的局限性和各种

---

① 2018 年修改后的《刑事诉讼法》第 183 条规定："基层人民法院、中级人民法院审判第一审案件，应当由审判员三人或者由审判员和人民陪审员共三人或者七人组成合议庭进行，但是基层人民法院适用简易程序、速裁程序的案件可以由审判员一人独任审判。高级人民法院审判第一审案件，应当由审判员三人至七人或者由审判员和人民陪审员共三人或者七人组成合议庭进行。最高人民法院审判第一审案件，应当由审判员三人至七人组成合议庭进行。人民法院审判上诉和抗诉案件，由审判员三人或者五人组成合议庭进行。合议庭的成员人数应当是单数。"

复杂的外在干扰因素。只有到了审判阶段，对案件真相的发现和认识才能够达到相对客观、全面的程度。公检法机关在处理刑事案件的整个过程中，始终有赖于案卷作用的发挥。因为案件卷宗材料作为处理案件过程的物质载体和客观依据，不但集中了全案所有的诉讼文书和证据材料，而且在内容上客观、全面地记载着全案的案发经过、定罪和量刑事实、情节、证据以及程序事实等情况。所以，这是“案卷中心主义”赖以存在的现实基础和主要根据。但也恰恰是这个原因，司法实践中也存在做假案、伪造诉讼文书、证据材料的情形。同时，在法院审理案件过程中，对案件事实的获知主要依靠案卷，而不是依靠庭审过程，导致“庭审走过场”“庭审过程虚置”。同时，在司法实践中，审判实务部门在裁判文书和审理报告中大量引用侦查案卷作为处理案件根据的情形，也很常见。因此在改革审判方式上，理应尽可能纠正实践中过度依赖案卷的倾向，从审判实际出发尽可能采取一些依靠庭审发现案件事实、审查证据和确定法律适用问题的措施（如在立法上规定传闻证据规则）。

总之，就现实的司法改革成本、实际办案需要以及理论研究和认识深化等方面而言，最终目标应当是实现彻底贯彻直接审理原则和言词审理原则的庭审方式。但是，从现实的改革路径上而言，可能会有很长时期的过渡阶段。这就意味着，首先要实现从“案卷中心主义”到“庭审为主、案卷为辅”的折中主义的转变（案卷与庭审相结合的审理方式）；其后，随着改革不断推进、在条件成熟后（如实现了彻底的“起诉状一本主义”），最后再过渡到彻底的“庭审中心主义”的审理方式。此外，在此值得注意的是，伴随着近年法院系统的办公场所等软硬件设施建设，尤其是信息化建设的深入推进以及大数据等现代科学技术的普遍应用，利用科技法庭等现代化司法设备设施审理刑事案件的做法大规模迅速普及。同时，在新时代中国司法实践和司法改革的特定场域（或特定语境）中，探索构建“庭审为主、案卷为辅、同步录音录像为监督和补充”的新型审判方式所必备的，包括诸如资金、人员、技术等在内的一系列主客观条件已经基本具备。从客观上而言，现代科技革命被引入司法领域，给审判方式变革带来了前所未有的变化。因此，以现代司法科技革命为契机，推动审判方式的根本性变革是新时代审判方式改革的重要课题和发展方向。

3. 审判对象制度改革

法谚语："无告诉即无审理。"根据不告不理原则，法院审理的范围，应当严格限制在原告起诉的范围。我国民事诉讼和行政诉讼对此都有明确规定。但是，由于历史和现实原因，我国刑事诉讼法没有对审判对象进行明确限制。我国法院对刑事案件的审理范围，通常不仅限于检察机关指控的范围。为限制刑事审判权的任意扩张、尊重和保障被告人诉讼人权，应当从立法上确立完善的审判对象制度。可借鉴其他国家的立法经验，如德国规定法院审理对象严格限制在公诉事实范围内；日本规定诉因制度，要求起诉书对公诉事实必须以诉因的形式明确加以记载。作为法定的审判对象，法院只能就诉因事实是否存在进行审理，原则上不能超出其范围；但是，在法律明确规定的例外情况下，允许修正诉因和罚条，即允许追加、撤销和变更诉因和罚条。这些措施对防止审判权力滥用、保护被告刑事诉权，能够起到积极作用。总体上，审判对象制度的确立和改革完善对推动我国现行的刑事审判制度改革、推动以审判为中心的诉讼制度改革，都有着不可忽视的积极作用。

4. 司法责任制改革

作为司法体制改革重要组成部分的司法责任制改革，也被作为以审判为中心诉讼制度改革的重要措施之一。尽管自终身负责制提出以来，中央层面率先出台一些探索性措施，但是从理论基础上来看，该项改革在涉及政治理论、党规理论、法律理论等领域的理论衔接上亟须科学梳理和系统完善。正如习近平总书记指出的那样，司法责任制是我们全面深化司法体制改革必须牢牢牵住的"牛鼻子"。完善司法责任制，是建立权责统一、权责明晰、权力制约的司法权运行机制的关键，也是深化司法体制改革的核心，对促进严格公正司法具有十分重要的意义。因此，逐步健全和完善科学、系统、权威、规范的司法责任制，是理论界和实务部门共同面临的重要课题。具体而言，应当从以下几方面深化司法责任制改革：一是司法责任制改革亟需深入推进，坚持“权责统一、权责明晰、权力制约”原则，积极促进责任追究机制和错究救济机制相结合；二是司法责任理论研究亟须深化；三是推动司法责任理论和司法责任制改革两者在理论与实践有机互动中相互促进、相辅相成。特别是要注重对最高人民法院2015年制定实施的《关于完善人民法院司法责任制的若干意见》和最高人民检察院2017年制定实施的《最高人民检察院机关司法责任制改革实施意见（试行）》等规范文件的规范解读和理论构建。

5. 健全和完善证据规则体系

通过立法和司法实践逐步健全完善证据规则体系，既包括“以‘证据三性’为核心”的实体性证据排除规则体系，主要包括非合法性证据、非真实性证据、非相关性证据等排除规则，以及不可靠证据、瑕疵证据和传闻证据等排除规则在内的实体性证据规则体系；也包括法庭审判过程中证据的举证、质证、认证等在内的程序性证据规则体系。

此外，笔者认为，在以审判为中心的诉讼制度改革前提下，着力探索诸如“以控辩平等为核心”和“以审判为中心”的起诉制度改革和侦查程序改革，也是非常值得探索的审前诉讼制度改革的重要方向。

## 二、刑事诉讼法律关系的基本理论研究

### （一）国内外研究现状

我国刑事诉讼理论中的“刑事诉讼法律关系”，从理论来源上来讲，主要有两大渊源：一是源于对苏联诉讼理论的借鉴学习，二是源自对我国

传统诉讼理论的批判继承。其中，在很长历史时期里，前者是主流，占据主导地位，其原因也是多方面的。二十世纪七八十年代主要是受政治体制和意识形态等方面的制约，近年来有学者转而学习大陆法诉讼学说。为追根溯源，厘清其学说发展脉络，也有学者从历史学角度进行理论研究。

就学说发展史角度而言，刑事诉讼法律关系学说最初肇始于德国学者比洛在 1868 年发表的《诉讼抗辩论与诉讼要件》。这位德国近代诉讼法学家最初是在民事诉讼语境中使用该术语的，后来被学者用于诠释刑事诉讼的某些现象。在有成文法传统的大陆法系国家，诉讼法律关系理论常常被用来指称刑事诉讼法典调整诉讼活动所形成的抽象社会关系。从这个角度来讲，法律关系理论是先验的理论。当然，这是以成文化的法律规范为基础的。但在英美法理论中，很少有学者研究这个领域，这与其法律文化和司法传统密切相关；在某种程度上，同其采用的当事人主义诉讼模式，以及发现案件事实、形成法律裁判的机制也有很大关联。他们对法律关系理论的演绎，更多侧重于逻辑上对公权力的概括讨论和特定权利的具体分析，而且演绎性的逻辑分析方法是他们经常运用的方法论。在英美法学家看来，司法是经验的科学。他们在证据规则、刑事程序设置和诉讼价值方面都充斥着经验法则和朴素的自然法思想。因而，刑事诉讼法律关系理论在英美法国家并不发达。

从理论形态上来讲，诉讼法学发展史上最早出现过“法律关系”与“法律状态”两种学说之争，后来多数学者采用折中主义的理论立场，但基本都肯定“法律关系”的基础价值和功能。区别主要集中在对“法律状态”的存在样态及其运行机制的不同诠释。首先，就诉讼法律关系学说的理论形态而言，学说史上曾经出现过“一面关系说”、“两面关系说”、“三面关系说”和“多面关系说”。前两者因其缺陷明显，很少有学者主张。后两者主要集中在有专门的刑事诉讼法典的国家和地区，如苏联和中国、德日等其他传统大陆法国家。由于政治体制、司法体制、诉讼构造、诉讼目的和具体制度设计以及法律意识形态、诉讼文化、司法传统、刑事政策等层面的不同，“三面关系说”和“多面关系说”也有明显的“分水岭”。目前在传统大陆法诉讼理论中，多数学者赞同“三面关系说”；而在苏联和中国理论界，传统理论通说采“多面关系说”。

### （二）经典学说与学术流派

#### 1. 大陆法经典学说和学术流派

在德国、日本和我国台湾地区的大陆法传统诉讼理论中，“三面关系说”是通说。自近代以来，在启蒙思想的指导下，长期秉承“诉讼主义”传统，演绎出程序主体性理论、诉的理论、诉权理论、既判力理论等经典诉讼学说。这些理论都是在狭义的诉讼立场上，围绕审判程序的诉、辩、审三造的诉讼活动和诉讼关系展开的。从学说流派上来看，主要有“诉讼法律关系说”、“诉讼法律状态说”和“混合说”（“折中说”）。

（1）“法律关系说”学术流派

19世纪以来，德国学者比洛创造性地提出“诉讼法律关系说”，把诉讼（据考证，实际上此处特指民事诉讼）看作法院和当事人随着诉讼进程向前发展的统一诉讼关系。此后，又出现科勒尔（Kohler）的“一面关系说”、普兰克“两面关系说”、瓦希（Wach）和德根科尔博（Degenkolb）“三面关系说”，其中“三面关系说”被称为通说。

（2）“诉讼法律状态说”学术流派

1925年德国学者哥尔德施米特（GoldSchmidt）在其经典文献《作为法律状态的诉讼》中指出，权利义务关系是人们通过主观的观察形成的印象和观念，是静态的反映，而诉讼是动态的发展的法律状态。这就是为后世所著称的“诉讼法律状态说”。在其后，德国学者查瓦尔（Sauer）对哥尔德施米特的学说进行了发展。他将诉讼看作有时间性、发展性的动态程序推进过程，并主张将整个诉讼过程从实体形成、诉讼追行和程序过程等三个抽象的维度来观察、解读和诠释诉讼的这种法律状态。

(3)“折中主义”学术流派

在前述德国学者之后，后来的学者普遍采用“折中主义学说”。近现代日本在学习研究德国最新学说的基础上，根据日本的制度环境对其进行改造。代表人物主要有小野清一郎、团藤重光和平野龙一等著名法学家。

小野清一郎主张“调和说”。他主张将诉讼关系区分为基本的诉讼关系和派生的诉讼关系，前者是基础、第一性的，后者是前者的发展延伸、是派生性的。因而诉讼是由静态的基本法律关系和动态的派生法律关系组成的，同时诉讼法律关系从产生、发展、变化和消灭的整个运行过程呈现为动态的诉讼法律状态。

团藤重光主张“诉讼两面说”。团藤重光对德国学者查瓦尔的“三重过程说”进行改造，将“诉讼追行过程”纳入“程序推进过程”中，主张实体形成行为和程序形成行为两者并不是毫无关联、相互孤立的，而是“不可分离的同一诉讼整体的两个侧面，因而称作诉讼的实体面和程序面更为适当”。在他看来，诉讼实体面“其实不过是具体案件中实体的法律关系由形成直到确定的浮动的、流动的法律状态”。“开始是侦查机关的主观嫌疑，逐步根据证据证实而成为客观嫌疑，公诉的提起使诉讼的客体特定化，并通过当事人的攻击和防御对其进行审查，最后当法官形成内心确信时作出有罪判决，使客体的确定力得以固定”。[①] 诉讼程序面是法院和当事人之间以诉讼行为为动力、以实体面为目标的诉讼法律关系。他认为，“对于实体面和程序面的判断标准不同。实体面既然是浮动的法律状态，实体形成应当以判决为最后的确定点。……与此相反，程序面既然是固定的法律关系，诉讼行为应当以行为时的实体形成为判断标准，即使后来实

① 徐静村主编:《刑事诉讼法学》(第三版)(上)，法律出版社 2003 年版，第 97 页。

体形成发生变化，也必须维持当初行为的效力”。[①]

平野龙一主张“诉讼三面说”。尽管团藤重光的“诉讼两面说”在日本理论界取得很大影响，但是平野龙一似乎并不赞成团藤重光学说的某些观点，主张继承和发展查瓦尔“三重过程说”，并在当时日本的特定制度语境中对该学说予以诠释。对于诉讼法律关系说和法律状态说的态度，平野龙一采“并立说”，认为诉讼实体面主要是法律状态，但也有法律关系；诉讼程序面主要是法律关系，但也有法律状态。他沿袭查瓦尔的三分法，主张从三个维度来分析诉讼过程。他认为“诉讼追行过程是与诉因和证据相应的发展过程”，[②] 而程序过程则是“基于诉讼追行而为的各种行为构成过程”。[③]

2. 中华民国时期和当代我国台湾地区学界的代表学说

(1) 夏勤狭义说、陈瑾琨早期广义说

二十世纪二三十年代，夏勤、蔡叔衡、陈瑾琨等民国著名学者就曾对“刑事诉讼关系”“刑事诉讼之性格”“刑事诉讼之主义”等问题进行过理论阐述。这一时期我国学者相关学说的理论来源，主要是德国和日本经典学说。他们在我国当时特殊的学术话语和制度语境中，对德国、日本等法制先进国家的诉讼理论进行演绎发展。其一，夏勤狭义说。夏勤认为，刑事诉讼是审判衙门、原告和被告三造的行为，并将实现国家刑罚权作为目的。但是，刑事诉讼需要规定诉讼程序，为审判衙门和原被告设定“法律上之权利义务关系”作为实现诉讼目的的保障措施。否则，他们将为所欲为，而使实现国家刑罚权的诉讼目的最终不可预期。因此，在夏勤的学说话语中，“刑事诉讼之法律关系，乃原被告‘两造’间或原被告‘两造’

① 徐静村主编：《刑事诉讼法学》（第三版）（上），法律出版社2003年版，第97页。

② 陈朴生：《刑事诉讼法实务》，海天印刷厂有限公司1998年版，第110～114页。

③ 陈朴生：《刑事诉讼法实务》，海天印刷厂有限公司1998年版，第110～114页。

与审判衙门之法律关系”。[①] 这是我国早期“三面关系说”的典型代表。其二，陈瑾琨早期广义说。陈瑾琨较早地将刑事诉讼关系限定为诉讼主体范围内，但在适用范围上将其向前延伸到审前的侦查程序。他认为，“诉讼关系乃谓诉讼主体相互之权利义务关系”，[②] “盖刑事诉讼关系，虽通诉讼全体而一贯，并为整个，但系因诉讼程序之进行终结而发展终结。即在侦查程序，则仅为检察官与被告之关系；在审判程序，通常固仅见各当事人与法院之关系，但当事人之间亦非全无关系，如检察官在审判中仍得继续侦查，被告仍有服从其侦查权之义务是也”。[③]

（2）陈朴生学说

二十世纪四五十年代以后，我国台湾地区学者通常将诉讼关系研究置于刑事诉讼之“性格”、“本质”或者“法律性质”等范畴去考察研究。代表性人物是著名学者陈朴生，他在刑法、刑事诉讼法和刑事证据法等领域都有很深的造诣。纵观陈朴生学术思想发展史，总体上来讲，其关于刑事诉讼性质的学术思想可分为两个阶段。第一阶段是二十世纪五六十年代，陈朴生主张诉讼关系是“诉讼主体在诉讼上得为或不得为诉讼行为之权利义务之关系”。[④] 诉讼关系仅存在于审判程序中，侦查程序和执行程序中不存在诉讼关系。理由是法院通常不得干预检察官实施侦查权和执行指挥权。而且，诉讼关系在内容上主要表现为“原告实施攻击，被告行使防御，法院从中审判”。[⑤] 这是陈朴生早期学说。随着研究的深入和研究角度的转变，陈朴生在该领域的研究渐臻成熟、完善，甚至被置于陈朴生整个学说体系的基础理论核心地位。这是第二阶段，也是刑事诉讼法律关系理

① 夏勤：《刑事诉讼法要论》，中国政法大学出版社 2012 年版，第 18、19 页。

② 陈瑾琨：《刑事诉讼法通义》，法律出版社 2007 年版，第 110 页。

③ 陈瑾琨：《刑事诉讼法通义》，法律出版社 2007 年版，第 110 页。

④ 陈朴生：《刑事诉讼法论》，中正书局 1960 年版，第 84、85 页。

⑤ 陈朴生：《刑事诉讼法论》，中正书局 1960 年版，第 85 页。

论发展的高级阶段。直到二十世纪八九十年代，陈朴生将它置于诉讼实体与诉讼程序的诉讼二元框架下去考察分析研究，构建新的诉讼程序理论范畴体系。同时，诸如诉讼条件、诉讼行为、强制处分等范畴都被用作工具性范畴来支撑这个理论体系。在此笔者希望引用陈朴生的一段经典阐述，借此来诠释刑事诉讼的性质。具体如下：

"刑事诉讼，系为实现刑法之目的而设之程序。刑法，仅就实体的法律关系係设其抽象的规定。此种实体的法律关系，非经诉讼无从使之具体的实现，观之本法第一条第一项'犯罪，非依本法或其他法律所定之诉讼程序，不得追诉，处罚'之规定自明。刑事诉讼之目的，固在使刑法得以正确适用；但为维持程序的公正，其诉讼应循法定程序而进行，即所谓程序的法律关系，亦即诉讼法上法律关系。故诉讼，从其形成实体言，为诉讼之实体；从其形成程序言，则为诉讼之程序。实体法，应经诉讼过程而实现。诉讼程序，系就具体的案件为实现刑法之目的而设。称此具体的刑事案件，为诉讼客体并非超越诉讼而存在，乃依诉讼程序，随其发展而形成。因之，诉讼之客体，并非本来存在，乃经诉讼主体之活动而形成者，称此从诉讼而形成之实体，为诉讼之实体。就具体的程序发展而言，诉讼之客体，经检察官（或自诉人）之起诉而特定，并从他造当事人之防御，两造当事人之主张经判明其当否后，凭裁判官之心证而为裁判。具体案件之实体的法律关系，系经此过程而形成，至于确定。故在此过程中，实具有浮动的性格，得称为法律状态，具有假定诉讼对象之性格，因称之为诉讼状态。"①

当然，在此需要指出的是，陈朴生的学说并不是孤立的，而是成体系的、深入贯彻到整个刑事诉讼基本原理中去。除前述这些经典论述，他还系统阐述了诉讼关系的产生、内容、转移和消灭。尽管我国台湾地区刑事

① 陈朴生：《刑事诉讼法实务》（增订版），海天印刷厂有限公司 1998 年版，第 101 ~102 页。

诉讼理论同我国大陆学说有着诸多的差异，但是笔者希望通过这种引述的方式，来为我国大陆理论破除困境寻求“种子”，也希望陈朴生先生的经典学说能够发挥“鲶鱼效应”。正所谓“问渠那得清如许？为有源头活水来”。

（3）林永谋学说

21世纪初期，在传统大陆法关于“诉讼法律关系说”与“诉讼法律状态说”的争论中，多数学者赞同团藤重光的理论学说。对于实体面和程序面之外是否存在“诉讼追行”问题，学者林永谋教授持肯定观点，但是却主张其仅存在于“两造当事人之间”。在林永谋看来，所谓“诉讼追行”，“乃两造当事人就其本身诉讼上利益所为追求之活动，虽其双方均係以实体形成为目的，但两造所追求者互不相同，检察官（或自诉人）原则上係以‘维持’其所为请求（追诉）之此一诉讼上利益为追求之目标；反之，其居于对立地位之被告则以‘否定’检察官（或自诉人）所为请求（追诉）之此一诉讼上利益为追求之目标”。①

由此看来，如何看待“诉讼追行过程”成为造成“诉讼两面说”和“三重过程说”两大学派理论分野的重要标志。但是，对于林永谋来说，他显然从查瓦尔和平野龙一的“三重过程说”中汲取了“诉讼追行过程”的合理认识。尤其是在借鉴英美对抗制诉讼某些因素的我国台湾地区现代刑事诉讼，已经不能像查瓦尔时代德国采用的职权主义诉讼制度和平野龙一早期观点所处时代采用的职权主义色彩浓厚的混合制诉讼制度。在这种特殊的制度语境中，当事人诉讼地位得到空前强化，当事人为追求各自诉讼利益的活动当然应当受到重视，而法院对于实体形成而言其作用显然被弱化，仅具有补充性。因此，在实体面和程序面之外，所谓的“诉讼追行”自然应当有必要重视，但是在现实的对抗制诉讼体制下，“所剩余者

① 林永谋：《刑事诉讼法论》（上册），冠顺印刷事业有限公司2006年版，第181~182页。

无几，似已几近无物可言”。因此将“诉讼追行”并入“诉讼实体过程”或者“诉讼程序过程”都没有实质意义。同时，由于当事人在追求诉讼利益、实现诉讼目标的过程，无论其与诉讼实体还是与诉讼程序相对而言，都不是平行的或同一平面，而是立体性的一体两面，是相对的、交互的阶段，始终存在实体和程序的交相介入，因此，诉讼追行过程只能从诉讼主体角度来理解，在此特定语境中将其局限于检察官公诉权和被告防御权之间予以讨论。总体上来看，林永谋教授实际上主张的是对抗制诉讼体制下的“诉讼两面说”，也有限承认“诉讼追行过程”的存在。

在林永谋的理论体系中，诉讼实体面和诉讼程序面是同一诉讼程序的两个方面。具体而言，首先，对于实体面，案件实体问题的解决，有赖于具体案件中实体法关系的形成、发展和最终确定。由于刑事诉讼是具体刑事案件中以实现刑法为最终目的的程序，但是作为诉讼客体的具体刑事案件，并非从来就有的，也非超越诉讼本身的，而是随着具体诉讼程序的推进而逐渐形成的。整个刑事诉讼过程，从侦查程序、起诉程序和审判程序，诉讼客体从最初的侦查机关“主观嫌疑”、到检察机关“客观嫌疑”、最终到法官内心确信作出“有罪判决”；这种诉讼程序的发展过程，对于作为诉讼客体的具体刑事案件而言，就意味着刑事实体法关系开始形成、发展和最终确定的浮动的过程。从这个意义上来讲，确实能够被看作“法律状态”。其次，对于程序面，即“从诉讼程序中抽去……实体面成分，所余之纯程序之层面，称之为程序面”。[①]“诉讼行为之效力，通常系于一定之诉讼主体而产生其权利与义务，是以关于程序面，原则上应以法律关系（诉讼法律关系说）予以把握，始属适当。”[②] 最后，对于诉讼实体面和

① 林永谋：《刑事诉讼法论》（上册），冠顺印刷事业有限公司2006年版，第183页。

② 林永谋：《刑事诉讼法论》（上册），冠顺印刷事业有限公司2006年版，第183页。

诉讼程序面两者的关系，他认为“实体面与程序面係一个诉讼程序之两面”,[①] 因而两者是相辅相成、相互影响的。

3. 苏联和我国社会主义学说

如前所述，自二十世纪二三十年代苏联学术界借鉴德国诉讼理论，长期存在意识形态方面的争论，这种学术研究倾向影响了后来的主流学说的发展走向，甚至对其他社会主义国家的学说也产生了深远影响。尤其值得注意的是，其学说语境和话语体系，长期拘泥于宽泛的广义诉讼立场，而逐渐走向僵化。二十世纪三十年代，苏联学者切利佐夫在其主编的《苏维埃刑事诉讼》中将“苏维埃刑事诉讼的本质”归结为“诉讼关系”，继而进行简要探讨。在有资可鉴的有限资料里，在二十世纪八十年代的教科书《苏维埃刑事诉讼》中，以蒂里切夫为代表的苏联学者也将刑事诉讼法律关系归结为“苏维埃刑事诉讼的本质”，并在“苏维埃刑事诉讼的本质和任务”[②] 里对刑事诉讼法律关系进行探讨。总体上，就本体论而言，在辩证唯物主义哲学的思想指导下，“主客二元结构学说”自然就成为苏联刑事诉讼法律关系理论的潜在哲学基础，由此便演绎出刑事诉讼法律关系的构成要素理论。

在此值得注意的是，在苏联和我国诉讼理论界存在“三面关系说”和“多面关系说”之争，在“主客二元学说”的影响下，诉讼理论界强调主体的人民性、广泛民主性，因而学者们通常采用广义的刑事诉讼立场，这直接导致“多面关系说”成为通说；相应地，在这种理论形态中构成要素学说当然是其理论核心。构成要素理论主张，刑事诉讼法律关系主要由主体、内容和客体三要素构成，在主体上它涵括所有的公安司法机关和诉讼参与人；其在内容上主要表现为刑事诉讼权利义务；在客体上，它区别于

---

① 林永谋：《刑事诉讼法论》（上册），冠顺印刷事业有限公司 2006 年版，第 183 页。

② ［苏联］蒂里切夫等：《苏维埃刑事诉讼》，张仲林等译，法律出版社 1984 年版，第 18、19、21 页。

诉讼客体，主要有刑事案件事实和被告人刑事责任。这种思想流派，显然有别于德国、日本等大陆法诉讼理论。二十世纪末二十一世纪初以来，我国有学者开始将视野转向域外法制，积极探索学习国外先进诉讼法制经验和理论学说。

### （三）新型理论构建的研究思路

如前所述，我国传统理论在理论形态上通常表现为构成要素理论，而在理论观点上多数学者赞成“多面关系说”，少数学者赞成“三面关系说”。正如德国学者比洛最初创立“诉讼法律关系说”那样，我国传统学说同样没有关注到诉讼的动态发展特性，也没有揭示诉讼发展过程中程序法律关系的发展变化特性及其规律性。从理论形态上强调微观的诉讼法律关系，对中观和宏观层面的刑事诉讼法律关系关注不够；同时，在辩证唯物主义经典的“主客二元学说”影响下，其本体论被人为地与刑事诉讼主体、刑事诉讼客体、刑事诉讼行为、刑事诉讼目的、刑事诉讼结构等基础范畴割裂开来，没有形成完整、统一的逻辑体系。在理论视野和理论范式上，也存在诸多限制因素。对于前述这些局限性，我国学界基本都已达成共识。这种传统学说几乎已经无法满足理论和实践两方面的现实需要。陈瑞华教授在《刑事诉讼的前沿问题》中曾指出：“不少青年学者都认为现行刑事诉讼法律关系理论已经走到了尽头。”① 对此，笔者深以为然，经过对陈瑞华教授的著名论断进行深入分析后，认为应该从以下几方面进行开展研究：

第一，在理论视野上，打破传统局限，跳出苏联法学意识形态的制约，借鉴德国、日本和我国台湾地区等传统大陆法国家和地区的经典学说，同时吸收英美法刑事司法理论的合理因素，从典型的诉讼形态角度重

① 陈瑞华：《刑事诉讼的前沿问题》，中国人民大学出版社 2005 年版，第 103 页。

新考察刑事诉讼，构建以典型传统诉讼主义视野下的新型理论体系。

第二，如果从刑事诉讼法律关系范畴的研究视角考虑，笔者认为应当兼顾动态视角和静态视角两个方面，从辩证唯物主义哲学立场出发，辩证看待刑事诉讼在这两个维度所表现出的法律特性、本质属性和规律性、必然性，继而在消化、吸收程序动态性理论和静态结构要素学说等合理因素的基础上构建动静结合、辩证统一的理论体系。

第三，从理论重心来讲，作为诠释刑事诉讼本质、性质的重要理论范畴，理应重新回归"审判中心主义"，在诉讼体制框架下重点围绕公诉、辩护和裁判三造间的法律关系设计诉讼程序、完善诉讼制度和调整诉讼体制。

第四，在现实的制度环境中，既要将刑事诉讼法律关系理论研究跟诉讼目的、诉讼主体、诉讼客体、诉讼构造等传统理论结合起来，[①] 又要从对策研究角度将它与中央司法改革方略、刑事政策、现代司法理论、司法价值理念等方面有机结合起来，通过理论探索和对策研究发现适应实践需要的新规律、新原理。

## 三、审判中心改革视野下的刑事诉讼法律关系研究

如果站在"以审判为中心"的理论立场上，去反思我国传统的刑事诉讼法律关系理论，那么就要理清体制、制度和机制层面的制约因素，在解决各种障碍的基础上，追求刑事诉讼法律关系形态的合目的性转变和合规律性发展。在此需要说明的是，从辩证唯物主义实践论和认识论的角度来看，实践决定理论，理论反作用于实践。刑事诉讼法律关系作为一种抽象的社会关系，必然会因法律实践和制度变革而发生改变；不同层面的体制、制度和机制改革实践，必然会在不同层面、不同范围和程度上引起刑

---

① 参见陈瑞华:《刑事诉讼的前沿问题》，中国人民大学出版社 2005 年版，第 103 页。

事诉讼法律关系的系统变革。也就是说，法律实践（包括司法体制改革、司法制度和机制改革，以及法律修改和司法实践等在内）的水平、层次和深度不同，对刑事诉讼法律关系本体及其理论发展的影响水平、层次和深度也不尽相同。这在某种程度上，客观反映在刑事诉讼法律关系理论的研究现状上。同时，科学化、系统化、体系化的刑事诉讼法律关系理论研究，对各种法律实践（诸如司法体制改革、司法制度和机制改革，以及法律修改和司法实践等），也能够产生一定的指导作用和参考价值。这就是理论对实践的反作用。鉴于此，在对法律实践和理论研究两者关系进行辩证分析的基础上，笔者主张应当对实践领域和理论研究中存在的制约因素进行全面、客观和辩证的分析。

### （一）宏观视野下以审判为中心诉讼制度改革与刑事诉讼法律关系理论的辩证统一

#### 1. 旨在重塑“审判中心”的诉讼体制改革是回归司法本质的现实选择

自党的十八大以来所推进的“以审判为中心的诉讼制度改革”就是要通过司法改革、修改法律和机制完善等途径，去除审判程序中的行政化倾向，消除其中行政化的体制、机制和制度因素，逐渐确立和形成基于“无告诉即无审理”的正当法律程序理念，并严格贯彻诉审分离、诉辩对抗、审理者居中裁判等原则的诉讼主义精神，推动形成典型的“等腰三角形”审判法律关系形态。首先，从纵向的诉讼构造角度而言，特别需要注意的是，结合近年我国司法实践中某些实际问题，需要从根本上消除“诉审不分”“审判不中立”的体制机制。这就要求，一方面既要防止出现“控审不分”“诉审联合压制、对抗辩护”的不正常现象，避免造成“倒三角形”诉讼结构；另一方面也要防止审辩关系紧张、对抗，避免从客观上造成的裁判者不中立、无法中立的“偏三角形”“非等腰三角形”构造。其次，从横向的诉讼结构而言，如果真正实现“以审判为中心”，要求审判地位的中心化、审判过程的实质化。因此，笔者认为，法院角色的转换势在必行，如何从配角转换到主角，是值得理论和实务部门深入研究的重要课题，在此不再赘述。

2. “以审判为中心”和“以庭审为中心”的改革目标为新型刑事诉讼法律关系形态的发展形成提供目标指向

随着全面依法治国的推进，司法体制改革逐步全面深化、进入深水区，同时也意味着刑事诉讼法律关系行将发生深刻变化。尤其是在中央推进“以审判为中心的诉讼制度改革”指导下，诉讼体制的结构性要素也面临深刻变革；从中观层面分析，审前程序中传统的侦诉关系、侦辩关系、审查辩护关系面临深刻调整，审判程序中的诉审关系、诉辩关系和辩审关系也面临深刻变革。因此，从理论研究上，亟须科学系统重构传统刑事诉讼法律关系学说，尤其是在当前司法体制改革稳步推进的时代背景下，显得尤为紧迫。

第一，“以审判为中心”作为改革目标，在其自身内涵上意味着，在诉讼实体上确认指控犯罪事实是否发生、被告人应否承担刑事责任及其责任范围以及被告人及其辩护人所作无罪、罪轻或减轻、免除处罚之类的实体辩护是否成立等实体问题要通过法官在庭审过程中解决，同时在诉讼程序上指控犯罪的证据程序是否合法、是否达到证明标准以及被告人及其辩护人所作程序辩护是否成立等程序性问题也要通过法官在法庭审理过程中确定。

第二，正是由于司法实践从诉讼实体和诉讼程序两方面对“以审判为中心”提出了现实要求，庭审实质化、庭审中心化势必成为当然选择。这就意味着，所有与定罪、量刑有关的证据、事实和情节都要经过法庭举证、质证和认证，经由法官法庭调查并由控辩双方在法庭质证、辩论，当庭或庭后查证属实后，才能作为定罪量刑的根据。这是“以庭审为中心”作为审判制度改革的核心目标，其自身内涵的客观要求。

总之，无论“以审判为中心”还是“以庭审为中心”，都需要通过体制改革、制度设计和机制探索，强化刑事审判程序在我国刑事司法体制的中心地位及其终局性和权威性；继而通过完善庭审程序流程和庭审证据规则，强化法庭审理过程的正当性、实质化，正确把握和处理诉、侦、审、辩等结构性要素的关系以及侦查、公诉和审判的诉讼递进关系，通过审判程序规范、指引审前诉讼行为，确保法庭审理过程在查明事实、认定证据、保护诉权、公正裁判中发挥决定性作用。[①]

### （二）新型刑事诉讼法律关系学说的理论构建

在全面、客观考察域内外相关理论学说的基础上，分析各种学说的理论优势和制度语境，从中吸取有益因素来促进我国理论研究的实际发展。我国构成要素学说的理论优势在于基于辩证唯物主义的哲学观，实现对刑事诉讼法律关系的微观解构，将"主客二元学说"绝对贯彻于这种特殊的社会关系而使其"除魅"；但是，其不足在于静态性分析过度、动态性分析不足而导致理论僵化，无法客观揭示刑事诉讼过程的动态发展特性。传统大陆法诉讼理论中的"诉讼法律状态说""诉讼两面说""诉讼三重过程说"等学说，始终保持着对刑事诉讼自身发展过程的动态关注，同时其系统地将刑事诉讼主体、客体、诉讼目的和诉讼构造学说、诉权理论和诉的理论、既判力理论等学说结合在一起。这是其不可置疑的理论优势，也是值得我国学说借鉴的地方。在此不得不指出的是，尽管如此，由于诸如诉讼目的、诉讼结构、司法体制和诉讼制度设计等方面的客观差异，以及外在客观的制度环境和理论语境不同，导致其无法被直接移植到我国刑事诉讼理论中。但是，其中的某些理论框架和观点确实可以直接借鉴，只是需要通过辩证分析、具体问题具体对待；同时，对任何流派的观点既不可能全盘移植，也不可能全盘否定。因此，总体上而言，在综合分析各种学

① 参见沈德咏：《论以审判为中心的诉讼制度改革》，载《中国法学》2015 年第 3 期。

术流派的制度环境、理论语境和理论立场的基础上，综合吸收“构成要素学说”和“诉讼两面说”两者各自的理论优势，可构建“折中主义”的本体论学说。

在具体理论构建上，首先要肯定“诉讼两面说”的抽象分层和理论框架，在此基础上对诉讼实体和诉讼程序两个不同层面的刑事诉讼法律关系进行微观的结构要素分析，通过静态的、具体的刑事诉讼法律关系来揭示刑事诉讼的整体过程；也就是通过辩证唯物的分析方法，对刑事诉讼活动进行解构，分阶段、分程序、分步骤地对其进行构成要素分析，继而依此构建由刑事侦查法律关系、刑事审查（起诉）法律关系和刑事审判法律关系组成的刑事诉讼法律关系体系。其次，还要注意分析随着诉讼进程的不断推进，在我国现时制度环境和理论语境中客观描述不同形态的刑事诉讼法律关系在交替发展过程中的发展性。同时，在借鉴传统大陆法中通行的“审判中心主义”的合理要素，将传统理论中的刑事诉讼主体、诉讼客体、诉讼目的、诉讼构造、诉的理论和诉权理论、既判力理论等学说纳入其中进行综合考察，客观分析前述理论要素随着诉讼活动持续推进过程中的相互影响、相互作用，借此来揭示刑事诉讼的动态发展规律。再者，对前两者的区别而言，前者所进行的静态性分析、描述主要是基于唯物辩证方法论的定性分析，后者所进行的动态描述、概括主要是基于行为法学对审判中心主义典型诉讼形态的理性回归。

1. 动态视角下的“诉讼两面说”

整个刑事诉讼过程是由实体和程序两个方面构成的。自近代以来，当公诉权与刑罚权分离后，诉讼实体与诉讼程序自然分离；无罪推定机制为这种分离提供了重要的机制保障。在诉讼实体面是犯罪发生后，整个刑事诉讼都以实现国家刑罚权为诉讼目标；对于国家这种特殊的刑罚权主体而言，我们通常将国家的这种诉讼目标称为“诉讼目的”，除此之外，国家基于国际公约所负有的保障被告人获得公正审判的义务，也被上升为国家实施刑事诉讼的重要目的。我国刑事诉讼理论界和实务界通常认同“惩罚犯罪和保障人权并重”的刑事诉讼目的。它所承载的既有国家和所有犯罪人的抽象的实体法关系，也有具体刑事案件中国家和特定犯罪人的具体刑罚权关系。但在无罪推定的诉讼机制制约下，刑事诉讼需要以正当的诉讼程序去解决被追诉者的刑事责任问题。这既是对国家权力的限制（或控制、制约），也是对被追诉者的人权保障。因此，审前程序中，无论侦查程序还是审查起诉程序，都是为审判程序做准备。刑事审判需要通过客观公正的法庭调查程序，经由控方指控、辩方辩护，由法官居中就案件事实、证据和法律适用问题进行裁判，解决在具体个案中被告人是否有罪、是否应当承担刑事责任及其范围，以及国家对该特定被告人是否能够实施刑罚权、可依法实施何种具体刑罚权及其范围。究其基本原理而言，实质是解决定罪问题和量刑问题，即一方面，法院代表国家实施对有罪被告人的定罪权问题；另一方面，通过实体裁判来终局性地确定实体法律关系。

（1）程序动态理论视角下的诉讼实体面

在诉讼实体面，定罪与否的关键是，行经查明的案件事实是否符合犯罪构成要件事实，所以定罪问题首先要解决的是实体法律关系的法律事实问题；自此基础上，所进行的刑罚裁量问题就是根据各种影响量刑的事实、情节确定刑罚（诸如是否应当从轻、减轻、免除刑罚），所以量刑问题解决的是实体法律关系是否存在及其范围的问题。也就是说，证明犯罪构成要件的事实，是“决定实体法律关系的产生、发展、存在”的法定事由和事实根据；量刑事实，是“决定着实体法律关系的实际形态”的法定事由和事实根据（特别是，法定或酌定的从轻、减轻、免除刑事处罚的事实和情节，则是“变更或消灭实体法律关系”的法定事由和事实根据）；简言之，即定罪事实决定着“实体法关系是否存在”，而量刑事实则决定着“存在什么样的实体法关系”。总体上而言，在诉讼实体面，整个刑事诉讼随着诉讼进程的推进，在不同诉讼阶段阶段性地、动态解决刑事案件的各种实体问题。也就是说，无论侦查机关对具体刑事案件实体的调查、检察机关的实体审查、法院的实体审理和裁判以及被告人及其辩护人的实体辩解或实体辩护，最终解决的都是实体性案件事实和法律适用问题。尽管前述这些不同诉讼主体的实体性诉讼目标基于其诉讼职责和法律地位而存在客观差异，但是究其共同目标而言，公检法机关基于执行刑事诉讼法、追究惩治犯罪的法定职责，代表国家依照法定程序实施追诉权、定罪权和刑罚权；辩护人基于被追诉者的授权和法律职责，为其做无罪、罪轻以及从轻、减轻或者免除刑罚的实体辩护。侦查机关最直接的实体性诉讼目标在于“破案”，检察机关的实体性诉讼目标在于通过提出犯罪事实、指控罪名和量刑意见等实体请求，来实施求刑、参与量刑；被告人及其辩护人通过实体辩解和辩护来维护犯罪嫌疑人、被告人的生命、人身自由、财产和民主资格等实体性诉讼利益；法院通过实体审理和裁判具体刑事案件，来裁量确定具体罪名和具体刑罚权的存否及范围，实现国家定罪权和刑罚权、保障无辜被告人不受刑事追究和惩罚。纵观具体刑事案件中诉讼实体的发端和产生过程，直至最终实体诉讼目标的实现，整个刑事诉讼过程所展现的是在特定时空范围内犯罪事实、案件定性和定罪量刑裁量的合目的性动态推动和实体性浮动状态。因而诉讼实体面的动态发展特性，主要是事实和法律问题的实体性发展，直至具体案件中的特定刑罚权关系终局性地形成、确定。无论是定罪过程的合要件性审查判断，还是量刑过程的合目的性考虑和可罚性裁量，都具有这种动态特征、发展特性。审前程序中所作出的侦查结论和公诉审查意见中相关的有罪认定，仅具有程序性、阶段性和临时性效力，而非实体性和终局性的。

（2）程序动态视角下的诉讼程序面

在诉讼程序面，整个刑事诉讼的程序性诉讼目标主要是在确保程序合法性、正当性、公正性的基础上实现追究犯罪的实体目标，它要求确保追诉和审判手段、方式和过程的合法性、正当性、合比例性、适当性，既要保障有罪的人受到公正的追诉和审判，又要保障无罪的人不受刑事追究和处罚。首先，要通过正当、公正的程序追究犯罪。根据程序法定原则，刑事诉讼依照法定的程序、步骤和方法有序推进，追究和惩治犯罪的程序法定性以及程序设计的科学性、正当性，都是它的内在要求。通常为大陆法国家刑事诉讼法典确定的程序法定原则，为刑事诉讼程序的法治化、刑事诉讼活动的法制化、刑事诉讼进程的有序化奠定了重要基础。

在诉讼程序面，所有的程序性主体都参与到诉讼活动中去，尽管他们参加诉讼活动的具体诉讼目的（诉讼目标）以及与诉讼进程和诉讼结果的利害关系都不尽相同。与其相适应，诉讼主体和诉讼参与人的诉讼地位、职能和诉讼权利义务也不尽相同；这主要表现在程序性法律关系的具体内容方面。其中，刑事诉讼中主要的程序性主体，即刑事诉讼主体，其参与刑事诉讼的直接目的在于通过行使刑事法意义上的诉权（包括公诉权和辩护权）和审判权以及前两者所派生的诉讼权利义务，来收集和审查判断证据、查明程序性裁判所赖以根据的程序性案件事实，继而裁判启动、中止或者终结相应诉讼程序以及决定适用或者解除相应的强制措施。通过诉讼程序的不断推动，与之相适应的诉讼文书、证据材料和案卷材料不断累积形成。因此，纵观整个刑事诉讼过程，始终都呈现诉讼程序的动态发展特性。然而，在此需要指出的是，自立案启动诉讼程序开始，刑事诉讼中的程序法律关系即已发生，随着诉讼程序不断推进。在侦查程序、审查起诉程序和审判程序中通常表现为根据相应的程序性法律规范或者司法制度规范所产生的程序性诉讼法律关系，而且这些法律关系在相应诉讼阶段具有相对稳定、相对确定的特征。在外在表现形式上，其通常是公检法机关根据相应的诉讼法律规范所作出的实体性裁判或者程序性裁判。这些裁判通常就某些纯粹的程序性问题或者与程序相关的实体问题进行处理，随即产生、变更或者终结相应的程序性诉讼法律关系。如实体裁判的生效，在诉讼实体上确定具体的刑罚权关系，在诉讼程序上则因该诉讼程序自身的终结而使得诉讼法律关系归于消灭。又如，法院驳回非法证据排除申请的决定，具有终结非法证据排除程序、消灭这种特殊的程序性诉讼法律关系的法律效果。

（3）小结

在处理具体刑事案件的整个刑事诉讼过程中，无论诉讼实体面还是诉讼程序面在相应的特定时空范围内，都蕴含着某种动态发展特性。这其中，既要伴随着诉讼主体、客体、具体诉讼目标等要素的动态变化、有序发展，也有具体案件中程序性法律关系形态的交替发展、有序推进和实体性法律关系的发端雏形、深层形成、终局确定。

同时，需要指出的是，我国刑事诉讼在辩证唯物主义认识论和主客观相统一原则的指导下，在具体案件的处理过程中，涉及公正和效率等价值理念的动态权衡、惩罚犯罪和保障人权等诉讼目的的动态衡量、实体真实和程序正当之间的动态衡量，以及实体结果和程序过程的动态权衡。

2. 静态视角下的“构成要素学说”

构成要素理论是苏联和我国刑事诉讼理论中的独特理论，其建立在马克思辩证唯物主义的主客二元论基础上，是将这种哲学思想彻底贯彻到法律关系理论的结果。我们不能否认这种学术思想有其特殊的社会历史时代背景，在我国近几十年的国家政治和社会生活中，国家主流意识形态在不同历史时期对法学思想的影响也是不可避免的，正是由于长期在意识形态领域的争论和批判，才在某种程度上导致法律关系理论中的“主客二元论”思想学说被刻意地彻底贯彻。这契合了国家上层建筑和政治法律实践对于法学理论的现实需要，也是其理论优势所在。由于特殊的社会历史原因，我国革命、建设和改革实践中将人民司法理念作为贯穿立法和司法实践的重要原则，使刑事诉讼在理论体系和制度设计上都持广义立场。这是我国传统刑事诉讼法律关系理论表现为构成要素理论的重要现实基础，也从客观上造成我国传统学说同大陆法理论的分野。鉴于现实的政治体制和国家主流的法律意识形态的现实制约，传统学说的合理内核和有益因素仍然需要继承和吸收。这就意味着，批判和辩证的哲学立场需要被坚持，而狭义立场的优势也需要借鉴。

基于前述动态视角分析，笔者拟从普遍的刑事诉讼现象中抽象出刑事诉讼的两种基本层面，来分析刑事诉讼法律关系的静态要素。

（1）诉讼实体面基本刑事诉讼法律关系的构成要素

第一，在诉讼实体面，刑事诉讼中的实体性诉讼法律关系主要局限于刑事诉讼主体范围内，主要包括犯罪嫌疑人、被告人，侦查机关、检察机关和法院。也就是实体性刑事诉讼法律关系的主体要素。这里需要说明的是，笔者在此所说的刑事诉讼主体不包括被害人和附带民事诉讼当事人，也不包括其他诉讼参与人。因为被害人在刑事诉讼中作为当事人，是我国刑事诉讼中的特有现象，在其他国家通常只将其视为证人，因为将被害人作为公诉案件的当事人，会造成诉讼结构的失衡、控辩双方间的结构性不对等、不平等。附带民事诉讼当事人的当事人地位仅限于附带民事诉讼，其实质只是民事诉讼的当事人。

第二，在内容上，由于审判程序和审前程序的结构形态截然不同，所以将区分开来分别考察。在审判程序中，这种层面的诉讼法律关系主要内容是实体性控诉权、辩护权和审判权。其中，所谓“实体性控诉权”就是基于实体法规定取得的、对案件进行实体处分的实体性请求权。主要是检察机关基于公诉职能和刑法规定，对具体案件中的被告人所具有的定罪请求权和量刑请求权。它既包括请求对涉嫌犯罪的被告人进行实体法上的定罪评价，还包括基于法定和酌定量刑情节对涉嫌犯罪的被告人进行从重、加重处罚的请求权。所谓“实体性辩护权”，主要是被告人及其辩护人基于辩护职能和有利于己方的事实、证据和法律根据所提出的定罪辩护权和量刑辩护权。其中，定罪辩护权包括向法庭提出被告人无罪、罪轻的实体性请求权；量刑辩护权主要是向法庭提出从轻、减轻、免除刑事处罚的实体性请求权。总体上而言，无论实体性控诉权还是实体性辩护权，都属诉权范畴；由于刑事诉讼的特殊性，而表现出某些特有属性。所谓“实体性审判权”实际上就是法院基于审判职责和检察机关的有罪指控，在审查判断证据、查明事实基础上对被告人的被指控行为进行有罪与否的实体法律评价和刑事处分裁判。它主要包括定罪权和量刑权。这是我国刑事司法权的核心之一，也是刑事审判权的最主要内容。在审前程序中，也因诉讼阶段和法律规定的主要任务不同，而表现不同。在公诉审查程序中，检察机关以侦查结论为基础，根据侦查机关所收集的证据、查明的案件事实和抓获的犯罪嫌疑人，依其法律监督职责进行全面审查，并依法作出是否向法院提出实体请求的决定。因此，这种权力就是检察机关在公诉案件中依法所具有的实体审查权，其审查结论通常表现为起诉决定和不起诉决定。然而，我国现行刑事诉讼法赋予被告人及其辩护人在审查起诉过程中的辩护权，表现在诉讼实体层面就是实体性辩护权。由于审前程序的特殊性，这种辩护权在性质上并不是严格意义上的诉求，但是可归结为某种特殊的“准诉权”。因为我国现行的公诉审查程序构造并不是诉讼化的“三角形构造”，而是类似于行政实体法律关系模式的“二元构造”。在侦查程序中，诉讼实体面的实体性诉讼法律关系内容主要是侦查机关的实体调查权（侦查权）和被告人及其辩护人的实体辩护权。在诉讼实体面，这是侦查程序中侦辩关系的主要内容。在我国现行的侦查程序构造中，并没有确立现代大陆法国家的检警关系模式，所以主要是这种侦辩关系模式。它同公诉审查程序构造相似，通常也呈现“二元构造”的行政实体法关系模式的常见样态。

第三，在客体上，诉讼实体面的实体性诉讼法律关系主要表现为整个刑事诉讼所有实体性诉讼权利义务所共同指向的对象，也就是作为整个刑事程序的终局性诉讼目标的“实体性案件事实”和“刑事实体法关系”。首先，就前者而言，多数刑事案件在诉讼程序中都必须查明案件的事实真相，这其中无论客观真实还是法律真实都会存在诉讼实体对案件事实的要求。同时，无论实体性控诉权、实体性辩护权还是实体性审判权都共同指向那些实体法上符合构成要件的事实和情节以及影响量刑的事实和情节。即便是最终作出无罪处理的案件，自始至终也存在犯罪事实是否存在、是否犯罪嫌疑人或者被告人所为以及指控犯罪的证据是否确实充分的问题。因此，笔者认为诉讼实体面的诉讼法律关系客体应当包括实体性案件事实在内。其次，就后者而言，刑事诉讼作为近代以来实现国家刑罚权的必要方式，需要将惩罚犯罪、实现国家刑罚权作为基本诉讼目标。整个刑事程序过程就是在发现犯罪事实的基础上，还要经历控辩双方实体对抗，即控方提出定罪请求和量刑请求、犯罪嫌疑人或被告人及其辩护人提出无罪、罪轻和从轻、减轻、免除刑事处罚的实体性辩护请求；通过控辩双方各自基于诉讼立场和诉讼利益的追逐、争夺和对抗，由法院居中审理，法院通过法定的审判程序进行实体审理查明案件事实，作出有罪与否的判断、继而进行具体刑罚权的裁量，最终作出实体裁判。对于大多数刑事案件而言，无论法院最终是否作出有罪判决，就诉讼主体各方所追求的实体性诉讼目标而言，具体案件中的实体法关系都是诉讼主体各方共同关注或指向的实体性诉讼结局或者诉讼实体结果。而且，这种实体结果或者诉讼结局通常也承载着案件实体裁判的主要内容。最后，在此值得指出的是，由于我国刑事实体立法和刑法学理论中，采用行为法学的主导性理论形态，因而刑事实体法律关系理论并不发达，理论体系相对也不完整。对此笔者仅作简要阐述。

作为终局性诉讼目标的刑事实体法律关系，理论界存在“二元关系说”和“三元关系说”之争，多数学者赞同前者。在理论形态上，也主要表现为构成要素理论，即刑事实体法关系主要由主体、内容和客体三要素构成。首先，主体通常包括国家和犯罪人。对此，学界有“二元主体说”和“三元主体说”两种说法，多数学者赞同“二元主体说”。两者关键区别在于是否承认被害人具有刑罚权关系的主体地位。其次，其内容通常包括国家刑罚权和犯罪人刑事责任。最后，其客体就是国家刑罚权和刑事责任共同指向的对象，在范围上主要包括犯罪人的生命、自由、财产和资格。在此需要指出的是，我国刑法中罪刑法定原则和罪责刑相适应原则都会制约和影响定罪量刑，都是调整刑罚权关系的基本原则。

（2）诉讼程序面程序性刑事诉讼法律关系的构成要素

在诉讼程序面，程序性诉讼法律关系的构成要素通常也是由程序性主体、程序性内容（或者与程序性内容相关的实体性内容）和程序性客体等要素组成。

第一，就主体要素而言，在整个刑事诉讼程序中凡是具有某种诉讼权利或者履行某种诉讼义务的程序性主体，都归属于这个范畴。在范围上既包括作为程序性主体的诉讼主体，也包括刑事程序中的其他诉讼参与人。无论其是否与案件结局存在利害关系或者对诉讼进程产生重要（或关键）影响，只要其依照诉讼法规定或者法院指定参加到刑事诉讼中来，就被视为具有程序性主体资格。在审判程序中，诉讼程序面的程序性诉讼法律关系主体，不但涉及在诉讼实体面也存在、并承担基本诉讼职能的刑事诉讼主体，也包括诉讼实体面所没有涉及的其他程序性主体，诸如被害人及其诉讼代理人、① 证人、鉴定人、翻译人员以及辩护人②等，这些主体在刑事诉讼中承担控诉、

---

① 在此特别说明的是，这是按照我国理论界通说的表述。但是，笔者在此不主张被害人及其辩护人具有当事人的诉讼地位，尽管我国刑事诉讼法作出此种规定，究其原因在于我国刑事被害人国家赔偿制度缺失，现有的刑事救济机制无法使其得到补偿或者救助，因此为救济其因犯罪遭受的实体侵害，所以立法要赋予其当事人地位、更多地参与定罪过程和量刑过程以满足其追诉犯罪、报复犯罪的心理需求；对此，笔者认为这是传统的报应刑刑罚观的重要体现，应该随着社会的进步，及时进行观念更新。但笔者认为，这种做法是不符合诉讼规律的，将来我国确立被害人国家补偿制度或者国家赔偿制度后，可以取消其当事人地位、并取消因此而获得的诉讼特权。其实体权益损害完全可通过附带民事诉讼或者国家补偿制度（国家赔偿制度）获得救济。

② 对此，笔者认为，我国刑事诉讼法没有赋予辩护人当事人地位，在理论上也不承认辩护人具有诉讼主体地位，但是辩护人（尤其是辩护律师）在司法实践中，承担着实体和程序辩护的基本职能，而且在某些具体案件中辩护人（尤其是辩护律师）能够对诉讼进程产生重要的关键影响。因此，笔者认为传统的诉讼主体学说应该作出这种观念调整，在理论上赋予辩护人诉讼主体资格，同时在诉讼立法实践中也应赋予辩护人更多的诉讼特权。诸如独立的上诉权、申请排除非法证据的特权、审前程序中与检察官同等知悉案件情况（或全面阅卷权）等诉讼特权、有条件地赋予侦查程序中辩护律师讯问在场权等。

辩护和审判等基本职能外的其他职能。

第二，程序性内容。在诉讼程序面，程序性诉讼法律关系的内容主要是程序性诉讼权利义务。与诉讼实体面的实体性请求权（实体性控诉权和辩护权）相对，在诉讼程序面主要是程序性请求权，诸如程序性控诉权和程序性辩护权。这些具有明显的程序性诉权属性的诉讼权利主要包括基于程序性法定事由的公诉权、抗诉权、上诉权、申诉权、非法证据排除请求权、强制措施解除请求权、质证权、辩论权等。如果从诉权与审判权的关系角度分析，与程序性诉权相对的是程序性审判权、公诉审查权和侦查权。但是，如果从严格的狭义诉讼立场来看，在审判程序中，它在诉讼程序面的主要内容为程序性控诉权、辩护权和审判权。在范围上，根据各种具体诉权的基本职能区分，程序性控诉权主要是公诉权、抗诉权；程序性辩护权主要是上诉权、申诉权、非法证据排除申请权、强制措施解除请求权等诉讼特权；程序性审判权主要是程序性审理权和程序性裁判权，如具体案件的主管权和管辖权，又如证据不足、不足以认定被告人有罪的，依法作出无罪判决的程序性裁判权，如事实不清或证据不足发回重审的程序性裁判权，如附带或专门排除非法证据的决定权，非法证据排除程序的启动权和实施权、调查核实权等。在刑事诉讼中，只有在尊重和保障诉讼参与人的诉讼权利，尤其是犯罪嫌疑人、被告人的诉讼特权的情况下，才能确保诉讼程序的公正性、正当性、规范性和权威性，实现发现案件实体真实和程序正当两者间的理性平衡。

第三，程序性客体。在诉讼程序面，程序性诉讼法律关系的客体就是所有程序性主体的程序性诉讼权利义务所共同指向的对象。在范围上通常包括程序性案件事实（主要是证据事项和诉讼程序事项等程序性案件事实）和诉讼程序的正当性。作为程序性客体的“证据事项”，主要包括证据的证据能力和证明力、案件中查证属实证据的客观证明程度与法定证明标准的符合程度是否能够达到同一性的问题。而作为程序性客体的“诉讼程序事项”，主要是诉讼行为的合法性、正当性和必要性等问题。但是，在这里需要指出的是，不同范围的程序性主体，由于承担的诉讼职能和诉讼地位的差异，其程序性诉讼法律关系的具体客体也存在差异。具体而言，主要有以下三方面：

其一，所有的承担控诉、辩护和审判等基本诉讼职能的诉讼主体，他们基于其特殊的程序性诉权和审判权所追求的程序性目标在于两方面。一方面是“案件事实”，[①] 另一方面是“诉讼程序的正当性”。首先，“程序性案件事实”，就其通常的理论指向而言，在范围上主要包括证据事项和诉讼行为事项两方面。例如，对于前者，主要涉及证据的证据能力和证明力，以及查证属实证据的证明程度与法定证明标准的符合程度是否能够达到同一性问题。但是，通常也不会直接涉及实体法律关系问题。例如，公诉人和辩护人的质证权和辩论权所共同指向的对象，可能是证据的证据能力或证明力，也可能是证据所证实的案件事实。其次，“诉讼程序的正当性”主要是诉讼程序适用的合法性、正当性问题和诉讼行为的合法性、正当性问题。如刑事诉讼过程中刑事强制措施或者强制处分行为的合法性、必要性和正当性问题。

其二，刑事诉讼主体与其他诉讼参与人之间诉讼权利义务共同指向的对象通常限于案件事实，这其中既可能涉及实体性案件事实，也可能涉及程序性案件事实，但不局限于程序性案件事实，需要具体情况具体分析。如被告人与证人进行对质，他们诉讼权利义务所共同指向的对象可能涉及证据的证据能力和证明力，也可能涉及证人证言的所证实的（程序性或实体性）案件事实的客观性、真实性；又如作为程序性事项的强制处分行为的合法性、必要性问题。

---

① 在此值得注意的是，诉讼程序面刑事诉讼法律关系的程序性客体主要是程序性案件事实，在某些特殊情况下，也可能涉及某些与实体问题密切相关的程序性事实或者某些特殊的实体性事实。

其三，在其他诉讼参与人之间的诉讼权利义务所共同指向的对象，通常也是证据的证据能力和证明力、案件事实。但是，需要注意的是，在具体案件中，由于实际参与诉讼的诉讼参与人的数量、范围和具体职能及诉讼目标的差异，其程序性客体范围有所不同，所以诉讼参与人之间程序性诉讼法律关系的客体也存在层次性和多样性的问题，因而需要具体问题具体分析。例如，在“辩护人、诉讼代理人”和“证人、鉴定人、翻译人员”之间以及“证人、鉴定人和翻译人员”三者之间的诉讼权利义务对象和共同诉讼目标，则仅限于案件事实。其中既可能是证据的证据能力或证明力，也可能是（实体性或程序性）案件事实的客观性、真实性。

# 第三章　以审判为中心的刑事侦查法律关系研究

长期以来我国被认为采用职权主义侦查制度，司法实践中存在“侦查中心主义”的习惯倾向，造成这种倾向的原因是复杂的、多方面的。其中，既有立法思想、社会因素、法律传统和司法观念等的影响，也有司法体制、司法实践中长期形成的办案模式和习惯做法等因素的影响。这种情况有其深层次的复杂原因。鉴于此，党的十八大以来开展以审判为中心的诉讼制度改革，在这种时代背景下，如何消除传统侦查中心主义的弊端就成为司法体制改革和诉讼机制改革的重要课题。刑事司法重心和中心的转移，势在必行。也就是说，刑事诉讼整体重心需要进行从“侦查中心”向“审判中心”的转移。这也意味着必然涉及不同层面的诉讼法律关系的调整。正是由于刑事侦查程序是重要的审前程序组成部分，侦查阶段是刑事诉讼的重要阶段之一，当然也会涉及侦查法律关系的调整。这是笔者对刑事侦查法律关系进行研究的重要初衷。因此，笔者认为，如果要消除传统“侦查中心主义”弊端，一方面，要通过审判程序对侦查和审查起诉的规范指引作用，规范侦查行为，构建有效制约公权、保障诉讼人权的和谐侦诉、侦辩关系，完善侦查法律关系体系；另一方面，通过强化“检察介入侦查、公诉指导侦查”① 的警检关系模式，完善侦查监督动态制约机制，构建新型的侦查法律关系。同时，强化侦查阶段的辩护职能，促进形成良性互动的警律关系，形成“侦查尊重和保障辩护”“辩护监督、制约侦查”的侦辩关系模式。

## 一、刑事侦查法律关系理论的研究现状

在我国民国时期就有学者对侦查关系进行过探讨。这从理论渊源来说，也是源自传统大陆法的理论探讨。自中华人民共和国成立以来，尤其从二十世纪七八十年代开始，对苏联学说的借鉴，诉讼理论界和侦查理论界对该问题都有论述。从传统的理论成果和通常观点来看，其传统学说仍然是以法律关系的构成要素学说为理论基础的，这种学说曾经是理论通说，但是后来也有学者从新的角度上进行研究。就目前来说，在我国诉讼理论界，侦查法律关系理论并不是侦查理论的理论重心，在整个理论体系中仍然是以行为法学为总体架构的。侦查法律关系作为侦查学基础范畴，其对侦查理论体系的完善和侦查实践都有着重要的理论意义和价值。但是由于种种原因，这种理论无论在理论体系还是在具体观点上，都存在局限性。在传统上我国习惯于将发现犯罪、打击犯罪的侦查活动视为单向过程，由此造成“重打击、轻保障”的现象。如果从现代公法理论限制公权力的角度来看，侦查活动应当遵循比例原则和程序法定原则，侦查程序设置的科学性和合理性必须对侦查活动中国家公权力和公民个人权利间的冲突进行规制和平衡，从而达到控制公权力的效果。侦查法律关系理论所提供的正是这样一种理论，就是将侦查活动所引起的人们之间的权利（力）义务关系通过适当途径进行具体分析和量化研究，然后将其纳入法制化轨

---

① 卞建林、谢澍：《“以审判为中心”视野下的诉讼关系》，载《国家检察官学院学报》2016 年第 1 期。

道，形成科学合理的刑事侦查程序。对刑事诉讼中这种特殊社会关系的规范、调整源自法律规范的授权，也可以这样说，规范刑事侦查程序的法律规范，都是应然状态的侦查法律关系；侦查实践中实际的、具体的侦查法律关系，都是实然状态的侦查法律规范。因此，刑事侦查程序的规范分析研究，就有着某种非常重要的理论研究和司法实践价值。

有学者尝试突破传统研究范式，力图从新的视角诠释和解读刑事侦查法律关系范畴，摆脱传统注释法学束缚，从理论法学角度去考察该范畴的相关理论体系。譬如从侦查模式、侦查构造或者侦查目的角度去解读其中所蕴含的基本原理和司法（执法）规律，也有学者将其放入整个刑事程序的框架下进行分析和研究。[①] 理论视野的拓展、理论渊源的多元化、研究视角的全方位以及理论范畴体系的逐渐完善，都呈现为刑事侦查法律关系理论的最新发展动向和理论前沿动态。尤其是，党的十八大以来所开展的刑事司法体制、制度和机制改革，必然会从不同层面、范围和程度上对应然的刑事程序规范和实然的刑事诉讼法律关系进行系统改革和有序调整。以审判为中心的诉讼制度改革，不但会涉及刑事侦查制度的深层次变革，而且会涉及对某些体制性和常态化的刑事侦查法律关系的深度变革。其中既可能涉及宏观意义上的侦查、审查起诉和审判等诉讼分工和职能之间关系调整，也有中观的侦、辩、诉、审关系的调整（尤其是针对具体侦辩关系、侦诉关系的调整），还有微观层面侦查法律关系构成要素调整。尤其是2012年《刑事诉讼法》通过侦查讯问全程录音录像制度对强制侦查权进行限制、将非法证据排除制度作为程序性制裁措施限制公权力滥用和任意行使、对侦查阶段中辩护律师诉讼权利进行明确。这些措施都会引起具体诉讼权利义务关系的变动，以及具体的刑事侦查法律关系的构成要素的

① 参见白少康：《刑事侦查法律关系研究》，载《西北大学学报（哲学社会科学版）》2006年第4期；谢佑平、万毅：《侦查法律关系论纲》，载《中国人民公安大学学报》2003年第1期。

整体（或局部）变更。或者涉及其主体要素的增加、减少或者变动，或者涉及其权利义务内容要素的充实，或者涉及其客体要素的变动和发展。

## 二、刑事侦查法律关系的理论形态

就目前学界多数观点来看，通常认为刑事侦查法律关系是一种程序性法律关系。一方面，就其法律渊源和产生根据而言，它由程序性法律规范调整而产生。但是，在内容上而言，由于刑事侦查活动在整个刑事诉讼过程中通常具有程序性，实体性的定罪权和量刑权通常归属于行使司法裁判权的法院而不属于侦查机关，因而侦查机关不能够针对刑事案件结局实施终局性的实体处分（除法律规定按照销案处理的外）。另一方面，就侦查权的职能定位和权能属性而言，它通常被作为以追诉犯罪、打击犯罪为主要任务的某种特殊的刑事追诉权，其诉权属性并不明显且不易为人所感知，侦查实践中人们通常所感知到的只是其主动性、行政性、强制性等公权力属性，而且它与民事诉讼中的诉权通常有实质区别，况且侦查权本身也并非完整意义上的刑事追诉权。因此，作为旨在揭示审前刑事诉讼活动的内在法律实质的工具性范畴，刑事侦查法律关系通常蕴含于刑事程序本身中，因刑事程序的启动而逐渐发生，并随着刑事程序的变更、消灭而变更、消灭。刑事侦查法律关系的这种动态发展特性，取决于刑事侦查程序本身的动态发展特性。然而，我国刑事侦查程序就其程序构造本身而言，并不具有典型的诉讼性特征，也没有当事人对抗性色彩。也正是由于我国采用“强职权主义”的侦查制度，侦查机关有权依法自主启动侦查程序、在侦查中对犯罪嫌疑人具有强制处分权。鉴于此，如何从控制、制约公权力和保障人权的角度，去重新诠释和解读刑事侦查程序、揭示刑事侦查程序中国家权力和公民人权的配置规律，就成为理论界和实务部门所面临的重要课题。因而，笔者在此拟对域内外侦查制度实践和理论诠释中的刑事侦查法律关系的理论形态进行考察，以期借此为构建新型刑事侦查法律关系理论奠定理论基础，从而为推进以审判为中心的侦查制度改革提供理论参考和智识支持。目前理论界存在的主要理论形态有三种：“两面关系说”“三面关系说”“多面关系说”。

1. “两面关系说”

纠问式侦查制度中，侦查机关具有强制处分权，可依职权主动实施强制处分行为，完全可以在侦查过程中对犯罪嫌疑人的权利实施任意处分；对其强制侦查行为没有中立第三方的介入，法院对侦查的监督和司法审查无从谈起。在这种侦查制度下，侦查关系仅存于侦查机关和犯罪嫌疑人之间，容易出现刑讯逼供、暴力取证等强制方法。在这种侦查程序模式下，侦查机关因具有对犯罪嫌疑人人身自由和财产的强制处分权而处于优势地位，犯罪嫌疑人则处于弱势、劣势地位。传统大陆法国家长期沿用这种纠问色彩浓厚的侦查程序架构，即便是在侦查程序法治化程度较高的今天，仍然能够从其职权主义诉讼制度中发现“两面关系说”的痕迹。而且，这种侦查制度下的侦辩关系不平衡、不对等，失衡的侦辩关系模式是这种侦查关系模式的重要特征。

2. “三面关系说”

“三面关系说”发源于英美法国家，由于受正当程序观念的影响，通常注重由法院介入侦查来制衡强势侦查权，保障公民人权。典型的例子就是源于普通法国家的人身保护令，由法官签发令状，命令警察将被扣押的嫌疑人带至法庭，通过庭审程序确定针对该嫌疑人的拘押是否合法。这种学说认为，刑事侦查程序的诉讼化特征明显，相对三方构造的审判而言，同样是由侦查机关、犯罪嫌疑人和法院构成的三方组合，因而侦查关系主要存在于侦查机关、犯罪嫌疑人和法院三方之间，其中侦查机关与犯罪嫌疑人都是当事人，两者是处于平等、对抗地位的。侦查结构呈现三角形结构。

在采用当事人主义诉讼制度的英美法国家，通常采用“侦查令状主义”，作为侦查主体的侦查机关和侦查对象的犯罪嫌疑人之间处于平等的对抗地位，由法院作为中立的第三方，对侦查机关的强制处分行为进行司法审查，同时接受犯罪嫌疑人的申诉、控告。这种诉讼化的侦查程序构造，是现代刑事侦查制度的重要发展趋势之一。在此值得注意的是，区别于普通法国家，我国目前司法制度中的人身保护令主要适用于民事案件，尤其是家庭暴力纠纷案件中，因而与西方国家刑事程序中的人身保护令有着实质差别。其实在我国现行的刑事侦查程序中，旨在羁押犯罪嫌疑人的审查批捕程序实际上也是“三角形结构”，尽管这种三角结构并非对审制诉讼构造那样的“等腰三角形结构”，但其仍然呈现某种由检察机关据其客观公正义务实施侦查监督和羁押必要性审查而形成的不规则三角结构。

3. “多面关系说”

与“多面关系说”密切关联的本体论就是构成要素学说，苏联和我国传统学说采用这种观点。究其理论基础则可追溯至苏联法哲学、法理学中的法律关系理论。即“多面关系说”的理论基础是法律关系理论和构成要素理论。就其更深层次的哲学基础而言，则是基于马克思主义哲学主客二元结构学说。根据法律关系的构成要素理论，刑事侦查法律关系也是由三要素构成的：

（1）主体要素。在主体要素上，其范围除了包括侦查机关和犯罪嫌疑人以及负责审查批捕和侦查监督的检察机关和被害人外，还包括其他诉讼参与人（辩护人、诉讼代理人、证人、鉴定人、翻译人员等）。根据马克思主义哲学主体学说，凡是依法参加到侦查活动中去，且具有诉讼权利和诉讼义务的人（或机关），都是刑事侦查法律关系的主体。但是在我国刑事诉讼理论和实务界，侦查辩护人通常不被视为诉讼主体，仅是履行辩护职能的诉讼参与人。

（2）内容要素。刑事侦查法律关系的内容要素，就是刑事侦查法律关系主体依法所享有的诉讼权利和诉讼义务。其外延非常广泛，只要是刑事诉讼法等侦查法律规范所规定的权利义务通常都被认为属于这个范围。具体而言，一是侦查机关的侦查权、针对犯罪嫌疑人人身和财产的强制处分权（拘留权、提请批准逮捕权、搜查权、查封权、扣押权、冻结权等)。刑事侦查程序中，侦查机关的程序告知义务，如告知犯罪嫌疑人委托辩护的义务；不得强迫任何人自证其罪的义务；不得刑讯逼供和暴力取证的义务、排除非法证据的义务；刑事诉讼法规定的其他义务。二是作为侦查对象的犯罪嫌疑人具有辩护权、不得强迫自证其罪的特权、申请排除非法证据的权利、申请变更或解除强制措施的权利、被错误追究或逮捕的犯罪嫌疑人申请国家赔偿的权利；主要诉讼义务有如实供述的义务、不得毁灭伪造证据的义务、被采取相应强制措施后依法必须遵循的法定诉讼义务。三是检察机关的审查批准逮捕权、释放或者变更强制措施的建议权；诉讼义务主要有羁押必要性审查义务、排除非法证据的义务以及其他法定诉讼义务。此外，对于被害人和其他诉讼参与人的诉讼权利义务均由诉讼法明确规定，在此不再赘述。

但是，就权力（利）的重要性来讲，刑事侦查法律关系中最为重要的权力就是刑事侦查机关的侦查权和犯罪嫌疑人的辩护权，这是刑事侦查法律关系的核心内容，主要处于侦查机关和犯罪嫌疑人两个诉讼主体之间。因此，侦辩关系是刑事侦查法律关系体系中最为核心、最为重要的关系。因为侦查是我国宪法所确认的国家基本的司法职能，而犯罪嫌疑人的辩护权，是宪法规定的被告人基本人权，被刑事诉讼法扩大解释为犯罪嫌疑人、被告人的基本人权。因而，侦辩关系可被看作整个刑事诉讼法律关系体系中最为重要的关系之一。

（3）客体要素。刑事侦查法律关系客体就是刑事侦查法律关系主体的诉讼权利义务共同指向的对象。刑事诉讼法律关系客体具有层次性。传统学说认为刑事侦查法律关系的客体主要是刑事案件事实。

## 三、刑事侦查法律关系的结构研究

哲学上的“结构”，通常是指事物诸要素之间的组织形态。同时，在辩证唯物哲学看来，关系是指称不同事物之间相互联系、作用的客观存在。如果将这种客观存在看作本体的话，那么其自身内在的各构成要素的具体组成形式、联系方式，就是所谓的“关系结构”。法律关系作为一种特殊的社会关系，其内在结构实际上也同样意味着其内部诸种要素组织形态。因而从微观意义而言，所谓的“法律关系结构”，就是作为法律秩序基本单元的法律关系本身（内部）的诸构成要素之间的组织形态。在此，所谓刑事侦查法律关系的结构，特指构成刑事侦查法律关系的内部诸要素的组织形态。这种组织形态是刑事侦查在特定时空范围内存在的一种组织范式和存在形式，是动态性和稳定性的辩证统一。

从微观层面来说，任何刑事侦查法律关系都是由主体、客体和内容三项要素构成的。而我国传统理论采用构成要素学说，源自马克思主义哲学“主客二元结构”，因此任何最小单元的刑事侦查法律关系都呈现“主客二元结构”。但是这种探讨似乎过于抽象和宽泛，因此，中观层面针对影响侦查构造的探讨主要集中于对司法实践最为有益的角度。

从中观角度而言，侦查关系结构主要表现在基本面和程序面。首先，在侦查基本面，侦查关系结构通常表现为侦查与辩护的“二元结构”，这是我国现行侦查制度下，侦查关系的基本结构。在局部领域，属于侦查、检察和辩护的“三元结构”，这种特殊的侦查关系结构主要存在于适用逮捕措施的审查批准逮捕程序。这是刑事诉讼法对限制犯罪嫌疑人人身自由时所进行的特殊规定，其目的在于防止权力滥用、保障犯罪嫌疑人基本人权。其次，在侦查程序面，呈现为侦查主体、犯罪嫌疑人及其辩护人、被害人及其诉讼代理人、证人、鉴定人、翻译人员和其他参与诉讼的人员之间的“多元结构”。总体上而言，在基本面，侦查关系基本呈现“二元结构”，例外情况下呈现“三元结构”；在诉讼程序面是“多元结构”。

## 四、新型刑事侦查法律关系理论的理论构建

通过综合考察国内外各种学说，可以发现我国传统理论中构成要素理论和大陆法“诉讼两面说”两者都存在合理因素，笔者认为，应当结合中国刑事诉讼和侦查实践，在“诉讼两面说”框架下吸收构成要素学说中的合理因素来构建新的刑事侦查法律关系学说体系。这种学说实际上是“混合说”。

### （一）动态视角下的“诉讼两面说”

当侦查机关发现犯罪事实或者犯罪嫌疑人时，即要依法立案，刑事诉讼程序自此启动，以侦查权为核心的刑事诉讼法律关系形成；除发现属《刑事诉讼法》第16条规定的情形[①]外，刑事诉讼需要查明犯罪事实、查获犯罪嫌疑人并收集能够证实犯罪的证据，只有这三项侦查任务都完成之后，主要的刑事侦查法律关系才能够依法终结；但由于我国采用职权主义的侦查原则，即便已经移送审查起诉甚至正处于审判程序中，侦查机关仍然需要进行持续侦查、继续履行补充侦查的义务和职责。因为侦查权自身的权力属性，此时的侦查法律关系通常表现出行政权所具有的强势性、单方性和主动性特征，这造成我国刑事侦查法律关系在法律实质上表现为某种特殊的行政法律关系。因为现实的侦查法制并没有赋予其相应的复议权（或行政诉讼的起诉权）作为救济，而是通过移送审查起诉进行司法审查和法律监督来实施救济。同时，由于我国赋予侦查机关以系统的限制和剥

① 2018年《刑事诉讼法》第16条规定：“有下列情形之一的，不追究刑事责任，已经追究的，应当撤销案件，或者不起诉，或者终止审理，或者宣告无罪：（一）情节显著轻微、危害不大，不认为是犯罪的；（二）犯罪已过追诉时效期限的；（三）经特赦令免除刑罚的；（四）依照刑法告诉才处理的犯罪，没有告诉或者撤回告诉的；（五）犯罪嫌疑人、被告人死亡的；（六）其他法律规定免予追究刑事责任的。”

夺犯罪嫌疑人人身自由的强制措施适用权，同时也较少受到司法审查的制约，即便是批准逮捕也是具有行政化色彩，并非严格意义上的司法审查。在侦查活动中奉行不公开原则，侦查阶段辩护律师只能在法定的有限范围内进行辩护，对侦查活动难以形成有效的监督和制约。借此，笔者主张，就侦查过程的刑事诉讼实体而言，侦查机构通过调查犯罪事实、收集犯罪证据和抓获犯罪嫌疑人所单方形成的“主观嫌疑”仅是对犯罪嫌疑的程序性认定。“破案”和侦查终结仅仅意味着作为诉讼客体的具体刑事案件在某些要素上的初步确定。犯罪事实和犯罪嫌疑人的相对确定为诉讼进程的推进至关重要。侦查机关的诉讼目标在于通过查明犯罪事实、查获犯罪嫌疑人来追究和惩治犯罪，但是因为无罪推定原则和定罪权归属法院的制度现实，诉讼实体层面国家刑罚权此时尚且无法得以确定、实体法关系无法最终形成。因此，诉讼实体面的具体实体法律关系只是侦查机关的程序性认定、不具有终局性，不产生终局的实体法效力，它只意味着某种现实可能性。

在诉讼程序面，就侦查过程的刑事诉讼程序而言，除出现法律规定的终结诉讼程序的法定事由外，诉讼程序的启动、推进和终结，都需按照法律规定的程序进行，由此程序性诉讼法律关系依次产生、变更和消灭。首先，当侦查机关发现犯罪事实或者犯罪嫌疑人后，经初步调查认为符合立案条件的，应当依法立案。自刑事立案之后，侦查程序开始启动，侦查机关与犯罪嫌疑人及其辩护人、被害人及其诉讼代理人、证人、鉴定人和翻译人员相互之间的程序性诉讼法律关系依次发生、变更和消灭。无论是侦查机关在开展刑事调查过程中，实现查明案件事实、查获犯罪嫌疑人和收集证据材料等侦查任务的过程，都需要依照法定程序进行。如收集证人证言时，需要遵循法定程序，侦查机关与证人之间就会发生诉讼权利义务关系。如果侦查机关启动强制措施的适用程序，也会同被限制人身自由（或财产权）的犯罪嫌疑人或者其他诉讼参与人，发生程序性诉讼法律关系。

譬如，当特定的犯罪嫌疑人的犯罪嫌疑被排除、被解除强制措施时，尽管整个案件仍在继续，但是其与侦查机关的程序性法律关系已告终结或消灭。

### （二）“诉讼两面说”基础上的构成要素理论

1. 在侦查实体面的实体性侦查法律关系的构成要素

在实体性侦查法律关系层面，主要是以实体性的侦查权、辩护权和监督权为主要内容的侦查关系。其中，主导性的侦查关系主要是以实体侦查权和辩护权为内容的侦查辩护关系、在审查批捕等侦查监督活动中以批准逮捕审查权等侦查监督权为内容的侦查监督关系。

（1）实体性侦查法律关系的主体。即在刑事侦查程序中履行侦查、辩护或者监督等法定职能，对犯罪事实和犯罪嫌疑人及其涉嫌罪名、法律适用等诉讼实体问题，承担实体性的侦查权、辩护权或监督权的或者与侦查案件处理结果存在利害关系的国家机关或者自然人。在范围上主要是侦查主体和犯罪嫌疑人；作为常态性侦查监督机制中的检察机关，如检察机关在审查批捕过程中发现没有犯罪事实发生、犯罪行为并非犯罪嫌疑人所为以及具有其他不应当追究刑事责任的情形的，就应当依法履行法定职责，责令侦查机关撤销案件或者释放该涉案犯罪嫌疑人。由于在这种情况下，检察机关的法律监督能够对部分侦查案件的结局或者特定犯罪嫌疑人的追诉问题产生实质性影响，因而这种意义和范围上的侦查监督法律关系属于诉讼实体面的问题。其他诉讼参与人既不是理论上的诉讼主体，也并非侦查理论中的侦查主体，在诉讼中仅承担侦查辅助职能，所以不具有实质性侦查法律关系的主体资格，也不在侦查主体范围内。

这里有两个问题值得注意，就是辩护人和被害人的实质性侦查法律关系的主体资格问题。其一，对于辩护人的实质性侦查关系的主体资格问题，笔者持肯定态度。在我国传统诉讼理论中，辩护人不是当事人，也不是诉讼主体。对此，笔者持怀疑态度，因为在侦查阶段，辩护人尤其是辩护律师在证据收集手段、获知案件事实真相以及在法律适用等方面，都能够为犯罪嫌疑人提供实质性的帮助，向侦查机关就案件事实、法律适用等实体问题提出相对独立的实体性辩护。如辩护律师在侦查辩护过程中，有权向侦查机关或者审查批捕的检察机关提出犯罪嫌疑人不在犯罪现场、没有犯罪时间等足以对侦查案件处理产生关键影响的实体性辩护。因此，笔者认为应当从理论构建和立法实践上赋予其相对独立的诉讼主体地位。对此，笔者认为应当通过立法赋予辩护人，尤其是辩护律师更多相对独立于犯罪嫌疑人及其近亲属的实质性辩护权，如无须犯罪嫌疑人同意的申诉权、申请复议权。其二，对于被害人在侦查程序中是否具有实体性侦查法律关系的主体资格问题，笔者持否定态度。因为被害人是犯罪行为直接侵害的人，是犯罪行为侵害的当事人，但是除自诉案件外，其没有刑事实体法上的实体请求权，只有报案、控告、举报等刑事诉讼法规定的程序性请求权，而且这些程序性请求权通常都是只属于那些没有实体意义的诉权范畴；其在刑事诉讼程序上只具有证人地位，尽管我国刑事诉讼法赋予其当事人地位，但是在此值得指出的是，这种立法状况主要考虑的是从程序上救济其遭受犯罪侵害的实体权益。其中，对于其请求抗诉权，笔者认为，被害人的这种救济权是与实体意义有关的程序性诉权。赋予被害人这种救济权原因在于国家被害人补偿制度或赔偿制度缺失，而现有的附带民事诉讼通常无法补救其实体权益所遭受的损害。因而，笔者认为就我国被害人制度的发展趋势而言，不宜在理论上过分强调其当事人地位和诉讼主体资格，及其在侦查实体面的主体资格。

（2）实体性侦查法律关系的内容。即实体性侦查法律关系的主体根据其所承担的基本侦查、辩护或监督职能，或者基于其同侦查案件实体结局的利害关系，所享有的实质性司法职责或诉讼权利义务。范围上主要有实体性侦查权、侦查辩护权和侦查监督权。其中，所谓“实体侦查权”，就是侦查机关实施侦查查明实体性案件事实、获取实质证据，并在初步调查犯罪案件中的刑事违法性程度、社会危害性程度、人身危险性程度并在获取确实充分证据的基础上进行实体处理决定的司法职权。所谓实体性辩护权，侦查过程中犯罪嫌疑人及其辩护人就发现犯罪事实、实体法律适用等问题，向侦查机关或侦查监督机构提出要求其作出无罪、罪轻或者撤销案件等实体处理的诉讼权利。所谓实体性侦查监督权，即检察机关发现侦查机关不应追究刑事责任的法定情形而予追究的或者正在制造冤假错案的，应当依法责令其撤销案件、终止侦查程序。司法实践中多以事后监督的方式存在。鉴于现代侦查制度的发展趋势，笔者认为，对于类似于审查批准逮捕等的强制性侦查行为，逐渐扩大事中监督的形式和范围，改变过去以事后监督为主的侦查监督方式。

此外，值得注意的是，在监察体制改革前，部分贪污贿赂犯罪案件实际上是在纪检监察机关处理违纪案件过程中就已经完成基本侦查任务。这是司法实践中的实然状态，但是从法理上来讲，自移送司法之后，该类案件仍然要经过检察机关自侦机构依照法定程序和权限，对这类案件的案件事实和法律适用问题进行实质侦查处理。就案件性质的转化问题而言，在我国现行法律框架下将纪检监察案件向贪污贿赂刑事案件的转化，完全能够在现行的党内法规和国家法律两者之间实现“无缝对接”。就其深层次的法理基础而言，实质上是深层次的政治法哲学层面的党内规制机制和国家法治机制的有机结合、有效衔接。但在监察体制改革后，根据《监察法》规定，监察机关依法实施的监察调查，既不属于司法的范畴，也不属于传统侦查的范畴，而是属于一种独立性质的特殊犯罪调查和追究活动，其实质上是一种针对履行国家公权力的国家公职人员职务廉洁性、合法性和合规性的、特殊的国家政治权力活动和国家职能活动。

（3）实体性侦查法律关系的客体。即侦查机关和犯罪嫌疑人等实体性侦查关系主体，其实体性侦查权、辩护权和监督权所共同指向的对象，即涉案的犯罪嫌疑事实和刑事实体法关系（包括国家对犯罪的实体性追诉权和犯罪嫌疑人对犯罪的刑事责任）以及犯罪嫌疑人的人身自由和财产等暂时被程序性限制的基本人权或实体人权。

2. 在侦查程序面的程序性侦查法律关系的构成要素

在程序性侦查法律关系面，所有参与刑事侦查活动的程序性主体，无论承担基本侦查、辩护和监督职能的诉讼主体，还是承担诉讼辅助职能的其他诉讼参与人，他们参加刑事侦查都有提供诉讼证据、配合查明案件事实或者确保侦查程序公正性的诉讼目标。

（1）程序性侦查法律关系的主体。在刑事侦查活动中，无论承担侦查和辩护等基本职能，还是承担特定诉讼辅助职能的程序性主体，都具备成为程序性侦查法律关系主体的资格。在范围上，包括诉讼主体和其他诉讼参与人；因为这些诉讼主体和诉讼参与人都会面临某些程序性问题，都无法脱离诉讼程序本身。作为诉讼主体的侦查机关和犯罪嫌疑人，在刑事侦查活动中处理诸如诉讼证据的收集、采纳或排除，强制措施决定适用、变更或解除，诉讼程序的启动、变更或终止，以及其他程序性事项的过程中所形成的程序性法律关系。同时，那些承担诉讼基本职能外的辅助职能的其他诉讼参与人，他们参与刑事侦查活动的诉讼目的并不是追求特定的诉讼利益，而在于协助诉讼主体解决案件事实和证据问题，或者确保程序公正性。

（2）程序性侦查法律关系的内容。即诉讼主体和其他诉讼参与人在刑事侦查程序中的程序性诉讼权利义务。在具体内容上主要有：第一，侦查机关针对犯罪嫌疑人人身和财产的强制处分权（拘留权、提请批准逮捕权、搜查权、查封权、扣押权、冻结权等）；刑事侦查程序中，侦查机关的程序告知义务，如告知犯罪嫌疑人委托辩护的义务；不得强迫任何人自证其罪的义务；不得刑讯逼供和暴力取证的义务、排除非法证据的义务；刑事诉讼法规定的其他义务。第二，作为侦查对象的犯罪嫌疑人具有程序性辩护权、申请排除非法证据的权利、申请变更或解除强制措施的权利；主要诉讼义务有如实供述的义务、不得毁灭伪造证据的义务、采取相应强制措施所必须遵循的诉讼义务。第三，检察机关的审查批准逮捕权、释放或者变更强制措施的建议权；诉讼义务主要有羁押必要性审查义务、排除非法证据的义务以及其他法定诉讼义务。此外，其他诉讼权利义务，诸如辩护人的调查取证权，被害人就涉案犯罪嫌疑事实的陈述权，证人、鉴定人和专家证人出庭接受质证的义务，翻译人员提供语言翻译协助诉讼程序正常推进的义务。

（3）程序性侦查法律关系的客体。即程序性侦查法律关系层面所有的侦查程序性主体，基于其与诉讼基本职能相关的诉讼辅助职能，其程序性诉讼权利义务所共同指向的对象。即涉案的程序性案件事实（如证据的真实性、合法性、相关性或者证据的证据能力、证明力，又如程序性案件事实的合法性、侦查行为的合法性）、侦查程序的程序正当性和公正性。

## 五、审判中心改革视野下的刑事侦查法律关系研究

鉴于我国传统刑事司法体制中侦查中心主义的弊端，党的十八届四中全会明确提出推进以审判为中心的诉讼制度改革，同时明确了“以审判为中心”的目标、任务和措施。即“确保侦查、起诉的案件事实证据经得起法律的检验。全面贯彻证据裁判规则，严格依法收集、固定、保存、审查、运用证据，完善证人、鉴定人出庭制度，保证庭审在查明事实、认定证据、保护诉权、公正裁判中发挥决定性作用”。这就要求，一方面，从外部关系上，将“以审判为中心”作为优化配置司法职能的重要原则和指导思想，对公检法机关之间的相互关系进行科学定位，切实消除长期存在的“以侦查为中心”的弊端，逐渐有序地转向以法院的庭审和裁判为中心。另一方面，从内部关系上，法院应当以审判工作为中心工作，确保司法审判职能得以充分发挥，确保以司法裁判权为中心，采取司法审判去行

政化措施，消除内部审批案件、签发裁判文书的权力，逐步实现审判权与审判管理权、审判监督权的适度分离。

此外，还应当科学区分和正确认识“以审判为中心”与“审判中心主义”深层次的本质区别，不能将两者等同或者混淆。“审判中心主义”是西方法治国家公认的刑事司法原则。法院相对于负责侦查和公诉的行政机构而言，它是无可置疑地处于中心地位的；同时，审判程序相对于审前程序而言，也是处于中心地位的，其对审前程序的监督和制约的权威性是无可置疑的。“以审判为中心”是我国推进全面依法治国、建设法治国家的重要指导原则。在我国社会主义政治体制下，“以审判为中心”的改革价值导向是符合中国实际情况的。因为在这种政治体制下，我国的国家机构体系是人民代表大会产生和监督下的“一府一委两院”（“人民政府、监察委员会、人民法院和人民检察院”），而且宪法和法律规定法院依法独立行使审判权，不受行政机关的干涉。同时，在司法体制层面，公检法机关办理刑事案件仍然要遵循“分工负责、相互配合、相互制约”的原则。法院在刑事司法过程中，需要同公安机关和检察机关各司其职、相互配合、相互制约，共同完成刑事诉讼执法任务。在我国现行的体制和制度下，“以审判为中心”就意味着在坚持分工负责、互相配合、互相制约原则基础上，着力加强“审判的相对独立性”（如员额制改革、人财物收归省管都旨在加强法院和法官的相对独立性，借此为增强审判的相对独立性做铺垫）。当然，加强审判在整个刑事司法过程中的中心地位，也并不意味着完全忽视侦查和审查起诉等审前程序的前提和基础作用。因此，“以审判为中心”是在尊重中国现实和国情的基础上所采取的适应司法实践需要的重要改革举措，以矫正过去长期形成的“侦查中心主义”弊端。

综上所述，笔者主张，在以审判为中心的诉讼制度改革背景下，为消除传统“侦查中心主义”弊端，需要从几方面构建以审判为中心的刑事侦查法律关系。具体而言，首先，要通过审判程序对侦查和审查起诉的规范起到指引作用，规范侦查行为，构建有效制约公权、保障诉讼人权的和谐侦诉、侦辩关系，完善侦查法律关系体系；其次，通过强化“检察介入侦查、公诉指导侦查”[①] 的警检关系模式，完善侦查监督动态制约机制，构建新型的侦查法律关系。同时，强化侦查阶段的辩护职能，促进形成良性互动的警律关系，构建“侦查尊重和保障辩护”“辩护监督、制约侦查”的侦辩关系模式。

### （一）审判中心改革视野下的侦辩关系

众所周知，我国现行的刑事诉讼程序是以诉讼阶段论为理论基础进行构建的，但是“以审判为中心”强调审判对审前诉讼行为的规范和指引作用。[②] 因此，侦查程序作为审前程序中相对独立的诉讼阶段，是距离犯罪发生的最早阶段、同时也是收集证据、查明事实、查获犯罪嫌疑人的最佳阶段，对审判起着不可忽视的前提和基础作用。作为刑事侦查程序中法律关系的核心之一，侦辩关系状况始终为社会各界所普遍关注。在传统“侦查中心主义”的刑事程序构造中，犯罪嫌疑人作为被追诉和惩治的对象，其在刑事侦查活动中始终处于被追诉的客体地位，因而所谓的“控辩平等”始终保持在理念层面，在侦查实践中是根本不存在的。这就意味着，在“强势侦查、弱势辩护”的制度和体制框架下，侦查阶段中控辩关系严重失衡，因此严格贯彻程序法定原则和遵循比例原则，遏制侦查权力滥用、规范强制侦查行为，就成为必然选择，以期防止冤假错案，维护司法公正。鉴于此，如何在整合审前程序中侦查和审查起诉的控诉职能和程序

---

① 卞建林、谢澍：《“以审判为中心”视野下的诉讼关系》，载《国家检察官学院学报》2016 年第 1 期。

② 参见卞建林、谢澍：《“以审判为中心”视野下的诉讼关系》，载《国家检察官学院学报》2016 年第 1 期。

构造，解决侦辩关系失衡问题所造成的弊端，是我国司法实务部门所面临的重要课题。

1. 完善人权司法保障体制机制，抑制侦辩关系失衡

鉴于我国刑事诉讼在长期司法实践中所形成的“重打击、轻保护”“重实体、轻程序”弊端，我国无论在理论构建还是制度设计中都逐渐开始重视保障人权。随着人们公民意识的觉醒以及法治意识、权利意识的逐渐增强，人权保障观念逐渐深入人心。同时，伴随着刑事诉讼目的从单纯强调追究和惩罚犯罪到“惩罚犯罪和保障人权并重”的转变，通过制度规范侦查行为、防止侦查权的滥用，已然成为理论界和实务界的普遍共识。尤其是2012年“尊重和保障人权”被确认为刑事诉讼法的重要任务，在理论上也通常被作为刑事诉讼的重要任务、目的和原则。因为从更高法律效力和更深层次的法律渊源上来讲，尊重和保障人权还是我国宪法所确立的基本原则，因而在刑事诉讼理论中无论从刑事诉讼法的目的、任务和原则角度，还是从刑事诉讼的目的、任务和基本原则等基础范畴角度来作出诠释，都是没有问题的。与此同时，侦查讯问全程录音录像制度的确立也为侦查程序中保障犯罪嫌疑人的基本人权提供了重要的制度保障。

值得注意的是，纵观我国刑事诉讼中的侦辩关系发展史，始终是沿着限制侦查权、加强辩护权的方向发展的。这种发展趋势不仅受国际人权保障运动的影响，而且也是因为我国刑事诉讼制度发展的社会历史条件要求从制度层面切实保障犯罪嫌疑人的基本人权。长期以来，侦查阶段犯罪嫌疑人在侦查程序中主要通过自行辩护来维护其自身的合法权益，尽管2012年之前的刑事诉讼法规定其可聘请律师为其提供法律帮助，但并未明确赋予其在侦查程序中委托辩护的诉讼权利。2012年修改后的刑事诉讼法明确规定犯罪嫌疑人有权委托律师为其提供辩护，赋予辩护律师以辩护人的法律地位，同时就辩护律师的会见权、调查取证权等作了相应完善。同时，

侦查讯问全程录音录像制度的确立也有利于抑制过于强势的侦查权、限制侦查讯问行为，防止刑讯逼供等非理性的侦查措施的适用。此外，作为程序性制裁措施，非法证据排除制度的逐渐确立和完善，对控制侦查权、保障犯罪嫌疑人诉讼人权，以及确保侦查程序的程序正当性都起着不可忽视的重要作用。这些都是刑事侦查程序中引起侦辩关系发生重大变化的标志性事件。总之，从古今中外刑事诉讼发展史来看，侦查程序始终是伴随加强辩护职能、日渐趋向维护犯罪嫌疑人基本人权而发展的。在以审判为中心的诉讼制度改革的大背景下，要着力解决侦查程序中刑事辩护领域的突出问题，从而促进侦查机关和辩护律师之间构建良好的良性互动关系，促进侦辩关系的和谐、理性和协调发展。正如孟建柱同志在全国律师工作会议中指出的那样，要以“24 字方针”[①] 构建司法人员与律师之间的新型关系。此外，要通过审判程序中的非法证据排除机制、事实认定机制和审判监督机制、程序性裁判机制，规范和指引侦查和审查起诉过程中的侦查失范行为，构建有效制约公权、保障诉讼人权的和谐侦诉、侦辩关系，完善侦查法律关系体系。

2. 审判中心改革视野下的侦辩关系构成要素

如果从诉讼构造的角度来看，控辩平等原则是世界各国刑事审判程序普遍遵循的诉讼原则。但是，由于现实的制度设计和程序构造，我国刑事审前程序在事实上并没有确立这样的原则。也就是说，在我国的刑事侦查和审查起诉程序中，控辩是不平等的，这种不平等首先是制度设计上的不平等，其次是司法理念上的不平等，再者就是由于国家公权力所具有的天然强制性和扩张性所造成的，这些都是造成现实中侦辩关系失衡的重要因素。如何解决侦查程序中侦辩关系不平等、失衡问题，是我国司法实践中

① 特指推动司法人员和律师构建“彼此尊重、平等相待、相互支持、相互监督，正当交往、良性互动”的新型关系。

所面临的现实问题，也是我国司法体制改革进入“深水区”不得不面对的深层次问题。基于此种考虑，笔者认为应当首先从理论上在侦查程序中确立控辩平等原则，并在此基础上厘清侦辩关系构成要素，为以审判为中心的侦查制度改革提供理论参考。鉴于此，笔者认为，侦辩关系的构成要素主要涉及以下几方面：

（1）侦辩关系的主体要素。侦辩关系的主体要素，主要是侦查程序中承担侦查职能的侦查机关和承担辩护职能的犯罪嫌疑人及其辩护人。前者在范围上，根据我国现行刑事诉讼法规定，主要有公安机关、国家安全机关、检察机关自侦部门、海关缉私部门、监狱侦查机构等依法履行侦查职能的专门机关。后者主要有犯罪嫌疑人及其辩护人。一方面，通过完善辩护制度，加强犯罪嫌疑人辩护权能。近年来，随着我国刑事法治进程的不断推进，我国通过全方位推进和完善有助于保障诉讼参与人，尤其是犯罪嫌疑人的生命、人身自由和财产权利以及诉讼权利等人权的体制、制度和机制，来不断加强和完善侦查程序中的人权司法保障制度。值得注意的是，这些改革措施所导致的直接结果，就是犯罪嫌疑人辩护权利的不断完善和辩护权能的不断加强。另一方面，通过完善辩护律师制度，加强辩护律师的诉讼地位和诉讼权能。众所周知，我国刑事诉讼中，辩护人只是诉讼参加人、没有当事人地位，在理论上也不具有诉讼主体资格。对此，笔者认为无论从理论构建还是从制度发展角度，都存在有待完善之处。所以，笔者主张通过立法赋予辩护人（尤其是辩护律师）诉讼主体资格，并辅之以相对于犯罪嫌疑人而言更加独立的辩护权能和诉讼地位。

（2）侦辩关系的内容要素。侦辩关系的内容要素，主要是侦查权和辩护权。值得注意的是，在我国现行司法体制和诉讼法律框架下，这两者并不是对等的、更毋庸说是平等的。因此，针对目前我国刑事侦查程序中侦辩关系存在的突出问题，在推进以审判为中心的侦查制度改革过程中，无论在制度设计还是在理论构建上都应当在侦查程序中贯彻控辩平等原则，这就意味着需要做到权利对等，即刑事侦查权力和辩护权利的对等（至少是形式上的对等），赋予犯罪嫌疑人及其辩护人更充分的辩护手段、调查取证权限。

（3）侦辩关系的客体要素。侦辩关系的客体要素，就是侦查机关和犯罪嫌疑人及其辩护人基于其诉讼职能行使诉讼权利、履行诉讼义务所共同指向的对象，通常也是侦辩关系主体参与侦查或辩护活动所追求的诉讼目标。就其具体范围而言，在诉讼实体面，主要是涉案的犯罪嫌疑事实（犯罪嫌疑行为的刑事违法性、社会危害性、应受惩罚性或者涉案犯罪嫌疑事实与犯罪构成要件的符合程度是否能够达到同一性）、犯罪嫌疑人的具体刑事责任和国家具体刑罚权的存在与否及其范围；在诉讼程序面主要是足以影响侦查程序启动、变更或终结的程序性事实，以及侦查程序的合法性、正当性和公正性。

总之，笔者认为，应当通过强化侦查阶段的辩护职能，促进形成良性互动的警律关系，构建“侦查尊重和保障辩护”“辩护监督、制约侦查”的侦辩关系模式。

### （二）审判中心改革视野下的侦监关系[①]

在我国，检察机关是国家法律监督机关，负责对法律实施活动进行监督。刑事侦查活动是国家侦查机关依法追究和惩治犯罪的刑事执法活动。根据我国刑事诉讼法和《人民检察院刑事诉讼规则》的规定，检察机关根据其法律监督职能，依法对刑事侦查活动的合法性实施法律监督，发现并

---

① 在此值得指出的是，此处所谓的“侦监关系”，在刑事诉讼法律关系理论的特定语境中，特指侦查监督法律关系。

纠正侦查机关实施的违法侦查行为。① 但是，根据我国学者对侦查监督制度进行实证研究所得出的结论来看，我国侦查监督权不能也不可能对刑事侦查进行充分控制。因为无论从人力成本、政治成本还是从监督方式和监督手段上来看，检察机关的侦查监督权对侦查权的控制都是非常有限的。② 但是当前在以审判为中心的诉讼制度改革背景下，检察理论和实务界有专家主张，应当构建从“以公诉为中心”转向“以侦查监督为中心”的侦查活动法律监督体系。③ 同时，2016 年 9 月最高人民检察院发布的《“十三五”时期检察工作发展规划纲要》明确提出，要构建以证据为核心的刑事指控体系。尤其是党的十九大以来，检察机关推行内设机构改革、最高人民检察院提出积极构建“以检察为主导”的（审前）诉讼程序等司法政策，这些都势必会对检察机关的工作内容、工作方式和办案模式产生深刻影响。④ 基于此，笔者认为，如何根据改革目标来调整侦查监督法律关系，如何通过以审判为中心的侦查制度改革，推进刑事诉讼格局实现从“以侦查为中心”向“以审判为中心”的实质转变，就成为我国刑事

① 根据刑事诉讼法和检察机关刑事诉讼规则的有关规定，检察机关对公安机关的侦查活动的合法性实施法律监督，主要是发现和纠正以下违法行为：（1）对犯罪嫌疑人刑讯逼供、诱供的；（2）对被害人、证人以体罚、威胁、诱骗等非法手段收集证据的；（3）伪造、隐匿、销毁、调换或者私自涂改证据的；（4）徇私舞弊，放纵、包庇犯罪分子的；（5）故意制造冤、假、错案的；（6）在侦查活动中利用职务之便谋取非法利益的；（7）在侦查过程中不应当撤案而撤案的；（8）贪污、挪用、调换所扣押、冻结的款物及其孳息的；（9）违反刑事诉讼法关于决定、执行、变更、撤销强制措施规定的；（10）违反羁押和办案期限规定的；（11）在侦查中有其他违反刑事诉讼法有关规定的行为的。

② 参见左卫民、赵开年：《侦查监督制度的考察与反思——一种基于实证的研究》，载《现代法学》2006 年第 6 期。

③ 参见高扬捷：《从“从以公诉为中心”到“以侦查监督为中心”——“以审判为中心”视角下侦查活动监督中心调整》，载胡卫列、董桂文、韩大元编著：《人民检察院组织法与检察官法修改》，中国检察出版社 2016 年版，第 506 ~514 页。

④ 2016 年 9 月，最高人民检察院发布的《“十三五”时期检察工作发展规划纲要》明确提出，“十三五”时期检察机关将构建以证据为核心的刑事指控体系。为正确理解建构刑事指控体系的核心要义与基本要求，以及其对检察机关工作内容、工作方式的调整和影响。参见黄生林、李本森、李奋飞：《如何构建以证据为核心的刑事指控体系》，载《人民检察》2017 年第 11 期。

司法体制改革所面临的重要课题。

1. 完善侦查监督动态制约机制

就目前而言，我国当前所采取的公安体制改革等措施，其实都未真正触及公安机关在刑事司法体制中的强势地位，至少针对性不强，这在客观上导致很多“以审判为中心”的改革措施流于形式。对此，笔者主张，首先在理论构建上应当将审前阶段的侦查程序和审查起诉程序看作整体，通过强化既有的“检察介入侦查、公诉指导侦查”的检警关系模式，通过法律监督机制抑制强势的侦查、有效监督制约侦查权力。同时，通过以审判为中心的侦查制度改革，在既有公安体制框架下适时推进刑事司法体制和行政执法体制的适当分离，这种分离不但意味着机构分离，还意味着职能分离，消除制约和影响“以审判为中心的诉讼制度改革”的体制机制障碍。此外，在我国现行体制和诉讼制度框架下，检察机关的侦查监督主要通过事后监督的方式，操作性和技术层面又囿于“案卷中心主义”的办案模式，因此，我国当前这种监督通常只能以审查案件卷宗材料的方式来实现。

笔者主张，一方面，应当根据侦查权的本质属性和诉讼规律，在以审判为中心思想指导下逐步理顺侦查权力运行机制和侦查监督权力运行机制；另一方面，应当逐渐改变主要靠“事后监督”的传统方式，在满足控制犯罪需要和确保侦查效率的基础上，逐步引入更多的事中监督机制，实现对侦查活动的动态法律监督。

2. 审判中心改革视野下侦查监督法律关系的构成要素

从诉讼构造和侦查监督程序构造的角度来考察，在当前“以侦查为中心”的诉讼体制下，如果要顺利推进以审判为中心的诉讼机制改革，实现从“以侦查为中心”向“以审判为中心”的实质转变，就意味着需要强化“检察介入侦查、公诉指导侦查”的动态监督制约机制，重新构建新型的检警关系模式和刑事侦查监督法律关系体系。对此，笔者认为应当吸收传统构成要素的合理因素，结合司法改革和司法实践的现实需要，构建具有中国特色的侦查监督法律关系理论。基此，笔者主张，侦查监督法律关系的构成要素主要有：

（1）主体要素。主要分为侦查主体和侦查监督主体两类。前者就是根据刑事诉讼法所规定的主管和管辖范围，在具体案件中行使侦查权、履行侦查职能的具体侦查机关；后者就是依法履行侦查监督职能的检察机关，通常在普通刑事案件中是同级检察机关、在检察机关自行侦查的贪污贿赂犯罪案件中是上级检察机关。在这种特殊的程序法律关系中，监督者和被监督者都是具有某种特殊国家司法职能、拥有特定国家职权的国家机关（或者机关法人）。

（2）内容要素。主要是检察机关的侦查监督权和侦查机关依法接受法律监督的义务，及其违法行使侦查权（或实施违法侦查行为）所应当承担的法律责任。无论侦查权还是侦查监督权，两者都属于国家公权力的范畴，性质上都具有明显的行政权属性。但是，值得注意的是，这里所隐含的一个重要问题是：实施违法侦查行为所应当承担的监督法律责任问题。因为负责侦查的侦查机关是被监督的对象，而侦查权则仅是侦查监督的权力客体，并不是侦查监督法律关系的具体内容本身。由此可见，这种侦查监督法律关系，实质上就是某种特定的“权力—责任”型法律关系。对于其法律责任的具体形式而言，尽管在这里“法律责任”通常仅表现为程序性制裁（如排除非法证据、特定侦查行为无效），但对于其中严重违反刑事法律、构成犯罪的，则要依法追究有关人员的刑事责任。当然，这属于广义的实体性制裁范畴。

（3）客体要素。侦查监督法律关系的客体要素就是刑事诉讼中履行侦查职能的侦查机关和履行法律监督职能的检察机关所共同追求的诉讼目标，也是作为监督对象的侦查机关所行使的刑事侦查权、所承担的接受监督的义务和作为监督主体的检察机关所行使的侦查监督权所共同指向的对象，其通常指向的是侦查活动的合法性、侦查程序的正当性。诸如，非法证据排除规则等程序性制裁措施，都是以确保侦查程序正当性和侦查活动合法性为诉讼目标和宗旨的。

综上，笔者认为应当适当发挥检察机关法律监督权的行政权力属性，扩大侦查监督的范围和手段，赋予检察机关更多的监督手段、措施和权限；同时，适当引入遵循诉的规律和诉权规律的诉讼机制，将部分法律监督职权改造为具有司法审查性质的诉讼职权，构建符合诉讼规律的和客观、公正、高效的检警关系模式。同时，应当通过强化“检察介入侦查、公诉指导侦查”[①] 的警检关系模式，完善侦查监督动态制约机制，构建新型的侦查法律关系模式。

### （三）审判中心改革视野下的侦审关系[②]

在我国，根据宪法和刑事诉讼法等法律的规定，公安机关负责刑事案件的侦查，是法律规定的侦查机关；法院负责刑事案件的审判，依法独立公正行使审判权；在刑事诉讼中，它与法院和检察机关分工负责、互相配合、互相制约，共同承担执行刑事诉讼法的任务。这是履行审判职能的法院和履行侦查职能的公安机关两者间的宪法性法律关系，具有宏观性、抽象性和原则性。

然而，从诉讼原理角度看，根据刑事案件的单一性和同一性原理，尽管侦查阶段和审判阶段在时空顺序上是相互间隔、相对独立的两个诉讼阶段，但是法院实施审判活动所要裁决的犯罪事实和犯罪人，通常与公安机

---

① 卞建林、谢澍：《“以审判为中心”视野下的诉讼关系》，载《国家检察官学院学报》2016 年第 1 期。

② 在此值得指出的是，此处所谓的“侦审关系”，应当严格定位在刑事诉讼法律关系理论的特定语境中，特指侦查和审判两造间的诉讼法律关系，是履行（广义）控诉职能的侦查主体与履行审判职能的审判主体间的特殊诉讼关系。

关侦查破案所确定的、需要追究刑事责任的犯罪事实和犯罪嫌疑人具有“事实同一”或者“人身同一”等特征。尽管仍然需要通过后续诉讼过程予以逐步进行同一认定，但这是传统大陆法诉讼理论界从现代刑事诉讼实践中所总结出的一般规律。同时，值得注意的是，排除那些具有《刑事诉讼法》第16条规定的不应追究刑事责任等特殊情形的案件外，这种情况存在于绝大多数的案件中，即便是适用认罪认罚从宽处理程序、刑事和解程序、简易程序等特殊诉讼程序处理的案件，通常也普遍遵循着这个诉讼基本原理。此外，也有学者认为侦审关系在不同阶段呈现不同实际形态，并将其概括为“独立而不失控、阻隔而不阻断、受制而不依附”。[①] 由此看来，实际上，这就意味着，公诉和审判都要以侦查为基础，但必须依法独立、公正行使检察和审判等司法职权，同时根据控审分离和依法独立审判原则的要求，审判并不依附于侦查。

在此需要指出的是，在我国长期的政治和法律实践中，公安机关在职能配置、机构设置、人员编制和技术装备等方面占有明显优势，因而在维持社会治安、维护社会稳定和公共安全等方面具有特殊优势，尤其是公安机关，在维护国家安全和政治稳定中发挥着特殊作用，这就使它在我国现行政治体制和司法体制中长期处于特殊的政治和法律地位。从这种意义上看，这是形成我国刑事侦审关系现状的特殊政治因素。但是，从司法制度发展和诉讼理念变迁的角度看，自中华人民共和国成立以后到改革开放前的司法实践，呈现出准军事化的色彩，当然这在很大程度上是由于特殊的社会历史条件和客观的社会历史原因造成的。而改革开放后，社会主义法制恢复重建，基于对苏联司法制度的移植借鉴和我国自身的法律传统和现实需要，在很长的历史时期内逐渐形成“以破案为中心”的强职权主义诉讼模

---

① 王敏远等：《重构诉讼体制：以审判为中心的诉讼制度改革》，中国政法大学出版社2016年版，第121页。

式。从宏观的司法体制框架角度看，这也是“以侦查为中心”的刑事诉讼格局得以形成的现实基础。

因此，总体上而言，侦审关系除了“分工负责、相互配合、相互制约”的基础性关系层面以外，还存在“以侦查为中心”和“以审判为中心”两种司法倾向和发展趋势的深层次关系。而对这种深层次关系的调整，恰恰正是新时代司法体制改革和诉讼制度改革的初衷。这是改革开放以来实施依法治国和开展社会主义法治国家建设，特别是党的十八大以来全面深化改革和全面依法治国成为新时代国家基本方略的现实要求；也是国家治理体系和治理能力现代化，尤其是诉讼体制科学化、司法民主化和刑事诉讼制度现代化的客观需要。因而，在当前以审判为中心的诉讼制度改革背景下，如何根据现实需要来调整侦审关系，实现从“以审查为中心”向“以审判为中心”的实质转变，就成为理论界和实务部门当前和以后很长时期所面临的重要课题。

1. 政治哲学视角下侦审关系和诉讼角色的深层次调整和变革

纵观我国刑事诉讼中的侦审关系发展史：从中华人民共和国成立后的一个特殊历史时期内沿用根据地司法经验做法、“准军事化”的司法办案方式，到改革开放后逐渐形成和发展为新时代新样态，这是在从“以侦查为中心”向“以审判为中心”之刑事诉讼格局发生根本性转变的特定时代背景下的客观要求。基于此，笔者认为，在全面依法治国和全面深化改革的现实语境中，这种新时代新样态有它特殊的时代要求和特定的基本内涵。

笔者认为，从深层次的政治哲学和法哲学角度来看，新时代中国刑事诉讼制度改革所面临的侦审关系和诉讼角色的深层次调整和变革，既是新时代以人民为中心的发展思想，在司法体制改革和诉讼制度改革实践中的具体体现；也是新时代以人民为主体的中国特色社会主义法治思想，在“全面依法治国基本方略”和“法治国家、法治政府、法治社会一体化建设”实践中的具体体现；还是新时代中国共产党人旨在“推进国家治理体系和治理能力现代化”的“全面依法治国新思想新理念新战略”和“立法工作思想、行政工作思想、监察工作思想、政法工作思想”，在国家上层建筑进行系统性调整和根本性变革中的具体体现。

2. 审判中心改革视野下的刑事侦审关系的构成要素

侦审关系是中观层面的刑事诉讼法律关系，具有其自身特殊规律和内在机制、被视为“决定刑事诉讼运行样态的中轴要素”和“现代刑事诉讼审判中心主义实现的关键性一环”。[①] 概括言之，侦审关系的特点和属性主要有以下几点。其一，侦审关系具有动态性、转换性。它在不同诉讼阶段所呈现的实践样态不同，在侦查、审查起诉和审判阶段分别表现为“独立而不失控、阻隔而不阻断、受制而不依附”。[②] 这是从现象描述的角度对侦审关系所进行的理论概括。其二，前述这种理论概括所蕴涵侦审关系的基本内涵在于“司法制约侦查”和“法官预断排除”。此处所谓的司法制约，应为狭义的指向，仅指审判。其三，这种理论概括所指向的侦审关系，其核心要义在于“司法制约侦查”。这是从诉讼结构失衡所造成的侦审关系畸变角度而言的，加强司法审判对侦查的控制、监督和制约，是当前侦审关系亟须解决的现实问题。基于此，笔者认为，根据当前侦审关系的属性特点和优化诉讼结构的现实需要，重新构建和塑造新型的刑事侦审关系，就成为推进从“以侦查为中心”向“以审判为中心”的诉讼制度改革目标的顺利实现的重要保障。笔者认为，应当吸收传统构成要素理论的合理因素，结合新时代司法改革和司法实践的现实需要，探索构建新时代新型的刑事侦审关系理论。

---

① 王敏远等：《重构诉讼体制：以审判为中心的诉讼制度改革》，中国政法大学出版社 2016 年版，第 121 页。

② 王敏远等：《重构诉讼体制：以审判为中心的诉讼制度改革》，中国政法大学出版社 2016 年版，第 121 页。

（1）侦审关系的主体要素。对于侦审关系的主体要素，主要是侦查程序中承担侦查职能的侦查机关和承担审判职能的法院，两者都是承担刑事执法和司法职能的刑事诉讼主体，都在两个独立诉讼阶段中、分别在诉讼进程中发挥着主导作用，或对诉讼结局产生重大影响。然而，作为诉讼构造和诉讼体制的关键要素，侦查主体和审判主体都蕴涵着其各自特定的内涵。

第一，根据诉讼客体原理，侦查阶段的诉讼客体，是侦查主体依法履行侦查职能、实施侦查行为的对象。简称为“侦查客体”，其外延是特定的侦查案件。因此，侦查主体既是侦查阶段诉讼进程的推进者，还是主要诉讼任务（或侦查任务）的承担者。即在“确有犯罪发生、需要追究刑事责任”的案件中，承担着“查明案件事实、收集犯罪证据和查获犯罪嫌疑人”的诉讼任务；当存在《刑事诉讼法》第16条规定的法定不予追究刑事责任的情形时，有权依法决定终结诉讼程序。

第二，根据诉讼客体原理，在审判阶段的诉讼客体，是审判主体依法履行审判职能、实施审判行为或者主导审判活动指向的对象。即审判客体，其外延是特定的审判案件。因此，审判主体既是审判阶段庭审活动的主导者，还是审判职责和任务的承担者。也就是说，审判主体在审判阶段承担着定罪量刑、实现国家刑罚权的诉讼任务，即通过法庭审判活动，查明案件事实、认定诉讼证据、正确适用法律，从而在保障诉权和公正裁判的前提下，确定在特定案件中国家是否拥有具体刑罚权及其范围、被告人是否应当承担刑事责任及其范围，既不冤枉无辜者，也不放纵犯罪者。

第三，两者统一于刑事案件的“单一性”和“同一性”原理，统一于诉讼过程中诉讼主体和诉讼客体的动态、互动关系中。在传统诉讼客体理论中，主流观点认为作为诉讼客体的刑事案件，其构成包括“人”和“事”两个要素。学者陈朴生认为，“国家刑罚权，本系对于每一被告之每一犯罪事实而存在。故案件之构成，包括被告及犯罪事实两种要素”。[①] 由此看来，就刑事案件的基本构成而言，其中所谓“人”的要素，既涉及刑事诉讼法上的“犯罪嫌疑人、被告人”，也涉及刑法上的“犯罪人”；所谓“事”的要素，既涉及刑事诉讼法上的“犯罪事实”“案件事实”，也涉及刑法上的“（犯罪）构成要件”“法定（或酌定）量刑情节”等事实和情节。因而，根据案件的单一性和同一性原理，整个刑事诉讼过程，就是一个“同一认定”过程，它包括刑事诉讼法上的“犯罪事实”和实体法上的“构成要件事实”的同一认定过程。它在外延上包括犯罪事实的“七何要素”；也包括刑事诉讼法上“犯罪嫌疑人、被告人”和实体法上“犯罪人”的同一认定过程。并在此基础上，推理出裁判结论，即在特定案件中，国家是否具有刑罚权及其范围、被告人是否具有刑事责任及其范围。尽管这属于法律关系客体的范畴。因此，基于案件本身在诉讼实体面和诉讼程序面动态发展，缘于案件单一性和同一性原理所揭示的内涵和规律，我们不难得出这样的结论，即侦查主体和审判主体基于法律规定的“惩罚犯罪、保护人民”和“尊重和保障人权”的共同任务，都将前述这些要素作为侦查和审判这两种诉讼活动所共同指向的对象。也就是说，侦查案件和审判案件在动态发展的诉讼进程中，符合案件的单一性和同一性原理所揭示的诉讼规律。因此，侦查主体和审判主体两者统一于诉讼客体，而其理论基础就在于案件的单一性和同一性原理。

（2）侦审关系的内容要素。根据法律关系构成要素理论，侦审关系的内容主要是侦查权和审判权。对于两者的外延，在此不再赘述。但需要指出的是，在以审判为中心的诉讼制度改革视野下，需要严格

---

① 陈朴生：《刑事诉讼法实务》，海宇文化事业有限公司 1998 年版，第 91 页。转引自边慧亮：《刑事诉讼法律关系论纲》，中国人民公安大学出版社 2016 年版，第 114 页。

遵循宪法和法律规定的分工配合制约原则、控审分离原则、依法独立审判原则等的规范和调整，加强司法审判（或司法裁判权）对侦查权力的司法制约、监督和控制，来重塑新时代侦审关系模式和侦审诉讼构造。

（3）侦审关系的客体要素。根据法律关系客体理论，侦审关系的客体主要是指侦查权和审判权共同指向的对象。它通常也是侦查主体和审判主体履行各自的侦查或审判职能，针对特定诉讼客体，实施侦查活动或审判活动所共同追求的诉讼目标。对此，笔者认为，首先，在诉讼实体面，侦查权和审判权所共同指向的对象，主要包括犯罪事实和刑事实体法关系。前者即刑事诉讼法上的“犯罪事实”等犯罪嫌疑事实，与刑法上的“构成要件”等犯罪事实及情节，以及两者在符合程度上是否具有同一性；后者即犯罪嫌疑人、被告人是否应当承担刑事责任及其范围、国家是否对其享有刑罚权及其范围。其次，在诉讼程序面，侦查权和审判权共同指向的对象，主要在于犯罪嫌疑人、被告人的诉讼权利和合法权益，足以影响确定侦查人员出庭作证必要性的程序性事实，以及侦查程序的合法性、正当性和公正性。

3. 规范和调整侦审关系的诉讼原则

规范和调整侦审关系的诉讼原则，主要有：

（1）分工配合制约原则。宪法和刑事诉讼法规定，在刑事诉讼中公检法机关分工负责、互相配合、互相制约，确保准确有效地执行法律，完成刑事诉讼法规定的任务。这是我国刑事诉讼中规范和调整公检法机关相互关系的一般原则。同时，这其中也蕴含着规范和调整侦查、起诉与审判之间关系的一般法理。尽管有学者认为，前述两者间存在原则和规则层面的“二律背反”，可能造成“侦查工作失去司法权的控制，难以防范侦查权力的滥用”“法庭审判缺乏侦查人员的参与，无法满足庭审直接原则、言词原则和法庭质证的需要”等问题。[①] 对此，笔者认为，这种观点不无道理，但也不尽然如此。主要理由是：

首先，在我国现行刑事司法体制中，对于侦查的司法控制、司法监督和制约，也存在分工和配合，即由法院和检察院分工协作、共同实施：刑事诉讼启动前的立案监督、侦查程序中对逮捕措施（如逮捕必要性等条件）的司法审查和批准、审查起诉程序中侦查终结破案结论的司法审查，依法都属于检察机关法律监督的范围；在审判阶段，经司法审查的侦查结论，被作为公诉案件的根据和基础而起诉到法院，由法院对其进行司法审判，这本身就被视为一种司法监督。这就意味着，通过司法审判来确定侦查结论的正确性、侦查程序的合法性、侦查所获证据的合法性等，从而实现对侦查的监督和制约。例如，若涉及刑讯逼供、采用暴力、胁迫等非法方法取证的，就涉及非法证据排除制度的适用问题，或者侦查人员出庭作证问题。这些都是审判对侦查发挥监督和制约作用的具体表现。所以，笔者认为这种观点在认识上存有局限性。

其次，对于如何防止“侦查权力的滥用”，笔者认为，可在确保现行刑事司法体制框架稳定的情况下，通过完善诉讼机制和改进办案模式来得到解决。具体措施主要有：

第一，规范刑事执法行为，提高侦查行为规范性、权威性和公正性。一方面，深入贯彻实施中央全面深化改革委员会第 24 次会议审议通过的《关于深化公安执法规范化建设的意见》和公安部 2016 年制定的《公安机关执法细则》（第三版）等规范性文件，深化执法规范化建设、完善执法权力运行机制。另一方面，“落实以审判为中心的诉讼制度改革要求，坚持全面客观及时收集证据，进一步明确非法证据排除、瑕疵证据补强的范

① 参见王敏远等：《重构诉讼体制：以审判为中心的诉讼制度改革》，中国政法大学出版社 2016 年版，第 121 ~125 页。

围、程序及标准”。①

第二，完善侦查程序中的辩护机制，探索推行侦查阶段刑事辩护制度全覆盖。2017 年 10 月 11 日，最高人民法院、司法部联合出台《关于开展刑事案件律师辩护全覆盖试点工作的办法》，旨在全面推进刑事案件实现审判阶段律师辩护全覆盖的制度机制，提高刑事案件在审判阶段的辩护率，加强审判过程中的人权司法保障力度；同时，有学者建议，在此基础上，在有条件的地方试点探索在审前阶段不断增强律师辩护率，不断推进在审查起诉阶段、侦查阶段，探索建立和完善旨在实现“律师辩护全覆盖”的制度机制。对此，笔者认为，目前虽然仅限于理论构想，但也不失为一个未来可期待的、很好的建设性改革方向，也可将其视为我国刑事辩护制度发展的重要趋势。从而，在将来条件成熟时，将它作为规范和制约侦查权力、防止侦查权力滥用和失范的预防措施和保障机制。

第三，优化“以案卷为中心”的传统办案模式，以公安执法规范化建设、信息化建设为契机，全面落实侦查讯问全程录音录像制度，探索建立和完善侦查办案全程同步录音录像的制度机制，② 逐步实现公诉案件所有案件类型、全部侦查过程的无死角全覆盖，从而最终构建出适用于整个刑事诉讼的“庭审为主、案卷为辅、录音录像为补充和监督”的新型办案模式。随着互联网、大数据等现代信息化技术在刑事执法和司法领域的普遍

---

① 《中共中央办公厅、国务院办公厅印发〈关于深化公安执法规范化建设的意见〉》，载新华网，http：//www. xinhuanet. com//politics/2016 -09/27/c_ 1119634702. htm。

② 对此，近年公安机关在实践中的做法有：在深化公安执法规范化建设中，公安部督促各地根据《公安机关现场执法视音频记录工作规定》，为基层一线民警全面配备执法记录仪，成为准确记载、还原执法现场活动的“黑匣子”。其中个别地方探索出较为先进的典型做法。例如，浙江在全省推广执法全程可视化管理体系，将现场执法记录资料、讯问同步录音录像资料和办案区活动轨迹视频资料关联整合，强化执法全过程视音频记录。参见《提档升级跑出执法规范化建设的加速度——全国公安机关深化公安执法规范化建设综述》，载中华人民共和国公安部网，http：//www. mps. gov. cn/n2253534/n2253535/n2253537/c5730062/content. html。

运用，只要确立和完善法官调阅侦查录音录像的制度和诉讼机制，通过技术手段来实现司法审判对侦查的监督和制约，是现实和可能的。此外，根据法庭审判对直接、言词原则的客观要求，除完善侦查人员出庭作证机制（如利用现代信息技术探索，诸如互联网远程作证）外，还可探索建立和完善侦查办案同步录像在事后的法庭审判中的司法监督，从而最大限度消除实践中侦查人员出庭作证率低等弊端。

（2）广义上的“控审分离”原则。从广义上而言，“控审分离”原则是规范和调整侦审关系的重要原则。首先，“控审分离”原则是中国近现代刑事诉讼的重要基础。在中国古代实行天然的“审判中心主义”，掌管司法的官衙兼顾侦查、缉捕、羁押、追诉和审判等诉讼职能，惩治犯罪不局限于“不告不理”，司法官吏可依职权主动追究。兼有“控审不分”的强职权主义和罪犯客体化的“审判中心主义”，是这种诉讼模式的主要特征。而“控审分离”则是自清末修律以来，中国刑事诉讼近现代化的产物。其次，在我国现行以“分工负责、互相配合、互相制约”为框架的刑事司法体制中，侦查和公诉属于广义的控诉职能范畴，“控审分离”已然成为职权分配、职能分工的重要原则。因而，在新时代刑事诉讼制度改革中，探索重塑侦诉关系，就无法脱离“控审分离”原则的规范和调整。尤其是在推进从“以侦查为中心”向“以审判为中心”为诉讼制度改革目标的时代背景下，更需要以此为契机重新赋予其新的时代内涵。

（3）依法独立审判原则。依法独立审判是我国宪法和法律确定的基本诉讼原则。它要求，在制度设计和司法实践中有效排除对审判工作的干扰，确保司法公正；既要排除侦查破案结论对后续审判过程所可能产生的预断，又要排除审判过程中的非法干涉和不当干扰，尤其是要防止“以配合、监督之名，行干涉司法审判之实”等现象发生。主要理由是，依法独立审判原则在司法体制改革和诉讼制度改革的特定背景中，应当被作为刑事诉讼中规范和调整侦审关系重要原则，原因在于它有着坚实而充分的政策、法律和法理依据。具体而言：一是在政策依据上，2014 年十八届四中全会通过的《决定》，明确要求完善确保依法独立公正行使审判权的制度。① 这是新时代规范和调整刑事诉讼中侦审关系的重要政治原则。二是在法律依据上，我国《宪法》第 131 条和《刑事诉讼法》第 5 条都规定，人民法院依照法律规定独立行使审判权，不受行政机关、社会团体和个人的干涉。由此可见，依法独立审判原则作为宪法和基本法律所确立的一项宪法原则和刑事诉讼基本原则，始终是规范和调整刑事诉讼中侦审关系的基本原则。② 三是在法理依据上，作为一项基本的诉讼规律和法理原则，它要求排除可能影响法官客观、独立、公正形成判断，以及促使法官产生主观偏见、司法预断的外部因素，免受来自行政机关、社会组织和个人的非法干涉或不当干扰。

## 六、以审判为中心的刑事侦查制度改革：规范解读、实践探索和理性反思

以审判为中心的诉讼制度改革，是刑事司法领域的一场重大改革，势必对整个刑事诉讼制度产生深刻影响。对公安机关普通犯罪立案、侦查和预审、申

---

① 党的十八届四中全会审议通过的《中共中央关于全面推进依法治国若干重大问题的决定》明确要求，"完善确保依法独立公正行使审判权和检察权的制度"。主要措施有：（1）"各级党政机关和领导干部要支持法院、检察院依法独立公正行使职权。建立领导干部干预司法活动、插手具体案件处理的记录、通报和责任追究制度。任何党政机关和领导干部都不得让司法机关做违反法定职责、有碍司法公正的事情，任何司法机关都不得执行党政机关和领导干部违法干预司法活动的要求。对干预司法机关办案的，给予党纪政纪处分；造成冤假错案或者其他严重后果的，依法追究刑事责任。"（2）"健全行政机关依法出庭应诉、支持法院受理行政案件、尊重并执行法院生效裁判的制度。完善惩戒妨碍司法机关依法行使职权、拒不执行生效裁判和决定、藐视法庭权威等违法犯罪行为的法律规定。"（3）"建立健全司法人员履行法定职责保护机制。非因法定事由，非经法定程序，不得将法官、检察官调离、辞退或者作出免职、降级等处分。"

② 此外，《法官法》第 7 条规定，"法官依法履行职责，受法律保护，不受行政机关、社会团体和个人的干涉"。

请批准和执行逮捕等工作也将带来重大挑战。尤其是侦查作为公安机关最核心的刑事执法职能之一，在整个刑事诉讼中处于诉讼程序启动的初始环节，并发挥着最基础作用。因而，如何适应以审判为中心的司法体制改革和诉讼制度改革要求，在确保侦查在刑事诉讼中发挥基础性作用的前提下，"确保侦查……的案件事实证据经得起法律检验""确保案件处理经得起法律和历史检验"，从而"保证庭审在查明事实、认定证据、保护诉权、公正裁判中发挥决定性作用",① 并在保证司法公正、防范冤假错案中发挥积极作用，是新时代公安机关刑事执法工作和侦查阶段诉讼制度改革所面临的重要课题。

### （一）以审判为中心的刑事侦查制度改革之规范解读

2014 年 10 月 23 日十八届四中全会通过的《决定》，首次在中央政策层面提出"推进以审判为中心的诉讼制度改革"。习近平总书记在《关于〈中共中央关于全面推进依法治国若干重大问题的决定〉的说明》中指出,② 全会决定提出该项改革的原因、目的和解决途径及其实践价值。首先，其原因主要是"在司法实践中，存在办案人员对法庭审判重视不够"，例如，有些案件"关键性证据没有收集或者没有依法收集"和"进入庭审的案件没有达到'案件事实清楚、证据确实充分'的法定要求"，导致庭审无法顺利进行。其次，其目的和途径主要是"促使办案人员树立办案必须经得起法律检验的理念，确保侦查、审查起诉的案件事实证据经得起法律检

---

① 《关于〈中共中央关于全面推进依法治国若干重大问题的决定〉的说明》，载 http://www.xinhuanet.com/politics/2014-10/28/c_1113015372.htm。

② 习近平总书记在《关于〈中共中央关于全面推进依法治国若干重大问题的决定〉的说明》中指出，"推进以审判为中心的诉讼制度改革。充分发挥审判特别是庭审的作用，是确保案件处理质量和司法公正的重要环节。我国刑事诉讼法规定公检法三机关在刑事诉讼活动中各司其职、互相配合、互相制约，这是符合中国国情、具有中国特色的诉讼制度，必须坚持。同时，在司法实践中，存在办案人员对法庭审判重视不够，常常出现一些关键证据没有收集或者没有依法收集，进入庭审的案件没有达到'案件事实清楚、证据确实充分'的法定要求，使审判无法顺利进行"。

验，保证庭审在查明事实、认定证据、保护诉权、公正裁判中发挥决定性作用”。最后，就其意义和价值而言，它旨在“促使办案人员增强责任意识，通过法庭审判的程序公正实现案件裁判的实体公正，有效防范冤假错案产生”。此外，就三者的内在逻辑而言，针对侦查和审查起诉办案实践中常见的问题，为加强办案人员对法庭审判的重视程度和责任意识，从传统的“以侦查为中心”迈向新时代“以审判为中心”是必然发展趋势。

基于前述分析，笔者认为，通过对中央政策规范文件中涉及侦查阶段诉讼制度改革的政策规范，进行深入系统解读，来揭示以审判为中心的诉讼制度改革对侦查工作的具体要求。在此需要注意的是，鉴于公安机关在职能定位上兼有行政执法和刑事司法两种职能的本质属性，它主要表现为两个改革方向：一方面，在“法治国家、法治政府和法治社会一体建设”所涵摄的行政体制框架下，法治公安建设就势必成为法治政府建设的必然选择和组成部分，从而公安执法规范化建设、信息化建设和法治化建设，就成为新时代行政体制机制改革和公安执法体制机制改革的重要方向。另一方面，在“分工负责、互相配合、互相制约”的司法体制框架下，“保证公正司法，提高司法公信力”，也是对公安机关刑事执法或刑事司法的重要要求。其中，最核心要求是“确保侦查的案件事实证据经得起法律的检验”和“全面贯彻证据裁判规则，严格依法收集、固定、保存、审查、运用证据，完善证人、鉴定人出庭制度，保证庭审在查明事实、认定证据、保护诉权、公正裁判中发挥决定性作用”。对此，理论界和实务界普遍认为，它是改变“以侦查为中心”诉讼格局、实现“以审判为中心”的诉讼制度改革的目标和核心要求。该中央政策规范文件中所涵摄的、与以审判为中心诉讼制度改革联系紧密的相关措施，主要有以下几方面：

（1）坚持分工配合制约原则，优化司法职权配置。如何在坚持和发展完善公检法司“各司其职、互相配合、互相制约”体制机制的基础上，将

"优化司法职权配置"和"推进以审判为中心的诉讼制度改革"有机结合起来，成为理论界和实务界面临的重要课题。同时，如何围绕"以审判为中心"的改革目标，构建和完善"充分发挥审判特别是庭审的作用"制度机制，从而切实抓住这个"确保案件处理质量和司法公正的重要环节"，也是新时代司法体制改革和诉讼制度改革所面临的重要课题。

（2）深入贯彻公正司法方针，有序推进严格司法部署。《决定》指出，"推进严格司法。坚持以事实为根据、以法律为准绳，健全事实认定符合客观真相、办案结果符合实体公正、办案过程符合程序公正的法律制度。加强和规范司法解释和案例指导，统一法律适用标准"。这就意味着，它要求在包括刑事侦查在内的刑事司法中，推进严格司法理念，坚持"以事实为根据、以法律为准绳"的法律原则，将适应司法体制改革和诉讼制度改革需要、符合社会主义司法规律和诉讼规律、并经实践检验正确的经验做法确立为法律制度。从而确保立法和司法实务部门在立法、司法和改革实践中，坚持客观真实理念、保障"事实认定符合客观真相"，坚持实体公正理念、保障"办案结果符合实体公正"，坚持程序公正理念、保障"办案过程符合程序公正"。同时，在立法、司法和改革实践中，坚持社会主义法制原则，确立和完善有利于"加强和规范司法解释和案例指导，统一法律适用标准"的制度机制，维护社会主义法制统一。

（3）全面贯彻证据裁判原则，有效发挥庭审决定作用。《决定》指出，"全面贯彻证据裁判规则，严格依法收集、固定、保存、审查、运用证据，完善证人、鉴定人出庭制度，保证庭审在查明事实、认定证据、保护诉权、公正裁判中发挥决定性作用"。[①] 这就意味着，应当在包括刑事侦查、

① 《中共中央关于全面推进依法治国若干重大问题的决定》，载 http：//www. wenming. cn/syjj/sp_syjj/201410/t20141028_ 2258952. shtml。

刑事检察、刑事审判和刑事执行在内的整个刑事诉讼中全面贯彻证据裁判规则，在立法、司法和改革实践中全面确立和牢固坚持证据裁判理念，确立和完善有利于保障“严格依法收集、固定、保存、审查、运用证据”的制度机制；坚持直接原则、言词原则等诉讼理念，确立和完善有利于保障“证人、鉴定人、侦查人员等出庭作证”的制度机制；坚持以审判为中心的诉讼制度改革精神和核心要义，从理论和认识上厘清“刑事诉讼应当以侦查为基础、以起诉为关键、以审判为中心”，特别是“审判以庭审为核心”的诉讼原理和基本规律，从而在立法、司法和改革实践中切实尊重和保障法院的最终定罪权和终局裁判权，确立和完善有利于“保障庭审在查明事实、认定证据、保护诉权、公正裁判中发挥决定性作用”的制度机制。

（4）完善办案工作和责任制度机制，确保案件质量经得起检验。《决定》指出，“明确各类司法人员工作职责、工作流程、工作标准，实行办案质量终身负责制和错案责任倒查问责制，确保案件处理经得起法律和历史检验”。[①] 这就意味着，在立法、司法和改革实践中，应当确立并坚持“有权必有责、有责要担当、用权受监督、失责必追究”原则和理念，根据刑事案件侦查、起诉、审判等办案特点和工作规律，确立和完善有利于“明确各类司法人员工作职责、工作流程、工作标准”的制度机制，确立适应不同诉讼阶段特点的刑事执法（司法）办案工作机制；实行办案质量终身负责制和错案责任倒查问责制，构建和完善以司法责任制为核心的司法权力运行机制、以办案质量和司法公正为核心的司法办案绩效考评机制，确保立案侦查案件、刑事检察案件、司法审判案件经得起法律和历史检验。

---

① 《中共中央关于全面推进依法治国若干重大问题的决定》，载 http：//www. wenming. cn/syjj/sp_syjj/201410/t20141028_ 2258952. shtml。

（5）推进司法公开政策，构建阳光司法机制。《决定》指出，“构建开放、动态、透明、便民的阳光司法机制，推进审判公开、检务公开、警务公开、狱务公开，依法及时公开执法司法依据、程序、流程、结果和生效法律文书，杜绝暗箱操作”。[①] 这就意味着，在司法体制改革和诉讼制度改革中，公检法司等机关应当坚持司法民主和司法公开原则，积极推进审判公开、检务公开、警务公开、狱务公开，探索构建和完善有利于增强司法民主、司法公正和司法透明度的制度机制，依法及时公开公安执法和刑事司法的办案依据、程序、流程、结果和生效法律文书，杜绝暗箱操作；特别是在侦查制度机制改革中，应当推进警务公开制度改革，依法、及时公开公安机关办理刑事案件的执法依据、程序、流程、结果和生效法律文书，探索构建适应新时代公安执法和刑事侦查工作需要的阳光警务机制。

（6）加强人权司法保障，完善司法监督机制。《决定》指出，“加强人权司法保障。强化诉讼过程中当事人和其他诉讼参与人的知情权、陈述权、辩护辩论权、申请权、申诉权的制度保障。健全落实罪刑法定、疑罪从无、非法证据排除等法律原则的法律制度。完善对限制人身自由司法措施和侦查手段的司法监督，加强对刑讯逼供和非法取证的源头预防，健全冤假错案有效防范、及时纠正机制”。[②] 这就意味着，在立法、司法和改革实践中，应当坚持尊重和保障人权原则，根据新时代人权司法保障实践的新特点新要求，做好以下几方面：一是探索构建和完善有利于增强保障（包括刑事诉讼在内的所有诉讼案件中的）当事人和诉讼参与人在诉讼过程中依法应当享有的（包括知情权、陈述权、辩护辩论权、申请权、申诉

---

① 《中共中央关于全面推进依法治国若干重大问题的决定》，载 http：//www. wenming. cn/syjj/sp_ syjj/201410/t20141028_ 2258952. shtml。

② 《中共中央关于全面推进依法治国若干重大问题的决定》，载 http：//www. wenming. cn/syjj/sp_ syjj/201410/t20141028_ 2258952. shtml。

权等在内的）各种诉讼权利的司法制度。二是应当坚持社会主义法制原则，探索构建和完善有利于贯彻落实“罪刑法定、疑罪从无、非法证据排除等法律原则”的侦查、检察和审判法律制度。三是应当在“各司其职、互相配合和互相制约”的司法体制框架下，坚持法律监督和依法监督原则，依法对“限制人身自由（的）司法措施和侦查手段”实施司法监督。探索完善“附带性审查和专门审查相结合”的非法证据排除制度机制，落实对所有刑事案件侦查讯问全程录音录像制度；健全审前程序中的侦查活动合法性监督机制，以及审查批捕、审查起诉、庭前会议等环节的司法审查机制，加强对刑讯逼供和非法证据的司法审查、过滤和排除功能；健全冤假错案的有效预防和及时纠正机制。特别是，在侦查制度改革中，通过探索构建以法制监督为核心的内部监督机制、以法律监督为核心的外部监督机制，来完善对“限制人身自由（的）司法措施和侦查手段”的司法监督；通过落实所有刑事案件侦查讯问全程录音录像制度和探索构建现场执法、办案场所音视频记录工作机制，从源头防范刑讯逼供和非法取证。

### （二）以审判为中心的刑事侦查制度改革之实践探索

#### 1. 以深化公安执法规范化建设为契机：探索推进以审判为中心的刑事侦查制度机制改革①

2016年5月，中央全面深化改革委员会第24次会议审议通过《关于深化公安执法规范化建设的意见》，明确了新形势下深化公安执法规范化建设的指导思想、总体目标、基本原则和具体措施，尤其是明确规定了公

---

① 参见《提档升级跑出执法规范化建设的加速度——全国公安机关深化公安执法规范化建设综述》，载中华人民共和国公安部网，http：//www. mps. gov. cn/n2253534/n2253535/n2253537/c5730062/content. html。

安机关在公安执法规范化建设中、落实以审判为中心的诉讼制度改革所采取的具体措施。在指导思想上，明确“确保案件事实证据经得起法律的检验，是衡量公安机关侦查办案能力的重要标志，也是推进以审判为中心的诉讼制度改革的核心要求”。[①] 同时，在具体措施上，主要有以下几方面：

第一，完善办案工作机制，加强执法规范建设。修订《公安机关执法细则》（第三版），不断规范和完善公安机关的行政执法和刑事司法办案规则，特别是细化办理刑事案件操作指引，如修订《公安机关受理行政执法机关移送涉嫌犯罪案件规定》，完善行政执法和刑事司法衔接工作机制等；全面实行公安法制部门对“刑事案件重点执法环节统一审核”和“统一对接检察机关”的工作机制（简称“两统一”工作机制），探索完善同“检察追诉标准”和“法院定罪标准”相协调的刑事立案、侦查破案、移送起诉等环节的办案标准，从而畅通刑事办案衔接机制；规范和完善取保候审、监视居住等限制人身自由的强制性侦查措施的适用和执行；对于公安机关侦查办理的“重大复杂案件”，探索邀请检察机关提前介入，通过听取意见、建议等方式，事先主动接受法律监督。

第二，落实证据裁判要求，规范侦查取证机制。在侦查办案中确立证据裁判规则，坚持全面、客观、及时收集证据，不断增强科学取证能力；制定适用于常见多发案件和重大、疑难复杂案件的证据收集工作指引规范，细化侦查办案中甄别非法证据和瑕疵证据的范围以及排除（或补强）的标准和程序；推动公安执法规范化基础设施和办案场所建设，积极推进集中统一的执法办案管理中心建设；强化办案科技支撑、提升执法管理效能，落实公安部制定的《公安机关执法办案信息系统使用管理规定》要

① 《坚持以人民为中心的执法理念不断提升公安机关依法履职能力和执法公信力——公安部负责人就深化公安执法规范化建设答记者问》，载 http：//www. gov. cn/zhengce/2016 －09/27/content_5112748. htm。

求，积极推广应用统一的执法办案系统，增强执法办案的标准化管理和全流程控制；切实落实公安部制定的《公安机关现场执法视音频记录工作规定》要求，积极推广全程可视化管理体系，并为执法办案民警全面配备执法记录仪，从而推动落实所有刑事案件侦查讯问全程录音录像制度，构建和完善法制部门移送起诉前的侦查合法性审查机制。

第三，加强诉讼权利保障，完善监督救济机制。尊重和保障律师在侦查阶段的辩护权，依法保障律师执业权利，规范和完善律师会见程序、预约会见制度，以及切实依法履行案情告知义务和听取律师辩护意见等义务；完善当事人权利救济机制，健全举报投诉事项的处置机制，做好刑事复议复核和国家赔偿工作。

此外，还应当完善侦查办案质量考评和执法过错责任追究机制。通过修订和实施《公安机关执法质量考核评议规定》《公安机关人民警察执法过错责任追究规定》，不断完善执法质量考评和责任追究机制。

2. 以“两高三部”联合推进为契机：探索推进以审判为中心的刑事侦查制度机制改革

2016 年 6 月，中央全面深化改革委员会第 25 次会议审议通过《刑事诉讼制度改革意见》，对公安机关构建完善以审判为中心的侦查工作制度机制提供了基本遵循，对公安机关贯彻证据裁判原则、全面客观及时收集证据，以及完善侦查讯问制度、保障当事人和辩护人的诉讼权利等工作提出新要求。[①] 具体而言，主要有以下几方面：

（1）落实无罪推定原则，创新侦查办案模式。根据第 1 条规定，[②] 在

① 参见《公安部研讨深化公安执法规范化建设》，载 http：//legal. people. com. cn/n1/2016/1019/c42510 －28790534. html。

② 第 1 条规定：“未经人民法院依法判决，对任何人都不得确定有罪。人民法院、人民检察院和公安机关办理刑事案件，应当分工负责，互相配合，互相制约，保证准确、及时地查明犯罪事实，正确应用法律，惩罚犯罪分子，保障无罪的人不受刑事追究。”

侦查实践和侦查制度改革中，公安机关应当遵循程序法定原则和无罪推定原则，严格依法尊重和保障法院的最终定罪权和终局裁决权，在人民法院依法判决确定任何涉嫌犯罪的人有罪之前，不得公开宣告和确定任何人有罪。同时，公安机关侦查办理刑事案件，应当根据法律规定的职责和权限分工，“准确、及时地查明犯罪事实”“查获犯罪嫌疑人”“收集犯罪证据”，正确应用侦查法律规范，既要依法及时惩治犯罪分子，又要依法“保障无罪的人不受刑事追究”。在侦查制度改革中，探索构建和完善有利于贯彻以审判为中心诉讼制度改革要求的新时代侦查制度机制和办案模式，探索构建和完善“以证据三性为中心、以侦查案卷为辅、以侦查录音录像为补充和监督”的新型侦查办案模式，探索构建和完善“符合公诉、裁判标准和要求”“适应侦查办案规律和各类案件特点”的侦查证据制度，以及以“三性”为中心的侦查办案证据收集制度、侦查讯问等过程的录音录像制度（特别是命案等重大案件的侦查讯问全程录音录像制度）、侦查终结前“无罪、罪轻等情节”的特别核实制度、值班律师制度等。从而，逐渐摒弃刑事诉讼中长期存在、为世人诟病的“案卷中心主义”和“以侦查为中心”的传统弊端，循序确定“以审判为中心”的刑事诉讼制度和相应体制机制。

（2）坚持程序法定原则，落实证据裁判要求。主要有以下几方面：第一，根据第2条第1款规定，[①] 在侦查办案实践和侦查制度改革中，侦查机关应当严格遵循“刑事程序法定”和“证据裁判”原则的要求，准确理解和坚决贯彻“没有证据不得认定犯罪事实”的诉讼原则和理念，侦查机关和办案人员在认定犯罪事实、查获犯罪嫌疑人、提请批准逮捕、适用其

① 第2条第1款规定：“严格按照法律规定的证据裁判要求，没有证据不得认定犯罪事实。侦查机关侦查终结，人民检察院提起公诉，人民法院作出有罪判决，都应当做到犯罪事实清楚，证据确实、充分。”

他强制措施以及侦查终结移送审查起诉等诉讼活动中，都应该以“查证属实的证据”为办案基础和中心环节。第二，在侦查办案实践中，侦查机关侦查终结、依法决定移送审查起诉的，应当严格按照“提起公诉、有罪裁判的标准和要求”，并且“符合侦查办案规律和各类案件特点”的证明标准和证据要求，做到“犯罪事实清楚，证据确实、充分”。第三，在新时代侦查制度改革中，侦查机关应当牢固确立“证据裁判”的原则和理念。一方面，按照“没有证据不得认定犯罪事实”等要求，将证据作为“认定犯罪事实”的基础，从而在诉讼理念上，从传统的“以事实为根据、以法律为准绳”扩展到“以证据为‘认定犯罪事实’基础”，探索构建和完善“以证据为中心”的事实认定模式和侦查办案模式。另一方面，按照“侦查终结应当做到犯罪事实清楚，证据确实、充分”要求，将“侦查终结”的办案标准同“提起公诉”和“有罪判决”的标准辩证唯物和历史唯物地统一起来，逐步探索构建和完善“侦查办案证据”“检察办案证据”“审判办案证据”历史发展和辩证统一的刑事证据制度和诉讼衔接机制。并在此基础上，探索构建和完善“符合公诉、裁判的标准和要求”“符合侦查办案规律和各类案件特点”的侦查终结证明标准体系，持续深入构建和完善符合以审判为中心诉讼制度改革要求、在内容上涵括排除合理怀疑和“犯罪事实清楚，证据确实、充分”等在内的“主客观标准相统一”的刑事证明标准体系。

同时，根据第2条第2款规定，[①] 在侦查办案实践和侦查制度改革中，侦查机关应当坚持证据裁判和程序法定原则的要求，根据“公诉、裁判的标准和要求”“侦查办案规律和各类案件特点”等要求，依照法律规定的权限和程序，调查收集、固定、审查、运用证据。在侦查制度改革中，应

① 第2条第2款规定：“侦查机关、人民检察院应当按照裁判的要求和标准收集、固定、审查、运用证据，人民法院应当按照法定程序认定证据，依法作出裁判。”

当坚持程序法定原则和证据裁判原则的要求，探索构建和完善适应以审判为中心诉讼制度改革要求、符合证据裁判原则精神的侦查证据调查制度和审查判断机制。此外，根据第2条第3款规定,① 侦查机关侦查终结认为犯罪嫌疑人构成犯罪的，应当按照裁判的要求和标准，对于证明犯罪构成要件的事实，应当综合全案证据排除合理怀疑；对于证明影响量刑的事实和情节的证据存疑的，应当作出有利于犯罪嫌疑人的认定。

（3）推进执法规范建设，创新办案监督机制。主要有几方面：第一，根据第3条规定,② 侦查机关应当构建和完善符合裁判要求、适应各类案件特点，并且符合侦查工作规律和办案特点的证据收集指引等规范文件，如《公安机关执法细则》（第三版）；参照适用或援引检察机关和法院制定的专门适用于特定案件类型的证据收集指引、规程等相关规定。第二，在贯彻所有刑事案件侦查讯问同步录音录像制度的基础上，逐步探索构建和完善侦查办理“命案”等重大刑事案件过程中，适用检查、搜查、辨认、指认等侦查措施时的同步录音录像制度；与此同时，切实落实公安部2016年制定的《公安机关现场执法视音频记录工作规定》，探索构建和完善刑事案件侦查讯问同步录音录像、现场执法音视频记录、执法办案场所活动轨迹音视频记录等相结合的新型侦查办案模式和侦查合法性监督模式。第三，该规定还要求，侦查机关应当逐步完善危害国家安全犯罪、贪污腐败等职务犯罪、毒品犯罪等案件的技术侦查证据的移送、审查、法庭调查和使用规则以及庭外核实程序等诉讼制度和衔接机制。第四，根据该规定，需要指出的是，还应当逐步探索完善侦查办案过程中，检查、搜查、查

① 第2条第3款规定：“人民法院作出有罪判决，对于证明犯罪构成要件的事实，应当综合全案证据排除合理怀疑，对于量刑证据存疑的，应当作出有利于被告人的认定。”

② 第3条规定：“建立健全符合裁判要求、适应各类案件特点的证据收集指引。探索建立命案等重大案件检查、搜查、辨认、指认等过程录音录像制度。完善技术侦查证据的移送、审查、法庭调查和使用规则以及庭外核实程序。统一司法鉴定标准和程序。完善见证人制度。”

封、扣押等强制性侦查活动中的见证人制度。第五，笔者认为，根据该规定的原则精神，在侦查制度改革中，侦查机关还应当构建和完善符合裁判要求、侦查办案特点和鉴定意见属性的司法鉴定标准和程序等制度和机制。

（4）立足证据三性本质要求，深化侦查证据规则建设。主要有以下三方面：

第一，侦查证据的相关性规则。根据第 4 条第 1 款规定，① 侦查机关在侦查工作和侦查制度改革中，应当根据侦查办案的特点和证据的相关性特点，坚持全面、客观和及时原则，收集与案件有关的证据。在侦查制度改革中，侦查机关应当探索构建和完善旨在全面、客观、及时地收集侦查证据的保障制度，确保侦查办案的证据所应当具有的客观性、相关性等本质属性和侦查程序的公正性。

第二，侦查证据的合法性规则。根据第 4 条第 2 款规定，② 侦查机关在侦查工作实践和侦查制度改革中，应当坚持侦查证据的依法收集原则和非法排除规则。在侦查实践中，依法排除采用刑讯逼供、暴力、威胁等非法方法收集的言词证据；在既不能补正也无法作出合理解释的情况下，应当依法排除"收集程序不符合法定程序，可能严重影响司法公正"的物证、书证等非法实物证据。在侦查制度改革中，应当在侦查机关内部构建和完善附带性审查和专门审查相结合的非法侦查证据排除机制，即侦查办案人员在侦查过程中对侦查证据合法性的附带性审查和非法侦查证据的自行主动排除机制，法制部门（或警务督察部门）在侦查终结、移送起诉前对侦查证据合法性的专门审查和非法侦查证据的监督性排除机制（尤其是

---

① 第 4 条第 1 款规定："侦查机关应当全面、客观、及时收集与案件有关的证据。"

② 第 4 条第 2 款规定："侦查机关应当依法收集证据。对采取刑讯逼供、暴力、威胁等非法方法收集的言词证据，应当依法予以排除。侦查机关收集物证、书证不符合法定程序，可能严重影响司法公正，不能补正或者作出合理解释的，应当依法予以排除。"

命案等重大刑事案件），防止非法证据流入后续诉讼阶段。前者是侦查办案人员的自律性排除机制，后者是侦查机关内部的监督制约机制。

第三，侦查证据的真实性规则。根据第 4 条第 3 款规定，[①] 侦查机关在侦查实践和侦查制度改革中，应当坚持侦查证据的真实性规则。在侦查实践中，根据侦查办案的特点和证据的真实性要求，侦查机关调查收集物证、书证等实物证据的，一般应当提取原物、原件，确保侦查证据的真实性；侦查证据需要鉴定的，应当及时送检；侦查证据之间有矛盾的，应当及时查证；所有证据应当妥善保管，随案移送。在侦查制度改革中，侦查机关应当根据符合裁判要求、侦查办案特点和证据的真实性要求，坚持"物证、书证等实物证据"的原始证据优先收集规则、及时鉴定规则、及时查证规则、随案移送规则。

（5）完善侦查讯问制度，强化讯问过程监督。根据第 5 条规定，[②] 在侦查实践和侦查制度改革中，严格遵循"依法讯问"和"无罪推定"等原则，防止刑讯逼供，不得强迫任何人证实自己有罪。在侦查实践中，侦查机关应当严格遵循法律和司法解释规定的侦查讯问规则，在规范的讯问场所讯问犯罪嫌疑人；严格依照法律和司法解释规定的程序要求，对命案等重大案件的侦查讯问过程同步录音录像，逐步实现对所有案件的讯问过程的全程同步录音录像。在侦查制度改革中，严格落实《关于深化公安执法规范化建设的意见》、《公安机关执法细则》（第三版）、《公安机关现场执法视音频记录工作规定》等规定，根据符合裁判要求和侦查办案特点以及

---

① 第 4 条第 3 款规定："对物证、书证等实物证据，一般应当提取原物、原件，确保证据的真实性。需要鉴定的，应当及时送检。证据之间有矛盾的，应当及时查证。所有证据应当妥善保管，随案移送。"

② 第 5 条第 1 款规定："完善讯问制度，防止刑讯逼供，不得强迫任何人证实自己有罪。严格按照有关规定要求，在规范的讯问场所讯问犯罪嫌疑人。严格依照法律规定对讯问过程全程同步录音录像，逐步实行对所有案件的讯问过程全程同步录音录像。"

"依法讯问"和"无罪推定"原则的要求，加强侦查讯问场所、音视频记录装备等基础建设和规范化建设，探索构建和完善侦查讯问全程录音录像、现场执法音视频记录和执法场所活动轨迹音视频记录等相结合的执法办案全过程录音录像制度，同时建立健全侦查过程音视频记录的法律监督和司法审判监督等外部监督的衔接机制，彻底转变传统上"案卷中心主义"的办案模式。

(6) 健全合法性审查制度，强化重案讯问监督。根据第5条第2款规定，[①] 在侦查实践和侦查制度改革中，侦查机关应当坚持"依法讯问"和"无罪推定"原则，探索构建和完善重大案件侦查终结前的讯问合法性核查制度。对于公安机关、国家安全机关和检察机关侦查的重大案件，由检察机关驻看守所检察人员询问犯罪嫌疑人，核查是否存在"刑讯逼供、非法取证"等情形；对于普通案件的侦查讯问合法性，由侦查机关内部的警务督察（或检务督察）或者法制部门询问犯罪嫌疑人，核查是否存在"刑讯逼供、非法取证"等情形。同时，为确保核查过程的客观性和公正性，前述侦查讯问合法性的核查过程，重大案件的侦查讯问合法性核查过程，应当依照有关规定进行同步录音录像；普通案件的侦查讯问合法性的核查过程，可以参照有关规定进行录音录像。此外，作为"刑讯逼供、非法取证情形"的程序性制裁，在侦查实践中应当适用侦查证据的非法排除规则。也就是说，经核查，如果"确有刑讯逼供、非法取证情形的"，侦查办案的侦查机关应当及时排除非法证据，不得作为提请批准逮捕、移送审查起诉的根据。同时，笔者认为，在侦查制度改革中，侦查机关应当坚持内部监督、法律监督和司法审判监督相结合的方式，首先构建和完善适用

① 第5条第2款规定："探索建立重大案件侦查终结前对讯问合法性进行核查制度。对公安机关、国家安全机关和人民检察院侦查的重大案件，由人民检察院驻看守所检察人员询问犯罪嫌疑人，核查是否存在刑讯逼供、非法取证情形，并同步录音录像。经核查，确有刑讯逼供、非法取证情形的，侦查机关应当及时排除非法证据，不得作为提请批准逮捕、移送审查起诉的根据。"

于重大案件的侦查讯问合法性的核查制度，然后次第扩大适用的案件范围和强制性侦查措施范围。也就是说，首先逐步探索构建和完善适用于所有案件的侦查讯问合法性的核查制度，然后再探索适用于“检查、搜查、查封、扣押”等强制性侦查措施的合法性的核查制度，最终构建和完善适用于所有案件的（包括侦查讯问、强制性侦查措施在内的）所有侦查活动的合法性核查制度和侦查活动合法性监督机制。

（7）尊重无罪罪轻辩护辩解，构建侦查终结特别核实制度。根据第6条规定，[①] 在侦查办案实践和侦查制度改革中，侦查机关应当坚持辩护原则和无罪推定原则，探索构建和完善侦查终结前的特别核实制度，即侦查终结前，“犯罪嫌疑人提出无罪或者罪轻的辩解”，或者“辩护律师提出犯罪嫌疑人无罪或者依法不应追究刑事责任的意见”的，侦查机关应当依法予以核实。这就意味着，《刑事诉讼制度改革意见》创制性地赋予侦查办案机关在特定情形下的特别核实义务。与此同时，需要注意的是，作为“两高三部”联合制定的旨在推进以审判为中心诉讼制度改革的司法解释，它既适用于日常的侦查办案实践，也适用于公安司法机关推进的诉讼制度机制改革实践。基于此，笔者认为，该创制性规定在侦查办案实践和侦查制度改革实践中的具体表现不同。具体而言：

第一，在侦查办案实践中，犯罪嫌疑人提出无罪或罪轻的辩解，或者辩护人提出无罪辩护或者《刑事诉讼法》第16条规定的不应追究刑事责任的特定情形的，侦查办案机关应当依照法律和有关规定，启动相关调查核实程序予以调查核实。经核实，如果犯罪嫌疑人确实存在“《刑事诉讼法》第16条规定的不应追究刑事责任的情形”的，应当依法作出撤销案件的决定；发现确有法定或酌定的（“应当”或“可以”）减轻、免除刑

① 第6条规定：“在案件侦查终结前，犯罪嫌疑人提出无罪或者罪轻的辩解，辩护律师提出犯罪嫌疑人无罪或者依法不应追究刑事责任的意见，侦查机关应当依法予以核实。”

事处罚等“罪轻”情节的，应当依法记录在案，并将犯罪嫌疑人及其辩护人的辩解或辩护情况记录在案、与相关证据随案移送审查起诉。此外，如果经核实，有关辩解和辩护意见不属实的，也应当将辩解辩护情况和调查核实情况记录在案，随案移送审查起诉。

第二，在侦查制度改革中，侦查机关应当依照裁判要求、适用侦查办案规律和各类案件特点，全面贯彻辩护原则、无罪推定原则和“尊重和保障人权”原则的规定，探索构建和完善旨在调查核实“无罪、罪轻”和“《刑事诉讼法》第16条规定情形”的专门核查机制，从而构建出从源头预防冤假错案的诉讼制度机制。在制度设计构想和核查模式选择上，尽管“两高三部”在联合制定的《关于推进以审判为中心的刑事诉讼制度改革意见》中所提出的在司法制度层面建立侦查终结前“犯罪嫌疑人提出无罪或罪轻的辩解”以及“辩护人提出依法不应追究刑事责任的意见”的专门核实程序，具有开创性、创制性价值，能够建立健全冤假错案防范机制；但是其局限性在于，目前仅规定了依申请的程序启动模式，对于侦查办案机关依职权的程序启动模式尚未涉及。因而，笔者认为，在后续的侦查制度改革探索中，应当逐渐探索构建和完善依申请启动和依职权启动相结合的侦查终结前无罪罪轻特别核实制度，即一方面，赋予犯罪嫌疑人、辩护人申请启动侦查终结前的无罪罪轻特别核实程序的诉讼权利；另一方面，赋予侦查办案机关（特别是其内设法制部门或警务督察部门）依职权启动侦查终结前的无罪罪轻特别核实程序的司法职权。从而探索构建和完善符合裁判要求、适应侦查办案规律和司法公正价值理念的侦查终结前置的特别核实程序，不断构建和完善符合我国司法体制和现实国情的中国特色冤假错案源头预防机制。

（8）完善补充侦查制度，畅通退补衔接机制。根据第7条规定，[①] 在侦查办案实践和侦查制度改革中，侦查机关应当根据公诉、裁判的标准和要求，确定补充侦查方向、需要补充查明的事项和补充调查收集的证据，及时查明有关事项和收集有关证据。对此，笔者认为，在侦查、司法实践中，检察机关应当严格遵循程序法定原则和证据裁判原则，严格把握法律规定的退回补充侦查的条件，对审查起诉或法庭审理过程中确需退回公安机关补充侦查的，依法决定退回补充侦查。在侦查制度改革中，检察机关应当根据法律规定的批准逮捕条件或者公诉、裁判的标准和要求，细化“退回补充侦查的条件”；建立和完善“退回补充侦查引导和说理机制”，明确补充侦查方向、标准和要求；探索构建和完善有利于“规范补充侦查行为”的诉讼机制。例如，对于确实无法查明的事项，公安机关、国家安全机关应当书面向检察机关说明理由；对于二次退回补充侦查后，仍然证据不足、不符合起诉条件的，依法作出不起诉决定。

（9）健全权利保障制度，破解侦查辩护难题。在侦查办案实践和侦查制度改革中，应当贯彻宪法和刑事诉讼法规定的“尊者和保障人权”和辩护等原则，探索完善当事人、辩护人和其他诉讼参与人的诉讼权利保障制度，完善便利辩护人参与诉讼的侦查工作机制（第17条[②]）。在侦查制度改革、特别是侦查阶段的辩护制度改革中，既要根据司法体制改革和诉讼

① 第7条规定：“完善补充侦查制度。进一步明确退回补充侦查的条件，建立人民检察院退回补充侦查引导和说理机制，明确补充侦查方向、标准和要求。规范补充侦查行为，对于确实无法查明的事项，公安机关、国家安全机关应当书面向人民检察院说明理由。对于二次退回补充侦查后，仍然证据不足、不符合起诉条件的，依法作出不起诉决定。”

② 第17条第1款规定：“健全当事人、辩护人和其他诉讼参与人的权利保障制度。”第2款规定：“依法保障当事人和其他诉讼参与人的知情权、陈述权、辩论辩护权、申请权、申诉权。犯罪嫌疑人、被告人有权获得辩护，人民法院、人民检察院、公安机关、国家安全机关有义务保证犯罪嫌疑人、被告人获得辩护。”第3款规定：“依法保障辩护人会见、阅卷、收集证据和发问、质证、辩论辩护等权利，完善便利辩护人参与诉讼的工作机制。”

制度改革要求，探索完善司法人权保障制度，又要根据侦查办案特点和规律、司法实际现实需要，把握好新时代公安执法改革的规范化、科技化、法治化等制度改革和建设方向，诸如公安执法细则等的修订完善、公安执法音视频记录制度建设、法治公安建设。此外，笔者认为，还应当做好以下两方面：一方面，应当坚持司法民主化、司法公开化和司法公正等价值取向，根据法律规定的权限、范围和程序等要求，探索完善依法尊重和保障当事人和其他诉讼参与人的知情权、陈述权、辩论辩护权、申请权、申诉权等诉讼权利，特别是犯罪嫌疑人、被告人依法获得辩护的权利；另一方面，应当针对侦查和司法实践中长期存在的所谓“老三难”（如会见难、阅卷难、调查取证难）和“新三难”（如发问难、质证难、辩论难）等顽症痼疾，逐步完善便利辩护人参与诉讼的工作机制（如通知辩护等），逐步构建和完善“侦查尊重和保障辩护、辩护监督和制约侦查”的侦查辩护制度和新型办案模式。

此外，除前述几方面外，在侦查办案实践和侦查制度改革中，还应当完善侦查人员出庭作证制度，尤其是法庭质证规则（第 12 条①），完善看守所值班律师制度（第 20 条②）等。

### （三）以审判为中心的刑事侦查制度改革之理论构想

在十八届四中全会全面依法治国战略部署的宏观框架下，“以审判为

① 第 12 条第 1 款规定：“完善对证人、鉴定人的法庭质证规则。落实证人、鉴定人、侦查人员出庭作证制度，提高出庭作证率。公诉人、当事人或者辩护人、诉讼代理人对证人证言有异议，人民法院认为该证人证言对案件定罪量刑有重大影响的，证人应当出庭作证。”第 2 款规定：“健全证人保护工作机制，对因作证面临人身安全等危险的人员依法采取保护措施。建立证人、鉴定人等作证补助专项经费划拨机制。完善强制证人到庭制度。”

② 第 20 条第 1 款规定：“建立法律援助值班律师制度，法律援助机构在看守所、人民法院派驻值班律师，为犯罪嫌疑人、被告人提供法律帮助。”第 2 款规定：“完善法律援助制度，健全依申请法律援助工作机制和办案机关通知辩护工作机制。对未履行通知或者指派辩护职责的办案人员，严格实行责任追究。”

中心的刑事侦查制度”作为刑事诉讼制度的重要组成部分，无论从法理逻辑、实践逻辑，抑或是制度逻辑角度而言，都应该被作为新时代司法体制改革和诉讼制度改革的重要组成部分，都应当被视为以审判为中心诉讼制度改革的重要内容和内在应有之义。尽管在中央政策规范和司法改革文件中都没有直接采用“以审判为中心的侦查制度改革”的术语和表述，但从应然的理论构建层面，本着“以中央改革规范为根本遵循”“以司法改革实践为基本着眼点”的逻辑线索，在我国公检法司“各司其职、互相配合、互相制约”体制框架下探索以审判为中心的侦查制度改革，就成为理论研究和实践探索所面临的重要课题。以期借此，在“以审判为中心的诉讼制度改革”的目标指引下，概括和总结新时代刑事侦查制度改革的理论逻辑、制度逻辑和实践逻辑，继而通过理论构建揭示其内在蕴含的深层次诉讼规律和司法改革规律。从而，为深入贯彻实施中央决策部署、不断推进司法体制改革和持续深化以审判为中心的诉讼制度改革，提供理论参考和智识支持。

基于前述规范解读和对实践探索的阐述和分析，结合近年来刑事侦查理论界和实务界的经验做法和有益成果，笔者认为，“以审判为中心的刑事侦查制度改革”主要涵摄如下几方面。但囿于所掌握资料、研究角度和研究方法等局限，不足之处在所难免，于此还请方家不吝赐教。

第一，坚持法治公安建设方向，以“公安执法规范化建设”为突破口，构建以规范侦查行为为宗旨和核心的刑事侦查法制工作体系。

第二，坚持证据裁判原则方向，以“证据‘三性’规则建设”为突破口，构建以证据为基础和核心的刑事侦查证明工作体系和事实认定模式、侦查办案模式。① 并在确保“以事实为根据、以法律为准绳”法律原则得

---

① 对此，侦查理论界有学者指出，“健全以证据为核心的侦查机制”，主要包括“强化证据意识，提高取证能力，积极适应证据裁判规则要求，完善证据搜集工作机制，确保侦查的案件事实证据经得起法律的检验”。参见李文胜等：《以审判为中心，着力提升侦查工作水平》，载《现代世界警察》2017 年第 7 期。

以准确实施的前提下，推动刑事执法和司法实践向“以证据为基础”延伸。此外，还应构建包括排除合理怀疑和“犯罪事实清楚，证据确实、充分”等主客观标准相统一的“有罪认定”证明标准体系。

第三，坚持侦查科技化、信息化建设方向，以“现场执法视音频记录等制度建设”为突破口，构建以侦查讯问和强制措施为核心的执法音视频记录工作体系，并借此构建完善冤假错案的源头预防体系。从而为最终破除“案卷中心主义”、重新构建“庭审为主、案卷为辅、录音录像为补充和监督”的新型办案模式奠定基础。

第四，坚持侦查活动（合法性）监督建设方向，以“侦查终结前特别核查制度建设”为突破口，构建依申请和依职权相结合的专门程序启动模式、内部监督和外部监督相结合的侦查终结前特别核查（核实）制度。

第五，坚持侦查讯问法治建设方向，以“依法讯问、非法排除、特别核查等制度建设”为突破口，构建以法制监督和警务督察监督为重点的侦查机关内部监督体系，并借此构建完善冤假错案的源头预防体系。同时，坚持司法监督建设方向，以完善补充侦查衔接机制、侦查人员出庭作证制度等为突破口，构建以法律监督和司法审判监督为重点的外部监督体系、司法监督体系。

第六，坚持人权司法保障建设方向，以“通知辩护、值班律师、追责保障、特别核实等制度建设”为突破口，构建“侦查尊重和保障辩护、辩护监督和制约侦查”的新型侦辩关系模式。

# 第四章　以审判为中心的审查起诉法律关系研究

首先需要明确的是，本章的研究对象是检察机关对侦查终结移送审查起诉的刑事案件进行审查起诉过程中所形成的刑事诉讼法律关系，是广义上的刑事诉讼法律关系在审查起诉程序中的特殊表现形态。因而，如果从理论探讨和学术研究的角度而言，可将其称为“审查起诉法律关系”“审查起诉程序中的刑事审查法律关系”“侦结诉前审查法律关系”“公诉诉前审查法律关系”等。出于我国审查起诉程序的特殊性和理论界长期所形成的约定俗成的术语习惯用法，为避免引起误解和不必要的理论争论，笔者拟称为“审查起诉法律关系”。

众所周知，我国刑事公诉案件在起诉前的刑事审查，区别于现代外国刑事诉讼制度中的公诉审查程序（或预审程序），① 是专门针对公诉案件的诉前审查，其审查主体是履行公诉职能的检察机关，而非负责审判的法院所开展的庭前审查或者由管辖法院所开展的预审程序。根据我国《刑事诉讼法》第169条的规定，凡需要提起公诉的案件，一律由人民检察院审查决定。对此，我国刑事诉讼理论界通常认为，我国采用国家主义和起诉垄断主义的审查起诉制度。然而，从性质上来讲，针对公诉案件的诉前审查

---

① 参见姚莉、卞建林：《公诉审查制度研究》，载《政法论坛（中国政法大学学报）》1998年第3期。

具有刑事司法审查的性质，它在审查的内容上，既涉及刑事程序问题，也涉及刑事实体问题。[①] 在当前以审判为中心的诉讼制度改革背景下，笔者从刑事诉讼法律关系理论角度来研究诉前刑事（公诉）审查程序[②]的目的和初衷，主要是根据当前中央司法改革导向和司法实践突出问题，针对我国刑事诉讼中司法权力配置的科学性、合理性和诉讼程序设置的公正性、正当性进行反思，以期通过探究审前程序中公诉权力运行的内在规律性和实质，从而在中央司法改革框架下，为探索“以审判为中心的审查起诉制度改革”提供理论参考。

众所周知，公诉是审判的前提，诉前公诉审查是决定是否提起公诉的关键环节，其审查质量直接决定起诉乃至审判质量。同时，检察机关是我国法律规定的法律监督机关。检察机关作为公诉机关和监督机关具备双项职能，导致其在诉讼程序内部的职能紊乱。在以审判为中心的诉讼制度改革背景下，通过改革完善足以确保检察机关能够全面、客观、公正地实施公诉审查的诉讼机制，发挥审判程序对审前诉讼活动的反向传导、规范和制约作用，构建适应现代刑事诉讼规律的侦诉关系，纠正“侦查中心主义”的弊端。一方面，改善“事后监督、被动监督”的侦查监督机制，逐步形成主动参与、同步监督的参与性动态制约机制。另一方面，强化审查起诉阶段辩护律师的辩护职能，尊重和保障辩护律师“会见权、通信权、阅卷权”，着力完善“审查尊重和保障辩护”“辩护监督、制约审查”的审查辩护关系模式；改革相应体制机制，在审查起诉活动中构建良性互动

① 2018 年《刑事诉讼法》第 169 条规定，凡需要提起公诉的案件，一律由人民检察院审查决定。第 171 条规定，人民检察院审查案件的时候，必须查明：（1）犯罪事实、情节是否清楚，证据是否确实、充分，犯罪性质和罪名的认定是否正确；（2）有无遗漏罪行和其他应当追究刑事责任的人；（3）是否属于不应追究刑事责任的；（4）有无附带民事诉讼；（5）侦查活动是否合法。

② 在本文中，如果没有特殊说明或者特殊语境的限制，公诉审查程序通常特指审查起诉程序中的诉前公诉审查程序，又可称为诉前刑事审查程序、诉前审查程序，区别于管辖法院针对公诉案件所进行的庭前审查程序，也区别于外国刑事诉讼法中由法院所主导的公诉审查程序，在此特别说明。

的检律关系，将辩诉对抗严格限制在法律法规允许的范围内。在我国公诉审查权虽属官方指定的“司法权”范畴，但其行政权特征明显，有别于英美法国家由法官主导的司法审查权。其权力行使的单方性、主动性决定其在审查起诉阶段不可能与辩护方处于平等或对等的地位，这种权力惯性向后续阶段的传导、递进，在某种程度上导致审判程序中的诉辩双方事实上的不平等、不对等。因此，因应以审判为中心的诉讼制度改革要求，控辩平等原则应当反向传导到审查起诉阶段，不应仅局限于审判阶段。而且，诉前公诉审查程序（又称为“诉前刑事审查程序”“诉前审查程序”）中确立诉辩平等原则，也有利于保障辩护律师的阅卷权等诉讼权利。

## 一、中外审前程序中审查起诉制度的比较研究①

在我国现行公诉制度框架下，审查起诉是公诉权的基本权能之一，其依法独立、客观、公正行使直接关涉检察机关追诉职能的发挥和犯罪嫌疑人基本人权的保护，影响惩罚犯罪和保障人权双重诉讼目的的实现。尽管世界各国在政治体制、法律文化和诉讼传统等方面存在客观差异，但是在确保准确、及时惩治犯罪的同时能够有效保障人权，防止检察机关滥用起诉权、确保无罪的人不受刑事追诉成为世界各国现代刑事诉讼所追求的共同目标。

由于各国司法体制、诉讼制度以及法律传统等方面的客观差异，各国在诉讼制度设计和刑事程序构造时的定位也有很大不同。我国的审查起诉

---

① 有实务部门检察理论专家认为，在以审判为中心诉讼制度改革背景下，检察机关应当适应司法体制改革和司法实践要求，推进司法职权优化配置和法律监督职能调整，构建以公诉为中心、包括立案监督、逮捕审查和审查起诉等在内的侦查活动（合法性）监督体系。参见高扬捷：《从“以公诉为中心”到“以侦查监督为中心”——“以审判为中心”视角下侦查活动监督中心调整》，载胡卫列、董桂文、韩大元编著：《人民检察院组织法与检察官法修改》，中国检察出版社2016年版，第506～514页。

制度，与其他国家（尤其是法治发达国家）的类似制度相比较，其不同之处主要表现为以下几方面：

1. 程序地位不同

在我国现行的诉讼体制框架下，审查起诉制度是独立的诉讼阶段，具有相对独立的程序构造；在我国整个刑事诉讼主要由侦查、审查起诉和审判三个阶段构成，审查起诉具有连接侦查和审判的承前启后的作用。因为具体案件的审查起诉质量，是对侦查程序和结果的客观评价，也直接决定着审判的质量。但是，无论在传统英美法国家，还是在传统大陆法国家，通常采用“审判中心主义”的刑事程序架构，通常不采用诉讼阶段论，没有截然分开的诉讼阶段，刑事审前程序与刑事审判程序是从属关系。譬如，英美法国家通常将刑事侦查和审查起诉等审前诉讼程序看作刑事审判的准备阶段，审查起诉过程也不具有明显的独立性。而在大陆法系国家，德国通常采用“检警一体化”侦查制度，检察机构和警察机构都是拥有侦查权的行政机关，而警察机构通常被看作检察机构的辅助机关，① 检察机构拥有侦查指挥权、侦查监督权，警察机构在检察机构的指挥和监督下实施侦查活动。总体上而言，在这些国家的刑事程序构造中，审查起诉过程并未被视为单独、独立的刑事程序，起诉只是侦查终结的处理方式。

2. 审查起诉模式不同

（1）美国多元混合模式。在美国刑事诉讼中，审查起诉主要有两种模式，即检察官审查起诉模式、检察官和陪审团（或预审法官）双重审查模式。② 其中，对于轻罪案件，由检察官代表国家依职权进行公诉审查，并由其直接决定是否起诉，所以检察官具有轻罪案件的独立审查起诉职能；对于重罪案件的审查起诉，需要经过两重审查，即首先由检察官进行初步

---

① 参见甄贞、孟军：《审查起诉程序研究》，载《法学研究》2005 年第 4 期。

② 参见甄贞、孟军：《审查起诉程序研究》，载《法学研究》2005 年第 4 期。

审查，如果其决定起诉的，就需要提出起诉书草案，然后由大陪审团或者预审法官进行再次审查，以最终决定是否起诉。因而，在美国，重罪案件实行双重审查制度，检察官并没有完全独立的审查起诉权，其审查起诉职能仍然要受到大陪审团或者预审法官的监督和制约。

（2）法国的“多元混合”起诉审查模式。在法国刑事诉讼法制发展史中，法国曾经尝试过起诉陪审团制度，但后来被 1811 年《刑事预审法》所废除，转而由上诉法院决定重罪案件的审查起诉，轻罪案件则由评议法庭负责。[①] 在法国现行的审查起诉制度中，对于违警罪、轻罪案件，检察官可以自由判断，有权直接将案件提交违警罪或轻罪法庭进行审判；如果检察官认为需要预审的，将案件移送预审法官审查起诉。即普通轻罪、违警罪案件实行检察官审查起诉制度或者预审法官审查制。对于重罪案件和法律特别规定的轻罪、违警罪案件（如针对未成年人实施的轻罪案件和未成年人实施的第五级违警罪），则实行二级预审制度，即初级预审首先由检察官提出立案侦查意见书，将案件交给预审法官进行正式侦查；然后交由上诉法院实施二级预审，实施真正意义上的审查起诉活动。[②]

（3）英国皇家检察官审查起诉模式。英国刑事诉讼中，皇家检察官根据《1985 年犯罪起诉法》（Prosecution of Offences Act 1985）和《皇家检控官准则》履行起诉职能，英国皇家检察官负责审查案件，并向警察提出处理建议；对于适格案件，检察官则要客观、公正和廉洁地尽快作出提起公诉的决定；对于部分案件，可以根据案件具体情况，在适宜的情况下针对嫌疑人作出不经审判处理的建议。所以，英国采行的是相对的起诉法定主义。

---

① 参见［法］皮埃尔·尚邦：《法国的刑事预审起诉制度》，陈春龙、王海燕译，载《环球法律评论》1989 年第 6 期。

② 参见宋英辉、孙长永、朴宗根等：《外国刑事诉讼法》，北京大学出版社 2011 年版，第 193 页。

(4) 德国实行法院保留实质审查权的审查起诉模式。德国刑事诉讼中，如前所述实行“检警一体化”侦查体制，在整个审前程序中检察官掌握主导权、主动权，如果审前准备程序最终发现缺乏足够的犯罪嫌疑、属于轻微违法行为或者其他不值得追诉的行为，检察机关就需要决定中止诉讼；否则，检察官就需要提起诉讼。尽管这种起诉并不必然引起审判程序，但是旨在审查检察官所提起公诉的合法性、适当性的中间程序中，却由检察官掌握实质上的主动权，由其确定是否启动审判程序。①

(5) 日本检察官起诉垄断模式。日本刑事诉讼中的起诉制度，坚持国家追诉原则，即在日本凡是刑事犯罪一律都由国家实施追诉，排除私诉和自诉的制度存在空间。在日本诉讼理论界看来，以实现国家刑罚权为目标的刑事诉讼，同以实现私人利益为目标的民事诉讼有着本质区别，应将实现正义作为第一要义，将公平正当作为意旨。因此，“由公正的不受报复感情及利害关系所左右的国家机关行使追诉权，是最为恰当的”。② 根据《日本刑事诉讼法》第247条的规定，“公诉，由检察官提起”。这就意味着，在日本刑事案件的起诉权，只能由检察官垄断行使，其他国家机关和私人不得行使。检察官可以在综合考量被害人感情、被告人诉讼地位、犯罪危害程度和社会影响等因素的基础上，确定是否起诉。在起诉制度上，日本实行起诉法定主义和起诉便宜主义相结合的起诉制度。即对涉案的犯罪嫌疑事实，只要具备诉讼条件，检察官就必须依法提起公诉；但与此同时，检察官还具备起诉裁量权，即根据被追诉者的性格、年龄及境遇、犯

---

① 参见宋英辉、孙长永、朴宗根等：《外国刑事诉讼法》，北京大学出版社2011年版，第262、263页。

② 宋英辉、孙长永、朴宗根等：《外国刑事诉讼法》，北京大学出版社2011年版，第448页。转引自[日]土本武司：《日本刑事诉讼法要义》，董璠舆、宋英辉译，五南图书出版股份有限公司1997年版，第3章。

罪的轻重和犯罪后的表现，认为没有追诉必要的，可以决定不起诉。[①]

（6）我国的检察机关审查模式。根据我国《宪法》和《刑事诉讼法》的规定，检察机关是国家法律监督机关，在刑事诉讼中负责审查起诉，所以是公诉审查权的唯一主体。即在我国，检察机关依法独立、客观、公正地行使检察权，依照法定程序和权限审查起诉公诉案件的犯罪嫌疑人。我国刑事犯罪的起诉体制，在确认国家追诉原则的基础上实行“公诉为主，自诉为辅”的起诉原则。[②] 也就是说，我国采行公诉与自诉并立的二元起诉模式，公诉案件统一由检察院进行审查起诉；在起诉制度上，我国实行起诉法定主义与起诉便宜主义相结合的起诉模式。其中，法律规定的应当起诉和应当不起诉的情形，都是“起诉法定主义”的重要体现；酌定不起诉和附条件不起诉都是起诉便宜主义的重要体现。

3. 审查起诉权的主体和性质不同

对于检察权的性质，不同国家存在不同的认识。在英美法国家的刑事司法制度中，检察权通常被视为行政权，审查起诉活动也被视为政府机构的行政执法活动。大陆法系国家情况较为复杂，有国家采行行政权和司法权双重属性的观点，也有国家采行准司法属性，需要具体情况具体分析。具体而言：（1）法国检察官具有司法官和行政官的双重身份和地位，在职业保障、准则和身份认同上，都具有司法官的性质；但是，就其所属机构归属上，法国检察机关隶属司法部，其追诉活动具有行政权力属性。（2）德国在司法机构设置上实行“审检合署”，检察机关附设于法院内部，既不是行政机关，也不是第三方权力机构，而是介于两者之间的“独立的司法机构”；《德国基本法》将司法权概括、统一授予法官行使，检察官所实施的审查起诉活动具有“准司法”的性质。（3）日本二战后实行“审检

① 参见宋英辉、孙长永、朴宗根等：《外国刑事诉讼法》，北京大学出版社 2011 年版，第 448 页。

② 参见宋英辉等：《刑事诉讼原理》，北京大学出版社 2014 年版，第 52 ~54 页。

分署”，整个检察机构系统与法院系统对应设置，[①] 检察官在刑事诉讼中负责刑事案件的侦查、提起公诉和指挥裁判执行。就其检察权性质而言，通常认为具有行政权和司法权双重属性。（4）在我国，检察机关是宪法明确规定的国家法律监督机关，检察机关通过审查起诉等诉讼活动、对侦查活动的合法性实施法律监督，故而其检察权具有法律监督权的性质；但是，在《人民检察院组织法》《检察官法》等法律和规范性文件中却通常被认为属司法权。因而，笔者认为，在我国检察权的属性具有特殊性。在诉讼理论界和实务界看来，审查起诉权具有专属性，并且法律明确规定公诉案件的审查决定由检察机关负责。[②] 因而，审查起诉作为检察机关公诉权的重要权能之一，具有准司法权属性。

## 二、审查起诉法律关系的范畴界定及其理论形态

### （一）审查起诉法律关系的范畴界定

为理顺审查起诉程序中的各种诉讼法律关系，在司法改革背景下探索司法职权配置规律和人权司法保障规律，继而从诉讼构造视角诠释刑事诉讼规律、完善诉讼程序构造，从完善刑事诉讼法律关系的范畴体系角度，从我国传统既有的审查起诉理论中抽象出专门的术语、范畴，来诠释审查起诉活动的规律性，从而满足理论和实践中的实际需要。

如前所述，该部分的研究对象是审查起诉程序中的刑事诉讼法律关系。因为尽管我国现行刑事程序整体构造所采用的“诉讼阶段论”的确存在这样那样的不足，但是这是我国现行司法体制和诉讼制度所确定的制度现实，当前司法改革也无意破除这样的宏观架构，而是采用“以审判为中

① 参见宋英辉等：《刑事诉讼原理》，北京大学出版社 2014 年版，第 438、439 页。

② 2018 年《刑事诉讼法》第 169 条规定，凡需要提起公诉的案件，一律由人民检察院审查决定。

心的诉讼制度改革”来破解司法实践中的诸多难题。对此，笔者认为可以通过引入我国诉讼理论中某些尚且没有深入研究（或者司法实践中尚且未能深入贯彻）的某些理论范畴，首先从理论层面解决理论建构问题，然后在公检法三机关分工、配合、制约原则的框架下，进行制度调整和程序设计。除了在审判程序中进行制度改革之外，在审前程序中也理应逐步探索“以审判为中心的审前制度改革”，这就要求既涉及“以审判为中心的审查起诉制度改革”，也会涉及“以审判为中心的侦查制度改革”。对此，笔者正是基于这样的初衷来运用刑事诉讼法律关系范畴，在肯认“诉讼阶段论”现实合理性的基础上，对审查起诉程序进行规范分析和哲学角度的理论探索，从中抽象出“审查起诉法律关系”范畴，通过界定其内涵，在各国现实制度框架下尝试分析其理论形态，同时在吸收我国传统构成要素理论合理因素、借鉴大陆法系诉讼理论中程序性动态理论“诉讼两面说”的理论框架和思维模式，来构建相对完整的审查起诉法律关系体系。同时，笔者冀望以此来解决刑事诉讼法律关系理论的建构和完善问题，填补理论空白、构建审查起诉法律关系理论，重新配置检察机关公诉权能和诉讼参与人诉讼权利，为以审判为中心的诉讼制度改革提供理论参考。

基于此，笔者主张所谓“审查起诉法律关系”就是在审查起诉程序中检察机关在依法履行其公诉审查职能对公诉案件实施审查、犯罪嫌疑人及其辩护人对其人身和所涉犯罪嫌疑事实实施审前辩护过程中所形成的刑事诉讼法律关系。在这里有几点需要注意，就是审查起诉法律关系理论的主要研究对象不是法院在开庭前所实施的庭前审查制度，也区别于西方各国审前程序中的公诉审查制度。对于后者尽管在理论阐述过程中可能会有涉及，但有区别。故而在此进行特别说明。从本质上说，审查起诉程序中的刑事审查起诉法律关系是一种程序性法律关系，这是由审查起诉程序的特有属性所决定的，因为多数刑事案件的终局处理需要经过审判程序来最终裁决，审查起诉程序的处理结果（除依法作出不起诉决定的例外情况之外），其对犯罪嫌疑人及其所涉犯罪嫌疑事实的审查处理只是程序性、临时性的，通常不具有终局性。在现代刑事法治日益健全的制度背景下，审查起诉程序本身的法治性、程序性和民主性特征日益彰显，审查起诉程序的启动、变更和终结都需要依照国家刑事法制的权限、程序和步骤有序实施，故而凡是参与到审查起诉程序中的程序性主体，其诉讼行为都处于相应的刑事诉讼法律规范的规范和调整之中，并且他们相互之间也会随着诉讼程序的进行而发生一系列的诉讼权利义务关系或者权力责任关系。此即本章所研究之新范畴：审查起诉法律关系。

### （二）审查起诉法律关系的理论形态

国内外理论界也采用规范分析方法对其各自制度进行解读和诠释，但是通常并不从刑事诉讼法律关系角度来分析审前程序中的公诉制度。主要原因是各国通常采用审判中心主义的诉讼制度，审前程序并没有明确的诉讼阶段划分，只是将审前程序整体视为相对独立的程序架构。同时，由于各国审前程序的制度设计千差万别，因而在理论上也鲜有学者从刑事诉讼法律关系理论角度来进行诠释。但是，我国在制度设计和体制架构上都有着明显的“诉讼阶段论”思想，这种制度理论适应了我国社会主义的政治体制，而且经过长期实践检验证明“分工、监督、制约”刑事司法体制在惩治犯罪中所具有的稳定性、高效率。近年来，由于我国人权保障观念彰显，及时有效平反冤错案件、让人民群众在每一起司法案件中都感受到公平正义，这些都已成为健全人权司法保障制度的迫切需要。也正是出于这种原因，中央启动新一轮的司法体制机制改革，希望通过司法改革解决传统司法体制机制中阻碍司法公正实现的不利因素，从而实现惩罚犯罪和保障人权兼顾的诉讼目的，实现实体真实和程序正当的有机结合。这就意味着，不能单纯从司法制度理论角度诠释司法权力运行规律，忽视刑事诉讼制度中诉讼人权的运行规律。因为“国家尊重和保障人权”是我国宪法和刑事诉讼法所确立的重要法律原则，它意味着国家明确自身在刑事司法权力运行过程中所具有的人权保障义务。作为国家义务，无论在立法实践、司法实践，还是在司法体制机制改革中，国家权力机关和司法机关都要遵循这样的国家义务。同时值得指出的是，国家尊重和保障人权，既是宪法和刑事诉讼法所确立的国家基本义务，也是公民的基本权利。但是在我国宪法中却没有诉讼权的明确表述，在宪法学界和诉讼理论界也无学者进行诠释。这表明我国在制度和理论建构中的某些缺憾和不足，在将来也可将其视为我国刑事诉讼理论的一个重要发展方向。笔者在此之所以对审查起诉法律关系的理论形态进行专门阐述，也是希望从国家权力运行和公民诉讼权利运行规律两方面去诠释刑事审查起诉制度。通过国际视野对域外制度形态的全新理论诠释，即以刑事诉讼法律关系理论和规范分析的视角解读域外制度形态，也会对我国刑事诉讼现象的解读阐述和审查起诉制度的改革重构有着不可忽视的理论意义和实践价值。

1. “两面关系说”

纵观现代世界各国的公诉审查制度，由于各国在制度设置上存在客观差异，其在司法制度和诉讼理论中所表现出的审查起诉法律关系的主要形态也有很大不同。其中，“两面关系说”主要有两类：一是以审查起诉权的主体为依据，采取垄断式的国家，通常是“两面关系说”。譬如，日本实行起诉垄断主义，日本起诉制度坚持国家追诉原则，凡是刑事案件一律由国家实施追诉，排除私诉和自诉。检察官在综合考量被害人感情、被告人诉讼地位、犯罪危害程度和社会影响等因素的基础上，有权确定是否起诉。因而在这种公诉审查制度下，其具体的刑事诉讼法律关系通常表现为两面关系。又如英国实行当事人主义，对于是否提起公诉的问题，皇家检察官依法履行起诉职能，对于具体案件是否提起公诉完全由负责审查起诉的检察官决定；但是作为被刑事追诉和审查的对象，犯罪嫌疑人在审前程序中拥有一系列诉讼权利，对此检察官有义务予以保障。[①] 因而审查起诉程序中的具体刑事诉讼法律关系通常也主要表现为“两面关系”。二是以审查案件的行为方式为依据，采取审查制或非对审制的审查模式的国家，通常可概括抽象为“两面关系说”。日本刑事起诉制度采用起诉垄断主义，在审查起诉的行为方式上采用具有很大限度自由裁量权的公诉审查方式。因而其审查起诉程序的刑事诉讼法律关系也表现为“两面关系”。英国检察官在审查案件决定是否起诉时，需要依据“完全准则检验标准”（Full Code Test）和“最低限度检验标准”（Threshold Test）[②] 作为起诉的检验标准，对于前者需要考虑对证据的审查，检察官必须确信“案件具有充足的证据并且对被告人的每一项控罪都存在‘定罪的现实可能’”，[③] 在此基础上还需要考虑“基于‘公共利益’是否需要起诉”；[④] 对于后者还需要考虑个别案件中如果犯罪嫌疑人保释存在风险，却在必须对其解除羁押的时候仍未取得所有证据，这就需要考虑适用最低限度标准。[⑤] 总体来看，英国检察官决定起诉与否的审查行为方式，并非采用对审制（或听证程序），而是审查制，因而其审查起诉程序中的刑事诉讼法律关系主要表现为“两面关系”。

2. “三面关系说”

“三面关系说”主要有两类：一是以审查起诉权的主体为依据，采取起诉陪审团或者预审法官的审查模式，通常可从“三面关系说”角度进行诠释。譬如美国重罪案件在二次审查程序中，通常表现为起诉陪审团或预审法官、检察官和犯罪嫌疑人三者间的三面关系；又如法国对重罪案件和

---

① 参见宋英辉、孙长永、朴宗根等：《外国刑事诉讼法》，北京大学出版社2011年版，第18~32页。

② 宋英辉、孙长永、朴宗根等：《外国刑事诉讼法》，北京大学出版社2011年版，第19~22页。

③ 宋英辉、孙长永、朴宗根等：《外国刑事诉讼法》，北京大学出版社2011年版，第19页。

④ 宋英辉、孙长永、朴宗根等：《外国刑事诉讼法》，北京大学出版社2011年版，第20页。

⑤ 参见宋英辉、孙长永、朴宗根等：《外国刑事诉讼法》，北京大学出版社2011年版，第22页。

法律特别规定的轻罪、违警罪案件（如针对未成年人实施的轻罪案件和未成年人实施的第五级违警罪），则表现为预审法官、上诉法院和犯罪嫌疑人之间的“三面关系”。但是，在此值得注意的是，这种刑事审查起诉法律关系所表现的仅是其局部的特殊表现形态，不具有完整意义。对此，在相关部分再进行详细论述，此处不再赘述。二是以审查案件的行为方式为依据，采取对审制或辩论式的审查模式的国家，通常是“三面关系说”。如德国中间程序中，对于公诉审查实行法院保留实质审查权的制度模式。尽管在审前程序中检察官具有主导权、主动权，但是对于是否启动审判程序的问题，却最终需要由法院来决定。审查过程是由 1 名法官或者由法官组成的委员会以不公开审理的方式来确定继续刑事追诉的合法性和必要性；由于这种审查采用对审制的方式来进行的，需要被起诉人及其辩护人的参与，要求其就起诉书在规定时间内提出证据申请或者异议。因而这种公诉审查方式使得刑事诉讼活动表现为“三面关系”。[①]

3. “多元混合说”

对于采用“多元混合”起诉审查模式的法国和美国，则要具体问题具体分析，其审查起诉程序中的刑事诉讼法律关系主要形态则呈现多样性。这种现象的代表性国家主要有美国和法国。具体而言：

首先，在美国实行“多元混合”的公诉审查模式，轻罪案件实行检察官审查决定，在这类案件中审查起诉活动主要表现为“两面关系”的刑事审查起诉法律关系；但是在重罪案件中，需要经过两级审查，先经过检察官初步审查，然后再经过起诉陪审团或者预审法官的再次审查，因此其审查起诉过程中的刑事审查起诉法律关系则表现为两面关系和三面关系相结合的特殊形态。

---

① 参见宋英辉、孙长永、朴宗根等：《外国刑事诉讼法》，北京大学出版社 2011 年版，第 333 ~335 页。

其次，法国现行刑事诉讼中也采用多元混合的起诉审查模式。其中，对于轻罪、违警罪案件由检察官决定是否起诉，与之相对应的审查对象就是犯罪嫌疑人及其所涉案件的犯罪嫌疑事实，故而审查起诉法律关系主要表现为“两面关系”；但是，如果检察官认为需要预审的，将案件移送预审法官审查起诉，这就意味着需要采用对审制的审查处理方式，在这种情况下通常表现为检察官、预审法官和犯罪嫌疑人三者间的“三面关系”。

此外，对于重罪案件和法律特别规定的轻罪、违警罪案件（如针对未成年人实施的轻罪案件和未成年人实施的第五级违警罪），法国则实行二级预审制度，其中在初级预审程序中主要表现为检察官与犯罪嫌疑人两者间的“两面关系”，但是在随之而来的二级预审程序中，则主要表现为预审法官、上诉法院和犯罪嫌疑人之间的“三面关系”。因此，由于审查主体和审查行为方式所具有的特殊性，造成这些国家在公诉审查制度中审查起诉法律关系的复杂性、多样性和多层次性。

4. “多面关系说”

苏联和我国传统刑事诉讼法律关系理论，主张这种观点。这种学说以刑事诉讼法律关系构成要素为理论基础，主张审查起诉法律关系是指在审查起诉程序中存在于所有刑事诉讼法律关系主体之间的诉讼权利义务关系。也就是说，这种观点主张不仅负责审查起诉的检察机关和犯罪嫌疑人之间存在刑事诉讼法律关系，在其他诉讼主体（如传统理论中作为诉讼主体的被害人）和其他诉讼参与人都是审查起诉程序的程序性主体，在刑事诉讼中都有诉讼权利义务，都参与到具体的刑事诉讼法律关系中去。在这种规范分析法理学基础上，多面关系说的理论基础是构成要素理论。对此，与其他刑事诉讼法律关系同理，审查起诉法律关系也是由三要素构成的。

（1）主体要素。在范围上除公诉机关和犯罪嫌疑人、被害人等诉讼主体外，还包括其他诉讼参与人，即辩护人、诉讼代理人、证人、鉴定人、翻译人员等。凡是参与审查起诉活动的专门机关和诉讼参与人都属刑事审查起诉法律关系的主体，无论其履行公诉职能和辩护职能等基本职能，还是其他诉讼辅助职能。

（2）内容要素。审查起诉程序中审查起诉法律关系的内容，主要是根据刑事诉讼法律规范在审查起诉活动中的审查起诉法律关系主体依法所享有的诉讼权利和承担的诉讼义务。主要包括：其一，公诉案件的诉前审查权、起诉决定权，检察机关的出庭支持公诉权是前者的延伸。属于诉权的范畴，也是我国公诉权权能体系中的重要组成部分。此外，在审查起诉阶段负责审查起诉的检察机关针对犯罪嫌疑人的人身、财产所具有的强制处分权。其二，公诉案件的审查辩护权。作为公诉案件中被刑事审查的对象，犯罪嫌疑人具有宪法和刑事诉讼法所规定的辩护权，以及申请排除非法证据的权利、申请变更或解除强制措施的权利等诉讼权利。此外，被错误追究或逮捕的犯罪嫌疑人申请国家赔偿的权利，也是国家理应予以保障的公民诉讼人权。犯罪嫌疑人的主要诉讼义务则有如实供述的义务、不得毁灭伪造证据的义务、被采取相应强制措施依法所必须遵循的诉讼义务。其三，除前述内容，被害人及其诉讼代理人、其他诉讼参与人的诉讼权利义务也是刑事审查起诉法律关系的重要内容。在此值得指出的是，在审查起诉程序中以公诉审查权和辩护权为核心内容的审辩关系，是刑事审查起诉法律关系体系中的最为核心、重要的刑事诉讼法律关系，其主要存在于公诉机关和犯罪嫌疑人两个诉讼主体之间。

（3）客体要素。审查起诉法律关系客体就是审查起诉程序中所有的刑事诉讼法律关系主体的诉讼权利义务所共同指向的对象，对此传统学说主张为刑事案件事实。

5. 比较法视角下刑事审查起诉法律关系的“两面关系说”

根据我国刑事诉讼制度所限定的公诉权审查主体和审查行为方式的特点，如果从比较法角度来分析，也可将我国刑事审查起诉法律关系的表现形态视为“两面关系”。主要理由是，我国现行的司法体制遵循分工负责、互相配合、互相制约的宪法原则，审查起诉程序中主要由检察机关负责，侦查机关的主要作用或者基础作用通常在刑事侦查阶段就已发挥，在审查起诉程序中并无主导作用、充其量发挥配合作用。但是，负责审查起诉的检察机关则是审查起诉程序的主导性国家机构，而且在该阶段的刑事强制措施的决定、变更和解除都由其负责，刑事公诉案件的起诉与否也最终由其决定。我国整个刑事诉讼程序设计都贯彻着较为彻底的职权主义色彩，这种制度设置和程序设计决定了负责审查起诉具体案件的检察机关成为审查起诉活动的诉讼主体。同时，作为与之相对的履行辩护职能的犯罪嫌疑人，则是另外的诉讼主体。因为从诉讼客体理论角度来看，作为审查起诉的对象是刑事案件，从本质上来讲也属于社会事件，它是由何人、何事、何时、何地、何目的、何动机、何结果等所谓的“七何”要素构成的。对于其中最为重要的“何人”“何事”要素，即是侦查阶段由侦查机关负责查清的犯罪事实、查获的犯罪嫌疑人和收集的用于证实前两者的诉讼证据。而且案件的处理过程和处理结果与犯罪嫌疑人都有直接的利害关系，因而犯罪嫌疑人是审查起诉活动中履行辩护职能的诉讼主体。对于被害人的诉讼主体问题，尽管我国刑事诉讼法赋予其当事人诉讼地位，但笔者认为这种制度设计并不符合诉讼规律，仅是希望通过赋予其刑事程序参与权来实现诉讼救济和心理报复，在“报应刑”刑罚观已经逐渐开始遭到质疑的今天，笔者认为从更为理性、科学的角度来看，不应再坚持这种引起诉讼构造畸形的制度构造和理论主张。因此，从理想的应然理论形态上来看，审查起诉程序中的刑事审查起诉法律关系，理应是一种“两面关系”，它主要存在于负责审查起诉案件的检察机关和作为公诉案件的诉前审查对象，并基于其辩护职能有权实施辩解、辩护的犯罪嫌疑人。而且，我国审查起诉程序并没有采用对审制或诉讼化的制度设计和程序构造。最后在此值得指出的是，前述这些理论形态的分析，通常是仅就诉讼实体面的主要形态而言的。

由此观之，在我国这种职权主义色彩浓厚的审查起诉制度设计中，没有诸如法院之类的第三方诉讼主体参与，同时检察机关作为法律监督机关本身，也不接受其他机关的法律监督。这就意味着，诉讼主体在审查起诉活动中所形成的审查起诉法律关系，就是以审查和辩护为主要内容的“两面关系”：对于履行控诉职能的审查起诉方而言，审查起诉程序中的诉讼活动就是针对特定刑事案件中犯罪嫌疑人的人身、财产限制和所涉案的犯罪嫌疑事实的审查；对于犯罪嫌疑人及其辩护人而言，审查起诉过程就是针对检察机关对犯罪嫌疑人的人身、财产和所涉案的犯罪嫌疑事实等所实施的刑事审查，进行相应辩解、辩护的过程。故而，从另外角度来看，这种审查起诉法律关系实际上就是在我国现行的审查起诉制度框架下的“诉前审辩关系”，此处的“审”特指公诉案件的诉前审查，是负责审查起诉具体公诉案件的检察机关，不是审判，也不是负责审理案件的法院。

## 三、审查起诉法律关系的结构研究

在辩证唯物哲学看来，哲学上的“结构”，通常是指事物诸要素之间的组织形态；而“关系”则是指称不同事物之间相互联系、作用的客观存在。作为哲学上某种客观存在的特殊刑事诉讼法律关系，刑事审查起诉法律关系结构就是指审查起诉程序中不同层次诉讼法律关系诸构成要素间的相互联系、相互作用的组织形态。从制度存在的层面来讲，研究对象的不同结构与各国公诉审查制度密切相关，同时也是由其制度状况所决定的。当然，由于各国公诉审查制度存在客观差异，造成不同国家公诉审查程序中的诉讼法律关系结构也存在客观差异。具体而言：其一，在实现国家追诉原则和起诉垄断主义的国家（如日本）以及在审查行为方式上采取审查式、非对审制的国家（如英国），其公诉审查制度所确定的刑事审查起诉法律关系形态通常表现为“二元结构”。其二，在采用起诉陪审团或预审法官的审查制度或者采用对审制、辩论式审查方式的国家（前者如美国重罪案件二次审查程序所采用的起诉陪审团或预审法官制度，又如法国重罪案件和法律特别规定的轻罪、违警罪案件的公诉二级审查制度；后者如德国中间程序），其公诉审查制度所确定的审查起诉法律关系形态通常表现为“三元结构”。其三，在实行混合式多元审查机制的国家（如美国、法国），就其整体的公诉审查制度所确定的审查起诉法律关系的主要形态通常表现为“多元混合型”结构。

基于前述分析，回顾我国刑事公诉审查制度的制度状况，我国实行国家追诉原则和职权主义的公诉审查制度，一方面在公诉审查权的行使主体上由检察机关统一负责，另一方面在公诉案件审查的行为方式上通常采用不公开的审查方式，由于审查程序构造中没有引入第三方监督或审查机制，在具体行为方式上也没有实行对审制、辩论式的审查方式。其特点是审查效率较高，但是对犯罪嫌疑人及其辩护人行使辩护权的充分性存在质疑。因此，在这种制度设计和程序构造框架下，我国诉前公诉审查制度中的刑事审查起诉法律关系通常表现为诉前公诉审查主体和辩护主体两者间的“两面关系”。而就诉前公诉审查程序实体面的结构而言，笔者认为可概括为“二元结构”。在诉前公诉审查程序的诉讼程序面，采用广义的诉讼立场，作为公诉审查主体的检察机关、作为公诉审查对象和辩护主体的犯罪嫌疑人及其辩护人、被害人及其诉讼代理人、证人、鉴定人、翻译人员相互之间的诉讼法律关系呈现“多元结构”。总体而言，在诉前公诉审查的实体面，审查关系基本呈现“二元结构”；在诉讼程序面则表现为“多元结构”。此外，值得注意的是，在审查起诉程序中，针对非法证据的排除问题可能存在三方结构，即犯罪嫌疑人及其辩护人申请检察机关启动专门的排除程序。检察机关根据犯罪性质、社会危害性和案件的社会影响等具体情况进行综合考虑，如果公诉机关认为有必要启动专门的排除程序或者听证程序，就意味着可能出现公诉审查方、侦查方和辩护方“三方结构”。

## 四、新型审查起诉法律关系学说的理论重构

通过在比较法视角下考察域外公诉审查制度状况、反思我国公诉审查制度某些局限性，在综合考察我国传统理论中的构成要素理论和大陆法系国家程序性动态理论“诉讼两面说”的局限和优势两方面情况的基础上，笔者认为，应当在吸收不同制度和理论合理性的基础上立足中国刑事诉讼和公诉审查实践，在诉讼两面说框架下吸收构成要素学说的有益因素来构建新型的刑事审查起诉法律关系学说体系。

### （一）程序动态性理论视角下的“公诉审查两面说”

在我国现行刑事程序框架下，侦查机关认为完成法定的侦查任务，既已查明案件事实、查获犯罪嫌疑人、收集到认为足以定案的确实充分的证据,[①] 通常会宣布“破案”、主动终结侦查程序，依法向检察机关移送审查起诉。整个侦查过程既涉及诉讼实体问题，也涉及诉讼程序问题。如果按照刑事诉讼客体的单一性和同一性原理，具体刑事案件在移送审查起诉之后，则需要首先解决侦查案件和审查案件的同一性和单一性问题。对此，笔者认为应当基于程序性动态理论的研究视角，从诉讼实体面和诉讼程序面两方面进行分别阐述：

1. 程序动态理论视角下的诉前公诉审查实体面

首先，在诉讼实体面，主要涉及所涉案的犯罪嫌疑人和犯罪嫌疑事实两方面，也就是刑事案件自身必不可少的两大实体性要素。根据《刑事诉

---

① 2018 年《刑事诉讼法》第 162 条第 1 款规定：“公安机关侦查终结的案件，应当做到犯罪事实清楚，证据确实、充分，并且写出起诉意见书，连同案卷材料、证据一并移送同级人民检察院审查决定；同时将案件移送情况告知犯罪嫌疑人及其辩护律师。”

讼法》第171条规定，检察机关审查起诉程序中需要解决的这两方面问题主要是“犯罪事实、情节是否清楚”和“有无遗漏罪行和其他应当追究刑事责任的人”；还涉及实体性法律的适用问题，主要是“犯罪性质和罪名的认定是否正确”“是否属于不应追究刑事责任的”。[①] 这就意味着，在审查起诉程序中检察机关需要必须对现已查明犯罪事实的构成要件、可能影响定罪量刑的犯罪情节进行实质性审查；在法律适用上，还需要针对侦查机关适用实体法律所进行的法律评价从其犯罪定性和认定罪名两方面予以实质性审查。这种实体性审查，可以视为检察机关依据其公诉职能和法律监督职能，在作出起诉决定前针对刑事案件的实体内容所实施的法律监督和刑事审查。从保障人权角度而言，犯罪嫌疑人据其辩护职能和诉讼权利也可以实施无罪、罪轻辩解或辩护。同时，值得注意的是，囿于无罪推定原则精神的要求，无论侦查程序，还是审查起诉程序所进行之有罪认定都是程序性和过程性的，并不具有终局性和既判力。因而在审查起诉程序中，诉讼实体随着实体法事实的逐步依序进行程序性认定和实体法律适用的法律评价的逐渐形成，却不能最终确定。但是，作为诉讼客体的具体刑事案件自侦查机关移送审查起诉后，该具体侦查案件既已转化为公诉机关诉前审查的对象，其结果就是诉讼客体随着诉讼程序的变更而进一步特定化、客观化。与之相适应，在具体案件中所涉案的犯罪嫌疑人和犯罪嫌疑事实，也随着诉讼程序的进行而进一步特定化、固定化和客观化。因此，作为诉讼最终目标的国家刑罚权实现载体的刑事实体法律关系，在具体刑事案件的侦查程序和审查起诉过程中始终处于浮动的、不确定的法律状

---

① 2018年《刑事诉讼法》第16条规定：“有下列情形之一的，不追究刑事责任，已经追究的，应当撤销案件，或者不起诉，或者终止审理，或者宣告无罪：（一）情节显著轻微、危害不大，不认为是犯罪的；（二）犯罪已过追诉时效期限的；（三）经特赦令免除刑罚的；（四）依照刑法告诉才处理的犯罪，没有告诉或者撤回告诉的；（五）犯罪嫌疑人、被告人死亡的；（六）其他法律规定免予追究刑事责任的。”

态，其终局确定尚需经过审判程序、由法院来最终判定。

其次，值得注意的是，法律所规定的对于“是否属于不应追究刑事责任的”问题的审查，实际上是检察机关针对该具体案件的诉讼条件的实体性审查，如果具备《刑事诉讼法》第16条规定的不应追究刑事责任的法定情形，负责审查案件的公诉机关则要依法终结审查程序，使得针对特定犯罪嫌疑人的所有刑事诉讼法律关系归于消灭。对于该问题，究竟应当属于诉讼实体面的问题、抑或是诉讼程序面的问题，笔者认为如果从诉讼条件的角度来考量，将其划归到诉讼程序面也可，因为这可能对诉讼程序进程的继续存续与否产生关键影响，所以归于诉讼程序面并无不可；但是，在此我们必须注意的是，这种审查是对与案件实体性结局密切相关的实体法关系内部具体内容的审查，涉及诉讼实体面实体法关系形成过程中的关键问题，因而笔者拟将其划归到诉讼实体面。与此敬请识者不吝赐教和批评指正。

2. 程序动态理论视角下的诉前公诉审查程序面

在诉讼程序面，主要涉及刑事案件在刑事程序推进过程中的程序性要素，这些要素的形成通常伴随着专门机关和诉讼参与人相应诉讼行为的实施，在审查起诉程序中检察机关作为法律监督机关，需要依法对这些涉案的程序性事项进行审查。根据《刑事诉讼法》第171条的规定，检察机关实施刑事审查所涉及的程序性问题，主要有“证据是否确实充分”“侦查活动是否合法”,[①] 此外还须审查“法庭审判所必需的证据材料是否完备”

---

① 2018年《刑事诉讼法》第171条规定：“人民检察院审查案件的时候，必须查明：（一）犯罪事实、情节是否清楚，证据是否确实、充分，犯罪性质和罪名的认定是否正确；（二）有无遗漏罪行和其他应当追究刑事责任的人；（三）是否属于不应追究刑事责任的；（四）有无附带民事诉讼；（五）侦查活动是否合法。”

"是否存在刑事诉讼法第56条规定的以非法方法收集证据的情形"。[①] 就我国现行刑事诉讼法所规定的公诉审查内容而言，检察机关要么依据其公诉职能及其所承担的证明责任对涉案证据材料的证据能力和证明力及其确实充分性和完备性进行程序性审查，要么依据其法律监督职能对侦查活动合法性和是否涉嫌非法取证等问题进行程序性审查。当然，检察机关实施这种诉讼行为无论依据其公诉或者法律监督职能何者、抑或兼而有之，都需要根据案件的具体情况来推进，同时审查起诉的程序推进和任务完成都有赖于其他诉讼主体的相互配合、制约。因此，在具体案件的审查起诉程序中，客观、公正的刑事审查起诉过程因为特定诉讼行为的实施，而伴随与之相应的诉讼权利义务产生。例如，根据《刑事诉讼法》第173条规定，检察机关审查刑事案件，必须讯问犯罪嫌疑人，必须听取辩护人、被害人及其诉讼代理人的意见，并记录在案。[②] 就这种公诉审查制度的程序设计和行为方式而言，一方面，这是法律明确规定的、与检察机关刑事审查行为相适应的诉讼义务，也是法律规范和法定程序对其诉讼行为的特殊要求和严格限定；另一方面，这也是特定案情审查过程中确保审查程序的客观性、公正性和正当性的要求，以及保障犯罪嫌疑人以及其他诉讼参与人诉讼人权的需要。同时，值得注意的是，随着承担不同诉讼职能的诉讼主体和其他诉讼参与人的具体诉讼行为的依序实施、具体刑事案件的审查起诉过程逐渐形成，并成为随后审判程序的前置准备过程。该过程笔者称为审查起诉程序的"程序形成过程"，或者具体审查起诉案件的"程序推进过

---

① 2018年《刑事诉讼法》第175条第1款规定："人民检察院审查案件，可以要求公安机关提供法庭审判所必需的证据材料；认为可能存在本法第五十六条规定的以非法方法收集证据情形的，可以要求其对证据收集的合法性作出说明。"

② 2018年《刑事诉讼法》第173条第1款规定："人民检察院审查案件，应当讯问犯罪嫌疑人，听取辩护人或者值班律师、被害人及其诉讼代理人的意见，并记录在案。辩护人或者值班律师、被害人及其诉讼代理人提出书面意见的，应当附卷。"

程”。这实际上也就是具体刑事案件在处理过程中，其诉讼程序面在特定诉讼阶段的特殊形成过程。

### （二）“公诉审查两面说”基础上的构成要素理论

按照传统大陆法系诉讼理论的经典学说，无论在诉讼实体面还是在诉讼程序面，都既有法律关系也有法律状态。这种观点笔者认同，但是与此同时，我国传统诉讼理论中的构成要素学说，也有其客观存在的合理性和有益因素。因而笔者将诉讼两面说和构成要素学说加以结合，构建符合我国基本国情的制度实践和理论探索的研究构想。由此，在前述诉讼两面说理论构建的基础上，在此尝试探索构建不同诉讼层面的构成要素学说。

1. 在审查实体面的实体性审查起诉法律关系的构成要素

在审查起诉程序的审查实体面，所涉及的刑事诉讼法律关系主要是实体性刑事审查起诉法律关系，也就是负责审查案件和法律监督的检察机关、作为审查对象并承担辩护基本职能的犯罪嫌疑人两者间的诉讼法律关系。它主要存在于诉讼主体之间，是基于各自诉讼基本职能行使审查权、辩护权，追求追究、惩治犯罪和保障人权的诉讼目标过程中所形成的以前述审查权和辩护权为基本内容的刑事诉讼法律关系。根据我国诉讼理论界传统的构成要素理论，审查起诉程序中诉讼实体面的实体性审查起诉法律关系，同其他刑事诉讼法律关系相同，也是由主体、内容和客体等要素构成的。

（1）实体性审查起诉法律关系的主体。即在刑事审查程序中履行审查、辩护等基本诉讼职能，承担实体性审查权、辩护权或者与审查案件的处理结果存在利害关系的国家机关或者自然人。在范围上主要是作为公诉案件审查主体的检察机关和作为审查对象的犯罪嫌疑人。其他诉讼参与人既不是理论上的诉讼主体，也不是审查程序中的审查主体或者主体性审查对象，在诉讼中仅承担审查辅助职能，所以不具有实体性审查起诉法律关系的主体资格，通常仅存在于程序性审查起诉法律关系层面。

此外，对于审查起诉程序中被害人是否具有诉讼实体面的主体资格问题，笔者持否定态度，即在以公诉案件为主要审查对象的审查起诉程序中，其不具有诉讼主体资格因而不宜将其作为实体性审查起诉法律关系的主体。主要理由还有，其一，并不是所有的公诉案件都有被害人，只有部分犯罪能够直接侵害被害人的合法权益，因而被害人在公诉审查制度中并非所有公诉案件的构成要素和必要主体。其二，在有被害人的刑事案件中，尽管被害人与审查案件的处理结局有着某种利害关系，但是刑事诉讼法明确赋予其申诉权和自诉权，这些救济途径充其量仅仅得以赋予其某种公诉程序中的“准控诉权能”或者自诉权能。其三，就审查起诉程序本身而言，被害人虽然具有被侵害的自然人（或法人）的控诉本能，但就其具体的法定控诉权能而言，则明显具有事后性、滞后性；而且从诉前公诉审查程序构造角度而言，赋予被害人诉讼主体地位将不可避免地引起控辩职能配置失衡，这是不利于作为被追诉者的犯罪嫌疑人的基本人权的保障的。所以，笔者不赞同将被害人视为诉讼实体面的主体资格，但是在公诉案件的诉讼程序方面其可作为程序性主体诉讼、履行其控诉辅助职能；或者在公诉转自诉案件中，诉讼程序的性质和类型已经发生质的变化，因此在独立的自诉程序中履行控诉基本职能而具有诉讼主体资格。

（2）实体性审查起诉法律关系的内容。主要是审查起诉程序中的诉讼主体基于其公诉职能或者辩护基本职能，依法所具有的公诉案件审查权和实体辩护权。其中，公诉案件的诉前审查权，是专属于管辖具体刑事案件的检察机关的刑事司法权能，也是其公诉权能的重要组成部分。其主要任务就是所涉案的犯罪嫌疑人和犯罪嫌疑事实两方面问题。根据《刑事诉讼法》第 171 条的规定，检察机关审查起诉程序中需要解决的这两方面问题主要是“犯罪事实、情节是否清楚”“有无遗漏罪行和其他应当追究刑事责任的人”；还涉及实体性法律的适用问题，主要是“犯罪性质和罪名的认定是否正确”“是否属于不应追究刑事责任的”。[①] 而实体性辩护权主要是指犯罪嫌疑人根据客观事实和法律根据就案件实体问题进行辩解、辩护的权利。在具体权能的行使方式上，其可以提出可以证明其无罪、罪轻的证据材料；可以从定性和罪名方面提出应当认定为轻罪的事实或者法律依据，也可以在量刑方面提出应当从轻、减轻、免除刑事处罚的法定（或酌定）量刑情节；此外，还可以提出符合法律规定的不应当追究刑事责任的情形，否定刑事程序继续存续的实体性诉讼条件，以彻底终结追诉程序。

此外，值得注意的是，检察机关的公诉裁量权也是审查起诉程序中诉讼实体面的实体性审查起诉法律关系的重要内容。主要理由是，由于各种社会历史条件的发展、犯罪呈现新趋势，各国普遍已经从“报应刑”刑罚观向“目的刑”刑罚观转变；同时，由于我国改革开放过程中各种犯罪现象呈现高发率、复杂化趋势，刑事案件的程序分流、轻微犯罪的非罪化处理以及“疑罪从无”观念的逐渐深入人心，宽严相济刑事政策也得到实务部门和普通社会民众的普遍认同。这也表现在我国起诉制度的具体设计上，我国采用起诉法定主义和起诉便宜主义相结合的制度模式。其直接结果就是，公诉裁量权是作为一种自由裁量权，在酌定起诉、证据不足不起诉和附条件不起诉制度中都存在很大的适用空间。这种权能是公诉权能和国家追诉权能的重要组成部分，表现在具体法律制度设计中就是具有诉权意义的、与实体相关的诉讼权利（或自由裁量权），如酌定不起诉决定权、附条件不起诉决定权、证据不足不起诉决定权。不起诉决定权，作为检察机关对刑事案件的实体处分权，其行使能够产生合法的终结诉讼程序、消

---

① 2018 年《刑事诉讼法》第 16 条规定：“有下列情形之一的，不追究刑事责任，已经追究的，应当撤销案件，或者不起诉，或者终止审理，或者宣告无罪：（一）情节显著轻微、危害不大，不认为是犯罪的；（二）犯罪已过追诉时效期限的；（三）经特赦令免除刑罚的；（四）依照刑法告诉才处理的犯罪，没有告诉或者撤回告诉的；（五）犯罪嫌疑人、被告人死亡的；（六）其他法律规定免予追究刑事责任的。”

灭刑事诉讼法律关系的法律效果。基于此，笔者认为，检察机关在审查起诉过程中所具有的公诉裁量权（起诉裁量权或不起诉裁量权），据其所实施的诉讼行为在实质上能够对案件实体结局产生实体法律效果。所以笔者主张，检察机关的公诉裁量权是诉讼实体面的程序性审查法律关系的重要内容。

（3）实体性审查起诉法律关系的客体。即检察机关的公诉审查权和犯罪嫌疑人的实体辩护权所共同指向的对象，主要是涉案的犯罪嫌疑事实（主要是犯罪嫌疑事实的真实性及其与构成要件的符合程度是否达到同一性，或者犯罪嫌疑行为的刑事违法性、社会危害性、应受惩罚性是否足以达到定罪标准）和尚待确定实体法关系（包括国家对犯罪的实体性追诉权和犯罪嫌疑人对犯罪的刑事责任）。

2. 在审查程序面的程序性审查起诉法律关系的构成要素

在审查起诉程序的审查程序面，所涉及的刑事诉讼法律关系主要是程序性审查起诉法律关系。其突出特点就是具有最广泛意义上的程序性主体，也就是说所有参与审查起诉活动的程序性主体，无论承担公诉审查和辩护等基本诉讼职能的诉讼主体，还是承担诉讼辅助职能的其他诉讼参与人，其参与刑事程序的最低限度诉讼目标都在于提供诉讼证据、配合专门机关查明案件事实或者推进诉讼程序进程、确保诉讼程序公正性和正当性等诉讼目标。在惩罚犯罪和保障人权兼顾、实体真实和程序正当兼顾的诉讼理念指导下，根据我国传统构成要素理论的既有成果，审查起诉程序中诉讼程序面所涉及的程序性审查起诉法律关系，主要由主体、内容和客体等要素构成。

（1）程序性审查起诉法律关系的主体。尽管我国审查起诉程序在审查模式上具有浓厚的职权主义色彩、在审查方式上也不采用公开的对审制或辩论式审查方式，但是作为相对独立的刑事案件处理阶段和必经程序，依然需要遵循刑事诉讼法规定的程序法定原则。因而凡是法律所规定的程序性主体，无论其是承担控诉或者辩护的基本诉讼职能，还是承担诸如辩护人、诉讼代理人以及证人、鉴定人和翻译人员等诉讼辅助职能，都具有参加诉讼活动的诉讼权能，因而通常也具有程序性审查起诉法律关系的主体资格。因此，在范围上，它包括所有参与审查起诉活动的诉讼主体和其他诉讼参与人。从诉讼法所规定的程序性法律规范角度而言，这些程序性主体参加诉讼活动，通常都会具有法律所规定的某种司法职责、诉讼权利或者诉讼义务，这是他们参与审查起诉活动的法律依据，也是其实施诉讼行为的合法性根据之所在。因而，作为这些法定司法职责、诉讼权利义务所归属的主体和承载实体，只要同时具备与其诉讼行为相适应的行为能力，就可成为审查起诉程序的程序性主体。

（2）程序性审查起诉法律关系的内容。即审查起诉程序中的诉讼主体和其他诉讼参与人，为实现确保被追诉者得到公正的司法程序审查、保障诉讼参与人诉讼人权等程序性诉讼目标，依照法定程序和权限实施诉讼行为的诉讼权能和诉讼负担（诉讼权利和诉讼义务）。其具体内容主要有：

第一，作为审查起诉程序的主导性诉讼主体，检察机关的程序性审查职责和诉讼权利义务主要有：一是检察机关在审查案件过程中，为确保审查程序的公正性和犯罪嫌疑人的诉讼人权，具有依法讯问犯罪嫌疑人的职责和义务，也具有听取辩护人、被害人及其诉讼代理人的意见的诉讼职责和义务。二是检察机关依法审查侦查活动合法性的诉讼职责和义务、依法审查证据的合法性和证据能力的义务、依法审查证据证明力及其是否达到“证据确实充分”证明标准的义务，以及审查是否可能存在非法证据需要排除的义务。三是对侦查机关提交证据的合法性和完备性存在疑问的，有权要求侦查机关提供庭审所必需的证据材料或者对其证据收集合法性作出合理说明。四是对于需要补充侦查的，有权自行补充侦查或者退回补充侦查；对经过两次补充侦查，仍认为证据不足、不符合起诉条件的，有权依其自由裁量权作出不起诉决定。在此值得指出的是，检察机关因作出不起诉决定所产生的附带性义务主要有向侦查机关送达诉讼文书、立即释放在押犯罪嫌疑人；对有被害人的案件，还负有告知被害人申诉或者向法院起诉的义务。

第二，犯罪嫌疑人及其辩护人的诉讼权利义务，主要有：收集和提出证明不应当追究刑事责任的证据材料，并实施程序性辩护的诉讼权利；申请排除非法证据的诉讼权利；提出证据未达到“证据确实、充分”证明标准的诉讼权利；提请负责主管审查和管辖审查案件的检察机关作出附条件不起诉或者证据不足不起诉决定的诉讼权利；及时获取起诉决定或者不起诉决定的诉讼文书的权利。

第三，被害人及其诉讼代理人的诉讼权利义务，主要有：提起附带民事诉讼的诉讼权利；获得检察机关合法、公正询问的诉讼权利，及其因遭受犯罪侵害、请求依法追诉的控诉意见；对检察机关决定不起诉的案件(公诉转自诉案件)，被害人具有申诉权和自诉权。此外，在审查起诉程序中，其他诉讼参与人参与诉讼活动的程序性诉讼目标主要是协助审查机关或者犯罪嫌疑人提供证据材料、查明案件的程序性事实、确保诉讼程序顺利进行，因而其诉讼权利义务与其他诉讼阶段的诉讼程序基本相同，故而在此不再赘述。

(3) 程序性审查起诉法律关系的客体。在审查起诉程序的诉讼程序面，刑事审查起诉法律关系的程序性客体可以总括所有诉讼主体和诉讼参与人所共同追求的程序性诉讼目标及其所具有（或负担）的诉讼职责（或诉讼权利义务）共同指向的对象，即涉案的程序性事实（主要涉及诉讼行为的合法性、正当性)、诉讼程序的合法性和正当性。对于其中不同诉讼主体之间、诉讼主体与诉讼参与人之间或者诉讼参与人之间的诉讼权利义务具体指向，应当具体问题具体分析，在此不再赘述。

## 五、审判中心改革视野下的审查起诉法律关系

由于以审判为中心的诉讼制度改革对审查起诉制度提出了全新的要求，笔者认为应当首先要解决的问题就是正确认识和科学定位“审判制度与诉前公诉审查制度的关系”“审判程序与审查起诉程序的关系”① 问题。继而，厘清两者关系中存在的影响改革推进的制度性、体制机制性障碍，并在此基础上优化配置诉讼职能、重构刑事审前程序构造，构建符合以审判为中心诉讼制度改革要求的刑事审查起诉法律关系体系。基于此，笔者认为，在以审判为中心的诉讼制度改革背景下，为消除传统“侦查中心主义”弊端、有效抑制审前程序中长期存在的“控辩失衡”问题，应当侧重从以下几方面构建以审判为中心的刑审查法律关系。

### （一）审判中心改革视野下的审前诉辩关系

1. 问题与对策：审前诉辩失衡与新型关系构建

（1）在“分工负责、互相配合、互相制约”司法体制框架下，亟须转变和重新型塑刑事司法的实践样态。对于如何处理审查起诉程序和审判程序、公诉审查制度和审判制度的关系问题，笔者认为应当注意在职能配置的宏观架构下科学谋划、有效确保专门机关的诉讼角色、司法重心的科学转移。具体而言，在整体的司法过程和诉讼体制设置上，实现法院、检察院、公安机关职能、角色的根本性转变和整个司法体制的重心转移，矫正司法体制中被异化的实践样态、回归诉讼规律和诉讼构造的理性常态。但是，针对审查起诉阶段的检察机关而言，应当力求实现角色转变；在某种

① 对于“审判制度与诉前公诉审查制度（诉前刑事审查制度）的关系”“审判程序与审查起诉程序（诉前公诉审查程序、诉前刑事审查程序）的关系”，笔者认为应当辩证地、发展地和客观地去看待这两者的关系。对于前述问题传统理论界都有定论，学者著述颇多，在此不再赘述。但是，在以审判为中心的诉讼制度改革背景下，应当重新认识、科学构建和调整两者的关系。

程度上而言，检察机关公诉职能和监督职能应当适当分离，尤其是诉的权能与监督权能应当做到有效分离，在其职能、角色改造过程中适当引入"当事人主义"因素，适当抑制其"体制内专门机关的天然优势地位"，着力发挥其作为体制内诉讼主体的主观能动性，在审前程序中发挥对查明事实、提交证据、为履行举证责任的准备工作中的关键作用。同时，笔者认为在以审判为中心的诉讼制度改革过程中，还有几方面问题需要注意：首先，从诉讼理论和司法观念上，推进公诉权回归其"诉权"属性，辩护权也应撩开神秘面纱、展现其"诉权"本色；其次，在构筑审前程序和具体制度设置上还应当在审前程序树立"控辩平等"理念，逐步确立"审查尊重和保障辩护""辩护监督和制约审查"的理念和程序构造；最后，就是在处理审查制度和审判制度、审查程序和审判程序的关系上，应当采取有效措施有序探索有利于诉前公诉审查程序的"诉讼化"、审中公诉权能的"当事人化"的诉讼机制。

（2）在"以审判为中心的诉讼制度改革"的特定语境中，审前程序构造和控辩职能配置亟需深层次理论构建和实践探索。通过考察我国现行刑事司法体制在实践中表现出的突出问题，在以审判为中心的诉讼制度改革特定语境中，根据理论界和实务界所普遍公认的诉讼原则和诉讼原理，提出相应对策来为司法改革提供理论参考。首先，就我国司法实践中所表现出的司法体制或诉讼体制中的突出问题而言，笔者认为有两个突出方面是不得不提的：第一，在审前程序中，包括侦辩关系、诉辩关系在内的控辩关系，天然的不平等、不对等，侦查和公诉职能处于绝对优势地位，辩护职能无论在职能配置、权能设定，还是法律地位、制度保障方面，都无法与"分工、配合、协作"的检警机关相抗衡。因而，审前程序设置中控辩关系失衡问题，是目前我国司法体制和诉讼制度中的突出问题之一。第二，从横向来看，控审关系失衡。在我国现行的"控审分离"构造中，呈现"强势的公安、优势的检察、弱势的法院"的总体态势；单就控诉职能而言，就由“强势的公安”和“优势的检察”两家承担，作为遵循古老的“不告不理”原则的法院，在审判程序中实现“审判中立”实际上是难以很好地兑现。当然，尽管这在某种程度上是由我国特定历史时期司法审判所表现出的控诉性、职权性和行政化所造成的，但是，在这种控审职能失衡的诉讼构造中，审前控审职能配置的失衡问题随着诉讼进程的推进传导到审判程序。综上，基于前述两种角度的分析，就其对策而言，笔者认为，审前程序构造中整合侦查和公诉审查职能，加强刑事控诉职能整体配置，实现控诉目标和任务的“侦诉一体化”（或“检警一体化”）；在审判程序构造中，强化法院的审判职能优势、促进检察机关庭审控诉职能的“当事人化”，以此来矫正“控审失衡”“控辩失衡”的弊端。简言之，即在职能配置和程序构造方面，着力推进检警机关“审前一体化”“审中当事人化”，以此凸显法院审判职能的优势地位。

（3）在我国传统的“职权主义”公诉制度框架下，“控辩失衡”和“辩护难题”亟须深层次理论构建和实践探索。在我国现行的“职权主义”公诉审查制度框架下，犯罪嫌疑人作为被犯罪追诉和诉前刑事审查的对象，在审查起诉活动中处于天然的劣势地位，其人身自由、涉案财产以及政治资格通常被限制，其自身所掌握的社会资源也受到极大限制；在这种情况下，“控辩平等”很难实现。即便是在审查起诉阶段赋予犯罪嫌疑人委托辩护的诉讼权利，但是囿于辩护人在辩护手段、诉讼权能等方面都无法跟公诉审查机关对等，其在实践中的辩护职能和作用通常非常有限。在此值得指出的是，尽管近年来通过修改刑事诉讼法和律师法不断加强辩护职能，赋予犯罪嫌疑人及其辩护人，尤其是辩护律师更多的辩护权能，但是实践中在解决“旧三难”的基础上又衍生出所谓的“新三难”，而且刑事辩护领域的“热点事件”“难点案件”持续发酵。在这种司法制度和实践状况下，犯罪嫌疑人作为国家镇压和追诉的个体、辩护人作为体制外的辩护力量，无论其如何结合始终与公诉机关都是无法抗衡的。因而“强势审查、弱势辩护”是刑事司法实践中的常态，这也是多数案件在诉前公诉审查程序中控辩关系的最普遍样态。毋庸置疑，这意味着审查起诉阶段控辩关系的失衡。所以如何在程序法定原则和比例原则的指导下，正确行使公诉审查权和诉讼监督权，发挥检察机关在查明事实、审查证据、保护诉权、公正审查等司法环节的关键作用就显得尤为重要。同时，如何在现行法律框架下最大限度调动辩护方的积极性，发挥辩护人尤其是辩护律师在查明事实、审查证据、保护诉权、公正审查等司法环节的关键作用也显得异常重要。正所谓“兼听则明”，审判程序中巅峰对决的控辩双方，在诉前公诉审查程序中的对抗与合作便成为控辩双方无法回避的现实问题。基于此，如何规范和调整审前诉辩双方的职能配置、权能调整和角色扮演，构建“审查尊重和保障辩护、辩护监督和制约审查”的新型诉辩关系来解决审前程序中控辩失衡问题，无疑就成为司法实务部门和刑事辩护律师群体所不得不面对的重要课题。

2. 审判中心改革视野下审前侦辩关系的构成要素

在纵观前述诉前公诉审查程序中，通过在以审判为中心的改革视角下深入分析诉辩关系所存在的问题的基础上，提出相应的对策。继而，吸收传统构成要素理论的有益因素，探索构建新型的审前诉辩关系学说。也就是说，通过深入分析审前诉辩关系失衡，并提出对策的基础上，采用规范分析法学研究方法，通过在中观层面的诉讼构造视角下观察和审视审前诉辩关系，并以此为基础厘清审前诉辩关系的构成要素，为推进以审判为中心的公诉制度改革提供理论参考。

（1）审前诉辩关系的主体要素。审前诉辩关系的主体要素主要是诉前公诉审查程序中承担犯罪追诉职能、依法对涉嫌犯罪的公诉案件行使审查职权的检察机关和承担辩护职能的犯罪嫌疑人及其辩护人。首先，我国《刑事诉讼法》第 169 条规定，凡需要提起公诉的案件，一律由人民检察院审查决定。尽管传统的审判方式具有很高的诉讼效率，但是随着案件数量的增加，社会公众对热点案件信息公开的要求逐渐增加，因而在制度设置和改革措施上，应当综合考虑控辩双方主体的诉讼职能、法律权能和实际能力等因素，通过控制和限制公诉机关的控诉权能、加强犯罪嫌疑人及其辩护人（尤其是辩护律师）的人权保障权能，来保障刑事案件在公诉审查过程中的客观性、公正性和正当性。诸如，在审查案件过程中，根据不同性质、类型和犯罪的严重程度、社会危害程度以及案件的社会影响等因素，进行分类审查和程序分流，对严重侵害他人生命财产的暴力犯罪案件、有重大社会影响的案件等重罪案件的审查起诉，逐步探索加强这些案件中辩护人的参与程度，逐渐探索在这些案件的审查过程中实行类似于庭前会议或者听证程序的诉辩交流场所。即在确保辩护人尤其是辩护律师阅卷权、通信权和会见权等诉讼权利的基础上，适当扩大这些特殊犯罪的审查过程中对事实、证据和法律适用等环节的公开范围，调整这些案件在提起公诉前的审查方式，采用辩论式或者对审制的公诉审查方式。以此来确保诉前公诉审查程序的公开性、公正性和客观性，也确保检察机关和犯罪嫌疑人及其辩护人可以较为充分地针对案件的事实、证据和法律适用问题进行交换意见。也就是说，在笔者看来，在公诉审查制度改革过程中，应当设置适当程序对检察机关的追诉权予以限制，逐步完善犯罪嫌疑人在审查起诉程序中的人权司法保障制度；通过具体的制度设置来保障审前诉辩关系的主体能够获得既立足我国实际又顺应国际人权保障趋势的诉讼地位和权能配置。

（2）审前诉辩关系的内容要素。对于审前诉辩关系的内容要素，主要有两类：一是检察机关在审查起诉程序中的公诉审查权，二是犯罪嫌疑人在审查起诉过程中的实体和程序性辩护权。其中，前者既包括诉讼实体面检察机关在法律规定范围内决定是否起诉的自由裁量权，也包括诉讼程序方面基于其刑事追诉职能和法律监督职能所衍生的，确保犯罪嫌疑人在诉前公诉审查程序中获得公正、客观和理性对待的程序保障义务。对于后者，无论在诉讼实体面，还是诉讼程序面都应当确保犯罪嫌疑人及其辩护人在被追诉者实体问题“悬而未决”状态下所享有的、针对实体和程序问题所具有的抵御、抗争来自国家强力机关的刑事审查和犯罪追诉。这是宪法和法律赋予犯罪嫌疑人的基本权利，也是国际刑事司法准则赋予刑事被追诉者的普遍性诉讼特权。

此外，在此值得指出的是，在以审判为中心诉讼制度改革的特定语境中，审前诉辩关系调整的关键，在对诉辩双方进行职能调整的基础上实施司法权能和辩护权能的配置，表现在法律层面就是对诉辩双方的司法职权和诉讼权利进行程序配置，从而在遵循诉讼规律和顺应改革趋势的前提下顺利实现改革目标。同时，由于审查起诉法律关系中司法职责和诉讼权利义务的配置，就是司法体制改革和诉讼制度变革的“核心控制器”“平衡器”，审前诉辩关系作为审查起诉法律关系体系中最为核心的程序性法律关系之一，也应当通过职能配置、权能调整和适当设置法律地位等措施，来满足和适应司法体制机制改革的客观要求。因此，就当前两者关系的总体态势而言，适当抑制过于强势的检察职能、增强相对弱势的辩护职能，从而在控辩平等原则和理念指导下实现审前诉辩关系的适当平衡。

（3）审前诉辩关系的客体要素。对于审前诉辩关系的客体要素，实际上也就是审查起诉过程中检察机关和犯罪嫌疑人诉讼权利（力）义务所共同指向的对象。无论在诉讼实体面还是在诉讼程序面，诉辩双方都有着各自存在明显差异的诉讼目标，但也并不是意味着他们之间没有交集。具体而言，首先，在诉讼实体面公诉机关基于其控诉职能和公诉权能所追求的首要目标自然是国家刑罚权的实现，但是犯罪嫌疑人基于其趋利避害的本能、辩护职能和法定诉讼权能所追求的实体诉讼目标关键在于尽可能减轻、免除其刑事责任。众所周知，作为刑事实体法律关系的“一体两面”，具体案件中的国家刑罚权之存否及其范围，与特定被追诉者的刑事责任之存否及其范围是相互对应、此消彼长的。因而，就其具体诉讼目标而言，除须先查明和判定“所涉案的犯罪嫌疑行为同犯罪构成要件两者间的符合程度是否能够达到同一性”外，检察机关和犯罪嫌疑人的共同目标指向还在于前述之具体刑事案件中所蕴含的、审查起诉过程中尚且处于“悬而未决”状态的“刑事实体法关系”，这是在兼具惩罚犯罪和保障人权视角下对传统学说的完善。其次，在诉讼程序面，审查起诉过程中诉辩双方所追求的程序性诉讼目标尽管也存在客观差异，但是他们共同的程序性诉讼目标就是程序性事实的合法性和公正性问题。主要是具体刑事案件在公诉审查过程中诉讼行为（尤其是公诉机关诉讼行为）的合法性、正当性，以及具体案件中诉前公诉审查程序推进过程中的合法性、正当性和公正性。

### （二）审判中心改革视野下的审前诉侦关系

由于我国传统的刑事司法系统是在特定的历史条件下形成的，是在继承解放区人民司法体系和借鉴苏联司法制度的基础上形成的，因而有着非常浓厚的苏联司法体制移植色彩。自二十世纪七八十年代我国恢复检察制度以来，审查起诉程序在程序功能、作用和价值等方面都保留着浓厚的职权色彩。作为追究和惩治犯罪的国家上层建筑，审查起诉制度也被视为镇压犯罪的重要工具和刑事司法制度的重要组成部分。在我国现行法律框架下，审查起诉程序中的侦查机关也是负责公诉审查和法律监督的检察机关的重要审查对象。这种具有法律监督性质的刑事司法审查，需要对侦查终结、移送审查起诉的刑事案件从实体和程序两方面进行审查。具体而言：首先，既要在诉讼实体上针对刑事案件的涉案犯罪嫌疑人和犯罪嫌疑事实两大实体性要素进行审查，也要对侦查机关针对案件的实体定性和实体法律适用问题所作出的“悬而未决”的程序性认定结论进行审查。譬如，根据《刑事诉讼法》第 171 条的规定，检察机关审查起诉程序中需要解决的这两方面问题主要是“犯罪事实、情节是否清楚”“有无遗漏罪行和其他应当追究刑事责任的人”；还涉及实体性法律的适用问题，主要是“犯罪性质和罪名的认定是否正确”“是否属于不应追究刑事责任的”。[①] 其次，还要对侦查机关的强制性诉讼行为和侦查活动的合法性进行程序性审查，需要针对具体案件中整个证据体系的证明力是否达到法定证明标准进行程序性审查，针对法庭审判所必需的证据材料的完备性进行审查，以及对是否存在涉嫌非法取证需要排除非法证据的情形进行审查。譬如，根据《刑事诉讼法》第171、175条的规定，检察机关实施刑事审查所涉及的程序性问题，主要有“证据是否确实充分”“侦查活动是否合法”，[②] 此外还须审查“法庭审判所必需的证据材料是否完备”“是否存在刑事诉讼法第56条规定的以非法方法收集证据的情形”。[③] 总体而言，笔者认为，对于审查侦诉关系的定位和甄别，根据不同的标准可以有多种角度的诠释和解读。具体而言：其一，如果从职能上来讲，审前诉侦关系是审查与被审查、监督与被监督的关系。其二，如果从审查、监督的内容和范围上来讲，由于实行全面审查原则，既要审查诉讼案件的实体内容，也要审查诉讼案件的程序内容，因而审前侦诉关系是一种全面的审查和监督关系。其三，从审查、监督的方式来讲，由于审前程序中针对侦查终结案件的诉前刑事司法审查，主要是“事后审查”为主，在例外情况下对于个别检察机关提前介

---

① 2018年《刑事诉讼法》第16条规定：“有下列情形之一的，不追究刑事责任，已经追究的，应当撤销案件，或者不起诉，或者终止审理，或者宣告无罪：（一）情节显著轻微、危害不大，不认为是犯罪的；（二）犯罪已过追诉时效期限的；（三）经特赦令免除刑罚的；（四）依照刑法告诉才处理的犯罪，没有告诉或者撤回告诉的；（五）犯罪嫌疑人、被告人死亡的；（六）其他法律规定免予追究刑事责任的。”

② 2018年《刑事诉讼法》第171条规定：“人民检察院审查案件的时候，必须查明：（一）犯罪事实、情节是否清楚，证据是否确实、充分，犯罪性质和罪名的认定是否正确；（二）有无遗漏罪行和其他应当追究刑事责任的人；（三）是否属于不应追究刑事责任的；（四）有无附带民事诉讼；（五）侦查活动是否合法。”

③ 2018年《刑事诉讼法》第175条第1款规定：“人民检察院审查案件，可以要求公安机关提供法庭审判所必需的证据材料；认为可能存在本法第五十六条规定的以非法方法收集证据情形的，可以要求其对证据收集的合法性作出说明。”

入侦查的案件，则是采用事中审查与事后审查相结合的方式。因而从审查方式来看，审前侦辩关系主要是一种事后相对静态的监督、审查关系；但在检察提前介入侦查案件的例外情况下，通常表现为事中动态监督与事后静态监督相结合的监督制约关系。

此外，如果从审查、监督的结果来讲，如果经查证确属侦查机关因其侦查活动不合法或者违法实施强制处分行为，则可能导致某种程序性制裁。如经查证确属采用非法手段取得证据的，排除非法证据；又如退回补充侦查或者针对侦查案件中的某些程序性事项进行情况说明、对缺少法庭审理所必需的证据材料进行补充，都是广义的程序性制裁措施。当然，这种程序性制裁是法律监督的内在应有之义，因而笔者将这种审前侦诉关系称为制裁性审查、监督关系。

在此值得注意的是，根据《刑事诉讼法》第 16 条和第 171 条的规定对诉讼条件所实施的刑事司法审查，确定是否存在“不应当追究刑事责任”的情况，这些都是诉前刑事司法审查过程中针对诉讼条件的。从传统大陆法刑事诉讼理论角度来看，诉讼条件是诉前公诉审查程序得以存续的前提和先决条件，如果这个条件不具备，则意味着具体案件中既已开展并终结的侦查程序的存续必要性理应受到质疑。因而检察机关在审查起诉过程中所进行的诉讼条件审查，既是对侦查程序的监督和制约，也是对诉前公诉审查程序本身存续的必要性和前提进行的司法审查。这就意味着，如果经审查发现，确实存在《刑事诉讼法》第 16 条规定情形的，就需要依法终结诉讼程序，其法律效果是变更、终结或消灭既存的刑事诉讼法律关系。

综上，基于前述对审前诉侦关系的概括分析，我们不难看出在传统诉讼理论中其通常所呈现的理论形态，但与此同时，在此值得指出的是，这都是在传统的“侦查中心主义”司法体制和“案卷中心主义”办案模式的产物。当前在“以审判为中心”的诉讼制度改革语境中，如何进行相应的体制、机制和制度调整是理论界和实务部门所面临的重要研究课题。

1. 审判中心改革视野下审前诉侦关系的呈现失范常态和亟须深层规制

众所周知，我国现行刑事程序是以诉讼阶段论为基础构建的，无论在职能和权能配置，还是在整个诉讼体制中的定位，有着明显的“侦查中心主义”的印记，但是“以审判为中心”强调审判程序对审前诉讼活动的规范和指引作用。侦查程序作为刑事诉讼进程中的基础性环节，司法实践中侦查案件质量的可靠与否通常直接决定着后续环节的走向和趋势，否则易于导致“起点错、跟着错、错到底”[①] 的现象。以审判为中心的刑事诉讼制度，应当是由侦查向审判逐步递进的诉讼过程，但是，就案件本身的诉讼实体和诉讼程序而言，无论案件事实、证据和法律适用问题的解决过程，还是诉讼程序推进过程，都是随着诉讼进程的不断推进而“螺旋式上升”的发展过程。公诉作为承前启后的关键环节，既是对侦查承接和正向推进，又是对审判的准备和铺垫；因而，在以审判为中心的诉讼制度改革整体目标的推进过程中，以审判为中心的公诉制度改革也是至为关键的环节。在刑事司法的特定时空范围和场域内，刑事案件自身的运动变化规律和发展趋势，决定了要实现“以审判为中心”就必须重新审视侦查程序和审查程序在整个刑事程序构造中的地位、作用和功能，尤其是在审前程序中调整侦查与公诉的关系，继而在厘清审前诉侦关系的基础上，加强公诉程序和侦查程序的功能和价值整合，通过构建新型审前诉侦关系模式来推动司法体制和诉讼机制从“以侦查为中心”向“以审判为中心”的实质转变。[②]

（1）重新定位侦查目的与职能。就侦查程序的目的而言，诉讼理论界通常认为有直接目的、深层次目的和根本目的三个层次，即在第一层次，

---

① 卞建林、谢澍：《“以审判为中心”视野下的诉讼关系》，载《国家检察官学院学报》2016 年第 1 期。

② 参见卞建林、谢澍：《“以审判为中心”视野下的诉讼关系》，载《国家检察官学院学报》2016 年第 1 期。

其直接目的主要是查明案件事实、查获犯罪嫌疑人、收集证据；在第二层次，其深层次目的主要是为公诉做准备，确保公诉的质量、效果和目的的实现；在第三层次，其根本目的是在立法授权的基础上控制侦查权力、尊重和保障公民诉讼人权。在传统的“以侦查为中心”的刑事诉讼制度框架下，警察权在刑事诉讼过程中除了承担侦查职能外，实质上还承担了大量的诸如“维稳”的政治保障功能，从而导致其在整个刑事司法体制中的“统帅”地位。就深层次的原因而言，尽管这种状况在某种程度上也是由于警察权运行效率较高的结果，但在我国现行的政法体制中通常表现出其对实现深层次政治和法律目的、价值和功能的高效率，在一定范围内能够适应“法律工具主义”法律意识形态和高效运行的政治体制的现实需要；但是其弊端就是以警察权为核心的侦查权力具有天然的扩张性、主动性和强制性，其权力空间在长期司法实践中潜移默化的突破侦查程序本身、延伸到其他诉讼阶段；从而在某种程度上架空刑事诉讼制度的程序设计和制度功能，尤其是强制侦查行为的失范，诸如刑讯逼供、暴力取证等权力滥用的情形，更容易导致冤假错案的发生。近年来频发的引起社会普遍关注的热点案（如聂某斌案、呼某案等），大多都存在这类情况。侦查程序和侦查行为的失范不但违反法治精神、有违比例原则和程序法定原则，还容易侵犯诉讼参与人的合法权益和公民的基本人权。这不但不利于案件实体公正的实现，对程序公正的实现也无裨益，其最终结果就是折损司法权威、消解司法公信力、造成负面政治影响，甚至引发外界对体制的质疑。诸如严打时期，厉行“从严从重从快”打击犯罪、处决犯罪分子的高压刑事政策，虽然在客观上起到及时遏制犯罪势头的作用，但是其弊端也是显而易见的，近年来大量发现的冤假错案就是最好的证明。这不得不引发我们的反思。对此，笔者认为，在从“以侦查为中心”向“以审判为中心”的转变过程中，首先要转变侦查理念，科学调整刑事侦查目的、功能和价值，合理配置侦查职能和执法权能，兼顾政治效果、法律效果和社会效果等三重效果的有机统一。就目前而言，随着政法干部队伍素质的不断提高和刑事司法理念的不断转变，无论从人员素质、质量还是从机关职能配置、技术条件和硬件装备，完全可以满足及时惩治、打击犯罪，维护社会稳定，确保政治保障功能的有效实现，而且从更深层次上也能满足现行政治体制高效、稳定运转的现实需要。在这种情况下，开展以审判为中心的诉讼制度改革，从理论上来讲应当将侦查职能严格定位于“侦查之准备，而公诉作为侦查与审判之衔接部分，其职能应当适当延伸与拓展，一方面指导、监督和制约侦查权运行，另一方面引起审判发生、限制审判范围”。[①]

（2）优化刑事审前程序构造。对于刑事程序构造的优化，对此笔者认为在构建“以审判为中心”的刑事诉讼制度过程中，应当形成从侦查、审查起诉到审判的正向递进关系和反向指引作用。[②] 从辩证唯物认识论的角度来看，刑事案件本身无论从事实查明、证据收集和审查判断，还是实体法律适用抑或诉讼程序推进，都意味着不同司法环节的层层推演、循序演绎，在诉讼认识上从侦查、到审查起诉、再到审判逐层推进、螺旋式上升，最终查明案件事实真相。但是，就目前我国刑事程序设置而言，诉讼阶段论本身不分主次，在法定证明标准设定上都要求达到有罪判决的认定标准，这显然不符合辩证唯物认识论和一般认识规律。因而，笔者认为在刑事程序的整体构造中，应当尊重审前程序和审判程序的客观差别，在明确“以审判为中心”改革目标的基础上将诉讼阶段论意义上的侦查阶段和审查起诉阶段进行科学整合。在具体举措上，借鉴德、日等国刑事诉讼中的“程序动态理论”，无论刑事程序的启动，还是诉讼程序（或诉讼进程）

---

① 卞建林、谢澍：《“以审判为中心”视野下的诉讼关系》，载《国家检察官学院学报》2016 年第 1 期。

② 参见卞建林、谢澍：《“以审判为中心”视野下的诉讼关系》，载《国家检察官学院学报》2016 年第 1 期。

的推进都要经过控辩双方对抗性的攻击防御，而与此同时，实体判决的终局性作出也需要根据诉讼程序最终发展的态势来最终确定，审判程序作为刑事诉讼的终局性诉讼阶段，唯有真正发挥“一锤定音”的作用才算得上“以审判为中心”。因此，审前程序构造的重新配置和优化，就成为审前程序构造改革的关键环节之一。同时，注重通过审判程序对审前程序的规范和指引作用，引导审前诉讼制度改革，在加强审判程序的程序控制功能的基础上遵循司法职权运行规律、科学配置司法职能和诉讼权能，围绕审判程序开展程序设计和制度设置，整合审前诉讼程序在整个刑事程序中的功能和定位，突出审判程序的中心地位和终局功能。

（3）确立公诉审前主导地位。就审前程序内部的功能调整而言，应当将侦查程序界定为公诉的准备程序，加强公诉在整个审前程序中的主导地位，赋予其足够的司法职能和诉讼权能掌控侦查活动的进程和结局。我国台湾地区学者陈朴生教授认为，在以审判为中心的刑事诉讼理论中，“侦查，乃检察官为提起公诉或实行公诉而调查犯人及证据之程序”。[①] 陈朴生先生对审判中心主义视角下的审前诉审关系的论述，很有代表性，也很有借鉴和参考价值。因为，如果没有侦查的基础性作用的发挥，犯罪真相就无从发现、客观事实也难以重现，犯罪嫌疑人也无从确定和查获，作为案件处理依据的诉讼证据无从收集和判断，提起公诉和支持公诉都无从谈起。但是，在我国传统“侦查中心主义”的诉讼体制下，侦查权处于天然的强势地位，检察权则只是处于相对优势地位。要改变这种现实状况，实现真正意义上的“以审判为中心”制度设计和实践，就必须改造审前程序构造，凸显公诉相对于侦查的主导性地位。在具体制度设计和构想上，为确保公诉的效果和质量，应当赋予履行公诉职能的检察官更加广泛的司法职能和诉讼权能，授权其对实施刑事侦查的刑事警察在调查取证、讯问犯

① 陈朴生：《刑事诉讼法实务》，海天印刷厂有限公司 1981 年版，第 267 页。

罪嫌疑人、强制处分等事项提供业务指导和法律事务咨询。换言之，即通过检察机关提前介入侦查程序，对侦查机关实施侦查活动进行诉讼监督和业务指导，将诉讼监督和公诉职能向侦查阶段拓展和延伸。① 对于其具体的制度探索，最高人民检察院 2015 年曾提出探索“推动建立重大疑难、复杂案件侦查机关听取检察机关意见建议制度”，同时，2015 年全国检察机关第五次公诉工作会议提出公诉部门发挥“诉前主导”作用。这些改革措施，无疑都会对审前诉侦关系产生深远的重大影响。而且，这也印证了公诉主导的审前诉讼程序改革，顺应了以审判为中心诉讼制度改革的整体布局和发展趋势，是符合诉讼规律和中国特色社会主义司法规律的。

2. 审判中心改革视野下审前诉侦关系的构成要素

如前所述，鉴于我国审前程序构造、司法职能配置以及审前诉侦关系失范等方面所存在的问题，探索在推进以审判为中心的诉讼制度改革过程中审前诉讼制度改革、规范和调整审前诉侦关系，在此笔者拟通过规范分析法学的研究方法，在完善审前程序构造、加强审前公诉主导作用等因素的基础上尝试厘清审前诉侦关系的构成要素，以此为构建公诉主导的审前程序构造和以审判为中心的公诉制度改革提供理论参考。

（1）审前诉侦关系的主体要素。审前诉侦关系的主体主要是审前程序中承担公诉职能、依法对侦查终结移送审查起诉的公诉案件实施公诉审查的检察机关和负责侦查的侦查机关。2018 年《刑事诉讼法》第 169 ~ 173 条规定，明确了检察机关对侦查终结移送审查起诉的公诉案件进行法律监督和司法审查的法定职责，以及法定应予审查的内容和审查方式。但是，从审判中心制度改革的实践逻辑和基本思路来看，在现行立法确定的审查起诉程序构造中，检察机关显然处于主导地位。然而，由于传统通常采用

① 参见卞建林、谢澍：《“以审判为中心”视野下的诉讼关系》，载《国家检察官学院学报》2016 年第 1 期。

的事后监督、审查方式，使公诉机关处于相对消极的地位，应当扩大其在审前程序尤其是侦查程序中的诉讼权能，逐渐转变为“事中监督和事后监督相结合”的公诉审查方式和侦查监督方式。因而，在新型审前诉侦关系的构建中，公安机关和检察机关作为共同承担追究和惩治犯罪的控诉职能的国家专门机关，在遵守宪法和法律所确定的现有分工基础上，逐渐增强检察机关在审前程序中的侦查指导和监督。

（2）审前诉侦关系的内容要素。审前诉侦关系的内容是公诉机关和侦查机关的司法职责及其派生的诉讼权利义务。其中，对于负责审查起诉和提起公诉的公诉机关而言，主要是检察机关对侦查终结案件的公诉审查权和诉讼监督权；对于侦查机关而言，主要是接受审查和监督的义务，但认为检察机关作出不起诉的决定是错误的，侦查机关具有复议权和申请复核权。[①] 如果从诉讼两面说的角度分析，在诉讼实体面主要是公诉审查权和起诉决定权及部分不起诉决定权；对于监督和审查对象的侦查机关，主要是就案件的事实和法律适用等实体问题接受案件实体审查的诉讼义务。在诉讼程序面主要是公诉机关对非法证据的审查权、排除权，侦查合法性审查权、侦查证据是否达到证据确实充分的有罪证明标准的审查权、证据材料是否足以达到司法审判标准的审查权、强制处分合法性审查权；对侦查机关而言，其在诉前公诉审查程序中程序性诉讼权利义务，主要是对不起诉决定的案件，具有申请复议权和申请复核权；涉嫌非法取证的，具有取证合法性说明义务；对于附条件不起诉决定，在事先具有法定的提出意见权。[②]

---

① 2018 年《刑事诉讼法》第 179 条规定：“对于公安机关移送起诉的案件，人民检察院决定不起诉的，应当将不起诉决定书送达公安机关。公安机关认为不起诉的决定有错误的时候，可以要求复议，如果意见不被接受，可以向上一级人民检察院提请复核。”

② 2018 年《刑事诉讼法》第 282 条第 1 款规定：“对于未成年人涉嫌刑法分则第四章、第五章、第六章规定的犯罪，可能判处一年有期徒刑以下刑罚，符合起诉条件，但有悔罪表现的，人民检察院可以作出附条件不起诉的决定。人民检察院在作出附条件不起诉的决定以前，应当听取公安机关、被害人的意见。”

同时，在以审判为中心诉讼制度改革的特定语境中，应当适当增强检察机关对疑难复杂案件和重大影响案件的事中监督和业务指导方面的诉讼权能。对此，前文既已述及，在此不再赘述。

（3）审前诉侦关系的客体要素。审前诉侦关系的客体实际上就是诉前公诉审查程序中检察机关和侦查机关诉讼权利义务（或司法职权）所共同指向的对象。在刑事诉讼中侦查机关和检察机关在各自分工的基础上都负有追究和惩治犯罪的职责，共同的诉讼职能和诉讼目标使其容易结成天然的同盟。但是，由于分工不同和法定职责的客观差异，其具体诉讼目标也有客观差异。首先，在诉讼实体面，作为司法审查主体和监督主体的检察机关，与作为司法审查（主体性）对象的侦查机关两者基于共同的诉讼职能，行使司法职权所共同指向的对象，主要有两方面：一方面是“涉案的犯罪嫌疑事实与犯罪构成要件两者间的符合程度是否能够达到同一性”，另一方面是刑事审前程序中“悬而未决”的刑事实体法律关系。其次，在诉讼程序面，公诉机关和侦查机关程序性诉讼权利义务所共同指向的对象，通常是侦查行为的合法性和侦查程序的正当性、合法性和公正性。

## 六、以审判为中心的刑事检察制度改革：[①] 规范解读、实践探索和理论构想

推进以审判为中心的诉讼制度改革，是十八届四中全会部署的重大改革任务，影响范围在深度和广度上及于整个刑事诉讼制度。但是，根据现行宪法和法律规定，检察机关在刑事诉讼中根据法律分工，依法承担着审

---

① 《中共中央关于全面推进依法治国若干重大问题的决定》规定，“优化司法职权配置。健全公安机关、检察机关、审判机关、司法行政机关各司其职，侦查权、检察权、审判权、执行权相互配合、相互制约的体制机制”。鉴于此，检察机关在刑事诉讼中的诉讼职能和职责权限并不局限于审查起诉，而是具有广泛的法律监督职能和权限范围的行使检察权。因此，笔者于此拟就以审判为中心诉讼制度改革的视野下的检察制度改革问题，展开理论探讨和深入思考。

查批捕、部分案件的侦查、审查起诉、提起公诉和提出抗诉、法律监督等法定职权，因而以审判为中心的诉讼制度改革所涉及的影响范围就不仅限于侦查终结后、正式审判前的审查起诉环节，而且深刻影响整个刑事检察制度。但是，由于检察机关在整个刑事诉讼格局中承担着最核心的控诉职能，发挥着承上启下的关键作用，所以，如何适应以审判为中心的诉讼制度改革要求，通过刑事检察制度改革来“确保审查起诉的案件事实证据经得起法律检验”“确保案件处理经得起法律和历史检验”；如何通过检察制度改革，加强审前诉讼准备，来保障“审判特别是庭审在查明事实、认定证据、保护诉权、公正裁判中的重要作用”；如何通过检察制度改革来督促检察机关和办案人员强化办案质量意识，树立“司法办案须经得起法律和历史检验”的底线思维，继而从严把握检察办案标准，有效防范冤假错案、科学推进司法公正。这些都是新时代检察制度改革和检察工作实践所面临的重要课题。

### （一）以审判为中心的刑事检察制度改革之规范解读①

党的十八届四中全会通过的《决定》既是新时代司法体制改革和诉讼制度改革的根本遵循，也是新时代审查起诉制度和检察制度改革的根本指引。但与此同时，需要注意的是，党的十九大后中央决策部署的《中共中央关于深化党和国家机构改革的决定》同样对司法体制改革和以审判为中心的诉讼制度改革有着深刻的影响，它引起检察机关内设机构改革和检察权力运行机制的深刻变革，同样也会对司法体制改革和诉讼制度改革有着不可忽视的重要影响。因此，笔者认为，如果从宏观视角来看，十八届四中全会部署的旨在“保证公正司法，提高司法公信力”的司法体制改革、

① 参见童建明：《燕赵检察理论文库：以审判为中心视角下的公诉实务研究》，中国检察出版社2017年版。

"以审判为中心"的诉讼制度改革和十九届二中全会部署的旨在"优化司法职权运行机制"的检察机构改革，是相辅相成、辩证统一的。基于此，笔者认为，十八届四中全会提出的"以审判为中心"的诉讼制度改革目标的实现，仅靠诉讼制度层面的局部调整和有限变革，显然难以达成最初的改革目的，因而需要诉讼体制和检察体制（检察机构组织体系）的深层次调整和深度变革来配合才能具备实现的现实可能性。基于此种考虑，笔者拟从此全新视角，综合考量和宏观考察新时代旨在全面推进以审判为中心的诉讼制度改革的政策规范，从而为全面深化和持续推进以审判为中心的诉讼制度改革、司法体制改革和检察机构改革提供理论参考和智力支持。

1. 旨在"保证公正司法，提高司法公信力"的司法体制改革

正如《决定》所指出的，"公正是法治的生命线"，而司法公正对社会公正具有重要的规范和引领作用。值得注意的是，"以审判为中心的诉讼制度改革"作为司法体制改革的重要组成部分和保障措施，其深层次目的仍然是"保证公正司法，提高司法公信力"。这就意味着，"保证公正司法，提高司法公信力"也是"以审判为中心"改革目标的内在应有之义。而具有共同目标指向的其他改革措施，对于"以审判为中心"改革目标的实现，同样有着积极的推动和促进作用。

（1）完善确保依法独立公正行使检察权的制度。① 我国宪法规定了检

① 《中共中央关于全面推进依法治国若干重大问题的决定》第四部分"保证公正司法，提高司法公信力"中规定："完善确保依法独立公正行使审判权和检察权的制度。各级党政机关和领导干部要支持法院、检察院依法独立公正行使职权。建立领导干部干预司法活动、插手具体案件处理的记录、通报和责任追究制度。任何党政机关和领导干部都不得让司法机关做违反法定职责、有碍司法公正的事情，任何司法机关都不得执行党政机关和领导干部违法干预司法活动的要求。对干预司法机关办案的，给予党纪政纪处分；造成冤假错案或者其他严重后果的，依法追究刑事责任。健全行政机关依法出庭应诉、支持法院受理行政案件、尊重并执行法院生效裁判的制度。完善惩戒妨碍司法机关依法行使职权、拒不执行生效裁判和决定、藐视法庭权威等违法犯罪行为的法律规定。建立健全司法人员履行法定职责保护机制。非因法定事由，非经法定程序，不得将法官、检察官调离、辞退或者作出免职、降级等处分。"

察机关依法独立行使检察权原则，但是《决定》在表述中明确地提出“公正”的要求，并提出旨在“保障司法公正”的具体配套措施。如建立“司法人员履行法定职责的保护机制”“领导干部干扰司法或插手案件的记录、通报、责任追究制度”等。就理论上而言，依法独立公正行使检察权原则，这是由检察权的司法权属性和检察机关的职能配置所决定的；作为与“以审判为中心的诉讼制度改革”具有共同目标指向的措施，对于审判中心改革目标的实现具有正向推进作用。

（2）坚持和完善公检法司“各司其职、互相配合、互相制约”的体制机制。检察机关作为宪法和法律规定的法律监督机关，它依法所行使的刑事检察权主要有：审查批准逮捕、审查起诉、提起公诉和抗诉等职权，以及侦查监督和审判监督等法律监督职权。然而，在司法体制改革和诉讼制度改革的背景下，如何在坚持“各司其职、互相配合、互相制约”的诉讼格局下，因应以审判为中心诉讼制度改革的要求，优化检察机关司法职权配置，就成为理论界和实务界不可回避的重要课题。

第一，强化审前主导作用，健全配合制约机制。首先，结合国家监察体制改革的要求，将职务犯罪侦查权从检察机关剥离，最大限度消除检察权内部的结构性矛盾，具有重要性和现实必要性。同时，在分工负责、互相配合、相互制约的刑事司法格局下，立足法律监督职责，发挥检察机关在审前程序中的把关和主导作用：一方面，要强化侦查权的司法控制，构建“检察引导侦查”机制；另一方面，要加强对侦查活动的法律监督，特别是对强制性侦查行为的合法性、公正性监督。同时，根据裁判的标准和要求，构建以证据为核心的刑事指控体系，确保审判特别是“庭审在查明事实、认定证据、保护诉权、公正裁判中发挥决定性作用”。从而切实贯彻《决定》规定的政策规范和原则精神，“健全公安机关、检察机关、审判机关、司法行政机关各司其职，侦查权、检察权、审判权、执行权相互配合、相互制约的体制机制”。

第二，完善刑事司法体制，健全监督制约机制。《决定》明确要求，“改革司法机关人财物管理体制，探索实行法院、检察院司法行政事务管理权和审判权、检察权相分离”。换言之，即推进以员额制和省级统管为主要内容的司法机关人财物管理体制，探索检察机关司法行政事务管理权和检察权的科学分离机制。这就要求，在坚持党的领导和民主集中制的组织优势下，逐步探索增强司法机关的相对独立性、确保其依法独立公正行使检察权的体制机制。除前述措施外，还可采取其他措施，诸如“健全（检察机关）内部监督制约机制，明确司法机关内部各层级权限”；“司法机关内部人员不得违反规定干预其他人员正在办理的案件，建立司法机关内部人员过问案件的记录制度和责任追究制度”；“完善主任检察官、主办侦查员办案责任制”，落实“谁办案谁负责”。

第三，坚持人民主体地位，依法保障人民权益。《决定》指出，应当坚持“人民司法为人民”的理念，这就意味着要尊重和保障人民的法治主体地位，正确处理好人民主体地位和公正司法的辩证关系；这就要求，司法体制改革和诉讼制度改革以及检察制度改革，应当坚持以人民为中心的发展思想，既要“依靠人民推进公正司法”，又要“通过公正司法维护人民权益”。还要健全依法保障人民权益的体制机制，如“在司法调解、司法听证、涉诉信访等司法活动中保障人民群众参与”。此外，还应当“推进检务公开”，构建开放、动态、透明、便民的司法运作机制，“依法及时公开司法依据、程序、流程、结果和生效法律文书”，保障人民群众和社会公众的知情权益等。

第四，强化人权保障制度建设，加强人权司法保障。《决定》明确要求“加强人权司法保障”，并针对司法实践中的问题提出具体改革方向。这就意味着，司法体制改革和诉讼制度改革以及检察制度改革，应当坚持“尊重和保障人权”原则和“惩罚犯罪与保障人权相结合”理念，探索增强检察机关在刑事诉讼中依法履行法定职权（如审查批捕、审查起诉、提起公诉和抗诉等）和依法实施法律监督职能（如侦查监督、审判监督、执行监督等）过程中的人权司法保障机制。主要有以下几方面：一是“强化诉讼过程中当事人和其他诉讼参与人的知情权、陈述权、辩护辩论权、申请权、申诉权的制度保障”。[①] 即在刑事检察实践中，探索构建和完善保障当事人和其他诉讼参与人在公诉案件的审查批捕、审查起诉等案件处理和法律监督过程中的诉讼权利和正当权益，如知情权、陈述权、辩护辩论权、申请权、申诉权等。二是“健全落实罪刑法定、疑罪从无、非法证据排除等法律原则的法律制度”。[②] 三是“完善对限制人身自由司法措施和侦查手段的司法监督，加强对刑讯逼供和非法取证的源头预防，健全冤假错案有效预防、及时纠正机制”。[③]

第五，完善对刑事诉讼的法律监督，加强对司法活动的监督。《决定》明确要求，[④] “完善检察机关行使监督权的法律制度，加强对刑事诉讼、民事诉讼、行政诉讼的法律监督”。这就意味着，从构建和完善法律制度的

---

① 《中共中央关于全面推进依法治国若干重大问题的决定》，载 http://www.wenming.cn/syjj/sp_syjj/201410/t20141028_2258952.shtml。

② 《中共中央关于全面推进依法治国若干重大问题的决定》，载 http://www.wenming.cn/syjj/sp_syjj/201410/t20141028_2258952.shtml。

③ 《中共中央关于全面推进依法治国若干重大问题的决定》，载 http://www.wenming.cn/syjj/sp_syjj/201410/t20141028_2258952.shtml。

④ 《中共中央关于全面推进依法治国若干重大问题的决定》在“（六）加强对司法活动的监督”中作出几方面具体部署。第 1 款规定：“完善检察机关行使监督权的法律制度，加强对刑事诉讼、民事诉讼、行政诉讼的法律监督。完善人民监督员制度，重点监督检察机关查办职务犯罪的立案、羁押、扣押冻结财物、起诉等环节的执法活动。司法机关要及时回应社会关切。规范媒体对案件的报道，防止舆论影响司法公正。”第 2 款规定：“依法规范司法人员与当事人、律师、特殊关系人、中介组织的接触、交往行为。严禁司法人员私下接触当事人及律师、泄露或者为其打探案情、接受吃请或者收受其财物、为律师介绍代理和辩护业务等违法违纪行为，坚决惩治司法掮客行为，防止利益输送。”第 3 款规定：“对因违法违纪被开除公职的司法人员、吊销执业证书的律师和公证员，终身禁止从事法律职业，构成犯罪的要依法追究刑事责任。”第 4 款规定：“坚决破除各种潜规则，绝不允许法外开恩，绝不允许办关系案、人情案、金钱案。坚决反对和克服特权思想、衙门作风、霸道作风，坚决反对和惩治粗暴执法、野蛮执法行为。对司法领域的腐败零容忍，坚决清除害群之马。”

层面，规范检察机关行使监督权的运行机制，尤其是在党的十九大以来，更应该在新的历史起点上探索构建和完善适应新时代“国家治理体系和治理能力现代化”和司法体制改革要求的新型法律监督体系。同时，还要求正确理解和接受社会监督，及时回应社会关切，确保人民群众和社会公众合理的知情权益；并且，应当规范媒体监督，尤其是“规范媒体对案件的报道，防止舆论影响司法公正”。对此，笔者认为，在完善法律监督的基础上，还应不断完善以司法活动为监督对象的其他监督方式，如社会监督和媒体监督；特别是新闻媒体监督，既要确保检察机关依法独立公正行使检察权，又要切实规范新闻媒体、自媒体和互联网媒体等对司法活动的依法、独立、客观、公正的报道，防止“以新闻媒体监督为名、行干涉司法机关依法独立办案之实”，最终构建和完善以法律监督为核心的新型诉讼监督体系。

2. 旨在“推进严格司法”的以审判为中心的诉讼制度改革

《决定》明确提出“推进以审判为中心的诉讼制度改革”，将其作为旨在“推进严格司法”，继而“保证公正司法，提高司法公信力”的重要措施。因而，迄今为止无论在广度还是深度上，“以审判为中心”都已然演化为涉及整个刑事诉讼制度的改革目标和发展方向。借此，笔者认为，在推进新时代司法体制改革、诉讼制度改革和检察制度改革过程中，应当科学把握、准确理解“以审判为中心”的理论内涵和具体要求，并以此为基础来谋划顶层设计、指导司法改革和制度实践。

（1）在“保证公正司法，提高司法公信力”的前提下推进严格司法，就要坚持“以事实为根据、以法律为准绳”基本原则并以此完善配套法律制度。《决定》要求，“坚持以事实为根据、以法律为准绳，健全事实认定符合客观真相、办案结果符合实体公正、办案过程符合程序公正的法律制度”。首先，推进严格司法，应当坚持“以事实为根据、以法律为准绳”的法律原则，将它作为推进司法改革和健全法律制度的基本准则。例如，在检察制度改革、抑或检察实践中，都应当贯彻“疑罪从无”原则，经两次补充侦查，仍然证据不足、不符合起诉标准的应当作出不起诉决定；发现具有《刑事诉讼法》第16条规定情形的，应当依法作出不起诉决定。其次，推进严格司法应当确保“事实认定符合客观真相”。就是要树立“客观真实”理念，将“客观真相”作为诉讼认识和事实认定的最终目标，实现“客观真实”和“证据裁判”的辩证统一。就其深层次的哲学基础而言，就是既要在认识论上坚持辩证唯物和历史唯物的方法论，又要在实践论上坚持主客观统一原则，正确处理“客观真实”和“证据裁判”的辩证关系。最后，“推进严格司法”既要确保“办案结果符合实体公正”，又要确保“办案过程符合程序公正”。也就是说，无论司法办案还是制度完善，都既要“兼顾实体公正和程序公正”，又要“兼顾结果公正和过程公正”。

（2）在“保证公正司法，提高司法公信力”的前提下推进严格司法，就要不断推进以审判为中心的诉讼制度改革并以此发挥庭审关键作用。《决定》要求，推进以审判为中心的诉讼制度改革，“严格依法收集、固定、保存、审查、运用证据，完善证人、鉴定人出庭制度，保证庭审在查明事实、认定证据、保护诉权、公正裁判中发挥决定性作用”。首先，作为旨在“推进严格司法”的诉讼体制机制和法律制度改革，以审判为中心的诉讼制度改革有助于“推进公正司法，提高司法公信力”。即其首要的直接目的在于“推进严格司法”，间接的最终目的在于“推进公正司法，提高司法公信力”。其次，《决定》要求的核心要义在于“保证庭审在查明事实、认定证据、保护诉权、公正裁判中发挥决定性作用”。对此，理论和实务界将其概括、引申为“诉讼以审判为中心，审判以庭审为中心”，检察理论和实务界将其归结于“按照裁判的标准和要求，认定犯罪事实、审查运用证据、正确适用法律”，即其最核心要求在于按照“犯罪事实清楚，证据确实、充分”的有罪认定标准，规范和指引审前程序中侦查终结的破案标准和公诉标准。最后，其直接措施在于“严格依法收集、固定、保存、审查、运用证据，完善证人、鉴定人出庭制度”。对此，理论和实务界根据改革目的和司法实际，普遍认同将其概括、引申为“证据裁判原则”，检察实务和理论界将其归结为“构建以证据为核心的刑事指控体系”。

(3) 在“保证公正司法，提高司法公信力”的前提下推进严格司法，就要不断完善检察办案工作制度并以此完善办案质量监督机制和错案纠错机制。《决定》要求，“明确各类司法人员工作职责、工作流程、工作标准，实行办案质量终身负责制和错案责任制倒查问责制，确保案件处理经得起法律和历史检验”。它要求，检察机关根据法定职能和职权配置，“明确各类司法人员工作职责、工作流程、工作标准”，健全和完善检察办案工作制度，构建以司法责任制为核心的检察权运行机制，并且不断强化侦查权的司法控制和法律监督，不断提高公诉、批捕等检察办案质量，从而“确保案件处理经得起法律和历史检验”，特别是经得起法院司法审判的监督和检验。

3. 旨在“优化检察职能配置和有机整合司法资源”的刑事检察机构改革

为适应新时代中国特色社会主义发展要求，在新的历史起点上深化党和国家机构改革，2018 年 3 月中央印发《深化党和国家机构改革方案》，规定了指导思想、改革导向、着力点和具体部署，明确改革导向旨在推进“国家治理体系和治理能力现代化”，着力点在于“机构职能的优化、协调、高效”，具体改革途径在于“改革机构设置，优化职能配置”，直接目的在于“深化转职能、转方式、转作风”和“提高效率效能”。[①] 2018 年 12 月，中央印发《最高人民检察院职能设置、内设机构和人员编制规定》

---

① 《中共中央印发〈深化党和国家机构改革方案〉》，载 http：//www. xinhuanet. com/politics/2018 - 03/21/c_ 1122570517. htm。

规定“坚持以人民为中心，以提升法律监督能力为统领，以提高办案质量效率、推进专业化建设为导向，以机构职能优化协同高效为着力点，优化职能配置，整合司法资源，积极构建符合司法规律、系统完备、科学规范、运行高效的检察机关内设机构组织体系，为新时代人民检察院更好地履行职责提供有力组织保障”。[①] 主要有几方面：

（1）“同一种类刑事案件，原则上由同一检察部门统筹办理”。根据“一类事项原则上由一个部门统筹，一件事情原则上由一个部门负责”[②] 的中央决策和部署要求，按照案件性质和种类推进检察机关内设机构改革。对于刑事检察内设机构而言，主要根据所承办刑事案件涉嫌犯罪的性质和类型、案件数量等因素，推进刑事检察内设机构的改革和重组，借此重新组建刑事检察（内设）办案机构。例如，在最高人民检察院内设机构改革中，根据《最高人民检察院职能设置、内设机构和人员编制规定》，第二检察厅统筹处理依法应由最高人民检察院承办的“危害国家安全和公共安全犯罪、故意杀人、抢劫、毒品等犯罪案件”；第三检察厅统筹处理依法应由最高人民检察院承办的、国家监察机关移送起诉的职务犯罪案件；第四检察厅统筹处理依法应由最高人民检察院承办的“破坏社会主义市场经济秩序犯罪案件”；此外，第一检察厅统筹处理依法应由最高人民检察院承办的、前述案件以外的其他刑事案件。[③] 也就是说，在检察机关内设机构改革中，施行“同一种类刑事案件，原则上由同一检察部门统筹办理”的办案机制。基于此，笔者认为，从总体上而言，如果从这个角度出发，来客观审视2018年检察机关内设机构改革，它在很大程度上是以法院的内设机构设置和相应内设审判机构所管辖的案件性质和种类为基本标准和依

① 《最高检发布职能配置和内设机构设置方案》，载《新民晚报》2019年1月3日版。

② 《最高人民检察院职能配置和内设机构设置》，载《检察日报》2019年1月4日版。

③ 参见《最高人民检察院职能配置和内设机构设置》，载《检察日报》2019年1月4日版。

据的。因而，笔者认为，这种检察机关内设机构改革思想本身就贯穿着某种“以审判为中心”的诉讼制度改革思想。

（2）“同一刑事案件的不同检察环节，原则上由同一检察部门负责办理”。根据流线型刑事诉讼结构，畅通检察职权依据时空逻辑顺序依次行使的诉讼机制，推行“同一案件的不同刑事检察环节，原则上由同一个刑事检察内设机构负责办理”的办案机制。它要求，同一刑事案件的审查逮捕、审查起诉、出庭支持公诉和抗诉，以及履行立案监督、侦查监督、审判监督等法律监督职责，进行补充侦查和承办依法应由检察机关管辖的刑事申诉案件，原则上都应当由同一检察部门负责办理。

（3）实行“捕诉一体”办案机制，推行“同一检察官或办案组负责同一案件办理”。它要求，同一案件的审查批捕、审查起诉、支持公诉、诉讼监督等职能，由同一检察官或办案组负责办理。对此，笔者认为，其深层次的理论基础在于：根据刑事案件的“单一性原理”和“同一性原理”，作为诉讼活动对象（或诉讼客体）的刑事案件的单一性、同一性要求，在检察权力运行范围内最大限度实现刑事检察案件过程中“办案主体的同一性”，从而最大限度地提高办案质量效率和专业化程度。从这种角度而言，这种改革思路实际上是符合诉讼原理和诉讼规律的。因为它从深层次上契合了传统大陆法诉讼理论所创立和倡导的（刑事案件）“单一性原理”和“同一性原理”。从另一角度而言，在理论逻辑上，它将诉讼客体理论推及于诉讼主体理论，反映着诉讼客体的同一性对诉讼主体的深层次要求、同一刑事案件对同一办案主体的深层次要求。

综上，笔者认为，这种“多层次的同一性办案机制”改革思路，契合了“各司其职、互相配合、互相制约”格局下的“流线型”刑事诉讼结构，有利于审前程序中司法职权的优化配置和司法资源的有机整合，实现了检察权力运行机制的深层次变革，从而在最大限度上契合了“以审判为中心的诉讼制度改革”的内在要求。

### （二）以审判为中心的刑事检察制度改革之实践探索

为贯彻《决定》，推进中央关于以审判为中心的诉讼制度改革的重大决策和部署，2016年6月中央深化改革领导小组第25次会议审议通过由“两高三部”制定的《刑事诉讼制度改革意见》。它为检察机关构建和完善以审判为中心的刑事检察制度和工作机制，提供了基本遵循；对检察机关贯彻证据裁判原则和适应“证据三性”实质要求，探索完善“符合裁判标准和要求”的公诉机制、刑事检察证据制度和证明机制，完善补充侦查制度、不起诉制度，完善对侦查活动和刑事审判活动的监督机制（特别是构建侦查终结前侦查讯问合法性核实机制）、健全当事人和辩护人诉讼权利的刑事检察保障机制等工作提出新要求。具体而言，主要有几方面：

1. 遵循无罪推定原则，尊重法院最终定罪权。根据《刑事诉讼制度改革意见》第1条规定，[①] 检察机关在刑事检察制度改革和办案实践中，应当遵循无罪推定原则，尊重和保障人民法院的定罪权。未经人民法院依法判决，检察机关不得确定任何人有罪。这就意味着，最终定罪权和终局裁判权归属于法院，检察机关在刑事检察办案中对犯罪嫌疑人所做出的有罪认定和犯罪追诉，仅具有过程性和程序性，不具有终局性、确定性。同时，在刑事检察办案实践中，检察机关应当立足法定职权分工和法律监督职能，遵循互相配合、互相制约原则要求，保证准确、及时地查明犯罪事实，正确应用法律，惩罚犯罪分子，保障无罪的人不受刑事追究。在刑事检察制度改革中，在尊重法院定罪权的基础上，探索完善适应

---

① 《刑事诉讼制度改革意见》第1条规定：“未经人民法院依法判决，对任何人都不得确定有罪。人民法院、人民检察院和公安机关办理刑事案件，应当分工负责，互相配合，互相制约，保证准确、及时地查明犯罪事实，正确应用法律，惩罚犯罪分子，保障无罪的人不受刑事追究。”

"无罪推定"和"疑罪从无"原则新要求的不起诉制度和补充侦查制度，探索完善"保障无罪的人不受刑事追究"的机制，例如侦查终结前侦查讯问合法性核实制度等。

2. 严格遵循证据裁判要求，完善刑事检察证据制度。主要有以下几方面：

（1）按照证据裁判要求，适用有罪证明标准。根据第 2 条第 1 款规定，① 检察机关在刑事检察制度改革和办案实践中，应当遵循程序法定和证据裁判原则，明确证据在认定犯罪事实过程中的基础作用；严格按照法律规定的证据裁判要求，没有证据不得认定犯罪事实。如果检察机关提起公诉时，应当按照有罪判决的证明标准和证据要求，做到"犯罪事实清楚，证据确实、充分"。同时，在审查起诉和退回补充侦查过程中，没有证据不得认定犯罪事实；证据不足、不符合法定证明标准的，应当依法及时作出不起诉决定。在刑事检察制度改革和证据制度改革中，应当根据法定的证据裁判原则要求，构建以证据为核心的刑事检察体系，特别是按照有罪判决的要求和标准，构建以证据为核心的刑事指控体系。

（2）按照裁判标准和要求，完善刑事检察证据制度。根据第 2 条第 2 款规定，② 在刑事检察制度改革和办案实践中，应当按照裁判的要求和标准收集、固定、审查、运用证据，不断完善刑事检察证据制度和证明标准保障机制。

（3）定罪排除合理怀疑，存疑有利被告原则。根据第 2 条第 3 款规定，③ 检察机关在刑事检察制度改革和办案实践中，应当根据法定的证据

---

① 第 2 条第 1 款规定："严格按照法律规定的证据裁判要求，没有证据不得认定犯罪事实。侦查机关侦查终结，人民检察院提起公诉，人民法院作出有罪判决，都应当做到犯罪事实清楚，证据确实、充分。"

② 第 2 条第 2 款规定："侦查机关、人民检察院应当按照裁判的要求和标准收集、固定、审查、运用证据，人民法院应当按照法定程序认定证据，依法作出裁判。"

③ 第 2 条第 3 款规定："人民法院作出有罪判决，对于证明犯罪构成要件的事实，应当综合全案证据排除合理怀疑，对于量刑证据存疑的，应当作出有利于被告人的认定。"

裁判原则，按照有罪判决的证明标准和证据要求，对于证明犯罪构成要件的事实，应当综合全案证据排除合理怀疑；对于量刑证据存疑的，应当作出有利于犯罪嫌疑人、被告人的认定。在刑事检察制度改革和证据制度完善中，应当坚持主客观标准相统一原则，完善“犯罪事实清楚，证据确实、充分”的有罪判决证明标准和证明机制。诸如，作出提起公诉决定的，应坚持排除合理怀疑的主观标准，即“对证明犯罪构成要件的事实，应当综合全案证据排除合理怀疑”；同时，坚持存疑有利被告原则，对于量刑证据存疑的，应当作出有利于犯罪嫌疑人、被告人的认定。

3. 完善刑事检察证据指引，规范证据审查和办案机制。首先，根据第3条规定，[①] 检察机关应当建立健全符合裁判要求、适应各类案件特点的证据指引。例如，2015年制定的《刑事公诉案件证据审查指引》，就是围绕法定证明标准，根据公诉案件的审查起诉办案特点、结合各类证据不同特点和一系列主客观证明标准的要求，总结吸收公诉检察部门在实践中的经验做法。一方面，总结和规范“关于犯罪主体的证据审查”，即全面总结和系统梳理刑法个罪中具有普遍性的犯罪主体问题的证据审查；另一方面，主要针对实践中50个常见、疑难罪名的犯罪构成要件事实，总结、规范和系统阐述构成犯罪需要达到的证据条件。又如，2016年《刑事案件审查逮捕指引》，就是“以依法逮捕为核心，以准确把握逮捕的证据标准为目的”编写的，它针对实践中50多种常见罪名，根据各罪特点，从审查逮捕的证据要求出发，对审查逮捕时的证据审查、事实认定和社会危险性条件等进行实践经验总结。其次，根据第3条规定，针对命案等重大案件的刑事办案过程对程序合法性和司法公正的特殊要求，探索构建和完善检

---

① 第3条规定，“建立健全符合裁判要求、适应各类案件特点的证据收集指引。探索建立命案等重大案件检查、搜查、辨认、指认等过程录音录像制度。完善技术侦查证据的移送、审查、法庭调查和使用规则以及庭外核实程序。统一司法鉴定标准和程序。完善见证人制度”。

查、搜查、辨认、指认等措施适用过程的同步录音录像制度。并且，在刑事检察制度改革和办案实践中，根据技术侦查证据的特点，按照裁判标准和要求，并结合刑事检察办案特点，完善技术侦查证据的移送衔接、审查判断、法庭调查和使用规则，以及庭外核实程序的衔接机制。

4. 强化侦查讯问监督，构建合法性核查制度。根据第5条第1、2款规定，在刑事检察制度改革和侦查监督实践中，检察机关应当遵循“无罪推定”和“不得强迫自证其罪”原则，依法履行对侦查活动的法律监督职责，构建和完善适用于“命案”等重大刑事案件的侦查终结前讯问合法性的核查制度和衔接机制，如非法证据排除督促机制。侦查监督实践中，对于命案等重大案件的侦查终结前，检察机关应当依法履行法律监督职责，由检察机关驻看守所检察人员询问犯罪嫌疑人，询问是否存在刑讯逼供、非法取证情形，并同步录音录像。对于“确有刑讯逼供、非法取证情形的”，应当及时督促侦查机关依法排除非法证据，不得作为提请批准逮捕、移送审查起诉的根据。

5. 完善补充侦查制度，健全引导和说理机制。根据第7条规定，[①] 在刑事检察制度改革和办案实践中，应当严格履行法律监督职责和积极发挥审前主导作用，不断完善补充侦查制度。一方面，发挥审前主导作用，根据刑事诉讼法和司法解释规定，健全审查批准逮捕，特别是审查起诉和审判活动过程中退回补充侦查的实施条件，明确补充侦查的方向、标准和要求。另一方面，根据2017年《关于实行检察官以案释法制度的规定》（以下简称《以案释法规定》）和《关于加强检察法律文书说理工作的意见》

---

① 根据第7条规定：“完善补充侦查制度。进一步明确退回补充侦查的条件，建立人民检察院退回补充侦查引导和说理机制，明确补充侦查方向、标准和要求。规范补充侦查行为，对于确实无法查明的事项，公安机关、国家安全机关应当书面向人民检察院说明理由。对于二次退回补充侦查后，仍然证据不足、不符合起诉条件的，依法作出不起诉决定。”

（以下简称《检察法律文书说理工作意见》）的规定精神，[①] 健全适用于退回补充侦查案件的侦查引导机制和检察法律文书的说理机制，特别是健全对于侦查机关确实无法查明事项的说理机制。通过完善补充侦查制度机制，规范补充侦查行为，“对于确实无法查明的事项，公安机关、国家安全机关应当书面向人民检察院说明理由。对于二次退回补充侦查后，仍然证据不足、不符合起诉条件的，依法作出不起诉决定”。

6. 按照裁判标准和要求，进一步完善公诉机制，构建以证据为核心的刑事指控体系。根据第 8、9 条规定，[②] 在刑事检察制度改革和办案实践中，检察机关应当严格遵循“证据裁判”和证明责任分配原则，按照裁判的证明标准和证据要求，不断完善公诉机制，探索构建以证据为核心的刑事指控体系。具体而言：

首先，按照裁判标准和要求，完善当庭举证和庭审证明机制。根据第 8 条规定，[③] 对于“犯罪事实清楚，证据确实充分”，符合法定提起公诉标准的，检察机关应当按照有罪判决的证明标准和证据要求，依法履行证明被告人有罪的举证责任。特别是对于被告人不认罪的案件，检察机关应当

---

① 根据 2017 年《最高人民检察院关于加强检察法律文书说理工作的意见》中关于“检察法律文书说理的重点”的规定，对于“人民检察院在履行法律监督职能过程中制作的决定书、意见书、建议书、告知书、通知书等各类检察法律文书，涉及公民、组织重要权利处置或者诉讼重要进程，可能引发质疑、异议或者舆论炒作的，应当在叙述式法律文书中或者送达、宣告决定时有重点地进行说理。以下办案环节涉及的检察法律文书应当着重进行说理：……（二）侦查监督工作中，作出不批准逮捕决定或者对在罪与非罪上有较大争议且社会关注的敏感案件作出批准逮捕决定的；复议复核维持原不批准逮捕决定的；通知侦查机关立案、撤销案件或者纠正违法的；认为侦查机关决定立案、不立案正确或者实施侦查活动不存在违法而不支持监督申请的。……”

② 第 8 条规定：“进一步完善公诉机制，被告人有罪的举证责任，由人民检察院承担。对被告人不认罪的，人民检察院应当强化庭前准备和当庭讯问、举证、质证。”第 9 条规定：“完善不起诉制度，对未达到法定证明标准的案件，人民检察院应当依法作出不起诉决定，防止事实不清、证据不足的案件进入审判程序。完善撤回起诉制度，规范撤回起诉的条件和程序。”

③ 第 8 条规定：“进一步完善公诉机制，被告人有罪的举证责任，由人民检察院承担。对被告人不认罪的，人民检察院应当强化庭前准备和当庭讯问、举证、质证。”

健全出庭支持公诉时的当庭举证和庭审证明机制，强化庭前准备和当庭讯问、举证、质证。

其次，坚持疑罪从无原则，完善不起诉制度。根据第9条规定，[①] 检察机关在刑事检察制度改革和公诉办案过程中，应当严格贯彻疑罪从无原则，按照裁判标准和要求，健全不起诉制度，特别是证据不足不起诉的制度机制。在审查起诉过程中，对于未达到法定证明标准的，应当依法作出不起诉决定；对于经过两次补充侦查，仍然事实不清或证据不足、不符合法定起诉标准的，应当按照法定的疑罪从无原则的要求，依法作出不起诉决定。从而通过健全和完善审查起诉环节的监督机制和过滤功能，严格防范“事实不清”或“证据不足”的案件进入审判程序。

最后，按照有罪判决证明标准和证据要求，完善撤回起诉制度、健全程序衔接机制。根据第9条规定，[②] 在刑事检察制度改革和办案实践中，检察机关应当严格遵循法定的有罪判决证明标准和证据要求，不断完善撤回起诉制度、特别是规范撤回起诉的条件和程序，明确检察机关撤回起诉的条件、不准撤回起诉的情形；同时，检察机关应当会同法院协商建议撤诉机制，明确允许法庭建议撤回起诉的情形和程序衔接机制。庭审过程中，对于经过两次补充侦查，仍然事实不清或证据不足、不符合法定起诉标准的，检察机关应当依法向法庭提出撤回起诉的请求。法庭经审查，认为符合法律和司法解释规定的准许撤诉情形的，应当依法裁定准予撤回起诉，否则，应当依法作出不准撤诉的决定。

---

① 第9条规定：“完善不起诉制度，对未达到法定证明标准的案件，人民检察院应当依法作出不起诉决定，防止事实不清、证据不足的案件进入审判程序。完善撤回起诉制度，规范撤回起诉的条件和程序。”

② 第9条第2句规定：“完善撤回起诉制度，规范撤回起诉的条件和程序。”

7. 严格遵循法律监督职责，不断健全诉讼监督机制。根据第16条规定，[①] 在刑事检察制度改革和办案实践中，检察机关应当严格遵循法律监督职责，不断完善对侦查活动和刑事审判活动的法律监督机制，并结合公安执法规范化建设和现场执法音视频记录工作要求，建立健全"阅卷监督、亲历性监督和音视频记录监督相结合"的新型监督方式。

（1）以强制措施为重点，健全侦查监督机制。主要有几方面：第一，健全对侦查活动的监督机制。检察机关在刑事检察制度改革和办案实践中，应当严格履行法律监督职责，并按照依法、及时、客观、公正等原则，在立案、侦查、批准逮捕、审查起诉等环节，不断建立健全对侦查活动的合法性开展法律监督的体制机制。第二，健全对羁押性强制措施的监督机制。除加强对侦查活动的合法性监督外，检察机关应当建立健全对强制措施的监督机制。譬如，根据《刑事诉讼制度改革意见》要求，[②] 除前述的构建侦查终结前讯问合法性核查制度外，特别值得注意的是，建立健全对限制人身自由的羁押性强制措施的监督机制。例如，其中最有代表性、实践中出现问题最多的，就是逮捕措施的适用。因而实践中应当着力加强对逮捕措施的监督机制。例如，构建羁押必要性审查机制，即综合平衡犯罪嫌疑人的人身危险性、社会危害性、逮捕必要性等因素，按照比例原则，完善逮捕后羁押必要性的审查机制、加强检察机关对逮捕后的羁押必要性审查工作。第三，健全对非羁押性强制措施的监督机制。与此同时，还应当根据《刑事诉讼制度改革意见》第16条要求，"规范非羁押性

① 第16条规定："完善人民检察院对侦查活动和刑事审判活动的监督机制。建立健全对强制措施的监督机制。加强人民检察院对逮捕后羁押必要性的审查，规范非羁押性强制措施的适用。进一步规范和加强人民检察院对人民法院确有错误的刑事判决和裁定的抗诉工作，保证刑事抗诉的及时性、准确性和全面性。"

② 第16条第2、3句规定："建立健全对强制措施的监督机制。加强人民检察院对逮捕后羁押必要性的审查，规范非羁押性强制措施的适用。"

强制措施的适用”。这就意味着，检察机关在刑事检察制度改革和审查批准逮捕、审查起诉的案件办理过程中，应当对接公安执法规范化建设和现场执法音视频记录工作要求，完善搜查、查封、扣押、冻结等非羁押性强制措施的音视频记录制度和法律监督机制，探索案卷监督，亲历性监督（询问当事人、辩护人、证人、见证人等）和音视频记录监督相结合的新型（侦查）监督方式。

（2）以刑事抗诉为核心，健全审判监督机制。根据《刑事诉讼制度改革意见》要求，在刑事检察制度改革和法律监督实践中，检察机关应当严格履行法律监督职责，按照依法、及时、客观、公正等原则，在刑事审判环节，不断完善对刑事审判活动的合法性的监督机制。特别是，根据《刑事诉讼制度改革意见》第16条规定，“进一步规范和加强人民检察院对人民法院确有错误的刑事判决和裁定的抗诉工作，保证刑事抗诉的及时性、准确性和全面性”。这就意味着，它要求从横向和纵向两个维度上，健全对法院确有错误的刑事判决和裁定的监督机制，从而确保对法院刑事审判活动的监督的及时性、准确性、全面性。

第一，从横向维度上健全检察机关对法院刑事审判活动的监督机制。也就是说，从监督对象，即法院庭前准备和审判活动的发生时序上，检察机关应当健全对广义上的刑事审判活动进行事先、事中、事后等环节的监督机制，从而在时序维度上保证刑事抗诉的及时性、准确性和全面性。具体而言：其一，在事前环节，应当健全对庭前会议等开庭审理前环节的监督机制。其二，在事中环节，应当健全对“查明事实、认定证据、适用法律、形成裁判”等开庭审理和判决环节的监督机制。其三，在事后环节，应当健全对审判结果（如量刑畸轻、畸重等问题）的监督机制。如通过当事人申诉等途径，来发现法院刑事判决和裁定确有错误，而依法提起抗诉的。无论是实体问题、程序问题，还是“可能严重影响司法公正”的证据问题，只要法院判决和裁定确有错误的，都应该依法启动相应的监督程序。

第二，从纵向维度上健全检察机关对法院刑事审判活动的监督机制。也就是说，在监督内容即法院刑事审判活动的诉讼实体、诉讼程序、诉讼证据等层面的监督机制。具体而言：

其一，在诉讼实体层面，应当健全对“犯罪构成要件的事实和量刑事实的认定确有错误”（如定罪事实或量刑事实认定确有错误，或者“事实不清”）、“适用法律或定罪量刑确有错误”（如定性错误、犯罪性质或罪名认定错误，量刑畸轻、畸重）等诉讼实体问题的监督机制。根据《刑事诉讼法》第236条第1款规定，[①] 对于二审法院依法“应当改判”的情形，都属于法院裁判确有错误的情形；对于“原判决事实不清楚，但‘可以在查清事实后改判’的”，则可能属于“法院裁判确有实体错误”的情形。因而，笔者认为，根据第236条第1款规定，可将其概括为几种情形：“原判决认定事实有错误的”；“原判决认定事实没有错误，但适用法律有错误，或者量刑不当的”；“原判决事实不清楚，但‘可以在查清事实后改判’的”。对此，笔者认为，它们都是允许检察机关依法提出抗诉的“法院裁判确有实体错误”的情形。

其二，在诉讼程序层面，应当健全对法定辩护、庭审程序的合法性等诉讼程序问题的监督机制。如根据《刑事诉讼法》第238条规定，[②] 同级

① 《刑事诉讼法》第236条第1款规定：“第二审人民法院对不服第一审判决的上诉、抗诉案件，经过审理后，应当按照下列情形分别处理：（一）原判决认定事实和适用法律正确、量刑适当的，应当裁定驳回上诉或者抗诉，维持原判；（二）原判决认定事实没有错误，但适用法律有错误，或者量刑不当的，应当改判；（三）原判决事实不清楚或者证据不足的，可以在查清事实后改判；也可以裁定撤销原判，发回原审人民法院重新审判。”

② 《刑事诉讼法》第238条规定：“第二审人民法院发现第一审人民法院的审理有下列违反法律规定的诉讼程序的情形之一的，应当裁定撤销原判，发回原审人民法院重新审判：（一）违反本法有关公开审判的规定的；（二）违反回避制度的；（三）剥夺或者限制了当事人的法定诉讼权利，可能影响公正审判的；（四）审判组织的组成不合法的；（五）其他违反法律规定的诉讼程序，可能影响公正审判的。”

检察机关发现原审法院采用第一审程序审理的刑事案件，违反法律规定的诉讼程序、可能影响司法公正的，应当依法提请上一级检察机关提出抗诉。在此值得注意的是，《刑事诉讼法》第238条规定的五种典型的情形，主要有“违反本法有关公开审判的规定的”“违反回避制度的”“剥夺或限制了当事人的法定诉讼权利，可能影响公正审判的”“审判组织的组成不合法的”“其他违反法律规定的诉讼程序，可能影响公正审判的”。对此，笔者认为，这几种情形，都是允许检察机关提出抗诉的情形。

其三，在诉讼证据层面，应当健全对证据“三性”（证据的相关性、合法性、真实性）、证明标准（“案件事实清楚、证据确实充分”的有罪判决证明标准）、非法证据排除等诉讼证据问题的监督机制。例如，法院刑事判决和裁定据以定案的证据，是“不符合法定程序收集、可能严重影响司法公正的，但公诉机关无法补正或作出合理解释的书证、物证等非法实物证据的”，或者“通过刑讯逼供、暴力、胁迫等非法取证手段收集的非法言词证据的”，检察机关应当依法、及时提出抗诉。

在此值得注意的是，在法院刑事判决和裁定错误的发现途径上，除发挥传统的阅卷监督、出庭支持公诉等庭审监督方式的优势外，还应当结合法律、司法解释和《法庭规则》等规定，探索构建和完善阅卷监督，亲历性监督（如出庭支持公诉等庭审监督、受理当事人对法院裁判的申诉、接待当事人来访）和庭审录音录像相结合的新型（审判）监督方式。同时，在对“法院刑事审判活动的合法性”和“法院确有错误的刑事判决和裁定”的纠正方式上，应当健全检察机关提出纠正违法意见、检察建议、提出“纠正不当减刑、假释、暂予监外执行意见”、[①]“对法院确有错误的已生效（或未生效）刑事判决和裁定”作出抗诉决定等监督方式，构建以抗

① 参见《最高人民检察院关于加强检察法律文书说理工作的意见》。

诉为核心的刑事审判监督体系。①

8. 完善刑事检察人权保障机制。主要有几方面：

（1）完善诉讼参与人权利保障机制。根据第17条第1款规定，② 在刑事检察制度改革和办案实践中，检察机关应当严格遵循“尊重和保障人权”原则，健全当事人、辩护人和其他诉讼参与人的权利保障制度，依法保障当事人、辩护人和其他诉讼参与人的诉讼权利。根据宪法规定的“国家尊重和保障人权”原则，检察机关在刑事诉讼和法律监督活动中，作为行使特定国家权力的国家司法机关和法律监督机关、代表国家履行法定职权，因而它们有义务依法尊重和保障作为普通公民的“当事人、辩护人和其他诉讼参与人”的基本权利；特别是有义务保障“当事人、辩护人和其他诉讼参与人”依据法律和司法解释规定所享有的诉讼权利。

（2）完善检察官以案释法制度和检察法律文书说理制度。根据第17条第2款规定，③ 公检法司机关在刑事诉讼中应当“依法保障当事人和其他诉讼参与人的知情权、陈述权、辩论辩护权、申请权、申诉权”。因而，检察机关在刑事检察制度改革和办案实践中，检察机关应当依法保障当事人和其他诉讼参与人的知情权、陈述权、辩论辩护权、申请权、申诉权等诉讼权益。在此值得注意的是，为贯彻“两高三部”《刑事诉讼制度改革意见》的相关规定精神，自2015年7月以来，最高人民检察院先后出台

---

① 最高人民检察院检察长曹建明在2017年1月14日召开的全国检察长会议上指出，“构建以抗诉为中心的刑事审判监督格局。充分发挥抗诉的刚性监督作用，综合运用检察建议等手段，把监督纠正个案与监督纠正普遍性问题结合起来，坚决纠正定罪不当、量刑严重失衡、审判程序违法等问题。探索建立法院裁判改变起诉指控事实、罪名的案件报上一级检察院备案审查制度，认真落实职务犯罪案件第一审判决上下两级检察院同步审查机制。完善对法院指令异地再审案件监督机制”。

② 第17条第1款规定：“健全当事人、辩护人和其他诉讼参与人的权利保障制度。”

③ 第17条第2款规定：“依法保障当事人和其他诉讼参与人的知情权、陈述权、辩论辩护权、申请权、申诉权。犯罪嫌疑人、被告人有权获得辩护，人民法院、人民检察院、公安机关、国家安全机关有义务保证犯罪嫌疑人、被告人获得辩护。”

《关于实行检察官以案释法制度的规定（试行)》、《关于实行检察官以案释法制度的规定》和《关于加强检察法律文书说理工作的意见》，以保障当事人等诉讼参与人和社会公众的知情权、陈述权、辩论辩护权、申请权、申诉权。具体而言：

第一，健全检察官以案释法工作制度，保障当事人等诉讼参与人的知情权等。对于前者，即《以案释法规定（试行)》旨在通过健全检察官以案释法制度和工作机制，保障诉讼参与人和社会公众的知情权、陈述权等诉讼权益或与检察活动有关的诉讼权利和正当权益。根据《以案释法规定(试行)》第3条规定的检察官开展以案释法的工作原则，主要有几方面：一是“必要性原则”要求，检察官开展以案释法工作需要“综合考虑案件性质特点、诉讼参与人需求以及法制宣传效果等因素”。二是“合法性原则”要求，检察官开展以案释法工作，应当严格依照法律和司法解释规定进行。三是“规范性原则”要求，检察官开展以案释法工作，应当做到“事实准确，说理清晰，表述规范”。四是“及时性原则”要求，检察官开展以案释法工作，要立足“办案实际和普法需要，在案件办理的关键环节或者案件办结后，及时向诉讼参与人或者社会公众以案释法”。从而通过健全以案说法工作制度，根据及时回应当事人等诉讼参与人和社会公众的关切、引导社会公众舆情，依法保障当事人和其他诉讼参与人以及社会公众的知情权等正当权益。

第二，健全检察法律文书说理机制，保障诉讼参与人和社会各界的知情权益等。后者，即《检察法律文书说理工作意见》的重要制定目的之一，旨在通过健全检察法律文书说理机制，来“促进诉讼参与人和社会各界准确理解人民检察院的司法办案行为依据，从源头上化解矛盾、促进社会和谐稳定”。笔者拟从以下几方面阐述：一是《检察法律文书说理工作意见》指出，“检察法律文书说理，是人民检察院在制作检察法律文书时，或者应有关人员请求，对文书所载的处理决定依据的事实、证据、法律、政策等进行分析阐述、解释说明的活动”。二是该规范性文件，在内容上，主要涉及检察法律文书说理的工作原则、重点、主体、时机、方式和基本要求，以及完善检察法律文书说理工作制度。三是对于说理重点，该规范文件，检察机关在履行法律监督职能过程中制作的各种法律文书，“涉及公民、组织重要权利处置或者诉讼重要进程，可能引发质疑、异议或者舆论炒作的，应当在叙述式法律文书中或者送达、宣告决定时有重点地进行说理”。同时，这种说理贯穿在检察机关直接受理的侦查案件、侦查监督工作、公诉工作、刑事执行检察工作、刑事申诉检察工作等刑事检察工作环节。例如，在侦查监督或者公诉工作中，作出不批准逮捕的决定，或者对“在罪与非罪上有较大争议且社会关注的敏感案件”作出批准逮捕决定的。

(3) 完善犯罪嫌疑人、被告人获得辩护和辩护人履行辩护职责的诉讼机制。主要从两方面予以阐述：

第一，健全犯罪嫌疑人、被告人获得辩护的诉讼机制。根据第 17 条第 2 款规定，“犯罪嫌疑人、被告人有权获得辩护，人民法院、人民检察院、公安机关、国家安全机关有义务保证犯罪嫌疑人、被告人获得辩护”。对此，笔者认为，在刑事检察制度改革和办案实践中，应当遵循宪法和法律规定的辩护原则，健全犯罪嫌疑人、被告人辩护权保障机制，依法保障审查批捕、审查起诉等环节的辩护权。在此需要指出的是，该规定既强调和重申了“犯罪嫌疑人、被告人有权获得辩护”原则，又明文规定了检察机关确保犯罪嫌疑人、被告人获得辩护的保障义务。这就意味着，检察机关应当严格遵循辩护原则和“尊重和保障人权”原则，不断完善确保犯罪嫌疑人、被告人获得辩护的诉讼机制，最终构建“刑事检察尊重和保障刑事辩护、刑事辩护监督和制约刑事检察”的新型诉辩关系。

第二，健全辩护人履行辩护职责、参与诉讼的机制。根据第 17 条第 3 款，“依法保障辩护人会见、阅卷、收集证据和发问、质证、辩论辩护等权利，完善便利辩护人参与诉讼的工作机制”。对此，笔者认为，在刑事检察制度改革和办案实践中，检察机关应当依法尊重和保障辩护人的辩护权、保障辩护人履行辩护职责，针对实践中“旧三难”（会见难、阅卷难、收集证据难），“新三难”（发问难、质证难、辩论辩护难）等问题，健全辩护人依法履行职责、便于参与诉讼的检察工作机制。

### （三）以审判为中心的刑事检察制度改革之理论构想

以审判为中心的诉讼制度改革是党的十八届四中全会确定的旨在完善司法权力运行机制的战略部署，应当始终遵循宪法和法律规定的“公检法在刑事诉讼中分工负责、互相配合、互相制约”的基本原则。刑事检察制度作为检察制度和司法制度的重要组成部分，无论旨在推进以审判为中心诉讼制度改革和司法体制改革、规制检察权力运行，还是刑事检察办案实践，都应当遵循“分工配合制约”原则。正如曹建明检察长在2015年全国检察机关第五次公诉工作会议上指出的，推进以审判为中心的诉讼制度改革要始终坚持“公检法三机关在刑事诉讼活动中分工负责、互相配合、互相制约”的宪法原则，强调“公检法三机关的办案活动都要按照刑事诉讼法要求的事实证据标准开展，更加重视发挥公诉在庭审时的指控功能，更加重视发挥公诉在审前程序的主导作用，强化检察机关对刑事审判活动合法性和判决裁定公正性的监督，共同促进庭审实质化，共同维护司法公正和权威”。由此看出，检察机关在推进以审判为中心诉讼制度改革的实践中，始终都注重在“分工负责、互相配合、互相制约”的司法体制框架下，立足法定权限分工和法律监督职能、强调发挥公诉和监督职能作用，并侧重强调“以审判为中心”对刑事检察制度改革的实质要求。对此，曹建明检察长指出，“各级检察机关要把思想和行动统一到四中全会精神上来，真正从保证公正司法、加强人权司法保障、提高司法公信力的高度，准确把握、全面理解以审判为中心诉讼制度改革的基本精神，深刻认识这项改革对公诉工作提出重大挑战，正确把握和处理诉、侦、审、辩等关系，推动构建新型的诉侦、诉审、诉辩关系”。同时，强调从三方面推进刑事检察制度改革：一是“要规范侦查行为，严格取证规则，着力构建新型诉侦关系”；二是“要提高公诉质量，强化审判监督，着力构建新型诉审关系”；三是“要尊重律师执业权利，加强律师权益保障，着力构建新型诉辩关系”。由此可见，笔者认为，如何围绕“以审判为中心”的诉讼制度改革目标，持续推进刑事检察制度改革和办案实践，是检察实务部门和理论研究部门面临的重要课题。

对此，基于前述规范解读和实践探索的阐述和分析，并结合近年来的检察理论和实践成果，笔者认为，以审判为中心的刑事检察制度改革应当涉及以下几方面：

第一，坚持“十三五”检察发展规划纲要建设方向，以完善证据审查模式为突破口，构建以证据为基础的刑事检察制度体系、特别是以证据为核心的刑事检察指控体系。具体措施有：推行“以客观性证据为主导”的证据审查模式，实行技术性证据专门审查制度，重视瑕疵证据补正和定罪量刑关键证据补强。切实贯彻落实刑事诉讼法和司法解释规定的非法证据排除规则和认罪认罚从宽制度等。

第二，坚持基于证据裁判原则的证据制度建设方向，以规范侦查行为和取证规则为突破口，构建符合裁判标准和要求的刑事检察证据制度，特别是构建适应有罪判决标准和要求的刑事检察证明标准体系、证据规则体系。具体措施，如对于证明犯罪构成要件的事实，应当综合全案证据排除合理怀疑；对量刑证据存疑的，应当作出有利于被告人的认定等。特别是，强化侦查讯问监督，构建侦查终结前讯问合法性核查制度。

第三，坚持“按照有罪判决的证明标准和证据要求”建设方向，以刑事检察证据指引建设（如《刑事案件审查逮捕指引》和《刑事公诉案件证据审查指引》）为突破口，构建“围绕法定证明标准”并符合公诉案件的不同种类犯罪性质、特点和不同种类证据特点的刑事检察“证据审查机制”和“导引侦查办案机制”。即完善刑事检察证据指引，规范证据审查和刑事检察办案机制，建立健全符合裁判要求、适应各类案件特点的证据指引。

第四，坚持“审前主导”和“释法说理”机制建设方向，以完善补充侦查制度为突破口，建立和完善以检察为主导的退回补充侦查引导机制和以案释法说理机制以及基于“疑罪从无”原则的不起诉决定机制。

第五，坚持审前过滤机制、裁判标准和要求建设方向，以完善公诉机制、不起诉制度和撤回起诉制度为突破口，建立健全以证据为核心的刑事指控体系。如按照裁判标准和要求，完善当庭举证和庭审证明机制；贯彻疑罪从无原则，完善不起诉制度；按照有罪判决的证明标准和证据要求，完善撤回起诉制度、健全程序衔接机制。

第六，坚持侦查监督机制建设方向，以“健全逮捕后羁押必要性审查机制”为突破口，构建以强制措施为重点的侦查监督机制，探索构建“阅卷监督、亲历性监督和音视频记录监督相结合”的新型侦查监督模式。

第七，坚持审判监督机制建设方向，以“加强‘审判活动合法性’和‘审判程序公正性’监督机制建设”为突破口，以“探索构建‘事先、事中、事后相结合’的横向监督机制和‘诉讼实体、诉讼程序、诉讼证据相结合’的纵向监督机制”为突破口，探索构建和完善“阅卷监督、亲历性监督和庭审音视频记录监督相结合”的新型审判监督模式，构建以刑事抗诉为核心的刑事审判监督体系。

第八，坚持人权司法保障制度建设方向，以“检察说理、以案释法和辩护保障机制建设”为突破口，健全“旨在全面保障当事人、辩护人和其他诉讼参与人的诉讼权益”的刑事检察人权保障机制。其中，一方面，要坚持“最广泛的诉讼权益保障机制”和“有重点的舆情导引机制”建设方向，以“检察说理、以案释法、辩护保障机制建设”为突破口，健全最广泛的诉讼参与人权利保障机制，保障当事人等诉讼参与人和社会公众的知情权等诉讼权益；特别是健全“以‘公检法机关保障义务’为重点”的犯罪嫌疑人、被告人辩护权利保障机制。另一方面，要坚持问题导向和辩护机制建设方向，以解决“旧三难”（会见难、阅卷难、收集证据难）和“新三难”（发问难、质证难、辩论辩护难）为突破口，构建“便利辩护人参与诉讼”的诉讼权益保障机制。

# 第五章　以审判为中心的刑事审判法律关系研究

刑事审判法律关系是刑事诉讼法律关系中最重要、最核心的组成部分。在传统大陆法系和我国当代理论界都有学者将“刑事审判法律关系”等同于“刑事诉讼法律关系”，将两者视为同一范畴。尽管这种观点从狭义的诉讼理论立场来看，并无不妥，但是如果客观审视这两者的相同之处和客观差异，其实也不能必然得出两者为同一概念、范畴的结论。当然，笔者并不否认在特定的语境中两者可以通用、互换，但是从严谨的学术研究和范畴体系的科学构建角度来看，并不能将两者无差别地混为一谈。对此，笔者认为，这两者是整体和部分的关系，前者是后者的特殊表现形态、具有后者的一般属性，也可将两者视为一种特殊的种属关系。

就理论地位而言，刑事审判法律关系理论在整个刑事诉讼法律关系理论体系中的地位，在很大程度上是由刑事审判程序在整体刑事程序中的地位所决定的。无论西方的“审判中心主义”，还是我国的“以审判为中心”，无一例外都在强调审判程序的重要性和中心性，倘若抛开所谓的“主义”之争，客观全面地分析两者各自的优劣、唯物辩证地看待两者的关系，笔者认为可以选取科学合理的角度，从中汲取有益因素来科学设计和合理改造我国刑事审判程序，从而促进我国刑事审判程序的现代化和后现代化发展。此所谓“万物并育而不相害，道并行而不相悖”。这就意味着，在现代世界各国刑事司法改革的国际潮流中，既要尊重各国制度间存在的差异性和多样性，又要尊重中国国情和司法实践的现实需要；并在此基础上，尽可能按照国际公认的国际司法准则，吸收他国成功的司法改革经验，以此来塑造我国具有中国特色的司法体制和诉讼机制；同时，也要在我国现行的政治、经济和文化等特定社会历史条件下，遵循我国改革开放和政治体制改革的特有规律，发展与我国经济社会发展相适应的中国特色社会主义诉讼制度。

若就刑事诉讼法律关系理论角度而言，在我国当前以审判为中心的诉讼制度改革背景下，无论司法制度改革还是法典修改，抑或司法解释出台，都意味着对刑事诉讼法律关系在不同深度、广度和范围、层次或不同场域实施全方位、多面向、多层次的塑造，这就需要首先从理论上厘清刑事司法改革和刑事诉讼法律关系理论两者间的辩证发展关系。一方面，需要在司法改革精神和价值导向的指导下发展和完善刑事诉讼法律关系理论；另一方面，需要在深化刑事诉讼法律关系理论研究的过程中推进刑事司法改革进程，为司法改革顺利推进提供理论参考。因而，在笔者看来，以审判为中心的诉讼制度改革就意味着需要在司法制度变革过程中，始终把握“审判中心”的发展主线和制度趋势，在尊重改革规律、诉讼规律和司法规律的基础上，正确处理好司法改革、司法实践和经济社会发展相互间的关系，构建具有现代科学、理性和民主精神的刑事诉讼法律关系体系，并在此基础上建设符合现代社会生产方式和生活方式的刑事诉讼秩序、程序法治秩序和刑事法治秩序。正是在这种理论初衷和研究目的的指引下，笔者在本部分将“刑事审判法律关系”范畴作为研究对象进行系统的专门研究。一方面通过深化对研究对象的理论研究来促进刑事诉讼法律关系理论体系的构建和完善；另一方面通过完善以刑事审判法律关系理论为重心的刑事诉讼法律关系理论来为以审判为中心的诉讼制度改革和中国特色社会主义的刑事司法实践提供智力支持和理论参考。

## 一、刑事审判法律关系基本理论的研究现状

苏联和我国刑事诉讼理论中，对刑事审判法律关系理论的研究通常也是在广义的诉讼立场上对刑事诉讼法律关系的构成要素理论的诠释，这是以辩证唯物哲学为指导的法哲学基础决定的。不仅是刑事诉讼领域，即便是在其他部门法领域，也都有着类似和相同的做法。但是，如果追根溯源，探寻刑事诉讼法律关系理论的肇始源头，我们不难发现其实自其产生于近代德国诉讼理论以来，其最初是被作为诠释民事诉讼的经典学说，只是后来基于诉讼规律的共同性等原因，被演绎到刑事司法领域。正是在这种近代诉讼理论的影响下，德国等成文法国家无论民事诉讼还是刑事诉讼，都是围绕审判程序来构建其司法制度。因而，就某种意义上而言，刑事审判法律关系理论通常是在审判中心主义的诉讼制度环境中的理论产物，在其他类型的刑事诉讼制度背景下很少被探讨。在理论形态上通常具有完善的范畴体系和特定内涵，能够与刑事诉讼理论中的其他基本范畴建立科学合理的理论联系，具有揭示某些法律现象的内在本质和客观必然性的理论品性和工具价值。但是，作为刑事审判理论的重要组成部分，刑事审判法律关系理论的目的和归宿都旨在揭示刑事审判活动的发展趋势和内在必然性。

在传统大陆法系诉讼理论中，由于受到政治体制、司法体制和刑事程序制度构造等因素的制约，刑事审判程序通常被视为整个刑事程序的中心，也是整个刑事诉讼过程中最为重要的阶段。因为在现代刑事诉讼中以定罪权和量刑权为核心的实体裁判权都最终归属于法院，只有法院才有权对案件实体进行终局处分，即在对据以裁判案件证据的证据能力和证明力依其自由心证来确定的基础上，对案件事实情节进行最终的实质性确定，继而推进实体法律评价和程序裁判机制有序运行。正是这种能够将诉讼实体和诉讼程序进行抽象界分的程序动态性理论，才真正赋予我国传统理论

以生命活力，因为源于苏联学说的传统学说中充斥着日益僵化的思维定式和放诸四海皆为准的大而化之的学说诠释，并不能揭示我国现行刑事诉讼的某些特有属性，对我国刑事诉讼中的某些特殊现象也无法给出合理解释。程序动态性理论的引入，无论对刑事诉讼法律关系理论，还是对刑事审判法律关系理论的完善都有着积极的推进意义。这是我国刑事诉讼理论从注释法学向理论法学转型、从教义法学向关系法学转型的重要发展动态之一。

如前所述，刑事审判法律关系是刑事诉讼法律关系的核心，理论上也被视为狭义的刑事诉讼法律关系。在当前推进的以审判为中心的诉讼制度改革，对刑事审判理论研究提出新要求，这就意味着关系法学视角下的刑事诉讼法学理论，尤其是刑事审判法律关系理论将获得很大的理论发展空间，通过深化理论研究，实现理论对实践的导引和补充。在这种背景下，在司法改革大潮中扮演主要角色的我国司法审判机关，其所参与（或主导）的刑事司法活动、刑事诉讼活动中的诉讼法律关系，尤其是刑事审判法律关系在一定范围和程度上行将发生深刻变化。首先，司法审判机关认为“以审判为中心”就是要将“事实查明、证据认定、保护诉权、公正裁判”等诉讼环节都要形成于法庭，消除庭审形式化、走过场，推动庭审实质化，有赖于诸如依法独立审判、直接言词等这些规范和调整刑事审判法律关系的重要诉讼原则的遵循。但是，在中外通行的诉讼架构中，依法独立审判原则也适用于辩审关系和诉审关系的调整；直接言词原则应当成为贯彻审判过程始终的原则。目前司法实践中突出的问题就是证人出庭率低，书面证言在法庭中普遍使用。显然这种情况不符合直接言词原则的要求。尽管刑事诉讼法再修改时也进行相应制度调整，但由于种种原因证人出庭率并未明显提高。这其中既有经济社会原因、法律文化以及诉讼观念等因素的制约，也有来自司法机构内部的因素。多数案件中公诉机关和法院办案人员也不希望证人出庭，主要顾及证人出庭可能推翻之前证言引起不可预判、不可控的诉讼风险，所以尽量不让证人出庭以免影响诉讼效率。这些问题的解决，都有赖诉讼关系的理顺。所以，在以审判为中心视野下，针对刑事审判法律关系的结构化研究、构成要素的系统研究以及微观层面的制度研究，最终构建符合庭审实质化和诉讼规律、适应理论和实践要求的刑事审判法律关系模式，是当前理论部门和实务部门应当引起重视的重要课题。

## 二、刑事审判法律关系的理论形态

1. “三面关系说”①

值得指出的是，谈起刑事审判法律关系理论，无论就理论来源和制度源头等角度而言，都不得不言及民事诉讼相关理论和学说。就我国民事诉讼理论中对民事诉讼法律关系的研究成果和理论共识而言，由于民事诉讼程序本身就意味着以审判为中心的制度设计以及贯彻彻底的不告不理原则，当事人在诉讼活动中处于几乎完全平等的诉讼地位，各自拥有对等的诉权和诉讼权利配置。这种理论状况下，民事诉讼运作完全可以按照诉的理论、诉权理论和诉讼权利基本原理来运作，因而其民事诉讼法律关系的产生、变更和消灭也是在双方当事人诉权之间、当事人诉权和法院审判权两者间的相互制约、作用过程中运作的。从理论划分上来看，民事诉讼法律关系通常由审判法律关系和争讼法律关系，前者特指法院与原被告之间的诉讼法律关系，后者特指原被告在诉讼过程中基于争讼活动而产生的诉讼法律关系，它是以当事人的诉权和诉讼权利为主要内容的。但是，由于刑事诉讼与民事诉讼之间所存在的诸如诉讼目的、诉讼构造、通行司法准则、证明标准和司法权力运行机制和人权保障等方面的客观差异，公诉权

① 对于审判理论中也曾出现过“一面关系说”“二面关系说”等理论形态，但是由于这些理论均由少数学者持有，而且鉴于其明显的理论缺陷，同时在前文已经述及，故而在此不再赘述。

和辩护权由于刑事司法的国家强制力和公法属性，导致其自身的诉权属性被严重扭曲，甚至在职权主义诉讼制度框架下审判权对辩护权具有非常大的限制和制约作用。但是，从理论形态角度来看，民事诉讼理论所呈现的理论形态对于刑事诉讼而言有着非常大的借鉴意义，但是刑事诉讼本身的特殊性应该特别注意，因而在对相关理论进行对比分析时，需要注意两者的客观差异和各自的特有属性。在这种理论基础上，我国借鉴苏联法律制度和诉讼理论，将这种学说演绎为刑事诉讼领域中的“三面关系说”。

在德国、日本和我国台湾地区等传统大陆法系的诉讼理论中，这种学说占主导地位，审判中心主义被潜移默化地贯彻于其制度设计和理论构建中。在审判程序中，占据主导地位的审判权、公诉权和辩护权三者构成刑事审判法律关系的最核心内容，在此基础上控辩审三方诉讼主体在履行各自控诉、辩护和审判基本职能，在法定权能和程序的限制和约束下，通过具体的诉讼活动实现各自诉讼目标。这就构成刑事审判法律关系的基本理论形态，伴随这种基本讨论，其中还夹杂着诸如诉讼目标、诉讼职能、确定刑罚权和刑事责任的悬而未决状态等具体范畴所构成的程序动态性因素。在此基础上，从中观层面以诉讼构造为视角将刑事审判法律关系解构为诉辩关系、诉审关系和审辩关系三个有机组成部分。

2. “多面关系说”

刑事审判法律关系理论领域的多面关系说同刑事诉讼法律关系理论领域的其他相关学说，在理论框架和基本方法上都有很大的相似之处，其理论基础也基本相同，即将主客二元学说、结构主义等理论作为其法哲学基础，同时以构成要素理论为主要理论形态。两者主要区别在于研究对象和具体语境不同。也就是说，究竟是将审判程序还是整个刑事程序作为研究对象，以及在规范和调整研究对象的具体诉讼原则上存在区别。这种学说通常存在于苏联和我国传统的诉讼理论中。笔者认为，这种理论有其合理性，但是也有不足，在这种泛而化之的理论语境中，去泛泛讨论这种特殊的程序性法律关系，实际上无法将诉的理论、诉权理论和其他传统诉讼理论有机结合起来，也无法将诸如诉讼职能、诉讼主体、诉讼目的、诉讼构造等基础理论范畴的合理要素吸纳进来。因而，这种理论的弊端显而易见。笔者认为，应突破传统理论的研究范式、理论视野和研究方法等方面的制约因素，借鉴吸收德国、日本和我国台湾地区相关理论中的合理因素，改造我国现有学说，同时还要结合我国现实制度变革的时代背景，逐渐推动其现代化、理性化和科学化。

3. 程序动态性理论："诉讼两面说"

如前所述，就刑事诉讼法律关系理论的学说发展史而言，其最早就是源于对民事诉讼理论的引入，自 1868 年德国诉讼法学者比洛创制诉讼法律关系学说开始，先后被演绎出诸如"诉讼法律状态说"、"诉讼两重过程说"、"三重过程说"、"诉讼两面说"和"诉讼三面说"等多种形态的程序动态性理论。但这些理论的出现都是围绕着诉讼法律关系这一核心范畴展开的，是对诉讼法律关系说的丰富和发展。其实，在有资可循的有限资料中，笔者发现我国台湾地区刑事诉讼理论界普遍认同"诉讼两面说"，对此前已述及，不再具体阐述。但是，从我国台湾地区学者诠释刑事审判法律关系的理论框架和思想方法等方面来看，很多都是值得借鉴和学习的。诸如，陈朴生先生在其《刑事诉讼法实务》中对这种程序性动态理论进行了系统阐述，这是里程碑式的理论体系；单就目前掌握的该领域的有限资料来看，我国台湾地区其他学者都无出其右者。也就是说，在传统中华法系文化圈内，如果要讨论刑事诉讼法律关系，尤其是刑事审判法律关系，陈朴生理论始终都是无法绕过去的。其实，从学说史的发展趋势来讲，德国、日本和我国台湾地区学者基本都采用"混合说"，即刑事审判是诉讼法律关系和诉讼法律状态相结合的产物，如果不论其各自国别、理论背景，抑或是论述角度、思想内涵等诸多方面的客观差异，实际上其各自都有独到之处。陈朴生教授可谓是刑事审判法律关系理论领域的集大成者，其对程序性动态理论的阐述，对我国大陆刑事诉讼的理论诠释和司法实践，都有重要的理论和实践价值。

## 三、以审判为中心诉讼制度改革视野下的审判理论构建和审判制度改革

以审判为中心的诉讼制度改革除涉及前文述及的侦查制度改革和公诉审查制度改革外，还包括以审判为中心的刑事审判制度改革。有学者将其概括为以庭审为中心的审判方式改革。尽管这种说法抓住了改革的关键点之一，但是在笔者看来，这样考虑其实并不准确，至少并不全面，无法涵盖中央改革政策所表达的全部内涵。既然被作为顶层设计类型（或定位）的“诉讼制度改革”，就应当力求做到和满足科学性、系统性和完整性等方面的要求。因而，符合以审判为中心审判制度改革要求的配套措施是必要的，也是重要的。因此，从理论构建和改革导向角度来看，特别是在审判理论构建视角下，以审判为中心的审判制度改革应当从以下几个方面深入推进。

1. 审判方式改革

对于在以审判为中心的审判制度改革措施中，我国司法机关所主张的是开展以庭审为中心的审判方式改革。这种改革措施，具有非常重要的理论和实践意义。要实现这种改革构想，就需要改变传统“案卷中心主义”的办案方式，更多发挥审判程序中“人”的作用，而不是“案卷”的作用；尽可能发挥法官、检察官和被告人以及其他诉讼参与人在法庭审理过程中的职能和角色作用。尽可能在审判程序开始前，避免使法官接触案卷材料、形成预断，使其避免带着偏见进入案件的审理过程，但是这种情况似乎无法避免，因为在我国现行体制和法律框架下，无论法院还是法官都具有惩治犯罪的天然职责和法定职能，惩治犯罪是他们在刑事诉讼中的首

要职责，此外，我国长期司法实践中固有的“重实体、轻程序”的办案倾向，仍然在很大程度上普遍存在。在这种状况下，要实现审判方式的改革，就需要重视和严格贯彻直接言词原则和集中审理原则，在厘清阻碍司法改革过程中障碍性因素的基础上，着力在制度构建层面明确规范和调整有利于实现审判为中心目标的诉讼关系的诉讼原则，如直接审理原则、言词审理原则、集中审理原则等真正蕴涵“审判中心”意旨的审判原则。就其实现的现实路径而言，应当在深入领会中央改革政策的精神实质和宏观指导下，通过司法解释或者相应的规范性文件在司法制度层面予以确立，继而在刑事诉讼立法实践过程中提升其制度实践的效力等级。也就是说，在首先解决其“入制”问题的基础上，最终要实现前述这些审判原则的“入法”问题。这是实现真正意义上的“以审判为中心”改革目标的首要和基本前提。

对于法官在庭审过程中的权能、职责和诉讼角色进行重新定位，适当限制过度扩张的司法权能，促进其保持客观、中立和相对独立的审判职能定位和角色分配。通过职能和角色定位的重新调整，尽可能避免主要依靠案卷办案的传统模式的弊端，更多尊重和保障辩护人、诉讼代理人、证人和鉴定人等承担诉讼辅助职能的“人”的诉讼角色和作用。从而以全新的理念和指导思想，逐渐科学、理性改造证据审查判断机制、事实认定机制、诉讼人权保障机制和实体裁判形成机制，形成系统的“以庭审为中心”的司法改革措施体系。但是，就改革过程的现实考量而言，很可能会经历很长的过渡时期。这就意味着，当务之急就是要确立“庭审为主、案卷为辅、录像监督”的办案方式，逐渐纠正过度依赖案卷的“案卷中心主义”倾向，杜绝和革除“绝对案件卷宗中心主义”的弊端。

2. 审判组织改革

在以审判为中心的审判制度改革的特定语境中，审判主体改革是非常重要的理论和实践问题。对此，学者和试点地方实务部门都有不同的构想和实际做法。但是，作为学者笔者在此仅从诉讼原理和程序法角度，对我国以审判为中心的审判制度改革所可能涉及的理论问题进行简要阐述。尽管相关问题，在前文已经有所涉及，但是随着理论研究的逐渐深入和研究思路的逐渐清晰，笔者在此对该问题进行再次探讨，以尽可能提供更多更全面的理论供给和智识贡献。对于审判组织改革，笔者认为应当包括几方面的措施，具体而言：

（1）确立法官依法独立审判原则。[①] 根据我国现行宪法和刑事诉讼法规定，法院依法独立行使审判权。这通常被认为法院整体依法独立审判原则，而非法官依法独立审判原则。对此，笔者认为这是值得反思的，因为在这种制度语境下易于出现“审者不判、判者不审”，责任不清，法院内部行政化严重等不正常现象。观之我国制度实践状况，学界呼吁之声早已有之，但始终未能得到重视。对此，笔者认为借此以审判为中心诉讼制度改革之契机，应该在适当的时候，通过法律修改在立法上明确法官依法独立审判原则。也就是说，应当在《法官法》和《刑事诉讼法》中明确规定，法官依法独立、客观、公正履行审判职责。在此值得注意的是，尽管我国《法官法》第7条规定，法官“依法履行职责，受法律保护，不受行政机关、社会团体和个人的干涉”，但是这只是被作为法官的一项法律权利，实践中作用有限。同时，还应科学处理好法官依法独立审判原则与党的领导、民主集中制的辩证关系。[②]

（2）审判委员会制度改革。[③] 鉴于我国审判委员会制度存在的“审者

---

① 参见田丰：《浅论法官的独立审判地位》，载最高人民法院网，https://www.chinacourt.org/article/detail/2016/03/id/1831044.shtml。

② 参见田丰：《浅论法官的独立审判地位》，载最高人民法院网，https://www.chinacourt.org/article/detail/2016/03/id/1831044.shtml。

③ 2005年《人民法院“二五”改革纲要》，在第四部分“改革和完善审判组织与审判机构”第23条提出改革人民法院审判委员会制度的明确要求，“改革审判委员会审理案件的程序和方式，将审判委员会的活动由会议制改为审理制；改革审判委员会的表决机制；健全审判委员会的办事机构”。

不判、判者不审”等弊端，改革之声早已有之，但是对于如何改的问题，却始终没有一致意见，各方面也都进行了各种积极尝试。主要涉及审委会的职能定位、会议制度和案件范围等方面。具体而言：第一，在职能定位上应当主要发挥其总结审判经验、制定规范性文件和进行审判业务指导等职能，对于审议讨论案件的范围应当严格予以限制。第二，在讨论案件范围上应当严格限制在法律规定的可能适用无期徒刑以上刑罚的案件和其他疑难复杂案件；而且只应当讨论法律适用问题，不应该讨论事实认定问题和证据问题。证据和事实问题应当交由合议庭来解决，真正实现“让审理者裁判、让裁判者负责”。第三，在会议制度和案件讨论方式上，也应当探索改革。对此，有些地方在近年来也在尝试“会审制”“听证会式”的疑难案件讨论方式，都是很好的改革探索模式，取得了一定的积极效果。也有地方尝试邀请律师列席审判委员会会议，就案件有关问题提出建议。这也是不错的做法，这种做法对于缓解紧张已久的辩审关系，推动法院和辩护律师的良性互动，都有着积极作用。

（3）其他审判组织改革措施。首先，员额制改革和人财物收归省管等改革措施。就理论上而言，这种改革措施其目的都旨在增加法院整体和法官个体的相对独立性，以期借此理顺影响和制约法院和法官依法独立公正刑事审判权的障碍因素。对此，实务部门正在紧锣密鼓地推进，相关部分也已经论及，故而在此不再赘述。其次，审理具体案件的合议庭制度改革。除前述法官身份、人事、财政等方面的改革措施外，目前理论界和实务界的普遍共识主张，合议庭制度也应该实施相应改革措施。对此，有学者主张借鉴陪审团制度构建负责具体案件审理的合议庭制度，也有学者主张借鉴日本裁判员制度的某些因素，扩大合议庭的人员数量和组成。但是，在适用范围上，这些改革措施通常都被认为应当限制在无期徒刑以上或死刑案件以及有重大社会影响的案件等范围内。同时，为缓解案件数量压力、提高诉讼效率，解决公正和效率的冲突问题，也开始积极尝试认罪认罚从轻制度、刑事和解制度等刑事案件分流措施，从而实现司法公正和诉讼效率的兼顾和平衡。此外，随着司法改革的逐渐推进和试点地方的逐渐增多，不同试点地方也都进行符合本地方情况的尝试，在此不再赘述。

3. 审判对象制度改革

自古以来，不告不理原则作为长期历史发展过程中所形成的基本诉讼原则，在民事诉讼和行政诉讼中都得以确立并得以很好地贯彻实施，但是在刑事诉讼中却难以确立，究其原因除刑事诉讼所具有的特殊性外，还有传统观念等诸多因素的制约，遗存于制度设计中。诸如，在刑事诉讼制度中，前些年我国理论界和实务界曾就法院是否有权改变指控罪名而产生广泛争议，这其实就是刑事诉讼领域所存在的、涉及不告不理原则的具体问题。尤其是在我国古代诉讼制度中实行纠问制，司法官吏集侦查、纠举、审判犯罪等职能于一身。“不告而究”、主动追究犯罪成为我国古代司法官履行审判职责、处理罪案的常态。注重“天理、国法、人情”的传统诉讼文化和司法观念，更倾向于追求惩治犯罪的实体公正而忽视程序公正。清末修律以来，历经百年的近现代化历程后，我国刑事审判制度中始终保留和延续了典型的职权主义因素。法院审理刑事案件的范围往往并不局限于追诉机关指控的范围；国家追诉主义理念贯穿于整个刑事程序的制度设计中，即便是法院在审理案件过程中发现的、与本案犯罪事实和法律适用无关的其他犯罪，也可以将其移送有主管权限的相应司法部门进行追究处理。

此外，在量刑环节，近年来我国尝试通过规范量刑程序、直接或间接赋予公诉机关和被害人参与法院量刑活动的诉权、实体请求权，但是即便如此，法院也无须受到请求范围的限制，仍具有依职权作出终局判决的刑罚裁量权；即便被告人及其辩护人能够就公诉机关和被害人的量刑指控或量刑请求实施辩护，但是通常没有明显效果，除非具有非常明确、确定的

事实和较为充分的证据能够支持其量刑意见、量刑主张。在这种情况下，管辖法院的刑罚裁量权是非常大的，尤其是在对酌定量刑情节的认定和处理上。因此，笔者主张应当继续完善量刑程序，逐步在量刑程序中贯彻不告不理原则，增加公诉人和被告人及其辩护人参与量刑的范围和程度，以期借此通过公诉权和辩护权等特殊诉权来限制和制约法院的量刑裁量权、刑罚裁量权或刑罚裁判权。

在法院审理范围上，应当借鉴和吸收德国、日本等公诉制度的合理因素，改革我国刑事诉讼中的审判对象制度，将法院对具体刑事案件的审判对象严格限制在公诉机关指控的犯罪事实和控辩双方的量刑请求范围内；同时在例外情况下规定某些变通情形。如前所述，比较典型的例子是，德国规定法院审理对象必须严格限制在公诉事实范围内；日本诉因制度则要求检察机关的起诉书必须以诉因的形式明确载明指控的公诉事实，原则上法院审理范围通常只限于这些诉因事实，但日本刑事诉讼法有特别规定的情形通常除外（如允许修正诉因和罚条的诉因修正制度）。这通常被视为日本刑事诉讼中“不告不理”原则的例外。在完善以审判为中心的审判制度改革的特殊语境中，毋庸置疑，这些制度实践都是值得借鉴的。同时，这些举措也可以有效阻止法院审判权，尤其是定罪权和量刑权及相应自由裁量权的过度扩张和膨胀、限制制约其自由裁量权，防止法院审判权侵犯公诉机关和被告人诉权的情形出现，实现刑事裁判权和公诉权、辩护权等诉权的制约和平衡，达到惩罚犯罪和保障人权的兼顾、实体公正和程序公正的兼顾和平衡。

4. 刑事证据制度改革

众所周知，证据是司法公正的基石。尤其是刑事司法过程中，案件事实的认定和定罪量刑问题的解决最终都有赖于确实充分的证据作为支撑。十八届四中全会通过的《决定》明确要求，“全面贯彻证据裁判规则，严格依法收集、固定、保存、审查、运用证据，完善证人、鉴定人出庭制度，保证庭审在查明事实、认定证据、保护诉权、公正裁判中发挥决定性作用”。[①] 这就意味着在中央定调将“以庭审为中心”作为“以审判为中心的载体”的前提下，要实现以庭审为中心的审判方式改革目标，就需要“要求充分发挥庭审功能，突出庭审的中心地位，贯彻直接言词原则，做到事实调查在法庭、证据展示在法庭、控诉辩护在法庭、裁判说理在法庭，保证庭审在查明事实、认定证据、保护诉权、公正裁判中发挥决定性作用”。[②] 在这些要求中最突出的问题之一就是对于刑事证据制度的完善。首先，在此值得指出的是，迄今为止我国刑事诉讼法律和司法解释并未制定出台专门、系统、完善的刑事证据规则，只是在立法和司法解释中对具体种类的证据的审查判断方法进行规定，但是这些规定过细、过于庞杂，司法实践中难以操作，缺乏中观层面的操作细则。这些问题的存在，对于刑事司法而言无疑是亟须解决的重要问题。因此，制定专门的规范性文件对庭审过程中的举证、质证和认证规则进行专门予以规范，就有其现实必要性。其次，通过司法实践中严格贯彻证据确实充分的有罪证明标准，明确证明标准体系的具体环节来控制有罪判决的形成机制，尤其是通过采用排除一切合理怀疑的死刑案件证明标准来限制和减少死刑数量的适用。最后，完善相关审判原则和证据规则，完善庭审认证机制。以庭审为中心的审判制度改革的重要要求之一，就是确保证据认定在法庭，这就意味着需要在庭审过程中很好地贯彻和执行直接审理原则、言词审理原则和集中审理原则等审判原则，确保法官对证据的证据能力和证明力的判断主要形成于法庭，确保法官对案件事实和法律适用的内心确信形成于法庭。因此，需要法院逐渐完善“法庭审查为主、庭后审查为辅”

---

① 《中共中央关于全面推进依法治国若干重大问题的决定》，载 http：//www. wenming. cn/syjj/sp_syjj/201410/t20141028_ 2258952. shtml，2014 -10 -28/2016 -05 -24。

② 袁登明：《刑事冤错案的形成与以“审判为中心”》，载《人民法院报》2014 年 12 月 24 日，第 2 版。

的认证机制。

5. 完善法庭规则[①]

我国发生过诸如"北海案""贵阳小河案""来宾纸条门"等热点案件，这些案件的发生所反映的是庭审过程中辩审关系冲突的问题。究其原因，如果实事求是地讲应该是多方面的，既有辩方酝酿炒作因素，也有审判方庭审不规范或程序性违法行为的存在。对此，在前文也做过具体分析，如果从庭审制度改革层面来讲，笔者认为庭审程序的不规范是引发这些热点事件、庭审事故的重要因素。因此，当务之急是制定和出台能够规范和调整庭审活动的法庭规则或规范性文件。对此，2016 年 4 月 13 日最高人民法院颁布《关于修改〈中华人民共和国人民法院法庭规则〉的决定》(以下简称《法庭规则》)，可谓是完善庭审程序的重大举措，对于推进以审判为中心的诉讼制度改革而言，也是不可回避的重要制度措施。作为最高司法机关制定出台的庭审规范性文件，《法庭规则》无可置疑是庭审过程中规范和调整控辩审三方关系的行为规范和基本准则，对于规范庭审活动、维护诉讼秩序，推动诉讼进程顺利进行等方面，都具有重要的实践意义，同时还具有防范庭审事故的重要保障功能；特别是在防范和处理极少数律师和当事人及其他诉讼参与人单独（或集体）冲击、哄闹法庭等新闻事件；预防和应对当事人和诉讼参与人间的言语、人身攻击等突发事件；预防和应对法庭审判活动中出现的突发疾病等公共卫生事件等方面，都有着积极的建设性理论和实践价值。

在此值得注意的是，2016 年新修订的《法庭规则》还具有其他几方面的功能和价值：一是塑造控辩审三方新型的法庭关系。通过更新和完善庭审行为规范，来调整控辩审和旁听人员庭审活动范围和行为方式，规范长

---

① 参见胡仕浩、刘树德、杨建文：《完善权利保障规范庭审秩序——关于〈中华人民共和国人民法院法庭规则〉修改的几点思考》，载《人民法院报》2016 年 4 月 15 日，第 4 版。

期畸形的控诉、辩、审三造间的庭审关系，可以在某种程度上抑制庭审走过场、庭审形式化等庭审失序、失范现象。二是平衡诉讼职能权能失衡问题。新《法庭规则》的制定明确诉、辩、审等诉讼各方的法庭活动界限和范围，有利于抑制司法实践中控审不分、权能失衡等弊端或不正常现象的发生。同是，这种新措施有利于更好地贯彻“控审分离”原则。一方面，有利于促进法官居中裁判、法院依法独立公正行使审判权，防止法官实施违反独立审判、审判中立和控审分离等原则的“以审代控”“控审不分”等现象发生；另一方面，有利于检察机关在庭审过程中正确行使公诉职能和法律监督职责，保持最低限度的程序克制，防止其越俎代庖、“以控代审”“控审不分”的现象发生。三是通过引入信息化、科技化手段，探索构建新型刑事审判方式。随着现代科学技术的不断发展，现代刑事诉讼呈现科技化发展趋势，无论是旨在破案的侦查活动，还是监督侦查合法性的检察机关进行审查起诉活动，抑或是履行审判权实施审判的法院，都有科学化、技术化和信息化的发展趋势。如 2016 年修订的《法庭规则》就增加了关于刑事法庭配置远程视频作证的设备设施的规定。司法实践中，某些地方法院借助现代互联网技术，尝试采用微信、微博、QQ 等社交软件、通过互联网远程视频实施审判；或者借助这种方式为路途遥远、交通不便或者身在国外的证人作证、当事人参加庭审活动提供便利。总之，这些举措的颁布实施，对于确保庭审在查明事实、认定证据、保护诉权和公正裁判等方面发挥决定作用，都有着非常重要的保障价值和规范作用。

## 四、新型刑事审判法律关系理论的研究思路

1. 教义法学向关系法学研究范式的转变

刑事审判法律关系理论的构建和完善是刑事审判理论研究范式的重大转变和重要发展方向之一。众所周知，关系刑事诉讼法学区别于传统的教

义法学研究范式，是一种新型的社会科学法学理论研究方法。有学者称为“关系法学”。近年来，随着我国社会的转型，传统研究范式逐渐陷入僵化，学界开始尝试各种新的社会科学研究范式，其中实证法学和关系法学等都是比较典型的方向，前者代表如刑事诉讼法学和司法制度领域学者们所展开的各种研究，后者如关系刑法学。对此，笔者试图尝试从关系法学的角度，通过研究范式转变来满足经济社会转型和司法制度变迁对刑事诉讼理论的新要求，这种旨在通过转换研究范式来开展针对刑事诉讼法律关系范畴的研究，其目的和归宿是将刑事诉讼法学理论逐渐演绎为某种既相对独立又逻辑自洽的关系法学，借此来完善刑事诉讼理论范畴体系、丰富和完善刑事诉讼法学理论体系。同时也借此在开展基础研究的过程中，以中央改革精神和实践问题为导向，展开相应的司法体制机制改革和诉讼制度改革的对策研究。因而，这种研究的立意和初衷，都有不可忽视的理论和实践意义。就理论上的首创性而言，这种理论学说在刑事诉讼理论领域首开“关系法学的先河”，推动刑事诉讼法学从传统的注释法学、教义法学范式，向关系法学范式的逐渐转型。就实践价值而言，这种社会科学研究范式在刑事诉讼理论领域的延伸和拓展，能够为宏观的刑事司法改革、中观的诉讼构造和诉讼结构变革，以及微观的特定、具体刑事诉讼法律关系塑造和诉讼制度机制调整，提供系统的有章可循的现实图景和制度、理论构想。

在此基础上，笔者主张，如何在这种新兴的社科法学研究范式下深化对刑事审判理论的研究，是我国理论界和实务部门所面临的新课题。因而，将刑事审判理论作为刑事诉讼理论范式转型的重要突破口，通过这种理论范式转型来深化对审判规律和诉讼规律的研究，并基于此为刑事审判程序改革、审判方式改革和以审判为中心的诉讼制度改革提供可资参考的理论构想和决策建议，继而为刑事司法实践和诉讼制度改革提供理论参考。

2. 对传统诉讼理论中程序动态性理论合理因素的借鉴

首先，在客观全面地辩证分析我国既有理论和域外经典学说优缺点的基础上，将我国传统静态性理论的某些现实合理性和大陆法系程序动态性理论优势辩证地有机结合起来，是刑事审判法律关系理论实现理论突破的重要契机。鉴于其理论地位和现实价值，对于刑事诉讼法律关系理论的重构而言，其最为关键之处就在于对刑事审判法律关系理论的重构。在理论来源上，前文已经就国内外相关理论状况进行过系统考察，在此不再予以赘述。由于现时资料有限性和研究条件所限，笔者认为，重构刑事审判法律关系理论需要综合考虑域内外理论的特点和优势、我国现实制度和实践状况等多种因素，最基本的思路就是破解传统理论研究范式僵化、研究视角单一、学术观点陈旧和理论渐已脱离实践等弊端，在继承我国既有传统理论合理因素和发挥其独特优势的前提和基础上，注重吸收德国、日本和我国台湾地区相关学说的既有成果和普遍共识，力争在我国现有政治体制、司法体制和刑事诉讼制度框架下将以审判为中心的诉讼体制机制改革的最新要求和前沿动态都纳入现实考量。从而以发展的哲学观点和动态的理论视角构建符合中国国情和司法规律的刑事审判法律关系理论和以此为核心的刑事审判理论体系，特别是将程序动态性理论诠释刑事程序和诉讼本质的理论优势和既有理论框架有效借鉴和吸收。这是引入程序性动态理论的诉讼理论基础。

其次，除上述所言及的程序动态性理论的独特优势外，在我国现行的官方哲学、法哲学和诉讼理论中引入程序动态性理论存在诸多的理论契机和理论基础，主要有几方面：其一，在整个刑事诉讼过程中，不同的诉讼主体和诉讼参与人其身份、诉讼角色、诉讼地位和诉讼权利义务以及不同阶段的具体诉讼目标，都会随着诉讼程序的不断推进而发展变化。其二，就辩证唯物认识论和实践论的角度而言，无论是案件的证据和案件事实问题还是法律适用问题，都不是固定的、静态的，也不是一成不变的，都会随着诉讼程序的推进而逐渐发展深入，从而使诉讼认识越来越接近客观真相和绝对真理，但永远不可能达到；无论是刑事实体层面还是刑事程序层面的诉讼实践也只会尽可能接近诉讼规律和司法规律，而永远不能够达到，也不得违背。因为无论诉讼认识还是诉讼实践都既非绝对主观，也非绝对客观的，而是主客观相统一的。这是马克思主义唯物辩证法所决定的。典型的例子诸如，刑事案件处理过程中，实体上的定罪量刑和程序上的有罪裁判都要遵循主客观相统一的原则。前者要求在定罪过程中只有同时具备主观方面要件和客观方面要件的基础上才能够认为构成犯罪、犯罪成立；在量刑过程中，刑罚裁量也需要遵循主客观相统一原则，综合考虑各种法定量刑情节和酌定量刑情节来最终确定适用的刑罚。后者要求公检法机关在处理刑事案件过程中应当遵循最起码的客观公正义务，无论作出程序性有罪认定，还是作出终局性有罪裁判，都要综合考虑各种主客观因素；在有罪判决的形成过程中，具体案件的管辖法院需要将主客观相统一的有罪判决证明标准作为作出有罪判决的前提和基础。也就是说，只有在既满足证据在质和量上的确实性、充分性的客观标准，又满足排除合理怀疑的主观标准的基础上，才能作出"证据确实、充分"的有罪判决。前述这些情形，都是刑事司法过程中"主客观相统一原则"的具体表现。其三，马克思主义哲学中关于运动、变化和发展的哲学观点，为传统大陆法诉讼理论中程序动态性理论的引入，提供了重要的哲学上的理论基础。

3. 涡流效应原理对现代社会科学理论研究的启示

现代物理学和社会学理论中涡流效应原理为程序动态性理论的引入和刑事诉讼法律关系理论的实证研究提供了现实的理论模型和研究范式。从刑事诉讼法律关系的发生、发展和消灭的过程来看，具体的程序性诉讼法律关系最小单元和内容性构成要素（诉讼权利义务）在特定时空范围内都不是整齐划一、毫无差别的，也不是同时发生、同时变更或同时消灭的，而是各自依其时序在特定时空范围内循序发生、变更和消灭，交互罔替，其各自最终结局都是朝着最终诉讼目标或具体的阶段性诉讼目标整体概括的运动变化。其整体和概括的运动轨迹，类似于物理学中的“涡流效应”。随着现代社会科学在研究方法和范式上的不断发展，这种物理现象也被人们引入现代社会科学领域，用于诠释某些社会现象。这种将自然科学原理引入社会科学领域的理论研究的做法，在社会学和心理学领域中所取得的应用成果较为显著。因为整个人类社会是永续发展和动态的，而在人类社会的发展变迁过程中社会关系的产生、发展、变化和消灭也是持续不断、永续发展的。同时也会由于某种社会事件的发生，而使得特定范围内的社会关系的发展趋势呈现“涡流效应”。正是在这种情况下，笔者才尝试将其引入刑事诉讼理论用于诠释刑事诉讼法律关系理论中的某些特殊运动变化规律。同时，现代物理学、社会学和心理学中所积累的基本原理和实验模型，都为刑事诉讼法律关系理论的量化研究和实证研究提供了非常好的研究范式和理论模型。对此，可作为以后研究的重要方向，在此不再赘述。

## 五、新型刑事审判法律关系理论的理论重构

### （一）程序动态性理论视角下的“诉讼两面说”

#### 1. 刑事审判法律关系的诉讼实体面

在诉讼实体面，实体性指控犯罪事实是开始案件实体审理的先决条件，而且实体法律的最终适用在某种程度上也取决于案件的实体事实基础。在我国现行刑事诉讼制度框架下，审判机关需要依法对检察机关提起公诉的案件进行庭前审查；如果经审查，只要“起诉书中有明确的指控犯罪事实的”，[①] 就应当开庭审判。也就是说，法院在庭前审查后，只要认为

① 2018 年《刑事诉讼法》第 186 条规定：“人民法院对提起公诉的案件进行审查后，对于起诉书中有明确的指控犯罪事实的，应当决定开庭审判。”

具备诉讼条件的，就可以对案件进行实体审判。值得注意的是，2012 年《刑事诉讼法》修改时，取消了“起诉状一本主义”，需要移送全案卷宗材料。这就意味着，法院尽管在庭前审查过程中仅作形式审查、对案件实体内容并不进行实质审查，但是由于其能够全面接触到案件所有材料和证据，因而这并不是说无须对被提起公诉的刑事案件的诉讼条件进行实质审查。其实，在我国现行刑事诉讼制度框架下，负责处理刑事案件的公检法机关通常都负有对案件诉讼条件进行附带审查的义务。譬如，对《刑事诉讼法》第 16 条规定情形的审查，如果确认存在不应追究刑事责任的情形，就意味着案件本身缺乏实体审判条件，相应的诉讼程序就要依法终结。这主要是刑事程序法定原则的要求和防止冤假错案的缘故。通常而言，除前述基本诉讼条件外，在审判程序中只要经法院审查，具有“起诉书中有明确的指控犯罪事实的”，即可认为存在实质性告诉，法院就应当依法启动实质审判程序，对案件实体问题进行审理和判决。单就刑事审判程序的这个实质诉讼条件而言，是我国法律规定的实体审判的前提和基础。

在具备实体审判条件的基础上，法院通过开庭审理和阅卷审理相结合的方式，对案件事实、证据和法律适用问题进行裁量确定，以最终裁量确定案件实体裁判。在整个刑事审判程序推进过程中，法庭审理的主要任务就是在确保被告人获得公正审判的前提下，通过公诉人和当事人举证、质证和认证活动，来确定证据的证据资格（或证据能力）和证明力，继而根据证据裁判原则形成内心确信（或者自由心证），最终确定案件的实体法律适用问题，既涉及对指控犯罪事实的定性问题，也涉及对被告人据其刑事违法性、社会危害性、人身危险性和应受惩罚性等考量因素和相应的法定（或酌定）量刑情节，对被告人所应承担的刑罚种类、幅度等问题进行法律评价。这就意味着，法院通过审判程序对具体刑事案件实施实体审理，根据公诉人的控诉和被告人及其辩护人的辩解和辩护，来查明事实真相，继而适用实体法律确定国家与特定被告人之间是否存在实体法关系及其存在范围。也就是说，在诉讼实体面，审判程序中诉讼主体所追求的最终诉讼目标：刑事实体法律关系，并非自始就存在的，也不是先于刑事诉讼而存在的；而是随着诉讼进程的不断推进，逐渐形成的。这个形成过程，德国、日本和我国台湾地区刑事诉讼理论中通常称为实体形成过程。当然，特定刑事案件中具体刑事实体法律关系的最终确定，还有赖于有罪裁判的生效。综上所述，笔者认为，在诉讼实体面，但凡具备实体审判条件的刑事案件，都应当依法进行实体审判；在确保被告人获得公正审判和程序公正的前提下，诉讼主体依其各自诉讼职能所追求的共同诉讼目标在于确定涉案的犯罪嫌疑事实与犯罪构成要件是否相符及符合程度，国家对具体案件中的被告人是否具有刑罚权及其范围（被告人是否应当承担刑事责任及其责任范围）。这些诉讼实体目标的实现，既是刑事诉讼法的基本任务，也是刑事诉讼主体所共同追求的诉讼目标。

2. 刑事审判法律关系的诉讼程序面

在诉讼程序面，通常就是诉讼主体和诉讼参与人在诉讼过程中根据法定的诉讼权利义务，依序实施诉讼行为，旨在确保国家刑罚权得以实现，并确保诉讼顺利进行，维持诉讼秩序和促进程序公正，尤其是确保被告人获得公正审判的诉讼特权等诉讼目标的实现。按照德国、日本和我国台湾地区刑事诉讼理论界的通说，刑事诉讼的程序面主要是法律关系，也存在法律状态。因为不同诉讼主体在刑事诉讼过程中，所具有的诉讼权利义务、诉讼地位以及参与诉讼的具体目标存在客观差异；单就刑事程序推进过程而言，随着诉讼程序的启动、变更和终结，不同程序性主体的权利义务状况也随之发生、改变或消灭；诉讼目标的实现则要通常依赖诉讼主体和诉讼参与人的诉讼行为来实现，这也是诉讼程序得以形成、诉讼进程得以推进和发展的基础。这些主客观因素从整体上来看，会造成刑事诉讼中既有诉讼法律关系，也有诉讼法律状态的杂糅、混合态势。这是审判程序推进过程中，控辩审三方和其他诉讼参与人之间的程序性法律关系的存在，及其发生、存续、变更和消灭的状态。但是，这种诉讼状态必须是有序的、有章可循的，法院根据其审判权所派生的诉讼义务和职责，必须维护正常的诉讼秩序和确保审判程序的公开、公平和公正，同时还需要保障被告人获得公正审判的特权，这是法院在具体刑事案件中所需履行的义务，其实质是其作为国家审判机关代表国家承担的国家义务。对于审判过程中出现需要延期审理①、中止审理②的法定情形的，法院则要依法决定暂时中止审判进程，待到这些阻碍诉讼进程的情形消失后再行继续诉讼程序；对于出现扰乱法庭秩序的违法犯罪行为，③ 则要根据具体情况，予以相应司法处分，一方面旨在保障诉讼目标，排除诉讼妨碍、确保诉讼程序进程；另一方面也旨在彰显程序法治精神、惩罚干扰和妨碍诉讼秩序的违法犯罪行为。在刑事审判程序的诉讼程序面，证人、鉴定人和翻译人员等其他诉讼参与人通常也都是承担某些诉讼辅助职能，确保法院依法查明事实、收集诉讼证据或者确保诉讼参与人为诉讼目的的正常交流、确保诉讼程序顺利进行。

---

① 2018 年《刑事诉讼法》第 204 条规定："在法庭审判过程中，遇有下列情形之一，影响审判进行的，可以延期审理：（一）需要通知新的证人到庭，调取新的物证，重新鉴定或者勘验的；（二）检察人员发现提起公诉的案件需要补充侦查，提出建议的；（三）由于申请回避而不能进行审判的。"

② 对于审判过程中出现致使案件在较长时间内无法继续的法定情形的，法院可以作出中止审理的决定。2018 年《刑事诉讼法》第 206 条规定："在审判过程中，有下列情形之一，致使案件在较长时间内无法继续审理的，可以中止审理：（一）被告人患有严重疾病，无法出庭的；（二）被告人脱逃的；（三）自诉人患有严重疾病，无法出庭，未委托诉讼代理人出庭的；（四）由于不能抗拒的原因。中止审理的原因消失后，应当恢复审理。中止审理的期间不计入审理期限。"

③ 我国刑事诉讼法中对于扰乱法庭秩序所承担的法律责任的规定。2018 年《刑事诉讼法》第 199 条规定："在法庭审判过程中，如果诉讼参与人或者旁听人员违反法庭秩序，审判长应当警告制止。对不听制止的，可以强行带出法庭；情节严重的，处以一千元以下的罚款或者十五日以下的拘留。罚款、拘留必须经院长批准。被处罚人对罚款、拘留的决定不服的，可以向上一级人民法院申请复议。复议期间不停止执行。对聚众哄闹、冲击法庭或者侮辱、诽谤、威胁、殴打司法工作人员或者诉讼参与人，严重扰乱法庭秩序，构成犯罪的，依法追究刑事责任。"

### （二）“诉讼两面说”基础上的构成要素理论

在审判程序中，既有诉讼法律关系，也有诉讼法律状态，但是由于诉讼状态的概念较为模糊、只能进行概括描述而难以定性和定量研究，故而，笔者仅就审判程序中的诉讼法律关系进行要素分析。首先，在刑事审判程序的诉讼实体面，实体性审判法律关系主要存在于履行诉讼基本职能的诉讼主体之间，被告人之外的其他诉讼参与人之间通常不涉及这个层面的诉讼法律关系。具体而言，法院依法履行审判职能，在认定犯罪事实的基础上行使定罪权和量刑权、同时保障被告人及其辩护人的实体辩护权，从而在惩罚犯罪的基础上确保国家刑罚权的有效实现；检察机关履行控诉职能，根据其公诉权提出指控犯罪事实、罪名和量刑建议，行使实体法上定罪和量刑方面的实体请求权，确保审判程序具备基本的实体条件；被告人履行审判职能，根据其辩护权提出有利于被告人的事实、情节和证据，行使辩解、辩护权，从而实现从轻、减轻、免除刑事处罚的实体法目标。其次，在刑事审判程序的诉讼程序面，无论承担审判、指控、辩护等基本职能的诉讼主体，还是承担辅助控诉、辅助辩护、辅助审判等辅助职能的诉讼参与人，都依法享有特定的诉讼权利义务作为其参与诉讼活动的法律根据，其所追求的诉讼目标尽管各不相同，但其共同目标都指向审判程序的公正性、正当性和诉讼行为的合法性、正当性。最后，值得指出的是，笔者主张基于前述分析，就理论建构上而言应当在吸收程序动态性理论的合理因素的基础上，运用辩证唯物主义哲学方法论，对诉讼实体面和诉讼程序面的刑事审判法律关系的构成要素进行分析，以期通过这种分析来厘清传统理论中未能解决的理论问题和诠释传统理论所无法合理解释的某些特殊诉讼现象，同时也借此构建符合我国诉讼体制和诉讼制度的刑事审判法律关系理论体系。

1. 诉讼实体面的实体性审判法律关系的构成要素

如前所述，在刑事审判程序的诉讼实体面，控辩审三方诉讼主体各自履行诉讼基本职能，所追求的诉讼目标不仅在于查明犯罪事实，还在于确定国家与被告人之间的实体法律关系。但是涉案的案件事实和实体法关系并非一开始就明了、确定，需要通过正当、公正和公开的审判程序最终确定。在诉讼过程中，侦查机关、公诉机关和被告人及其辩护人对这种涉案犯罪事实和实体法律关系的认知和主张，都是程序性的、主观的，都不具有最终的确定力，也不产生最终的实体法律效果，只具有程序意义和特定范围的程序法效果。如果运用辩证唯物主义的哲学方法论，对刑事审判程序中诉讼实体面的实体性审判法律关系进行分析，涉及主体、内容和客体三方面的问题。

（1）主体要素。就目前传统大陆法刑事诉讼理论和我国传统既有理论的共识来看，刑事审判程序中刑事诉讼主体通常为履行审判职能的法院、履行犯罪指控职能的检察机关和履行辩护职能的被告人。具体而言：

第一，作为审判主体，法院在刑事审判活动中处于主导地位，依法独立、公正行使审判权，依照法定权限和程序履行审判职权和审判职能，因而是刑事审判法律关系的基本主体；同时，其内设审判机构和审判组织，依照法律和司法解释规定的程序和权限，审理和裁判具体的刑事案件。同时，根据刑事诉讼法、人民法院组织法和法官法的规定，审判人员（合议庭或独任庭）在刑事审判活动中依法审理和裁决特定的刑事案件，代表国家审判机关依法履行审判职责、行使诉讼权利和履行诉讼义务，因而是刑事审判法律关系的派生主体。

第二，作为现代审判构造必备要素的控诉主体，检察机关在刑事审判活动中，依法履行公诉职权和法律监督职能，因而是刑事审判法律关系的基本主体；公诉人在特定案件中实施刑事检察活动、代表国家公诉机关履行法定职责，因而根据刑事诉讼法、人民检察院组织法和检察官法，他们在刑事审判活动中承担出庭支持公诉和法庭监督职责。因此，笔者认为，他们是刑事审判法律关系的派生主体。

第三，作为现代审判构造必备要素的被追诉者和辩护主体，被告人，包括被依法提起公诉、到庭（或缺席）接受审判的自然人和单位，[①] 他们在刑事审判活动中既是被告诉者，又是被审判者，依法接受审判是其基本义务，同时依照法律规定的权限和程序，履行法定的辩护权利和辩护职能，因而是刑事审判法律关系的基本主体；辩护人，根据委托或者指定参加刑事审判活动，依法履行辩护职责和辩护职能，提出被告人无罪、罪轻或者减轻、免除刑事处罚的事实和情节，因而是刑事审判法律关系的派生主体。

在此需要指出的是，对于法院的审判人员、检察机关的公诉人和被告人的辩护人，之所以称为“派生主体”，是因为他们代表国家司法机关或者当事人参与特定案件的审理和裁判活动的权力（利）来源，是基于司法机关的指派、指定授权或者当事人的委托授权，而且其在刑事诉讼中通常具有可替代性。例如，特定刑事案件的管辖法院，在初审过程中或者基于法定事由重新审理案件时，需要依法重新组成合议庭的，即要发生“审判派生主体变更”的情形；检察机关在审判过程中基于法定事由或者正当理由、另行指派公诉人的，即要发生“控诉（公诉）派生主体变更”的情形；被告人另行委托或者法院依法重新（或另行）指定辩护的，即要发生“辩护派生主体变更”的情形。正是基于他们区别于管辖法院、公诉机关和特定被告人在诉讼系属确定后的机构职能、属性或者人身上的不可替代性，因而笔者认为应当从审判主体理论构建上将他们区分开来。

第四，对于被害人是否诉讼主体的问题，由于我国刑事诉讼法明确赋

① 《刑法》第30条规定：“公司、企业、事业单位、机关、团体实施的危害社会的行为，法律规定为单位犯罪的，应当负刑事责任。”

予其当事人地位，但是我国采用这种立法手段主要是为补救其因犯罪所侵害的合法权益，因而这种立法状况具有特殊性；而且从理论上来讲，赋予被害人当事人地位的国家很少，其在刑事审判程序中只履行辅助性的犯罪指控职能，当然自诉案件中另当别论，在此仅讨论公诉案件中的情形。同时，值得注意的是，目前我国现行刑事司法制度允许被害人在刑事审判程序中参与实体层面的定罪和量刑活动，变相或者隐蔽地赋予其一定范围的实体上的定罪请求权和量刑请求权；对此笔者认为这是传统报应刑罚观念的体现，不符合现代刑罚制度发展理念和潮流，因而在此不将其作为诉讼主体讨论。因此，基于前述分析，笔者认为，除前述作为审判构造必备要素的三方面主体要素外，我国刑事诉讼理论中被害人并不是所有刑事案件的必要构成要素，也不是所有刑事案件之审判构造的必要构成要素；只是在有被害人的刑事案件中，被害人才成为这些特定范围的刑事案件的成立前提，才成为其特定审判构造的构成要素。因而，笔者将被害人称为刑事审判法律关系的“选择性主体要素”；同样基于主体派生性原理，被害人的诉讼代理人（包括法定代理人和委托代理人），在特定刑事案件之审判构造和刑事审判法律关系中，实质上属于兼具选择性和派生性的主体要素。

（2）内容要素。即诉讼实体面的实体性刑事审判法律关系的内容要素，特指刑事审判法律关系主体根据法律和司法解释规定，在刑事审判活动中所具有的实体性诉讼职权、实体请求权，以及由此所衍生的实体性诉讼权利义务。刑事审判程序中诉讼实体面的实体性诉讼权利义务主要有几方面：

第一，法院的实体裁判权。这既包括实体上的定罪裁判权，也包括实体上的量刑裁判权。因为法院在行使定罪权过程中需要对检察机关指控犯罪事实（或被告人所涉案犯罪嫌疑事实）与犯罪构成要件是否符合及其符合程度进行严格而准确的定性分析，以确定指控罪名是否成立、被告人是否构成犯罪以及是否应当承担刑事责任；而在此基础上，法院行使量刑裁判权的过程中，就需要对被告人的刑事责任进行认定和裁量。同时，根据刑事诉讼法、人民法院组织法和法官法的规定，审判人员（合议庭或者独任庭）在具体刑事案件中行使具体的定罪裁判权和量刑裁判权，依法确定具体刑事案件中是否存在特定国家刑罚权及其范围。

第二，检察机关提起公诉时的实体请求权。它实质上是刑事实体法意义上的诉讼请求权，在范围上包括定罪请求权和量刑请求权，① 其在权力来源上源自宪法和刑事诉讼法、人民检察院组织法等法律的授权，源自检察机关的追诉犯罪和法律监督的职能；公诉人代表检察机关出庭支持公诉，依法履行公诉职责和庭审监督职能，并且根据刑事诉讼法、人民检察院组织法和检察官法规定，在具体的刑事案件中依法行使具体的定罪请求权和量刑请求权；即依法请求法院审理和裁决其实体请求和事实基础，从而依照法定程序确定特定刑事案件中国家与被告人是否存在刑罚权关系及其范围。此外，检察机关还承担着“补充、追加、变更和撤回起诉”的诉讼职责。根据法律和相关司法解释的规定，法庭审理过程中，因案情需要或者出现法律和司法解释规定的特定情形的，检察机关应当依法向法院提出“补充、追加、变更或撤回起诉”的诉讼请求。② 在法庭审理过程中，法院建议检察机关补充起诉、追加起诉、变更起诉的，检察机关应当审查有关理由，并作出是否补充起诉、追加起诉、变更起诉的决定；检察机关不同意补充、追加或变更起诉的，法院应当就检察机关起诉所指控的犯罪

---

① 对于量刑请求权、量刑建议权，2018 年《刑事诉讼法》第 176 条规定：“人民检察院认为犯罪嫌疑人的犯罪事实已经查清，证据确实、充分，依法应当追究刑事责任的，应当作出起诉决定，按照审判管辖的规定，向人民法院提起公诉，并将案卷材料、证据移送人民法院。犯罪嫌疑人认罪认罚的，人民检察院应当就主刑、附加刑、是否适用缓刑等提出量刑建议，并随案移送认罪认罚具结书等材料。”

② 参见宋英辉、甄贞主编：《刑事诉讼法学》（第五版），中国人民大学出版社 2016 年版，第 329 ~ 330 页。

事实依法作出裁判。在此需要指出的是，案件审理过程中，除前述情形外，也可能出现检察机关对诉讼客体具有一定范围的实体处分权，[①] 特别是审判过程中发生程序回转时，例如出现《刑事诉讼法》第 16 条规定或者退回补充侦查的特殊情形；对此需要根据案情具体问题具体分析，在此不再赘述。

第三，被告人的实体辩护权。它在实质上属于刑事实体法上的实体诉权范畴，被告人在刑事审判活动中依法进行自行辩解和作出无罪、罪轻或者减轻、免除刑事处罚的自行辩护，它在外延和种类上既涵盖被告人的定罪辩护权和量刑辩护权，也涵盖有罪辩护权和无罪辩护权，还涵盖被告人的实体性事实辩护权和法律辩护权。这些皆因被告人提出实体辩护的主张、依据和认罪与否的态度等的不同而有所区别。同时，辩护人的实体辩护权，尽管它是派生的，基于被告人委托或法院指定而产生，但它同样属于实体诉权的范畴。笔者认为，基于其请求权的本质属性，它在刑事审判活动中主要体现为“没有犯罪事实”或者“犯罪事实并非被告人所为”等情形时向法庭提出的不定罪请求权、判处无罪或轻罪的请求权、减轻或免除刑事处罚的请求权等有利于被告人的实体性辩护请求的诉权。

（3）客体要素。对于刑事审判程序中诉讼实体面实体性审判法律关系的客体要素，通常是诉讼主体基于其基本诉讼职能所行使的实体性审判权、控诉权和辩护权所共同指向的对象，通常有两方面：一是检察机关所指控犯罪事实（或者被告人所涉案犯罪嫌疑事实）与犯罪构成要件是否符合及其符合程度问题，也就是通常所说的定罪问题；二是在定罪的基础上解决国家在该具体刑事案件中是否对特定被告人具有刑罚权及其范围，这

---

① 在此需要注意的是，检察机关在审查起诉或审判过程中，可能对诉讼客体具有一定范围的实体处分权。例如，根据 2018 年《刑事诉讼法》第 177 条第 1、2 款规定：“犯罪嫌疑人没有犯罪事实，或者有本法第十六条规定的情形之一的，人民检察院应当作出不起诉决定。对于犯罪情节轻微，依照刑法规定不需要判处刑罚或者免除刑罚的，人民检察院可以作出不起诉决定。”

就是通常所说的量刑问题。对此，就法律关系基本原理角度而言，实际上就是刑事实体法律关系存在与否及其范围问题。此外，值得注意的是，如果从刑事审判法律关系的两个基本面向来分析，一方面，在刑事审判法律关系的基本主体之间，法院、检察机关和被告人三者的实体诉权和实体审判权所共同指向的对象，笔者称为“刑事审判法律关系的实体性基本客体”，主要是“犯罪事实”和“刑事责任”，即国家与被告人是否存在抽象的国家刑罚权。另一方面，在刑事审判法律关系的派生主体之间，审判人员（合议庭或独任庭）、公诉人和辩护人基于各自的派生性实体诉权和实体审判权所共同指向的对象，笔者称为“实体性派生客体”，主要是代表国家履行刑事司法职能、管辖具体案件的司法机关，对特定案件的被告人是否能够行使具体刑罚权，能否判处一定刑罚，确定适用具体的主刑和附加刑。即具体的刑罚权关系及其特定范围。如判处某案被告人 3 年有期徒刑，并处罚金 30 万元，剥夺政治权利 1 年。总之，鉴于刑事审判法律关系的诉讼实体面的客体要素，同样呈现基本面和派生面的“两面向”或“两面性”特征，因而，笔者拟将其称为刑事审判法律关系的实体性“客体两面说”。

（4）小结

基于前述分析，笔者认为，刑事审判法律关系的实体层面，又可分为实体基本面和实体派生面。首先，实体基本面存在于审判基本主体的法院、公诉基本主体的检察机关、辩护基本主体的被告人之间，在刑事审判法律关系的基本内容上则体现为法院的实体裁判权、检察机关的实体公诉权、被告人的实体辩护权，在刑事审判法律关系的基本客体上主要体现为“犯罪事实”和“刑事责任”，即国家对被告人是否存在抽象的国家刑罚权（抽象的定罪权和量刑权）。其次，实体派生面主要存在于审判派生主体的审判人员、公诉派生主体的公诉人、辩护派生主体的辩护人（包括律师辩护人，或称为辩护律师和公民辩护人等）之间；在刑事审判法律关系的派生内容上主要体现为审判人员在其所承办的具体案件中的定罪和量刑裁决权，公诉人的实体请求权（定罪请求权和量刑请求权、量刑建议权），辩护人的实体辩护权；在刑事审判法律关系的派生客体上主要体现为，代表国家履行刑事司法职能的司法机关是否对特定刑事案件中被告人是否具有一定的刑罚权及其范围。如判处某案被告人 3 年有期徒刑、并处罚金 30 万元，剥夺政治权利 1 年。综上所述，基于前述理论分析，笔者拟将刑事审判法律关系实体层面的这种理论现象称为刑事审判法律关系的“实体两面说”或“实体两面向说”，即刑事审判法律关系的诉讼实体面，由“实体基本面”和“实体派生面”两个面向组成，前者具有本源性、基础性，后者则具有派生性、延伸性；两者在主体、内容和客体要素上都存在客观差异。

2. 诉讼程序面的程序性审判法律关系的构成要素

在刑事审判程序的诉讼程序面，刑事审判法律关系呈现较为复杂的整体态势，不同主体之间，由于诉讼权利义务和地位以及诉讼职能、目标的差异，随着审判程序进程的不断推进，也会有所差别。这些以法律规定的诉讼权利义务为基础和根据的诉讼行为，构成整个刑事诉讼活动，其中诉讼权利义务就像是锁链一般，将这些诉讼行为穿起来，构成复杂的诉讼活动整体，不但在某种程度上决定诉讼程序进程的具体走向，很多情境下还能影响诉讼实体结果。同时，基于现代刑事诉讼中程序公正、程序正当和保障人权的基本理念，对诉讼程序面的刑事审判法律关系进行定性分析，厘清其基本构成要素，从而为厘清司法实践中的某些问题和解释某些特殊诉讼现象提供理论根据。

（1）主体要素。对于诉讼程序面的刑事审判法律关系的主体要素，通常认为无论诉讼主体，还是诉讼参与人，只要具备参加审判活动的法律根据，通常就认为他们具有诉讼权能；同时具备与其诉讼行为相适应的行为能力，通常就认为具备刑事审判程序的主体资格。在范围上，通常包括传统诉讼理论上的诉讼主体和其他诉讼参与人。鉴于刑事审判法律关系主体要素的多重性、多层次性、多面向性等特征，导致它在诉讼实体面和实施程序面的主体要素，既有相同之处，又有所差异。总体上而言，在刑事审判法律关系的诉讼程序面，程序性主体既包括作为审判基本主体的法院、作为公诉基本主体的检察机关、作为辩护基本主体的被告人以及有被害人案件中的被害人，也包括作为审判派生主体的审判人员（包括合议庭和独任庭）、作为公诉派生主体的公诉人、作为辩护派生主体的辩护人（包括律师辩护人和公民辩护人），以及有被害人案件中被害人的诉讼代理人；此外，根据案情需要由法院通知参加审判活动的证人、鉴定人、翻译人员、见证人等其他诉讼参与人，虽然在审判活动中不承担控诉、审判和辩护等基本（或派生）的诉讼职能，但其参加审判活动的诉讼目的通常在于协助法庭审理查明案件事实、审查核实证据或者为法庭审理提供少数民族语言、外国语言等翻译服务活动，确保审判活动正常进行、保障诉讼参与人使用本民族语言文字参加诉讼的权利。基于此，笔者认为，尽管前述基本主体和派生主体外的其他诉讼参与人并不是刑事审判构造的必备要素，但是他们参加诉讼能够对查明事实、形成裁判结果起到关键作用，或者对审判进程起到诉讼保障作用，因而应当将其归纳概括为一种“刑事审判法律关系的程序性主体要素”，对此笔者拟称其为“次生主体”，从而在理论构建上区别于“基本主体”和“派生主体”，并以此为基础完善刑事审判主体理论和刑事审判法律关系的主体理论，尤其是后者在诉讼程序面的主体要素理论。

基于前述分析，笔者认为，所有参加刑事审判活动的诉讼主体和其他诉讼参与人，根据其所承担的诉讼职能、地位，及其依法所具有的诉讼权利、职责和义务等因素，诉讼程序面的程序性刑事审判法律关系的主体要素主要有“三个面向”：基本主体、派生主体、次生主体。以此为显著特征，笔者称为刑事审判法律关系的“程序三面向说”。具体而言：

第一，基本主体要素。即诉讼程序面的程序性刑事审判法律关系的基本主体要素。他们通常是在刑事审判活动中承担着程序性公诉、审判和辩护等诉讼职能或诉讼职责的诉讼主体，同时也是刑事审判构造必备的程序性主体要素。主要包括履行程序性控诉职能的检察机关、履行程序性审判职能的法院、履行程序性辩护职能的被告人，以及有被害人的刑事案件中履行部分程序性控诉职能的被害人。需要注意的是，他们既是诉讼实体面的基本主体，也是诉讼程序面的基本主体，这也意味着“他们作为基本主体的诉讼面向”兼具实体和程序双重意义。也就是说，无论它在诉讼实体面还是在诉讼程序面，都具备审判构造功能、都是刑事审判构造的必备构成要素或者选择性要素。当然，这是就诉讼构造意义上而言的。就这个意义上而言，我国现行立法和司法实践中所确立的刑事审判构造，实际上是“以控辩审三造为基本构造、以被害人为选择性要素”的特殊结构。实际上，它在很大程度上区别于传统诉讼理论中所“三角形”或“等腰三角形”的理想结构的。但从实践出发，这种状况却是符合我国国情和司法实际的。在此需要指出的是，鉴于被害人并非所有刑事案件的审判构造都有的主体要素，他们只是有被害人刑事案件中的审判构造构成要素，因而笔者拟称其为具有选择性要件属性的“第四造构成要素”。即特定案件范围的审判构造的基本主体要素。

第二，派生主体要素。即诉讼程序面的程序性刑事审判法律关系的派生主体要素。

首先，就其内涵而言，诉讼程序面的刑事审判法律关系的派生主体，通常是在特定刑事案件中，根据前述基本主体的委派（或授权）、委托或指定而参加到具体刑事案件的审判活动中来的，他们在这些具体案件的审判活动中依法具有（或承担着）程序性诉讼权利、职责和义务；但需要指出的是，他们参加诉讼活动的诉讼结果却由基本主体来最终承担，因而他们通常同案件的结局没有法律上的利害关系。就这个角度而言，他们是以委派人、代理人的身份，根据事实和法律，以特定司法机关的名义、代表该司法机关实施刑事审判或者检察等职务活动，或者以当事人的名义、代表被告人和被害人等当事人实施辩护或部分控诉等职务活动。实际上，他们也是直接代表特定司法机关在刑事案件中履行审判或检察职能，或者直接代表特定当事人在特定案件中履行辩护或部分控诉性质的诉讼职能的。

其次，在外延上，诉讼程序面的刑事审判法律关系的派生主体，与诉讼实体面的派生主体在范围上是相同的。主要包括在特定刑事案件的刑事审判活动中承担检察机关的公诉人、法院的审判人员、被告人的辩护人以及有被害人案件中的被害人诉讼代理人。就这个意义上而言，刑事审判法律关系的派生主体，无论在诉讼实体面还是诉讼程序面，都具有重要理论和实践意义。

最后，就诉讼构造角度而言，诉讼程序面的刑事审判法律关系的派生主体，也是刑事审判构造的必备要素。其中，任何刑事案件审判阶段的审判人员和公诉人，都是审判构造必备的主体要素，辩护人从审判理论和诉讼法理上理应成为所有刑事案件审判构造的必备要素，而被害人的诉讼代理人则是特定范围刑事案件的审判构造的主体要素，兼具派生性和选择性特征，并非所有刑事案件中都有，也并非所有有被害人的案件中都有。具体而言，其一，作为审判构造必要主体要素的审判人员（合议庭和独任庭）。简言之，即没有无法官的审判。在诉讼系属确定后，审判人员以其所在管辖法院的名义、代表该管辖法院行使特定案件的刑事审判权，直接行使（或履行）该案件的审判职权及其所衍生的诉讼权利义务；同时，通常而言，具体案件审判活动的诉讼进程，通常要由审判人员主导，并在审判阶段“查明事实、认定证据、适用法律、形成裁判”等过程中发挥着不可替代的主导作用。因而，他们也是审判构造中最重要的派生主体要素之一。其二，作为审判构造必要主体要素的公诉人。公诉人根据法律规定的主管和管辖权限，依照法定的程序、步骤和方法进行诉讼准备、提起公诉并出庭支持公诉，以及对法庭审判活动进行法律监督，他们是以所在检察机关的名义，代表该检察机关行使刑事检察职权，履行法律监督职责，并行使（或履行）由此所衍生诉讼权利义务，而刑事审判的最终结果由其所代表检察机关承担。同时，根据“不告不理”原则（或“无告诉即无审判”原则），检察机关作为国家机构，只能根据刑事诉讼法、人民检察院组织法和检察官法规定，通过检察人员的职务活动来实现其基本职能。因而，笔者认为，公诉人是刑事审判构造成立必要的派生主体要素。其三，作为审判构造应然必备要素的辩护人。对于当事人的辩护人或者诉讼代理人，应当具体问题具体分析。其中，对于被告人的辩护人而言，实践中除法定辩护、指定辩护外，通常绝大多数刑事案件的被告人没有辩护人；就此而言，辩护人无论在理论上还是在实践中，都不是也不应成为所有刑事案件的审判构造的必备构成要素。但是，随着全面依法治国持续推进，人权司法保障不断加强，刑事诉讼中、特别是刑事审判程序中的辩护职能得到不断加强。最典型的举措，2017 年最高人民法院和司法部联合出台规范性文件，推动刑事案件审判阶段律师辩护的全覆盖试点工作；[①] 2018 年 12 月最高人民法院和司法部联合印发《关于扩大刑事案件律师辩护全覆盖试点范围的通知》；并且，从目前以审判为中心的诉讼制度改革和司法实践的实际情况来看，律师辩护人将成为所有刑事案件审判阶段都存在的诉讼参与人。这就意味着，就理论构建意义上而言，律师辩护人将成为所有刑事案件审判阶段的诉讼构造的必备构成要素，或者所有刑事案件审判构造的必要主体要素，其深远理论和实践意义在于将深刻影响我国现实审判构造和诉讼结构。因而，笔者认为，就实践中而言，这项举措符合中国特色

---

① 2017 年 10 月，为推进以审判为中心的刑事诉讼制度改革，加强人权司法保障，促进司法公正，充分发挥律师在刑事案件审判中的辩护作用，开展刑事案件审判阶段律师辩护全覆盖试点工作，根据刑事诉讼法等法律法规，结合司法工作实际，最高人民法院和司法部联合制定出台《关于开展刑事案件律师辩护全覆盖试点工作的办法》。

社会主义司法制度和人权司法保障制度的发展趋势、符合诉讼原理和诉讼规律。就这个角度而言，笔者在此着力构建的刑事审判法律关系的派生主体理论，回应实践关切和理论前沿探索，具有前瞻性、发展性特征，因而也是适应审判理论研究、司法实践探索和审判中心改革的现实要求的。其四，兼具派生性和选择性的审判构造主体要素。对于有被害人案件的被害人之诉讼代理人，兼具派生性和选择性，因而它只是刑事审判构造的选择性、派生性要素，并非所有刑事案件的审判构造都有的主体要素；他们只是有被害人刑事案件中的审判构造必备构成要素，即兼具派生性和选择性的“第四造要素”。

第三，次生主体要素。即诉讼程序面的程序性刑事审判法律关系的次生主体要素。如前所述，刑事审判法律关系的次生主体，主要是根据案情需要、由法院通知参加审判活动的证人、鉴定人、翻译人员、见证人等其他的诉讼参与人。首先，区别于基本主体要素和派生主体要素，次生主体要素只存在于诉讼程序面、诉讼实体面不存在这类主体要素。这是由他们在审判活动中所承担的诉讼职能、法律地位，及其参与审判活动的诉讼目的等因素所决定的。其次，在此需要注意的是，所谓“次生”，是相对于“基本”和“派生”而言的。一方面，相对于“基本主体”，次生主体参加审判活动的根据，既不是因为他们对诉讼进程能够发挥主导或关键等重要影响，也不是因为他们与诉讼结局（或审判结果）有法律上的利害关系，因而他们是诉讼主体外的刑事审判法律关系主体要素和审判构造主体要素；另一方面，相对于“派生主体”，次生主体在刑事审判活动中既不是特定刑事案件的审判活动的指挥者、主导者或者审判结果的裁决者，也不是以特定司法机关名义、代表该司法机关履行刑事检察或审判职责（能）的国家司法人员，或者基于指定或委托并以当事人名义、代表案件当事人履行辩护或部分控诉职能的律师或者公民，而是基于案件审理需要、由法院通知其参加刑事审判活动的诉讼参与人。而且，在此需要注意的是，次生主体参加审判活动，很大程度上跟派生主体履行职务活动密切相关。例如特定案件审判过程中，证人、鉴定人、翻译人员等出庭作证的，通常都是由公诉人、辩护人、诉讼代理人提出申请、由审判人员根据案情裁量决定，或者由该案审判人员依职权自行决定，并以受案法院名义通知其参加审判活动。最后，就审判构造角度而言，无论从诉讼实体层面还是从诉讼程序层面来看，次生主体既没有刑事审判的基本构造功能，也没有刑事审判的派生构造功能，而且它只是存在于诉讼程序面向的程序性审判构造的主体要素，只具有诉讼程序面的程序性审判构造功能。因而，笔者认为，刑事审判法律关系的次生主体，属于“审判三造”之外的其他主体要素。

基于前述分析，笔者认为，诉讼程序面的刑事审判法律关系的主体要素，通常应当由基本主体、派生主体、次生主体等要素构成；对此，笔者拟称之为诉讼程序面的“主体三面向说”。

（2）内容要素。即诉讼程序面的程序性刑事审判法律关系的内容要素。首先就内涵上而言，它特指诉讼程序面的程序性刑事审判法律关系主体，根据法律和司法解释规定、在刑事审判活动中所具有（或承担）的程序性诉讼职权、诉讼请求权，以及由此所衍生的诉讼权利义务。对此，笔者拟从诉讼程序的“三面向”角度来展开理论阐述，即分别阐述诉讼程序基本面向的内容要素、诉讼程序派生面向的内容要素、诉讼程序次生面向的内容要素等内容。这种内容要素理论的深化研究，主要是从诉讼程序的“三个面向”、主体要素及其依法所具有（或承担）的程序性诉讼权利义务和职责权限，以及刑事审判权和刑事诉权运行机制等角度而言的。具体而言：

第一，诉讼程序基本面向的内容要素。即刑事审判法律关系的基本主体根据法律和司法解释规定、在审判活动中所具有（或承担）的程序性刑事司法权（如刑事审判权、刑事检察权）或者诉讼职责、程序意义上的诉讼请求权以及由此所衍生的诉讼权利义务。具体而言，其一，作为基本主体的法院，根据法律和司法解释规定所具有（或承担）的司法职权或者诉讼职责以及由此所衍生的诉讼权利义务，主要有：①公诉案件的庭前审查权（《最高人民法院关于适用〈中华人民共和国刑事诉讼法〉的解释》，以下简称《刑诉法解释》，第219条），主要围绕法律和司法解释规定的“开庭审判条件”进行程序性审查，并根据案件不同情况分别处理：对于不属于本院管辖或者被告人不在案的，应当退回检察机关；属于告诉才处理的案件，应当退回检察机关并告知被害人有权提起自诉；法院依法裁定准予撤诉的案件，没有新的事实、证据，重新起诉的，应当退回检察机关。对于不符合《刑诉法解释》第218条规定、需要补充材料的，法院应当通知检察机关补充材料。对于起诉书有明确的指控犯罪事实并附有案卷材料、证据的，法院应当决定开庭审判。对于符合《刑事诉讼法》第16条第2~6项规定的情形的，应当裁定终止审理或者退回检察机关。②法院决定开庭审判的，应当依法做好庭前准备工作，确定审判长和合议庭组成人员，送达起诉书副本等（《刑诉法解释》第221条）。当然，在此需要指出的是，这属于法院诉讼职责的范畴。③法庭调查权。法院开庭审理案件时，有权当庭对案件事实和证据进行审查、核实（根据2012年《刑事诉讼法》和《刑诉法解释》，我国法院依法具有法庭调查的职权、职责。尽管2018年《刑事诉讼法》在相关部分作出修改，但在新修改条文中仍然明确规定了法院一系列具体的法庭调查权）。④开展法庭辩论。根据《刑事诉讼法》第198条规定，“法庭审理过程中，对与定罪、量刑有关的事实、证据都应当进行调查、辩论”。⑤程序性裁判权，即法院在案件审理过程中，有权根据案件情况、对案件的实体或者程序问题，依法作出判决、裁定或决定。例如，犯罪已过追诉时效，并且不是必须追诉的，或者经特赦令免除刑罚的，法院应当裁定终止审理；法庭审理过程中被告人死亡的，法院应当依法裁定终止审理。⑥排除非法证据的程序性裁决权。法庭审理过程中，法院依法对证据收集的合法性进行调查，并针对证据的合法性问题行使专门审查权和附带性审查权；经审查，如果发现具有“法律规定的应当排除非法证据的条件和情形”的，法院有权根据法律和司法解释规定，依当事人及其辩护人、诉讼代理人申请或者依职权排除非法证据。

其二，作为基本主体的检察机关，根据法律和司法解释规定所具有（或承担）的司法职权或者诉讼职责，以及由此所衍生的诉讼权利义务，主要有：①作出起诉决定后，制作起诉书，并向法院移送起诉书、案卷材料和证据材料。根据2018年《刑事诉讼法》第176条[①]和相关司法解释的规定，检察机关作出起诉决定的，应当制作起诉书，并按照审判管辖的规定，向法院提起公诉，移送起诉书、案卷材料、全案证据材料。②派员出席法庭支持公诉的诉讼职责。根据《刑事诉讼法》第184条规定，法院审判公诉案件，检察机关应当派员出席法庭支持公诉。根据2012年修订、2013年施行的《刑事诉讼规则》第472条规定，对提出抗诉的案件或者公诉案件中人民法院决定开庭审理的上诉案件，同级人民检察院应当派员出席第二审法庭。根据2012年修订、2013年施行的旧《人民检察院刑事诉讼规则》第481条和2019年新《刑事诉讼规则》第454条的规定，人民法院开庭审理再审案件，同级人民检察院应当派员出席法庭。③适用简易程序等的程序建议权。如根据《刑事诉讼法》第214条和相关司法解释的规定，检察机关提起公诉时，认为符合法律和司法解释规定条件的，可以建议法院适用简易程序。④补充、追加、变更和撤回起诉的诉讼职责。根据法律和相关司法解释的规定，法庭审理过程中，因案情需要或者出现法律和司法解释规定的特定情形的，检察机关应当依法向法院提出“补充、

① 2018年《刑事诉讼法》第176条第1款规定：“人民检察院认为犯罪嫌疑人的犯罪事实已经查清，证据确实、充分，依法应当追究刑事责任的，应当作出起诉决定，按照审判管辖的规定，向人民法院提起公诉，并将案卷材料、证据移送人民法院。”

追加、变更或撤回起诉”的诉讼请求。① 在法庭审理过程中，法院建议检察机关补充起诉、追加起诉、变更起诉的，检察机关应当审查有关理由，并作出是否补充起诉、追加起诉、变更起诉的决定；检察机关不同意补充、追加或变更起诉的，法院应当就检察机关起诉所指控的犯罪事实依法作出裁判。对此，笔者认为，尽管这些情形主要涉及检察机关的实体意义上的起诉权问题，但是笔者之所以在此重申和强调，是因为根据传统诉讼理论，这些问题的处理兼具实体意义和程序意义双重属性，在此旨在从程序意义上强调补充起诉、追加起诉、变更起诉和撤回起诉等特殊情形。⑤程序意义上的起诉权。根据刑事诉讼法和相关司法解释规定，检察机关对公诉案件审查后，认为符合法律规定的提起公诉的实体或程序要件，并作出起诉决定的，应当按照审判管辖的规定，向人民法院提起公诉。② 从传统诉讼理论上看，它实质上是一种程序意义上的诉讼请求权。在此需要注意的是，起诉权通常兼具实体和程序双重属性，在此笔者仅就其程序属性而言展开论述。⑥检察机关对法院的“审判活动是否合法”“判决、裁定是否正确”“死刑复核活动”实行法律监督。根据刑事诉讼法和人民检察院刑事诉讼规则的相关规定，检察机关依法对人民法院的审判活动是否合法实行监督（《人民检察院刑事诉讼规则》第570条）；检察机关依法对法院的判决、裁定是否正确实行监督，对法院确有错误的判决、裁定，应当依法提出抗诉（《人民检察院刑事诉讼规则》第583条）；最高人民检察院对最高人民法院的死刑复核活动实行法律监督（《人民检察院刑事诉讼规则》第602条第1款）。

---

① 参见宋英辉、甄贞主编：《刑事诉讼法学》（第五版），中国人民大学出版社2016年版，第329～330页。

② 2018年《刑事诉讼法》第176条第1款规定：“人民检察院认为犯罪嫌疑人的犯罪事实已经查清，证据确实、充分，依法应当追究刑事责任的，应当作出起诉决定，按照审判管辖的规定，向人民法院提起公诉，并将案卷材料、证据移送人民法院。”

其三，作为基本主体的被告人，根据法律和司法解释规定所具有（或承担）的司法职权，以及由此所衍生的诉讼权利义务，主要有：①获得公正审判的特权。根据《世界人权宣言》和《公民权利和政治权利国际公约》等规定，就国际人权法理上而言，“获得公正和公开审判”已经成为被告人的一项基本诉讼人权。我国宪法和刑事诉讼法虽然没有明确作出这种规定，但是其中所规定的，诸如无罪推定原则、不得强迫自证其罪原则、程序法定原则等，都内在包含着确保被告人获得公正审判的精神实质和确保审判程序公正的内在要求。②辩护权。我国宪法和刑事诉讼法明确规定，被告人有权获得辩护。③法庭调查和法庭辩论阶段的质证权、辩论权，以及申请调查取证权、申请排除非法证据和申请证人、鉴定人或警察出庭作证等程序意义上的诉讼请求权。④最后陈述权，即法庭辩论终结后，被告人有最后陈述的权利（《刑事诉讼法》第 198 条第 3 款）。对于“被告人在最后陈述中提出新的事实、证据，合议庭认为可能影响正确裁判的，应当恢复法庭调查；被告人提出新的辩解理由，合议庭认为可能影响正确裁判的，应当恢复法庭辩论”。[①] ⑤上诉权。上诉权是被告人最重要的诉讼权利之一，兼具实体和程序双重属性，同时它也是一种兼具实体意义和程序意义的诉权。对此，应当根据具体案情和不同语境进行具体分析，在此不再赘述。同时，在此需要指出的是，根据“上诉不加刑”原则，第二审法院审理被告人或其法定代理人上诉的案件，不得加重被告人的刑罚（《刑事诉讼法》第 237 条第 1 款）。⑥申诉权。根据《刑事诉讼法》第 252 条规定，被告人及其法定代理人、近亲属，对已经发生法律效力的判决、裁定，可以向法院或者检察机关提出申诉，但是不能停止判决、裁定的执行。

其四，作为基本主体的被害人，根据法律和司法解释规定所具有（或承担）的诉讼职责，以及由此所衍生的诉讼权利义务，主要有：①对于有

---

① 宋英辉、甄贞主编：《刑事诉讼法学》（第五版），中国人民大学出版社 2016 年版，第 352 页。

被害人的刑事案件，被害人有权参加法庭审判，并在法庭调查和法庭辩论阶段具有质证权、辩论权，以及申请调查取证权、申请排除非法证据和申请证人、鉴定人或警察出庭作证等程序意义上的诉讼请求权。②申请抗诉权。根据《刑事诉讼法》第229条规定，被害人及其法定代理人不服地方各级法院第一审的判决的，自收到判决书后五日内，有权请求检察机关提出抗诉。在我国，公诉案件的被害人，虽然没有上诉权，但是法律赋予其对地方各级法院的一审判决不服时，请求检察机关提出抗诉的权利。这是被害人对法院裁判结果不服时的最重要的救济途径。它也是一种兼具实体和程序双重意义的诉讼请求权。③申诉权。根据2018年《刑事诉讼法》第252条规定，被害人及其法定代理人、近亲属，对已经发生法律效力的判决、裁定，可以向法院或者检察机关提出申诉，但是不能停止判决、裁定的执行。被害人申诉权，是一种兼具实体和程序双重意义的诉讼请求权，也是被害人在审判阶段最重要的诉权之一。④根据法律和司法解释规定，当事人应当依法具有（或承担）的其他诉讼权利义务。

基于前述分析，笔者认为，诉讼程序面的刑事审判法律关系的基本主体的职责权限或者诉讼权利义务，通常具有诉权性质；并且，一般而言，要么是具有程序意义的诉权或者诉讼请求权，要么是兼具实体和程序意义双重属性的诉权或者诉讼请求权。

第二，诉讼程序派生面向的内容要素。即刑事审判法律关系的派生主体，根据法律和司法解释规定、在审判活动中所具有（或承担）的程序性诉讼权利、职责和义务。具体而言：其一，作为派生主体的审判人员（合议庭和独任庭）[①]，根据法律和司法解释规定所具有（或承担）的司法职权

---

① 根据法律和司法解释的相关规定，人民法院适用普通程序审理的案件，由院长或者庭长指定审判长、并确定合议庭组成人员。合议庭的组成人员或独任庭的审判员确定后，应当进行开庭前的准备工作。参见宋英辉、甄贞主编：《刑事诉讼法学》（第五版），中国人民大学出版社2016年版，第343页。

或者诉讼职责，以及由此所衍生的诉讼权利义务，主要有六点：①2012 年《刑事诉讼法》修改时，既坚持保留和强化 1996 年《刑事诉讼法》修改时确立的控辩对抗式庭审模式，又坚持我国传统职权主义诉讼模式，重视、保留并继续强化审判职能的主导作用，因而在我国这种特殊的制度语境中，法院具有对案件事实和证据的调查核实权。鉴于我国刑诉法并未采用英美法系当事人主义审判模式，而是在保留传统职权主义审判模式的基础上，吸收对抗式诉讼的有益因素，以此完善我国现有的审判模式。基于此，在诉讼程序派生面向，审判人员不仅有权主持法庭调查和法庭辩论等法庭审判活动、维护法庭秩序，还有权依职权调查核实案件事实和证据、有权主持控辩双方就特定的案件证据和事实问题展开的辩论和质证，有权讯问被告人、询问证人和鉴定人。②开庭审理前，有权召开庭前会议。根据 2018 年《刑事诉讼法》第 187 条第 2 款规定，在开庭以前，审判人员可以召集公诉人、当事人和辩护人、诉讼代理人，对回避、出庭证人名单、非法证据排除等与审判相关的问题，了解情况，听取意见。③依职权调查核实案件的证据和事实问题。庭审过程中，合议庭对证据有疑问的，有权宣布休庭，采取勘验、检查、查封、扣押、鉴定和查询、冻结等方式对证据进行调查核实（2018 年《刑事诉讼法》第 196 条）。④依职权调查核实证据收集的合法性。法庭审理过程中，审判人员认为可能存在 2018 年《刑事诉讼法》第 56 条规定的以非法方法收集证据情形的，应当对证据收集的合法性进行法庭调查。⑤维护法庭秩序。根据 2018 年《刑事诉讼法》第 199 条和相关司法解释的规定，法庭审理过程中，诉讼参与人或者旁听人员违反法庭秩序，合议庭应当分别情形予以处理：对于违反法庭秩序情节较轻的，应当警告制止，并予以训诫；对于不听警告制止的，可以指令法警强制带出法庭；对于违反法庭秩序严重的，报经院长批准后，可以处以相应的罚款或拘留措施；未经许可录音、录像、摄影或者通过邮件等方式传播庭审情况的，可以暂扣存储介质或相关设备；对于聚众哄闹、冲击法庭或者侮辱、诽谤、威胁、殴打司法人员或者诉讼参与人，严重扰乱法庭秩序，构成犯罪的，依法追究刑事责任。⑥决定中止审理或者延期审理。主要有三种情形：一是决定延期审理。法庭审理过程中，遇有《刑事诉讼法》第204条[①]和相关司法解释规定应当（或可以）中止审理情形的，应当裁定或决定中止审理；待影响庭审继续进行的情形消失后、再行恢复法庭审理。二是裁定或决定中止审理。在审判过程中，由于不可抗拒的原因导致审判暂时无法继续进行的法定情形，而由法庭决定暂停案件审理，待阻碍情形消失后再行恢复庭审的诉讼行为。主要情形有：被告人患有严重疾病，无法出庭的；被告人逃脱的；自诉人患有严重疾病，无法出庭，未委托诉讼代理人出庭的；由于不可抗拒的原因（《刑事诉讼法》第206条）。[②] 三是裁定终止审理。法庭审理过程中，遇有《刑事诉讼法》第16条[③]第2~6项规定情形的，应当裁定终止审理。

其二，作为派生主体的公诉人，根据法律和司法解释规定所具有（或承担）的司法职权或者诉讼职责，以及由此所衍生的诉讼权利义务，主要有：①在庭前准备阶段，公诉人应当做好公诉案件的庭前审查和准备工作：首先，庭前证据审查，即根据证据裁判原则要求，全面审查案件事实、证据和法律适用问题。特别是全面审查证据材料的客观性、关联性、

---

① 2018年《刑事诉讼法》第204条规定："在法庭审判过程中，遇有下列情形之一，影响审判进行的，可以延期审理：（一）需要通知新的证人到庭，调取新的物证，重新鉴定或者勘验的；（二）检察人员发现提起公诉的案件需要补充侦查，提出建议的；（三）由于申请回避而不能进行审判的。"

② 根据2018年《刑事诉讼法》第206条的规定，由于遇到不可抗拒的、影响审判进行的，并可以据此裁定（或决定）中止审理的情形，主要有：自诉人、被告人患严重疾病的，可以裁定中止审理；起诉后被告人逃脱的，应当裁定中止审理。

③ 2018年《刑事诉讼法》第16条规定："有下列情形之一的，不追究刑事责任，已经追究的，应当撤销案件，或者不起诉，或者终止审理，或者宣告无罪：（一）情节显著轻微、危害不大，不认为是犯罪的；（二）犯罪已过追诉时效期限的；（三）经特赦令免除刑罚的；（四）依照刑法告诉才处理的犯罪，没有告诉或者撤回告诉的；（五）犯罪嫌疑人、被告人死亡的；（六）其他法律规定免予追究刑事责任的。"

合法性，全面审查涉及定罪量刑的各种证据，严格审查据以定罪的关键证据，高度重视被告人的无罪辩解，认真复核定罪疑难、且单一的言词证据，严格甄别存在矛盾的证据。其次，参加庭前会议、解决争议问题，就案件管辖、回避问题、出庭证人名单、非法证据排除等与审判相关的问题，了解情况、发表意见。最后，做好庭前预测评估和其他准备工作。②建议延期审理的诉讼请求权。法庭审理期间，公诉人发现案件需要补充侦查，建议延期审理的，合议庭应当同意，但建议延期审理不得超过两次。③出席法庭的职责。《人民检察院刑事诉讼规则》第 390 条第 1 款规定，“提起公诉的案件，人民检察院应当派员以国家公诉人的身份出席第一审法庭，支持公诉”。它是公诉人代表国家指控、揭露和证实犯罪，对审判活动是否合法进行监督，维护诉讼参与人的合法权益，并结合案情进行法制宣传教育的职责和活动。④法庭调查过程中宣读起诉书，讯问被告人和询问证人、鉴定人、被害人，当庭举证和质证的职责。⑤在法庭辩论过程中，就案件的事实、证据和定罪量刑等问题发表公诉意见，主要针对辩护人、诉讼代理人提问、围绕定罪量刑等问题展开法庭答辩。⑥庭审监督职责。即对法庭审判活动的程序性监督职责，主要有庭前监督、庭审监督等程序性监督职责。首先，庭前法律监督，主要是对庭前会议本身的合法性、正当性进行法律监督，即针对庭前会议本身在程序、内容等方面是否违法性、过程是否存在不当情况进行法律监督；并根据案情，依法提出纠正意见书、检察建议和书面说明理由的要求。[1] 也就是说，根据《人民检察院刑事诉讼规则》第 570 条规定，公诉人发现存在诸如，“人民法院对刑事案件的受理违反管辖规定的”、“人民法院审理案件违反法定审理和送达期限的”、“法庭组成人员不符合法律规定”或者“依照规定应当回避

① 参见童建明主编：《以审判为中心视角下的公诉实务研究》，中国检察出版社 2017 年版，第 188 ~ 190 页。

而不回避的”等情形时，应当按照法律和司法解释规定的程序和权限，依法履行法律监督职责，及时纠正违法行为。其次，庭审法律监督。在法庭审判活动中，公诉人发现存在诸如，“法庭审理案件违反法定程序的”“侵犯当事人、其他诉讼参与人的诉讼权利和其他合法权利的”“法庭审理时对有关程序问题所作的决定违反法律规定的”“违反法律规定裁定发回重审的”“故意毁弃、篡改、隐匿、伪造、偷换证据或者其他诉讼材料，或者依据未经法定程序调查、质证的证据定案的”“依法应当调查收集相关证据而不收集的”等情形的，应当按照法律和司法解释规定的程序和权限，依法履行法律监督职责，及时纠正违法行为。

其三，作为派生主体的辩护人，根据法律和司法解释规定所具有（或承担）的诉讼职责，以及由此所衍生的诉讼权利义务，主要有：①获得辩护保障和依法独立辩护的权利。首先，辩护依法获得尊重和保障的权利。根据宪法和刑事诉讼法规定的“（国家）尊重和保障人权”原则和辩护原则，辩护人根据事实和法律、履行辩护职责的职务行为，有权依法获得保障，国家司法机关有义务在法律和司法解释规定范围内、依法保障辩护人履行辩护职责的职务行为。其次，辩护律师或者其他辩护人应当根据法律和司法解释等规定的程序和权限范围、依法履行辩护职责，受国家法律保护。最后，辩护律师或者其他辩护人有权根据事实和法律、独立地进行辩护，维护当事人合法权益，不受任何机关、团体和个人的非法干涉。②向法庭申请休庭。法庭审理过程中，遇有严重影响庭审正常进行的情形时，律师辩护人有权根据《关于依法保障律师执业权利的规定》第 34 条规定，向法庭申请休庭。[①] ③申请回避权、申请复议权。④会见权、通信权、阅

---

① 根据《关于依法保障律师执业权利的规定》第 34 条规定，法庭审理过程中，有下列情形之一的，律师可以向法庭申请休庭：（1）辩护律师因法定情形拒绝为被告人辩护的；（2）被告人拒绝辩护律师为其辩护的；（3）需要对新的证据作辩护准备的；（4）其他严重影响庭审正常进行的情形。

卷权。根据2018年《刑事诉讼法》第39条第1款规定，辩护律师可以同在押的犯罪嫌疑人、被告人会见和通信。其他辩护人经人民法院、人民检察院许可，也可以同在押的犯罪嫌疑人、被告人会见和通信。同时，根据《刑事诉讼法》第40条和相关司法解释的规定，辩护律师在法庭审理过程中，既可以查阅、摘抄、复制本案的案卷材料；其他辩护人经法院许可，也可以查阅摘抄、复制案卷材料。⑤调查取证权和申请调查取证权。[①] ⑥申请变更、解除强制措施的诉讼请求权。[②] ⑦在法庭调查和法庭辩论阶段，发表意见权。⑧参加法庭调查和法庭辩论的诉讼权利。“在法庭调查阶段，辩护人在公诉人讯问被告人后、经审判长许可，可以向被告人发问；经审判长许可，可以向证人、鉴定人发问；法庭审理过程中，辩护人有权申请通知新的证人到庭，调取新的物证，重新鉴定或者勘验。”[③] ⑨案件进程知情权，拒绝辩护权，征得被告人同意后的上诉权，以及妨碍律师执业的救济权。此外，辩护人的诉讼义务主要有：忠实履行职务的义务，保守秘密的义务，遵守诉讼秩序和法庭纪律的义务。辩护律师和其他辩护人不得帮助犯罪嫌疑人、被告人隐匿、毁灭、伪造证据或者串供，不得威胁、引诱证人作伪证，以及进行其他干扰诉讼活动的行为；否则，应当依

---

① 2018年《刑事诉讼法》第41条规定：“辩护人认为在侦查、审查起诉期间公安机关、人民检察院收集的证明犯罪嫌疑人、被告人无罪或者罪轻的证据材料未提交的，有权申请人民检察院、人民法院调取。”第42条规定：“辩护人收集的有关犯罪嫌疑人不在犯罪现场、未达到刑事责任年龄、属于依法不负刑事责任的精神病人的证据，应当及时告知公安机关、人民检察院。”第43条规定：“辩护律师经证人或者其他有关单位和个人同意，可以向他们收集与本案有关的材料，也可以申请人民检察院、人民法院收集、调取证据，或者申请人民法院通知证人出庭作证。辩护律师经人民检察院或者人民法院许可，并且经被害人或者其近亲属、被害人提供的证人同意，可以向他们收集与本案有关的材料。”

② 2018年《刑事诉讼法》第97条规定：“犯罪嫌疑人、被告人及其法定代理人、近亲属或者辩护人有权申请变更强制措施。人民法院、人民检察院和公安机关收到申请后，应当在三日以内作出决定；不同意变更强制措施的，应当告知申请人，并说明不同意的理由。”

③ 宋英辉、甄贞主编：《刑事诉讼法学》（第五版），中国人民大学出版社2016年版，第133页。

法追究刑事责任。[①]

其四，作为派生主体的被害人之诉讼代理人，根据法律和司法解释规定所具有（或承担）的诉讼职责，以及由此所衍生的诉讼权利义务，主要有：①公诉案件中被害人的诉讼代理人，在刑事审判活动中只能代理行使被害人的全部或部分诉讼权利；通常而言，法定代理人能够代为行使被害人的全部诉讼权利，而委托诉讼代理人，只能在委托授权的范围内、代为行使被害人的部分诉讼权利。其中，委托代理协议明确规定的全权代理或部分代理的具体代理范围的，诉讼代理人根据协议规定的范围行使代理权。②诉讼代理人的责任是根据事实和法律，维护被害人在刑事审判活动中的诉讼权利和合法权益。③诉讼代理人的诉讼权利主要有：阅卷权、调查取证权和申请调查取证权、申诉权、征得被害人同意后的申请抗诉权。通常而言，根据传统诉讼法理，公诉案件中被害人的诉讼代理人在刑事诉讼中的诉讼权利，除少数由被告人及其辩护人专属的诉讼特权（如上诉权）外，一般跟辩护人的诉讼权利基本相同。

第三，诉讼程序次生面向的内容要素。即诉讼程序次生面向的次生主体根据法律和司法解释规定、在审判活动中所具有（或承担）的诉讼权利、职责和义务。具体而言：其一，作为次生主体的证人，根据法律和司法解释规定、所具有（或承担）的司法职权以及由此所衍生的诉讼权利义务，主要有：①证人通常是在诉讼活动开始前就了解案情的自然人，是具有独立诉讼地位和不可替代性。同时，证人的权利能力，是以其具有“能够辨别是非”和“能够正确表达”的能力为前提的。②根据刑事诉讼法和相关司法解释的规定，证人的诉讼权利和职责主要有：依法如实作证的诉讼职责和拒绝作伪证的权利，查询、修改和补充讯问笔录的权利，经济补

---

① 参见宋英辉、甄贞主编：《刑事诉讼法学》（第五版），中国人民大学出版社 2016 年版，第 128～135 页。

偿权。③证人及其近亲属的人身保障特权。在此值得注意的是，刑事审判过程中，对证人及其近亲属进行威胁、侮辱、殴打或者打击报复，阻止其如实作证或出庭作证的，或者干扰诉讼活动正常进行的，法院有权对有关人员采取罚款、拘留、训诫等措施。构成犯罪的，应当依法追究刑事责任。对于危害国家安全犯罪、恐怖活动犯罪、黑社会性质犯罪、毒品犯罪等案件，证人因在诉讼中作证，而使其本人或近亲属的人身安全遭受危险的，承办案件的公安司法机关应当根据法律和司法解释的特殊规定，为其提供特殊保护措施。

其二，作为次生主体的鉴定人，根据法律和司法解释规定所具有（或承担）的司法职权，以及由此所衍生的诉讼权利义务。主要有：①诉讼权利主要有：查阅与鉴定事项有关的案卷材料；必要时，经侦查人员、审判人员同意，可以参加案件的勘验、检查活动；有权依法共同或独立出具鉴定意见；有权要求补充鉴定或重新鉴定，重新提出鉴定意见。②诉讼义务主要有：回避义务，即鉴定人与案件本身或者当事人有利害关系的，应当遵循法律关于回避的规定、依法履行回避义务。出庭作证义务，即出席法庭，就鉴定事项或案件有关情况，接受法庭询问，或者接受公诉人、当事人及其辩护人、诉讼代理人的询问。依法、客观、全面鉴定的诉讼职责和特别义务。鉴定人出具鉴定意见，应当依法、客观、全面反映鉴定过程和结果，不得隐瞒实情或者编造虚假情况；鉴定人故意提供虚假鉴定意见的，应当依法承担刑事责任。

其三，作为次生主体的翻译人员，根据法律和司法解释规定所具有（或承担）的诉讼职责，以及由此所衍生的诉讼权利义务，主要有：①回避义务。它只适用于翻译人员与案件本身，或案件当事人有利害关系的特殊情形。②诉讼职责在于通过提供语言文字的翻译活动，及时准确传递资料、信息，保障诉讼活动顺利进行。③知悉和了解与翻译内容有关的案件情况的权利。④查阅、修改或补充与其翻译内容有关的庭审笔录的权利。

⑤依法、客观、如实翻译的诉讼职责和特别义务。法庭审理过程中，翻译人员应当依法、客观、如实按照语言文字的原意进行翻译，不得故意隐瞒、歪曲实情或伪造虚假情况；翻译人员故意弄虚作假、提供虚假翻译的，应当依法承担刑事责任。

(3) 客体要素。即诉讼程序面的程序性刑事审判法律关系的客体要素。首先，在内涵上，它特指包括审判阶段所有刑事诉讼主体在内的刑事审判法律关系主体的司法职权或者诉讼职责，以及由此衍生的诉讼权利义务共同指向的对象。其次，它在外延上，主要包括："审判活动的合法性"；"程序性案件事实"；"裁判结果（包括判决、裁定和决定）的正确性、裁判程序的合法性和公正性"。

基于前述刑事审判法律关系理论中关于"诉讼程序的三面向说""主体要素的三面向说""内容要素的三面向说"的理论阐述和逻辑演绎，笔者认为，诉讼程序面的刑事审判法律关系的客体要素，也应该基于诉讼法理从"三个面向（层面）"进行理论阐述，即"诉讼程序基本面向""诉讼程序派生面向""诉讼程序次生面向"分别阐述"程序性刑事审判法律关系的客体要素"。具体而言：

第一，诉讼程序基本面向的程序性刑事审判法律关系的客体。包括审判阶段所有刑事诉讼主体在内的刑事审判法律关系基本主体（包括法院、检察机关、被告人和有被害人案件的被害人），基于法律和司法解释等规范性文件规定的"司法职权或诉讼职责以及由此衍生的诉讼权利义务"所共同指向的对象，主要是"审判活动的合法性""程序性案件事实""裁判结果的正确性、裁判程序的合法性和公正性"。具体而言：①审判活动的合法性。即检察机关对审判活动的法律监督权、法院基于"程序法定""无罪推定""尊重和保障人权"等原则依法独立行使的审判权，以及当事人的申请复核权、申诉权、控告权等救济权，共同指向的对象，主要在于"审判活动的合法性"。②程序性案件事实，主要包括：旨在推进诉讼进程的诉讼行为（或诉讼活动）本身，诉讼行为（或诉讼活动）的合法性和诉讼程序的正当性、公正性；据以定案的证据的相关性、客观真实性、合法性和证明程度与证明标准的“同一性”或者“同一程度”。例如，非法证据排除规则所规定的诉讼权利义务，所共同指向的对象，在于证据收集程序的合法性。又如，检察机关在实然层面履行举证责任的实际证明程度，与法律规定在应然层面的“事实清楚，证据确实、充分”证明标准的符合程度或“同一性程度”。③“裁判结果的正确性、裁判程序的合法性和公正性”。主要有三方面：例如，就裁判结果而言，检察机关的抗诉权、被告人的上诉权、被害人的申请抗诉权和二审法院的审判权所共同指向的对象，即在于裁判结果的正确性、裁判程序的合法性和公正性。又如，就法律规定准予上诉的裁定而言，二审法院的审判权和检察机关的抗诉权、被告人的上诉权、被害人的申请抗诉权所共同指向的对象，主要在于裁判结果的正确性、裁判程序的合法性和公正性。再如，就法律规定准予申请复议、复核的裁定或决定而言，复议机关的复议权、复核权与当事人的复议、复核申请权，以及检察机关的诉讼监督权（如提出纠正意见、检察建议的权利），所共同指向的对象，主要是裁判结果的正确性、裁判程序的合法性和公正性。此外，在此值得注意的是，对于诉讼程序基本面向所涉及的其他客体要素，应当具体问题具体分析，在此不再赘述。

第二，诉讼程序派生面向的程序性刑事审判法律关系的客体。即“由审判阶段所有刑事诉讼主体、基于指定或委托而产生”的刑事审判法律关系派生主体（包括法院的审判人员、检察机关的公诉人、被告人的辩护人和有被害人案件中被害人的诉讼代理人），基于法律和司法解释等规范性文件规定的“司法职权或诉讼职责以及由此所衍生的诉讼权利义务”所共同指向的对象。主要包括：“庭前准备活动和法庭审判活动的合法性”“程序性案件事实”“裁判结果的正确性、裁判程序的合法性和公正性”；以及“诉讼进程正常进行”或“维护庭审秩序”。具体而言：①“庭前准备活动和法庭审判活动的合法性”。在庭前准备阶段和法庭审理阶段，法院审判人员的召集庭前会议和主导法庭审判活动的审判权、检察机关公诉人对庭前准备活动和法庭审判活动进行法律监督的诉讼职责，以及被告人的辩护人申诉权等救济权，所共同指向的对象，主要在于“庭前准备活动和法庭审判活动的合法性”。②“程序性案件事实”，主要包括：审判人员、公诉人、辩护人和诉讼代理人，基于其法定或委托确定的诉讼职责以及由此所衍生的诉讼权利义务，所实施的“旨在推进诉讼进程”的诉讼行为（或诉讼活动）；同时，他们根据“程序法定”“无罪推定”“不得强迫自证其罪”等原则，实施诉讼行为（或诉讼活动）的直接目标在于确保“诉讼行为（或诉讼活动）的合法性”和“诉讼程序的正当性、公正性”。同时，在庭前会议、法庭审理和法庭辩论过程中，审判人员、公诉人、辩护人和诉讼代理人，就非法证据排除问题交换意见，或者围绕案件事实和证据问题进行质证和辩论，其重要的程序性诉讼目标，就在于确保“据以定案的证据的相关性、客观真实性、合法性”和“证明程度与证明标准的‘同一性’或者‘同一程度’”。③“裁判结果的正确性、裁判程序的合法性和公正性”。首先，就程序意义上的裁判结果而言，经过庭前准备和法庭审判，审判人员基于“程序法定”“无罪推定”“不得强迫自证其罪”等原则，依法独立公正行使（第一审或第二审程序的）刑事审判权，并作出判决、裁定和决定等裁判结果；公诉人依法履行支持公诉和法律监督等诉讼职责；辩护人在征得被告人同意后、依法提起上诉的权利，申请排除非法证据等诉讼权利；诉讼代理人在征得被害人同意后、依法申请抗诉的权利，它们所共同指向的对象，就在于确保“裁判结果的正确性、裁判程序的合法性和公正性”。其次，就程序意义上的裁判过程而言，在庭前会议、法庭审理和法庭辩论过程中，审判人员、公诉人、辩护人和诉讼代理人，依法履行诉讼职责以及由此所衍生的诉讼权利义务，并且就管辖、回避和非法证据排除等问题交换意见，或者围绕案件事实和证据问题进行质证和辩论，其权利义务对象和重要诉讼目标就在于确保“裁判程序的合法性和公正性”。④“诉讼进程正常进行”。法院审判人员的延期审理或中止审理的裁定权或决定权、检察机关基于补充侦查等法定事由而提出延期审理的诉讼请求权，以及辩护人建议休庭的权利，所共同指向的对象，主要是确保“审判活动或诉讼进程的正常进行”。⑤“维护庭审秩序”。在法庭审理过程中，法院审判人员的“采用警告制止、强制带出法庭、司法拘留和罚款等措施，制裁违反法庭秩序的行为”的司法职权或诉讼职责、检察机关公诉人的庭审监督的诉讼职责，以及辩护人和诉讼代理人等诉讼参与人遵循法庭规则、维护法庭秩序的义务，所共同指向的对象和主要诉讼目标在于“维护庭审秩序”。

第三，诉讼程序次生面向的程序性刑事审判法律关系的客体。即“由审判阶段的刑事诉讼主体及其派生主体，基于他们的指定、聘用或者通知而得以参加审判活动”的刑事审判法律关系次生主体（包括证人、鉴定人、翻译人员等其他诉讼参与人），基于法律和司法解释等规范性文件规定的“司法职权或诉讼职责以及由此所衍生的诉讼权利义务”所共同指向的对象。主要是“案件事实”和“诉讼程序的公正性”或“诉讼进程的正常进行”。具体而言：证人、鉴定人和翻译人员等其他诉讼参与人，基于法院、审判人员的指定或聘请，依法客观公正地履行诉讼职责，行使“查阅询问笔录、案卷材料或庭审笔录；修改、补充询问笔录和庭审笔录”、要求重新鉴定或者补充鉴定、经济补偿权和人身保障权等诉讼权利，并且履行“‘与案件本身或案件当事人有利害关系’的鉴定人和翻译人员根据法律强制性规定依法回避”“证人和鉴定人出庭作证，接受法庭调查、法庭询问和质证”“翻译人员提供法律文书和庭审活动的翻译服务、及时传递庭审资料信息，保障诉讼活动顺利进行”等诉讼义务。因此，笔者认为，他们的诉讼权利义务共同指向的对象，主要在于“协助查明案件事实”、“确保诉讼程序的公正性”或者“确保诉讼活动的顺利进行”。此外，对于不同次生主体在不同的诉讼场合（或者法律语境）中的诉讼权利义务的客观差异，因而它们共同指向的对象也存在着客观差异。对此，笔者认为，应当具体问题具体分析。例如，“证人和鉴定人出庭作证、接受法庭调查和法庭辩论阶段的询问和质证的义务”，他们的诉讼权利义务对象和共同的诉讼目标主要在于协助查明案件事实。

基于前述分析，笔者认为，鉴于诉讼程序面的刑事诉讼法律关系所内在固有的多重性、多维性、多层次性、多面向性等特征，笔者在此所阐述的“三面向客体说”，仅是从特定角度、基于特定的逻辑线索，而对“诉讼程序面的刑事审判法律关系的客体要素”所进行的局部分析。因而，认识局限性和不足在所难免，于此还请方家不吝赐教。

## 六、审判中心改革视野下的刑事审判法律关系研究

如前所述，针对我国刑事诉讼中所存在的侦查中心主义和案卷中心主义弊端，在以审判为中心的诉讼制度改革背景下，我国司法机关采取了一系列的措施，来改造我国的司法体制机制，其中，最为典型的就是以审判为中心的审判方式改革。对此，笔者在前文也进行过专门论述，在此不再予以赘述。但无论采取何种改革措施都必将引起我国刑事诉讼法律关系的深刻变革，刑事审判制度和审判程序的深刻变革，也将会对刑事审判法律关系产生深远的影响。对于法院在现行司法体制中实际作用、功能和价值的发挥，笔者认为在以审判为中心的司法改革背景下，应当通过职能配置、权能设置和角色转变，改变其在刑事诉讼体制中的“弱势地位”，这是“以庭审为中心”的审判方式改革的必然要求。从理论上来讲，这不但意味着直接审理原则、言词审理原则和集中审理原则等体现庭审重要性的审判原则的遵循和贯彻，还就意味着在法庭审理过程中查明事实、认定证据、保护诉权、公正裁判等诉讼环节都能够切实发挥决定性作用、关键作用。基于此，笔者拟在此通过诉讼构造的研究视角来解构刑事审判法律关

系，并就目前我国司法实践中的有关问题和司法体制改革的有关导向进行分别阐述。

### （一）审判中心改革视野下的新型诉审关系

随着以审判为中心的诉讼制度改革进程的不断推进，以庭审为中心的审判制度改革必然触及审判阶段的诉审关系。在我国现行司法体制下，控诉与审判两者有着共同的“惩治和打击犯罪、实现国家刑罚权”“尊重和保障人权”的国家目的和诉讼任务，但是由于两者在宪法和法律规定的职责分工和诉讼职能、权能配置及其司法体制定位等方面的客观差异，导致两者属于不同性质的诉讼行为，具体表现为两者在主体、权限和程序等方面的差异。但是，随着现代刑事诉讼的不断民主化、科学化和法治化，诉讼理论研究也在走向深入。从诉讼制度发展史角度来看，诉审关系是现代刑事诉讼中的重要命题，诉审关系状况也被作为衡量国家刑事法治科学、民主和理性化程度的重要标志。

1. 控审分离原则视角下的新型诉审关系

在近现代刑事诉讼制度发展史上，诉审分离曾经被视为现代刑事诉讼的重要进步，在长期的法治实践中被逐渐确立为刑事诉讼的基本诉讼原则。在这个漫长的社会历史发展过程中，诉审分离曾经是诉辩关系走向近现代化的重要标志。随着政治、经济、社会、文化和科学技术的不断发展进步，国家对社会的管理和控制能力日益呈现科学化趋势，而与此同时，人们对犯罪本质和规律认识的不断深化，各种现代科学技术手段、制度措施和管理方法被用于控制犯罪。在纠问式诉讼制度下，法官的职能和权力高度集中，同时身兼侦查、控诉和审判诸多职能和权力。然而这种高度集中容易导致权力滥用和司法腐败，这在某种程度上也是由于权力天然地扩张性所造成的。在侦诉审高度集中的诉讼体制下，有罪推定、主观擅断就成为常态，被追诉者天然地处于客体地位，成为行政治罪的对象和客体。

在这种野蛮的司法镇压制度语境中，司法沦为专制手段和压迫工具。随着资产阶级革命成功后，诉审分离原则被确立为刑事诉讼基本原则，并且得到国际普遍共识的确认。就其基本内涵上而言，它要求控诉和审判的组织（主体）和职能的分离，法官不得作为自己告诉案件的法官，不能同时扮演控诉人和裁判者的双重角色，从而确立其客观公正的审判地位。同时，在此值得指出的是，随着国际人权保障运动的不断发展，近现代刑事诉讼中人权保障理念的逐渐深入人心，被告人在刑事诉讼中的诉讼权和辩护权被作为被追诉者的基本人权。被告人在刑事诉讼中的程序性主体地位逐渐得到各国的普遍认同，诉讼主体地位逐渐确立。随着各国刑事诉讼制度的科学化、民主化和理性化程度的逐渐加强，旨在保障被告人获得公正审判的诉讼特权的辩护制度越来越完善。这在客观上从外部对控审分离原则的贯彻起到了推动和促进作用。在我国推动以审判为中心的诉讼制度改革背景下，应更加遵守和重视控审分离原则，更加民主化、理性化和人性化的诉讼行为方式应该被作为推进诉讼制度改革的重要措施，从而切实处理好控诉和审判的关系、控诉者和审判者的关系，也要从理论上厘清检察机关和法院的法律监督关系，使刑事审判真正回归诉讼本质、诉讼规律和司法规律。这对于抑制司法实践中两者“配合有余、制约不足”的弊端，具有重要的现实意义。控审分离原则的深入贯彻，对于转变司法机关的诉讼角色、发挥检察机关的关键作用和法院的中心作用，必然会有积极的进步意义和重要的实践价值。

2. 不告不理原则视角下的新型诉审关系①

在现代刑事诉讼中，不告不理原则通常被作为规范、调整起诉与审判两者间关系的重要原则。在内涵上它主要包括两方面：一是没有告诉就没

① 参见卞建林、谢澍：《“以审判为中心”视野下的诉讼关系》，载《国家检察官学院学报》2016 年第 1 期。

有审判，审判必须以告诉为前提，没有经过起诉法院不得主动启动审判程序；二是对审判对象及其范围的限制，刑事诉讼中法院审判的范围通常应该被严格限制在起诉指控范围内，不得及于起诉范围之外的人和事，这就是理论上通常所说的“诉审同一”，在德国、日本和我国台湾地区也有所谓的诉讼客体的单一性和同一性原理，在此处也可以被视为不告不理原则在某些方面特殊要求。同时，需要指出的是，在域外制度实践中，英美法系国家和日本的诉因制度，就是很典型的例子。就其制度渊源，这些国家采取诉因制度的原因在于确定法院审判对象、明确当事人的攻防焦点。尽管大陆法系国家没有采用诉因制度，但是通常也在法律中明确规定起诉的范围。这实际上也是对审判对象和范围的限制，要求在起诉书中载明犯罪事实和所犯刑法条文，从而从形式上明确审判范围。

对于起诉在法律适用方面的效力，大陆法系国家通常规定法官对于被告人所涉嫌犯罪的行为在定性上一般不受起诉范围的限制。① 就目前理论界对该问题的理论阐述而言，有学者所开展的研究较为系统、深入，而且具有重要的启发意义，故而笔者在此引用，以作为理论诠释的依据。“在实行诉因制度的国家，法官变更适用法律条文的情况一般仅限于：认定之罪行包容于被起诉罪行之中，或者系较起诉罪行为轻之罪行或起诉罪行未完成形态，如果此未完成形态根据法律也构成犯罪的话，其实质是不得恶化被告人地位。”②

在我国刑事诉讼中，检法两家的配合、监督和制约关系存在一些问题。法院在审判过程中，通常会根据审理查明情况，对被检察机关指控的犯罪事实、情节进行重新定性和最终认定，这就可能造成法院判决所确定

① 参见卞建林、谢澍：《“以审判为中心”视野下的诉讼关系》，载《国家检察官学院学报》2016 年第 1 期。

② 卞建林、谢澍：《“以审判为中心”视野下的诉讼关系》，载《国家检察官学院学报》2016 年第 1 期。

的罪名与检察机关指控的罪名不一致的情况发生。这种现象通常被称为“罪名变更”。尽管多年来很多学者指出这种弊端，但是由于我国在立法实践和司法制度层面并未明确确立“诉审同一”原则，故而已经形成习惯做法。对此，笔者认为尽管变更指控罪名在实质上属于法院最终定罪权的内在应有之义，但是这种司法理念也是应该改变的，尤其是在新时代全面以审判为中心的诉讼制度改革背景下，推进刑事审判程序进行深层次的制度改革，使之更加符合审判公正的要求。对于如何从制度构建层面规范和调整诉审关系的问题，笔者认为应当从以下几方面着手，“尽快在立法上明确规定撤销、变更、追加起诉制度”,[①]“未经起诉之个人和事实，法院不得径行审理并定罪科刑”,[②]“法院如果认为指控的罪名与指控事实不符，而检察机关不同意法院变更指控罪名的动议时，法院应当向控辩双方告知改变指控罪名的意图，在控辩双方进行必要的准备后，再行审理和判决”。[③]

3. 刑事证明原理视角下的新型诉审关系

“谁主张，谁举证”是西方古老的法谚。它所揭示的正是现代刑事诉讼中著名的举证责任分配原则。无论民事诉讼还是刑事诉讼通常都要遵循这一重要的证据原理。我国刑事诉讼中明确检察机关的举证证明责任制度，就是对这个古老的诉讼原则和证据原则的尊重和体现。2018 年《刑事诉讼法》第 51 条规定，“公诉案件中被告人有罪的举证责任由人民检察院承担”。同时，刑事诉讼法也规定了不得强迫任何人自证其罪，这种制度设计的目的主要有两方面：一方面是为防止侦查机关、检察机关和法院在

① 卞建林、谢澍：《“以审判为中心”视野下的诉讼关系》，载《国家检察官学院学报》2016 年第 1 期。

② 卞建林、谢澍：《“以审判为中心”视野下的诉讼关系》，载《国家检察官学院学报》2016 年第 1 期。

③ 卞建林、谢澍：《“以审判为中心”视野下的诉讼关系》，载《国家检察官学院学报》2016 年第 1 期。

刑事司法活动中滥用公权力，防止违背无罪推定原则进行有罪推定和刑讯逼供，因而是旨在限制和制约公权力的重要措施；另一方面也是贯彻落实宪法和刑事诉讼法规定的“尊重和保障人权”原则的重要举措。要实现“庭审实质化”和“以庭审为中心”的司法改革目标，就必须强化检察机关的举证责任、说服责任，这就意味着需要改变传统庭审方式中的举证、质证和认证方式，法庭调查和法庭辩论的焦点也应当集中在指控证据的证据能力和证明力以及证明标准的严格把握上。因此，从刑事证明原理角度重新塑造诉审关系，是审判中心改革视野下推动诉审关系朝着科学、理性和法治方向发展和构建新型司法证明关系的重要举措。这就意味着，检察机关要扮演好“说服者”的角色，法院需要扮演好消极的“被说服者”“心证形成者或内心确信者”的角色，尽可能避免依靠职权主动调查核实证据。

4. 依法独立审判原则视角下的新型诉审关系

依法独立审判原则是司法审判领域的重要原则，其适用范围不限于刑事审判，也适用于民事审判和行政审判的场合。它要求审判必须独立于原告和被告两造，处于消极、被动和中立的地位，通过审判程序实现对案件事实查明、证据认定、法律适用等方面形成独立的内心确信。尤其是对于刑事诉讼而言，它所被赋予惩罚犯罪、实现国家刑罚权的特殊公法属性，以及现代刑事司法理念对保障人权和确保被告人获得公正审判的特权的现实要求，都使审判中立原则的重要性和实践价值得到彰显。刑事诉讼作为针对犯罪人的生命、人身自由和财产以及民主资格等基本人权进行限制和剥夺，这触及最为根本的人权保障问题。因此，对于刑事审判而言，无偏倚、无偏见的裁判者保持中立和独立，排除外在的不当干扰至为重要。自党的十八大以来，中央积极推进员额制改革和人财物收归省管的改革措施，都是旨在增强依法独立行使司法职权（性）的重要举措，因而在我国现行司法体制和法律制度框架下，以司法改革为契机适当增强“法院整体的相对独立（性）”和“法官个体的相对独立（性）”就显得尤为重要。

对于从依法独立审判原则角度规范和调整诉审关系，应当注意从以下几方面着手：其一，从立法上明确规定法官依法独立审判原则。其二，它意味着法官在庭审过程中不得越俎代庖、代替检察机关进行控诉，从而避免发生控审不分、以控代审或以审代控的不正常现象。其三，它意味着法院也不得对检察机关所承担的有罪证明责任进行任意免除或减少，对检察机关指控犯罪的证明标准任意从宽把握而出入人罪。

### （二）审判中心改革视野下的新型（审中）诉辩关系①

顾名思义，诉辩关系就是控诉与辩护的关系，在现代刑事诉讼中，控诉与审判是相互矛盾又辩证统一的，作为诉讼必不可少的“两造”，两者诉讼目标、诉讼请求和诉讼职能是相互对立、冲突和矛盾的；就两者所追求的深层次诉讼实体目标而言，公诉机关追求具体刑事案件中国家刑罚权的实现和最大化，而被告人及其辩护人则在具体刑事案件中追求刑事责任的避免、豁免或者刑罚不利益的最小化。诉辩双方通过诉讼对抗来实现两者的适当平衡，从而最终由法院确定国家与被告人间的具体刑事实体法律关系。同时，在诉辩“两造”关系的基本内容方面，就“两造”基本诉讼权利的本质属性而言，两者同属诉权范畴，但是刑事诉讼的特殊语境中，公诉权具有明显的公法属性和权力属性，属国家公器，而辩护权则属公民基本权利的范畴，属私权产物。但是，目前我国司法实践中，公诉强势、辩护弱势，控辩关系天然不平衡；刑事辩护领域在解决“老三难”（“会见难”“阅卷难”“调查取证难”）问题过程中又出现“新三难”（“发问难”“质证难”“辩论难”）问题，辩护人的辩护意见得不到足够的尊重和重视。在这种情况下，控辩平等原则在司法实践中不能得到很好的贯彻和执行。鉴于理论

① 参见卞建林、谢澍：《“以审判为中心”视野下的诉讼关系》，载《国家检察官学院学报》2016 年第 1 期。

上的理想状态与实践中的现实情况间存在差距，在以审判为中心的诉讼制度改革中，笔者拟通过对审判程序中的诉辩关系进行多角度的理论诠释，以期构建“公诉尊重和保障辩护”“辩护监督和制约公诉”的新型诉辩关系。

1. 控辩平等原则视角下的审中诉辩关系

控辩平等原则是现代刑事诉讼的基本原则，它要求诉辩双方的平等武装、平等保护、平等对抗，是规范、调整诉辩关系的重要原则。就其发展趋势而言，现代刑事诉讼中的控辩平等原则的理论重心旨在对控辩双方的诉讼权利（力）义务关系进行有效配置和科学重构。但是，这种理想的诉讼理念在各国司法实践中都有贯彻，也有误区和不足。作为一种特殊的刑事诉讼法律关系，诉辩关系从来不是一成不变的，而是历史的、动态的，通常会随着社会历史条件的发展而发生变化。1996 年《刑事诉讼法》修改时，通过改革庭审方式、引入对抗制因素，同时通过控辩双方的诉讼权利（力）义务配置、抑制控诉职能、加强辩护职能，从而初步确立控辩平等原则。但是由于侦查和起诉程序中职权主义色彩浓厚，彻底贯彻控辩平等理念的诉讼体制没有建立起来，因而导致审前控辩构造失衡，审判程序中控辩平等理念贯彻不彻底。在 2007 年《律师法》修改时，通过设置保障措施赋予辩护律师的诉讼权利（如加强阅卷权、调查取证权和会见权），提高辩护律师的诉讼地位，来增加辩护律师的辩护职能，从而保障和维护犯罪嫌疑人、被告人的合法权益。这些措施都是有利于控辩平等理念实践的，对平衡和规范审判程序中的诉辩关系都有着进步意义。2012 年《刑事诉讼法》再修改时，针对刑讯逼供、辩护率低等实践问题，立法者通过各种立法措施来继续加强辩护职能，推进审判程序中控辩平等原则的贯彻。如确立尊重和保障人权原则、确立不得强迫自证其罪并完善证据制度等措施，这些措施对抑制公权力滥用、贯彻控辩平等原则、优化诉讼结构都有重要进步意义。

基于前述分析，笔者认为在当前以审判为中心的诉讼制度改革过程中，应当在审判制度中采取更多有利于实现控辩平等理念的措施。对此，笔者认为有几方面需要注意：其一，通过完善庭审规则，规范法庭审理过程中控辩双方的诉辩关系；其二，在以庭审为中心的审判方式改革过程中，继续引入对抗制因素，采取更多有利于加强控辩对抗的改革措施；其三，加强审判程序中的辩护职能，继续赋予辩护律师更充分的诉讼权利、提高辩护律师的诉讼地位，从而加强控辩平等原则的适用；其四，在最终目标上，通过立法、司法实践和制度改革等措施在审判程序中实现较为彻底的控辩平等原则，构建以审判为中心的刑事审判模式。

2. 诉讼构造视角下的审中诉辩关系①

在现代刑事诉讼理论中，控辩审三方通常认为三角形构造是最为理想的状态。而以控辩平等理念为核心的控辩构造则是刑事诉讼构造（尤其是刑事审判构造）中最为重要的组成部分之一。从传统诉讼理论来讲，审判程序是由控诉、审判和辩护三造构成的稳定结构。在以审判为中心的诉讼制度改革背景下，"庭审实质化"和"以庭审为中心"的审判方式改革都被作为重要举措之一。无论"以庭审为中心"还是"庭审实质化"，其实都涉及审判程序构造是否符合"等腰三角形"的稳定结构，控、辩、审三造是否能根据职责和权限分工各司其职、发挥其应有职能，就成为问题的关键之一。审判和控诉职能作为由国家专门机关负责的强势职能，通常能够较为稳定地履行职能和发挥作用；但是，被告人及其辩护人则处于相对弱势的诉讼地位，被告人作为理论上的"诉的主体"，难以获得充分有效的与其诉讼职能和诉讼目标相匹配的诉讼地位。

然而，值得注意的是，在诉辩关系构造的特殊机制中，公诉权作为强势的国家公权力通常决定着审判程序中诉的机制和诉权机制作用发挥的效

---

① 参见卞建林、谢澍：《"以审判为中心"视野下的诉讼关系》，载《国家检察官学院学报》2016 年第 1 期。

果，因而在审判程序中需要有效的法庭规则来对其进行规范和制约，以防止其膨胀和滥用。也就是要通过确保诉的机制和诉权机制的作用和功能得以正常发挥，来保障被告人辩护职能和权能的有效实现，从而提高辩护率和辩护质量，形成有利于发现真实的、真正意义上的庭审控辩平等对抗。这种机制顺畅与否，在某种程度上也决定着庭审过程中辩护是否能够发挥实质作用。一方面完善庭审规则；另一方面还需要完善庭审过程中的证据展示规则、庭审质证规则和法庭认证规则，因为只有这些外部环境的改善，运用刑事审判程序中的证据运行机制和证明机制，在某种程度上可以对庭审控辩失衡态势起到客观的抑制功能和改善作用。

3. 程序动态性理论视角下的审中诉辩关系

如前所述，刑事审判程序中诉辩双方除在诉讼职能上是相互冲突之外，双方通常在诉讼请求和实体诉讼目标等方面也存在对立和分歧。在职权主义诉讼模式下，诉讼进程通常由法官来主导，法官具有对法庭调查和法庭辩论的庭审指挥权，诉辩双方在推进诉讼进程方面也只是发挥配合辅助的次要作用。而在当事人主义诉讼模式下，控辩平等对抗的诉讼机制相对完善，在发现事实、认定证据和法律适用等方面诉辩双方具有非常大的主动权，法官则处于相对消极、中立的地位。然而，在我国审判程序构造中，法官在法庭调查和法庭辩论过程中发挥着主导作用，而作为国家公诉机关代表的公诉人在庭审中也处于强势、优势的地位，再加上其背后强大的国家追诉机器和证据调查手段以及对审判的监督职能，这些因素导致检察机关也能够在很大程度上强势推进诉讼进程，其结果就是其所提出的诉讼请求和所追求的诉讼目标通常能够得到兑现。这在客观上也是导致刑事辩护的胜诉率低、辩护率低的重要因素之一。在以审判为中心的诉讼制度改革背景下，庭审实质化要求法庭审理过程中辩护职能作用发挥的实质化，形式化的、无效的刑事辩护已经成为制约当前司法改革的重要因素。因而，如何通过有效的体制机制措施，来消除司法审判程序中制约辩护职能得以正常发挥的阻碍因素，就成为理论界和实务部门面临的重要课题。

4. 人权保障视角下的审中诉辩关系

众所周知，宪法和刑事诉讼法规定的“尊重和保障人权”原则，是刑事辩护制度，尤其是律师辩护制度的重要基石。自十八届四中全会以来，随着以审判为中心的诉讼制度改革的深入推进，人民法院组织法和人民检察院组织法都明确规定了人权保障条款，将尊重和保障人权作为国家审判机关和检察机关的法定职责和义务。这就意味着，在人权保障视角下科学审视和重构新型诉辩关系具有客观的现实可能性。

通常而言，审判阶段的诉辩关系主要包括两个层面：一是提起公诉的检察机关与作为当事人的被告人之间的关系；二是代表检察机关履行支持公诉等职责的检察官与受委托为被告人提供辩护的律师之间的关系。其中，前者是原初意义上的诉讼关系，是任何公诉案件的刑事诉讼中都会出现的刑事诉讼法律关系，具有原始性、本源性等特征；后者主要是基于前者所派生出来的一种特殊刑事诉讼法律关系，即由代表检察机关履行支持公诉和法庭监督等职责、依法维护国家利益和社会公共利益的检察官，和接受被告人及其近亲属委托、依法维护其合法权益的专门法律职业工作者(通常是律师)，所构成的一种特殊诉讼法律关系。就是通常所谓的“检律关系”，在刑事诉讼的特定语境中，它通常被视为一种第二性的或者派生性的控辩关系。然而，如前所述，作为控辩平等对抗的具体实施者和刑事诉讼控辩两造的直接代表者，他们之间的关系对于履行诉讼职能、完成法律规定的刑事诉讼任务而言，是至关重要的。在此需要指出的是，从21世纪初到现在的近20年中，刑事司法实践中出现问题最多和亟待改善的刑事诉讼法律关系，也大多集中在这个领域。因时而应，2015年，时任中央政法委书记孟建柱提出在司法人员和律师之间构建新型的良性互动关系的“24字方针”：“彼此尊重、平等相待，互相支持、互相监督，正当交往、良性互动。”该方针秉持客观中立立场，高屋建瓴，充分发挥中央政法委的政治领导和统筹协调作用，旨在全面调和法律职业群体内部在特定历史时期出现的职业冲突现象，因而具有建设性、全局性、指导性。这也为当时乃至其后很长时期的、包括检律关系建设在内的不同法律职业群体和不同法律职业工作者之间的关系建设，提供了重要的指导原则。同时，如何推进构建科学、合理和和谐的诉辩关系，是理论界和实务部门面临的重要课题。

基于前述分析，笔者认为，在新时代人权保障视角下，作为共同肩负尊重和保障犯罪嫌疑人、被告人合法权益的法定职责却履行不同诉讼职能的诉讼两造，要在以审判为中心的诉讼制度改革背景下构建良性互动的检律关系，应当做好以下几方面：

（1）控方依法所应承担的人权司法保障职责。检察案件的检察机关和承办案件的检察官，在履行职责过程中应当注意几方面：其一，除刑事诉讼法规定人权保障条款外，2018 年修改的《人民检察院组织法》，明确规定“尊重和保障人权”（第 6 条）。这就意味着，检察机关作为一般意义上的法律监督机关和承办特定刑事案件的公诉机关，它本身承载着代表国家和法律，依法负有尊重和保障犯罪嫌疑人、被告人基本人权的法律职责和义务。其二，与此同时，检察官作为国家和社会公共利益的代表，其在履行法律监督职责或承办特定刑事案件过程中，依照法律规定及其客观公正义务，肩负着尊重和保障犯罪嫌疑人、被告人及其辩护人（尤其是辩护律师）的诉讼人权的法定职责、权限和义务。其三，检察官也肩负着维护国家法制统一、维护社会公平正义的职责和使命，因而他们既要依法追究和惩治犯罪，又要依法维护被追诉人的合法权益，还要对侵犯被告人及其辩护人（尤其是辩护律师）辩护权的违法行为肩负起法律监督职责，从而维护司法公正和权威。

（2）辩护人依法所应承担的人权保障职责。作为接受被告人或其近亲属委托、依法维护其合法权益的辩护人（尤其是辩护律师），在依法履行辩护职责过程中应当注意以下几点：

第一，要做到“依法辩护”。因为正如有学者所言，“‘以事实为根据，以法律为准绳’，是律师法规定的律师执业的基本原则”。其中，前者要求律师在辩护过程中要防止对案件事实凭空假设、无端怀疑，甚至恶意捏造；要求他们依法承担一定限度的客观中立义务，避免“以当事人的立场为立场，以当事人的意见为依据”；更要防止脱离事实和法律进行不负责任的所谓“无罪辩护”。后者要求律师把法律作为认定案件性质、犯罪有无和轻重的标准，在法律规定的范围内为犯罪嫌疑人、被告人提供无罪、罪轻或者减轻、免除处罚的辩护。

第二，要做到“有效辩护”。要在实事求是地进行查阅案卷材料、调查核实证据、研究法律对策等的基础上，提出符合案件实际的辩护意见，以此赢得法官、检察官对其业务能力的尊重和认可；而不是脱离案件事实和法律明确规定，借口“打官司就是打关系”而去拉关系、托人情，搞人情案，办关系案。

第三，要做到“理性平和辩护”。律师在庭审过程中，应当尊重法官、检察官，遵守法庭秩序和诉讼程序，遵守法庭礼仪，不恶意搞人身攻击。检察官和律师在法庭上基于不同的诉讼职能和职责权限而扮演不同的法律角色，但作为法律职业共同体的一分子，应当遵循共同的职业道德——就是要互相尊重对方、至少给予对方最起码的尊重和看待，理性、平和地发表意见，尽可能采用准确、规范的法律术语、法言法语来表达对证据、事实和法律问题的观点；通俗点说，就是要注重通过“摆事实”“讲道理”，来实现自己的诉讼目的和合理诉求。庭审辩论（或辩护）过程中，应当严格遵守法庭秩序和法庭礼仪，切忌采用诸如断章取义、夸大其词、冷嘲热讽、谩骂攻击等不礼貌、不符合法庭礼仪或有扰乱法庭秩序之嫌的不当方式，把法律意义上的控辩对抗演变成实然意义上的人际角色对立，把法律交锋演变为人际交恶；检察官和律师在刑事案件的庭审辩论（或辩护）过程中，应当把主要精力放在专业能力、专业水平和专业技巧等的比拼上，放在人文素养、道德素质和职业伦理水平等的比拼上。

第四，要做到“恪守职业伦理”。律师在庭审辩论（或辩护）过程中，同检察官、法官一样，应当严格恪守职业道德和职业纪律，正确处理与检察官、法官、案件当事人之间的关系，规范交往行为，共同恪守政治、法律和道德底线，诚实守信、廉洁自律、勤勉敬业，以良好的职业道德和职业形象赢得社会尊重。

第五，要做到“尊重和保障人权”。“尊重和保障人权”是我国宪法和刑事诉讼法规定一项基本法律原则。它是我国设立刑事辩护制度、特别是律师辩护制度的重要基石。结合 2018 年《人民检察院组织法》修改时载入的“尊重和保障人权”条款，不难看出，在刑事诉讼中，“尊重和保障人权”是律师和检察机关的共同责任。这也就意味着，在刑事诉讼中，律师不但应当在法律规定范围内依法维护当事人的合法权益、尊重和保障当事人的实体人权和诉讼人权，而且应当尊重和保障那些代表检察机关履行公诉或法律监督职责的检察官们作为“自然人”的最起码的权利和尊严，尊重其人身安全、人格尊严和财产安全等，给予其合法正当的履职行为以应有的配合和尊重；而不是在庭审辩论（或辩护）过程中实施有悖“尊重和保障人权”的宪法原则和刑事诉讼法基本原则精神的行为（或活动）。

综上所述，笔者认为如果将我国刑事审判进程置于程序动态性理论的视角下，诉辩双方根据其各自诉讼职能实施诉讼活动，在推进诉讼进程和形成实体结果上都扮演着非常重要的角色。正是由于他们对诉讼结局和实体诉讼利益的追求，才使诉辩双方获得实施诉讼行为、推进诉讼进程的动力。通过诉辩双方举证、质证、认证来推动法官形成对案件事实真相的发现，对定罪和量刑事实情节的主张和诉求也得以通过法庭调查和法庭辩论来向法庭呈现。当法官对案件事实真相形成内心确信，并对定罪和量刑问题达到合理确信时，就会对犯罪构成与否、国家刑罚权存在与否及其范围（或者被告人刑事责任存在与否及其范围）等问题作出实体裁判，从而确定刑事实体法律关系和国家刑罚权的实现方案。在这种对于诉讼结果的动态追求和诉讼程序的持续推动过程中，以控辩平等原则为原则理念导向来重新塑造诉辩关系、保持诉辩双方的适当均衡，无疑是符合“等腰三角形”的诉讼基本架构和诉讼规律的。

### （三）审判中心改革视野下的新型审辩关系

刑事审判程序中的审辩关系通常指称审判与辩护之间的诉讼关系，是刑事审判程序中刑事诉讼法律关系的重要组成部分。审判和辩护都是刑事审判所必不可少的诉讼两造，两者是审判者与被审判者及其辩护者的关系。尽管两者在诉讼职能、权力（利）属性、诉讼地位和诉讼目标方面，都存在客观差异，但仍然是辩证统一的关系。因为法院是代表国家行使裁判权的专门机构、具有司法权威性和司法公信力；审判过程中被告人及其辩护人需要根据法院的通知、告知、指示、指令或者命令为或不为某种诉讼行为，而且对于法院所作出的已生效实体裁判，对被告人及其辩护人具有法律拘束力和既判力。对于两者所追求的深层次的诉讼实体目标而言，法院履行审判职能、行使裁判权和被告人及其辩护人履行辩护职能、行使辩护权的共同目标，就在于通过案件审理来审查判断涉案诉讼证据的证据能力和证明力及其是否符合证明标准问题，继而通过查明案件事实来发现事实真相和确认其所涉案犯罪嫌疑事实与犯罪构成要件之间的符合程度是否能够达到同一性，并在此基础上确定诉讼进程中“悬而未决”的刑事实体法关系。尽管两者在具体目标上存在客观差异，但是都毫无例外地指向前述这些方面。但是在诉讼程序面，两者的诉讼权利（力）义务的指向，则存在明显差异，因为被告人作为被追诉和审判的对象，在司法体制和刑事诉讼进程中处于天然的弱势地位，为确保其诉讼过程中的基本人权和诉讼主体地位，根据宪法和法律规定的人权保障原则和辩护原则，应当享有获得公正审判的程序权利。同时，法院作为代表国家行使裁判权的专门机关，有义务确保被告人获得公正审判的权利（如获得指定辩护的权利等），这种义务是国家基于联合国国际公约和国内法关于人权保障条款所负有的国家义务。因而，在刑事审判过程中确保审判程序本身的合法性、公正性、公开性，就成为国家在处理个案时所具有的特殊义务。基于前述分析，简言之，在诉讼实体面，刑事审判程序中的审辩关系的实体性客体要素主要是“所涉案犯罪嫌疑事实与犯罪构成要件之间的符合程度是否能够达到同一性”和具体的刑事实体法关系（具体国家刑罚权和刑事责任）。前者旨在解决犯罪构成与否的问题，即定罪问题，后者旨在解决刑罚裁量的问题，即量刑问题；在诉讼程序面，刑事审判程序中的审辩关系的程序性客体，主要是审判程序的合法性、公正性和审判活动的正当性、合法性。这是程序动态性理论视角下，刑事审判程序中审辩关系理论的核心内容。

此外，值得注意的是，就目前我国司法实践中所出现的审辩关系冲突问题，其实也主要发生在诉讼程序面。因为被告人及其辩护律师通常会主张其某些程序性诉讼权利或者诉讼请求没有得到应有保障，而在法庭审理过程中进行抗议、质疑。其中个案也有是由于审判者在庭审过程中未能严守依法独立审判和审判中立原则而实施的错误行为，以致酿成重大庭审事故的热点新闻事件。对于近年来司法实践中所出现的这些审辩关系紧张、冲突问题，应当从刑事审判基本原理的角度进行深层次的理论分析，然后在此基础上研究和制定既能够满足实践需要又符合诉讼规律和审判规律的司法对策。鉴于前述分析，笔者在此拟在以审判为中心的诉讼制度改革的特殊语境中，通过对我国审判程序中的审辩关系进行多角度理论阐述和多维度理论分析，以期为构建“审判尊重和保障辩护、辩护监督和制约审判”的新型审辩关系提供理论参考和智识支持。

1. 依法独立审判原则视角下的新型审辩关系

我国宪法和法律规定，人民法院依法独立行使审判权，不受行政机关、社会团体和个人的干涉。就其内涵而言，在我国现行刑事司法的特定语境中，依法独立审判意味着审判的中立性、被动性、专有性、自主性和最终的权威性，但是就其外部关系而言，还需要正确处理好法院独立审判与党的领导的关系、独立审判与人大监督的关系、独立审判与国家行政机关的关系、独立审判与人民参与监督司法的关系等方面。传统理论中所指出的这些方面，经过多年的研究和治理基本已经解决，虽未得到根除，但基本能够有效遏制；目前司法实践中的突出问题是，审判构造内部的依法独立审判原则贯彻问题，审判相对于控诉和辩护的相对独立问题，以及审判相对于媒体监督和社情民意的独立问题。对此，笔者拟在下文予以专门论述，在此不再赘述。

同时，值得注意的是，我国理论界和实务界的普遍共识认为，就我国当前司法体制所存在的问题而言，有步骤地推进依法独立审判是我国司法改革中至为重要的举措。在此值得注意的是，我国制度语境中的“独立审判”，严格区别于西方的体制。两者的关键区别在于政治体制和司法体制中的功能、定位及其职能配置等方面的客观差异。前者是我国法院整体依法独立、公正行使审判权；而后者则是“分权制衡”的政治体制语境中的产物。对前者而言，与之相适应的是人大监督下的“一府一委两院”的国家机构体系和公检法机关分工、配合、制约的诉讼制度模式，从当前改革导向的角度观察，则意味着从“以侦查为中心”向“以审判为中心”的体制重心和制度模式转变。在这种特殊语境中，凡是制约法院实现以审判为中心的体制、机制和制度因素，都是不适应改革要求和价值导向的。

当然，值得指出的是，前述论断是就宏观角度而言的。但是，从微观角度来看，如果仅就依法独立审判本体及其外部影响因素而言，依法独立审判原则要求，法院不但要处理好与检察机关的关系，还需要处理好与被告人及其辩护人（尤其是辩护律师）的关系。对于前者在此不再赘述，而对于后者，如前所述，目前我国司法实践中所存在的主要问题，一方面是如何正确处理好审判构造内部的依法独立审判问题，即审判相对控诉的独立问题和审判相对于辩护的独立问题；另一方面则是在手机互联网、自媒体和网络媒体日益发达的今天，如何处理好日益突出的媒体监督、社情民意与依法独立审判的问题。对于防治这些问题的对策，笔者认为应当注意以下几个方面：

首先，对于审判构造内部的依法独立审判问题，主要是坚持好"控审分离"原则，避免"控审不分"、"以审代控"或"以控代审"现象的出现。对其前已述及，在此不再赘述。对于审判构造内部存在的审判相对于辩护的独立问题，主要的解决对策除了严格贯彻全国律师工作会议所提出的"24 字"方针外，笔者认为应当注意几个方面：其一，正确处理好法官与律师的关系，构建两者间的良性互动关系。其二，正确处理好审判与辩护的关系，构建"审判尊重和保障辩护、辩护监督和制约审判"的新型审辩关系。其三，通过制定和完善法庭规则和庭审举证、质证、认证规则来规范和调整法庭审判活动，增强法庭审判程序的公开性、公平性和正当性，尽可能避免引发辩审冲突、辩审关系紧张的庭审事故和热点新闻事件。同时，完善法院内部的庭审事故应急处置预案和责任追究机制，一旦发生引发社会普遍关注的重大庭审事故和新闻事件，涉事法院就应当立即启动相应的突发性事件应急处置机制、舆情处置机制和内部责任追究机制，防止这些热点事件影响法院形象和司法权威。

其次，在手机互联网、自媒体和网络媒体日益发达的今天，如果因个案的司法审判而引发社会普遍关注的"热点事件"，就可能导致媒体监督、社情民意与依法独立审判的冲突问题。在这种情况下，笔者认为可以通过几种途径解决问题：其一，应当严格遵守法律所规定的审判公开原则。在此前提下，首先，对于个案中允许公开的信息范围、公开方式和程度，都要有正确的认识和把握；其次，对案件中所涉及的审判秘密和案件信息以及诉讼参与人个人隐私的保密问题要严格限制，不得任意公开。其二，制定和完善庭审规则，对于在法庭审理过程中违法或违规使用手机互联网、自媒体或者互联网媒体擅自发布庭审过程、案件信息或者诉讼参与人隐私的，并造成不良社会影响或严重后果的，要依法追究其法律责任，构成犯罪的，依法追究刑事责任。其三，就制度构建角度而言，要完善法庭审理的程序性规则和违反法庭规则的法律制裁体系，即采用“审判程序内部自治机制和外部法治机制相结合”“程序性制裁和实体性制裁相结合”“司法行政处罚、治安行政处罚和刑事处罚相结合”的法律制裁体系。这就意味着，法院在司法实践中需要正确处理好刑事诉讼法、法官法和律师法、治安管理处罚法和刑法等法律所规定的相关法律责任之间的关系，以期在实践中处理个案时及时、准确、有效地处理相关庭审事故危机、司法舆情危机和公共关系危机。其四，还要处理好“硬法”与“软法”的关系，完善新闻发布会制度，就是既要注意适当采取法律和政策手段相结合的方式来处理相关司法情势，还要处理好法律制裁与依法主动公开有关案件信息的关系。

2. 人权保障原则视角下的新型审辩关系

众所周知，刑事司法领域的人权保障问题是世界范围内普遍关注的重大理论和实践问题。从刑事诉讼法制史角度来看，在纠问式诉讼制度下刑讯逼供成为司法常态，被告人沦为追究和惩治的客体，其不具有程序性主体地位和诉讼主体资格。随着近代启蒙思想的传播和民众人权保障意识的增强，在近代国家建立后，尊重和保障被告人基本人权的理念在刑事司法领域得到贯彻和执行。被告人在刑事司法过程中的程序性主体地位逐渐得到确认。同时，随着近现代诉讼制度的民主化、理性化和科学化进程的不断发展，现代刑事诉讼还演绎出一系列旨在保障被追诉者和被审判者的诉讼特权，诸如无罪推定的特权、不得强迫自证其罪的特权、获得公正审判的特权等。随着世界人权保障事业的不断发展，人权司法保障已经成为国内外刑事司法领域的普遍共识。

从国际法和国内法角度来看，联合国国际公约已经将保障人权，尤其是保障被追诉者在刑事程序中的基本人权作为一项国际司法准则，并被载入许多国际法文件。其中，最著名的是《世界人权宣言》和《公民权利和政治权利国际公约》（以下简称“两权公约”）的人权保障条款。其中，《世界人权宣言》第10条规定：“人人完全平等地有权由一个独立而无偏倚的法庭进行公正的和公开的审讯，以确定他的权利和义务并判定对他提出的任何刑事指控。”“两权公约”第14条①对被告人获得公正审判的权利作出了详尽的规定。随着国际人权保障运动的不断发展和人们人权保障意

---

① 《公民权利和政治权利国际公约》第14条规定：“一、所有的人在法庭和裁判所前一律平等。在判定对任何人提出的任何刑事指控或确定他在一件诉讼案中的权利和义务时，人人有资格由一个依法设立的合格的、独立的和无偏倚的法庭进行公正的和公开的审讯。由於民主社会中的道德的、公共秩序的或国家安全的理由，或当诉讼当事人的私生活的利益有此需要时，或在特殊情况下法庭认为公开审判会损害司法利益因而严格需要的限度下，可不使记者和公众出席全部或部分审判；但对刑事案件或法律诉讼的任何判刑决应公开宣布，除非少年的利益另有要求或者诉讼系有关儿童监护权的婚姻争端。二、凡受刑事控告者，在未依法证实有罪之前，应有权被视为无罪。三、在判定对他提出的任何刑事指控时，人人完全平等地有资格享受以下的最低限度的保证：（甲）迅速以一种他懂得的语言详细地告知对他提出的指控的性质和原因；（乙）有相当时间和便利准备他的辩护并与他自己选择的律师联络。（丙）受审时间不被无故拖延；（丁）出席受审并亲自替自己辩护或经由他自己所选择所法律援助进行辩护；如果他没有法律援助，要通知他享有这种权利；在司法利益有此需要的案件中，为他指定法律援助，而在他没有足够能力偿付法律援助的案件中，不要他自己付费；（戊）讯问或业已讯问对他不利的证人，并使对他有利的证人在与对他不利的证人相同的条件下出庭和受讯问；（己）如他不懂或不会说法庭上所用的语言，能免费获得译员的援助；（庚）不被强迫作不利於他自己的证言或强迫承认犯罪。四、对少年的案件，在程序上应考虑到他们的年龄和帮助他们重新做人的需要。五、凡被判定有罪者，应有权由一个较高级法庭对其定罪及刑罚依法进行复审。六、在一人按照最後决定已被判定犯刑事罪而其後根据新的或新发现的事实确实表明发生误审，他的定罪被推翻或被赦免的情况下，因这种定罪而受刑罚的人应依法得到赔偿，除非经证明当时不知道的事实的未被及时揭露完全是或部分是由於他自己的缘故。七、任何人已依一国的法律及刑事程序被最後定罪或宣告无罪者，不得就同一罪名再予审判或惩罚。”

识的逐渐增强，逐渐影响国内法。例如，我国2004年《宪法》修改时明确规定了“国家尊重和保障人权”（第33条）。经过理论界和实务界多年的不懈努力，2012年修改《刑事诉讼法》时将人权保障条款载入法典，作为规定刑事诉讼法的重要任务、目的和功能。同时，还明确规定了不得强迫自证其罪、非法证据排除规则等司法保障措施。此外，需要指出的是，2018年《人民法院组织法》修改时载入“尊重和保障人权”条款，这成为法院代表国家、承担保障被告人基本人权的国家义务的直接法律依据。因此笔者认为，人权司法保障原则被纳入刑事法治轨道，不仅有利于促进刑事程序法治的积极进步，而且有利于促进刑事实体法治的重大进步，尤其是在我国刑罚体系的结构优化、死刑立法罪名和司法适用的减少等方面都有着积极促进意义。

如果从人权保障角度来分析刑事审判程序中的审辩关系，我们不难发现无论在诉讼实体面还是在诉讼程序面，都必然涉及被告人的人权问题。具体而言：

首先，在诉讼实体面，公诉机关通过履行控诉职能、提起公诉和法院履行审判职能、实施审判所追求的目标就在于控制犯罪、实现国家刑罚权；但是值得注意的是，刑罚权是与刑事责任两者是此消彼长、辩证统一的，也就是说，两者是同一事物的两个方面，是“一体两面”的。这两者共同构成刑事实体法律关系（刑罚权关系）的基本内容。定罪权和量刑权是刑事裁判权的实体内容，都归属于法院，并由法院根据案情裁量决定。这就意味着，法院是能够决定被告人生命、人身自由和财产等实体权益是否被依法终局性地被限制或剥夺。换言之，即法院对被告人最核心、最重要的实体性人权具有司法裁判权和终局处分权。而被告人作为被追诉和被审判的对象，在整个诉讼过程中其实体性权益始终处于“悬而未决”的不确定状态，因为在法院生效裁判确定之前，被告人是否构成犯罪及其与国家间的刑事实体法律关系是否存在的问题，都处于悬而未决的不确定状态。只有当法院裁判生效后，被告人是否成立犯罪、国家是否有权对其实施刑事处罚及处罚范围和被告人是否承担刑事责任及其责任范围，才能够终局性地确定。并且，尽管被告人具有实体上的定罪辩护权和量刑辩护权，但是其前述这些实体上的请求权仍然要由法院根据案情来最终裁决。也就是说，在刑事司法过程中，法院是被告人命运的最终决定者。

其次，在诉讼程序面，被告人在刑事审判过程中，参加法庭调查和法庭辩论就案件的诉讼证据的举证、质证、认证问题提出辩护性意见，并有权提出对其有利的证据和事实情节的辩护。同时，我国刑事诉讼立法赋予被告人一系列的诉讼权利，诸如排除非法证据的请求权、申请法律援助的权利、申请回避权、申诉权、申请证人出庭作证权、强制措施解除请求权等程序性诉讼权利，这些诉讼权利都属程序性请求权或者程序意义上的诉权范畴。而对于这些程序性诉讼请求权，法院要根据法律规定的程序和条件进行审查，并作出处理决定。此外，如果法院在对刑事案件进行审理过程中发现具有《刑事诉讼法》第 16 条规定的不应当追究刑事责任的法定情形的，有权裁判终结诉讼程序，被羁押的被告人必须立即释放。这意味着，在审判程序的诉讼程序面，法院对被告人在程序意义上的诉讼请求权，也有终局性的决定权和处分权。

综上所述，鉴于法院对被告人在诉讼实体和诉讼程序两个层面的终局性裁判权，这就使被告人需要被放置于公正的审判程序中获得公正的司法审判，实体公正和程序公正的双重要求决定审判程序中审辩关系的弱势方、被告人，其实体意义和程序意义上的诉讼权利应当得到法院的充分保障。基于前述分析，笔者认为在人权保障原则的规范和调整下，以审判为中心的诉讼制度改革的发展趋势，必然要求法院与被告人及其辩护人构建良好的审辩关系，实现“审判尊重和保障辩护、辩护监督和制约审判”的理想审辩关系模式。

3. 刑事证明原理视角下的新型审辩关系

众所周知，在刑事诉讼中也需要遵循“谁主张，谁举证”的举证责任分配原则，尽管由于刑事诉讼自身所具有的特殊属性而存在例外。如前所述，因为公诉机关作为刑事审判程序的发动者和犯罪指控的提出者，其应当承担被告人有罪的证明责任。而根据无罪推定原则和不得强迫自证其罪原则，被告人不但不承担举证责任、证明责任，而且有提出对其有利的证据、事实和情节的辩护特权；而法院作为消极被动的居中裁判者，通常也不承担证明被告人有罪的举证责任、证明责任。但是在采用职权主义诉讼制度的国家，除法律规定其在特定情形下可以依职权主动调查核实证据和案件事实的外，被告人有罪的举证责任、证明责任仍然主要由公诉机关承担。所以控、辩、审在这种证明、听取证明、被证明（或/及反证明，即其辩护特权）的刑事司法证明关系中处于某种复杂的胶着状态。如果单就其中的审辩关系而言，审判和辩护两者在刑事司法证明关系中分别扮演着不同的诉讼角色，前者主要扮演着证明听取者、心证形成者和证明裁判者的角色，后者主要扮演着被证明（有罪）者或者证据辩护者、证明辩护者的角色。同时，在此值得指出的是，在例外情形下，诸如我国刑事诉讼法规定的被告人及其辩护人申请排除非法证据的，需要依法提出证据或者证据线索。这就意味着，对于其排除法证据的诉讼请求，被告人及其辩护人仍然要承担初步的证明责任。在这种特殊的司法证明语境中，被告人与法院之间其实也存在某种特殊的司法证明关系，前者扮演证明者的角色，后者扮演证明听取者、证明裁判者的角色。

此外，在此值得注意的是，我国刑事诉讼法并未规定被告人的沉默权，对有罪被告人而言，其在审判程序中负有如实供述其罪行的义务。当然，尽管这样的做法存在争议，但在实体处理上通常会作为被告人的认罪态度、悔罪情节等酌定量刑情节。

总体而言，在刑事审判程序内部的司法证明关系中，法院有义务保障被告人无罪推定的权利和不得强迫自证其罪的权利，以及其对被指控犯罪和量刑请求的辩护权利；被告人也应当尊重和服从法院据其客观公正义务所做出的证明裁判，如法院针对具体证据的证据能力和证明力以及是否达到法定证明标准等证明问题的程序性裁判。因而，在当前以审判为中心的诉讼制度改革背景下，厘清法院与被告人间的司法证明关系是实现“庭审实质化”和“以庭审为中心”的审判方式改革的重要途径和关键环节之一。

## 七、以审判为中心的刑事审判制度改革：规范解读、实践探索和理论构想

根据现行宪法和法律规定，法院在刑事诉讼中根据法定分工，依法承担着刑事案件的审判权和最终定罪权。由于定罪量刑是国家刑罚权实现的最直接形式，因而它是国家刑事审判权的内在应有之义，也是整个刑事司法权的最重要、最核心的内容。就现代诉讼原理上而言，法院的审判职权，既包括法院在审理查明犯罪事实基础上的定罪权，也包括法院在审理裁决法定或酌定量刑情节基础上的量刑权，还包括法院根据程序法定原则，遵循法定权限和程序，依法独立公正行使审判权。根据十八届四中全会《决定》的明确要求，以审判为中心的诉讼制度改革要求“保证庭审在查明事实、认定证据、保护诉权、公正裁判中发挥决定性作用”。对此，审判理论界和实务界普遍认为，以审判为中心的诉讼制度改革的核心要求，是实现“以庭审为中心”和“庭审实质化”。它既要确保“事实查明在法庭、证据认定在法庭、法律适用在法庭、裁判形成在法庭”，又要确保“诉讼证据出示在法庭、案件事实查明在法庭、诉辩意见发表在法庭、裁判结果形成在法庭”。这就意味着，既要发挥法院审判活动在整个刑事诉讼中的终局决定作用，又要发挥法庭在整个刑事审判活动中的最终决定作用。2016 年 6 月 27 日，中央全面深化改革委员会第 25 次会议审议通过

《刑事诉讼制度改革意见》，将以审判为中心诉讼制度改革的理论和实践价值，提高到前所未有的高度。特别是它在全面依法治国战略部署和国家监察体制改革中所发挥的重要地位和作用。鉴于此，笔者认为，如何适应以审判为中心的诉讼制度改革要求，通过刑事审判制度改革，来“确保案件处理经得起法律和历史检验”，如何通过审判制度改革来督促法院和办案人员强化司法审判办案质量和司法公正意识、树立“司法办案须经得起法律和历史检验”的底线思维，继而从严把握司法审判办案标准，有效防范冤假错案、科学推进司法公正。这些都是新时代刑事审判制度改革和刑事审判工作实践所面临的重要课题。

### （一）以审判为中心的刑事审判制度改革之规范解读

十一届三中全会以来，我们党深刻总结我国社会主义法治建设的成功经验和深刻教训，积极推进社会主义法治建设。特别是党的十八大以来，伴随全面依法治国基本战略的深入推进，国家治理体系和治理能力现代化得到持续推进，社会主义法治建设取得历史性成就，司法体制不断完善。根据十八届四中全会的重要部署和落实新时代中国特色社会主义法治的建设方针①，为“保证公正司法，提高司法公信力”，以审判为中心的诉讼制度改革被视为“推进严格司法”的重要举措。同时，在此需要指出的是，如果将它放到新时代“党和国家事业发展”、“人民群众期待”和“推进国家治理体系和治理能力现代化目标”的宏观视野和时代背景中，以审判为中心的诉讼制度改革并不是孤立的，而是与其他司法改革措施密切联系的。因而，笔者在此拟将“以审判为中心的诉讼制度改革”作为基本研究对象，对十八届四中全会精神从理论上进行体系解

① 新时代社会主义法治的建设方针：“科学立法、严格执法、公正司法、全民守法”，简称为“新十六字方针”。

读、目的解读，从而对中央关于以审判为中心的诉讼制度改革和相关改革措施的精神意旨和部署要求进行全面、客观的领会，并以此为基础开展理论探索和课题研究，为该项诉讼制度改革措施的不断深化和持续推进提供理论参考。

1. 完善确保依法独立公正行使审判权的制度

我国宪法和法院组织法、刑事诉讼法等明确规定，人民法院依照法律规定独立行使审判权，不受行政机关、社会团体和个人的干涉。[①] 2014 年《十八届四中全会关于全面推进依法治国若干重大问题的决定》在我国宪法和法律规定的基础上，中共中央首次从完善司法制度的角度明确强调法院“公正”行使审判权。因而，依法独立审判原则是我国宪法和法律规定的刑事诉讼基本原则，而十八届四中全会提出的“完善确保人民法院依法独立公正行使审判权的制度”，不但是我国审判制度现代化的重要发展趋势，也是以审判为中心诉讼制度改革的内在要求。基于此，笔者认为，从理论上可将其概括为“旨在推进司法公正的独立审判制度改革”。根据中央《决定》要求，主要包括以下几方面：

第一，建立领导干部干预司法活动、插手具体案件处理的记录、通报和责任追究制度。《决定》首先明确要求，各级党政机关和领导干部对“法院依法独立公正行使审判权”的支持。为完善旨在确保依法独立审判原则实施的制度改革，确立和完善“干预司法记录、通报和责任追究制度”，中共中央办公厅、国务院办公厅专门印发的《领导干部干预司法活动、插手具体案件处理的记录、通报和责任追究规定》，于 2015 年 3 月开始实施。这些措施要求，任何党政机关和领导干部不得让司法机关做违反

① 《宪法》第 131 条规定：“人民法院依照法律规定独立行使审判权，不受行政机关、社会团体和个人的干涉。”《人民法院组织法》第 4 条规定：“人民法院依照法律规定独立行使审判权，不受行政机关、社会团体和个人的干涉。”《刑事诉讼法》第 5 条规定：“人民法院依照法律规定独立行使审判权，人民检察院依照法律规定独立行使检察权，不受行政机关、社会团体和个人的干涉。”

法定职责、有碍司法公正的事情，任何司法机关不得执行党政机关和领导干部违法干预司法活动的要求。对干预司法机关办案的，给予党纪政纪处分；造成冤假错案或者其他严重后果的，依法追究刑事责任。①

第二，从正反两方面健全完善确保法院依法行使职权的制度。首先，在推进全面依法治国和“法治国家、法治政府和法治社会一体建设”过程中，应当通过制度改革和机制建设，科学明确、逐渐规范法院与司法机关之间的关系、特别是它们在司法审判活动中的关系。如健全行政机关依法出庭应诉制度等。对此，笔者认为，这些改革措施多数属于行政诉讼的范畴，在此不再赘述。其次，通过法律强制性规定，规制妨碍法院依法独立公正行使审判权的违法犯罪行为。特别是对于妨碍司法机关依法行使职权、拒不执行法院生效裁判和决定、扰乱法庭秩序或藐视法庭权威等违法犯罪行为，应当健全司法行政处罚、治安行政处罚、刑事犯罪惩罚等方面的法律规定。②

第三，建立健全司法人员履行法定职责保护机制。《决定》规定，“非因法定事由，非经法定程序，不得将法官、检察官调离、辞退或者作出免职、降级等处分”。此外，2016年7月，中共中央办公厅、国务院办公厅

---

① 2015年8月，最高人民法院制定《人民法院落实〈领导干部干预司法活动、插手具体案件处理的记录、通报和责任追究规定〉的实施办法》。

② 2015年《刑法修正案（九）》，修改了关于干扰法庭秩序罪等的规定。主要有：（1）《刑法修正案（九）》第37条将《刑法》第309条修改为：“有下列扰乱法庭秩序情形之一的，处三年以下有期徒刑、拘役、管制或者罚金：（一）聚众哄闹、冲击法庭的；（二）殴打司法工作人员或者诉讼参与人的；（三）侮辱、诽谤、威胁司法工作人员或者诉讼参与人，不听法庭制止，严重扰乱法庭秩序的；（四）有毁坏法庭设施，抢夺、损毁诉讼文书、证据等扰乱法庭秩序行为，情节严重的。”（2）《刑法修正案（九）》第38条将《刑法》第311条修改为：“明知他人有间谍犯罪或者恐怖主义、极端主义犯罪行为，在司法机关向其调查有关情况、收集有关证据时，拒绝提供，情节严重的，处三年以下有期徒刑、拘役或者管制。”（3）《刑法修正案（九）》第39条将《刑法》第313条修改为：“对人民法院的判决、裁定有能力执行而拒不执行，情节严重的，处三年以下有期徒刑、拘役或者罚金；情节特别严重的，处三年以上七年以下有期徒刑，并处罚金。单位犯前款罪的，对单位判处罚金，并对其直接负责的主管人员和其他直接责任人员，依照前款的规定处罚。”

发布《保护司法人员依法履行法定职责规定》，这是中央根据十八届四中全会精神制定的、旨在加强法官职业安全保障的党内法规。2017 年 2 月，最高人民法院发布《人民法院落实〈保护司法人员依法履行法定职责规定〉的实施办法》，对保护人民法院的司法人员依法履职作了全面规定。

基于前述考察分析，笔者认为，前述旨在确保司法公正的依法独立审判制度改革，既是以审判为中心的诉讼制度改革的内在要求，也反过来对以审判为中心的诉讼制度改革产生重要影响。这些改革措施，既有利于增强司法机关依法独立公正行使司法职权，也有利于法院及其审判人员依法独立公正行使审判权，更有利于增强司法人员依法、客观、公正履行法定职责。

2. 优化司法职权配置，深化配套制度改革

我国宪法和刑事诉讼法明确规定，公安司法机关办理刑事案件（或者进行刑事诉讼），应当分工负责，互相配合，互相制约，以保证准确有效地执行法律。这是我国宪法和法律规定的刑事诉讼基本原则，它对我国现行刑事司法体制的产生、发展和形成，起着极为重要而深远的作用。然而，在全面深化改革和全面推进依法治国的时代背景下，该原则及其所确定的刑事司法体制也面临着新的时代课题。2014 年十八届四中全会《决定》在我国宪法和法律规定的基础上，在中央决议中确立了“公检法司各司其职、互相配合、互相制约”的原则。[①] 它既是推进以审判为中心诉讼制度改革的重要原则，也是推进国家治理体系和治理能力现代化、促进“以审判为中心”的刑事诉讼格局得以形成的重要体制保障。对此，笔者认为，可从理论上概括为“旨在形成‘以审判为中心的（刑事）诉讼格

---

① 《宪法》第 140 条规定：“人民法院、人民检察院和公安机关办理刑事案件，应当分工负责，互相配合，互相制约，以保证准确有效地执行法律。”《刑事诉讼法》第 7 条规定：“人民法院、人民检察院和公安机关进行刑事诉讼，应当分工负责，互相配合，互相制约，以保证准确有效地执行法律。”2014 年中共中央《决定》规定：“健全公安机关、检察机关、审判机关、司法行政机关各司其职，侦查权、检察权、审判权、执行权相互配合、相互制约的体制机制。”

局’的体制机制改革”。根据《决定》要求，主要包括以下几方面：

（1）优化司法职权配置，完善刑事司法体制。首先，将司法行政机关纳入司法体制框架，在司法职权分工上，明确侦查权、检察权、审判权、执行权为主要内容的新型司法职权分工体系；逐步确立和完善由公检法司四机关分别依照前述职权分工，“互相配合、互相制约”的司法职权运行体制。其次，在完善司法体制的具体措施上，主要有：其一，推动“审执分离”，即推动实行审判权和执行权相分离的体制改革试点。这意味着，尽管两者都属于司法职权的范畴，但是《决定》在权力性质上，将审判权和执行权区分为两种不同性质的权力。因而，通过实行审判权和执行权相分离的司法体制改革，确立和完善不同的司法权运行机制，从而适应新时代司法实践的现实需要。其二，完善刑罚执行制度，统一刑罚执行体制。目前，根据我国现行司法体制的框架性要求，对于已生效的刑事裁判和决定，依照现行法律规定，分别由公检法司等机关分别执行，因而在很大程度上造成刑罚执行权分散，司法实践中“执行难”问题突出，长期困扰司法机关。因而，探索完善刑罚执行制度，构建和完善统一的刑罚执行体制，也是新时代司法体制改革的重要要求。其三，推进司法管理体制改革，推动省以下人财物省级统一管理制度改革，省级设立法官检察官遴选委员会，从而在体制上破解同级地方行政机关对审判权运行的深层次制约和不当干扰；同时，在法院内部，探索实行法院司法行政事务管理权和审判权相分离，从法院内部深化职权分工，破解司法行政事务权对审判权力的依法、独立、公正运行所造成的不当干扰。

（2）完善刑事诉讼中认罪认罚从宽制度。2014 年 10 月 23 日，十八届四中全会通过的《决定》，首次提出“完善刑事诉讼中认罪认罚从宽制度”。2016 年 7 月，中央全面深化改革委员会第 26 次会议审议通过了《关于认罪认罚从宽制度改革试点方案》。2016 年 9 月，全国人大常委会表决通过《关于授权最高人民法院、最高人民检察院在部分地区开展刑事案件认罪认罚从宽制度试点工作的决定》，授权“两高”在18个城市开展认罪认罚从宽制度的试点工作，并将刑事速裁程序纳入试点工作，在案件适用范围上扩大到可能判处3年有期徒刑以下刑罚的案件。2018年《刑事诉讼法》修改时，将认罪认罚从宽制度纳入法律规定。此外，理论界和实务界的普遍共识认为，鉴于认罪认罚从宽制度兼具程序法和实体法双重属性，宜通过修改刑法典，将认罪认罚从宽制度载入刑法总则和分则。

在此值得注意的是，对于认罪认罚从宽制度与以审判为中心的诉讼制度改革的关系，主要在于通过繁简分流优化司法资源配置，保障司法机关集中精力处理疑难复杂案件，确保疑难复杂案件和重大案件的公正处理，既高效利用有限司法资源、缓解“案多人少”“诉讼拖延”等问题，又有效防止冤假错案发生，维护司法公正。① 因而，笔者认为，认罪认罚从宽制度与以审判为中心诉讼制度改革两者是相辅相成、辩证统一的，并且两者在制度目的和价值导向上，都旨在有效地将“认定事实符合客观真相、办案结果符合实体公正、办案过程符合程序公正”等诉讼理念和价值导向有机结合起来、辩证统一起来。

（3）坚持两审终审制，推动审级制度改革。首先，两审终审制是我国宪法和刑事诉讼法等法律规定的基本审级制度，但是20世纪90年代以来，理论界关于实行“三审终审制”的观点不绝于耳。但是鉴于我国幅员辽阔、人口众多、案件数量巨大，实行三审终审可能造成极大资源浪费。因而，理论界和实务界的普遍观点认为，应当坚持两审终审制的特色和优势的前提下，完善审级制度。并且，在确保司法公正价值的前提下，还要兼顾办案质量、效率等价值。其次，就审级制度改革内容上而言，科学区分

① 对此，正如2016年“两高三部”《关于推进以审判为中心的刑事诉讼制度改革的意见》第21条所指出的，“推进案件繁简分流，优化司法资源配置。完善刑事案件速裁程序和认罪认罚从宽制度，对案件事实清楚、证据充分的轻微刑事案件，或者犯罪嫌疑人、被告人自愿认罪认罚的，可以适用速裁程序、简易程序或者普通程序简化审理”。

不同审级的刑事审判程序的功能、价值和作用，第一审普通案件的审判程序“重在解决事实认定和法律适用”、第二审普通案件的审判程序“重在解决事实法律争议、实现两审终审”、审判监督程序（再审程序）“重在解决依法纠错、维护裁判权威”。因而，《决定》根据不同审级的刑事审判程序的制度目的，对其自身功能、价值和作用的重新定位，旨在破解制约审级制度深化改革的体制机制，为新时代审级制度改革提供明确的价值导向和改革方向。

（4）明确法院内部层级权限，健全内部监督制约机制。根据 2014 年十八届四中全会通过的《决定》的要求，[①] 法院应当不断推动内部层级权限的明确和规范，健全法院内部监督制约机制。首先，《决定》明确要求，“司法机关内部人员不得违反规定干预其他人员正在办理的案件”，并“建立司法机关内部人员过问案件的记录制度和责任追究制度”。根据中共中央办公厅、国务院办公厅在 2015 年 3 月印发的《领导干部干预司法活动、插手具体案件处理的记录、通报和责任追究规定》，2015 年 8 月，最高人民法院在同年 8 月制定出台贯彻实施中央该政策文件的实施办法，[②] 对有关问题作出具体规定。其次，完善主审法官、合议庭办案责任制，落实“谁办案，谁负责”的改革要求和目标导向。2018 年 11 月，最高人民法院制定出台《关于健全完善人民法院主审法官会议工作机制的意见（试行）》，对于健全和完善法院主审法官办案工作机制和责任制作出相应规定。

---

① 十八届四中全会通过的《中共中央关于全面推进依法治国若干重大问题的决定》明确规定，“明确司法机关内部各层级权限，健全内部监督制约机制。司法机关内部人员不得违反规定干预其他人员正在办理的案件，建立司法机关内部人员过问案件的记录制度和责任追究制度。完善主审法官、合议庭、主任检察官、主办侦查员办案责任制，落实谁办案谁负责”。

② 2015 年 8 月，最高人民法院制定《人民法院落实〈领导干部干预司法活动、插手具体案件处理的记录、通报和责任追究规定〉的实施办法》。

3. 持续推进严格司法，深化审判中心改革

众所周知，“以事实为根据，以法律为准绳”是我国宪法和法律规定的基本原则。十八届四中全会通过的《决定》，明确提出在坚持“以事实为根据、以法律为准绳”的宪法和法律原则的基础上，实施旨在推进严格司法的体制机制改革，明确提出“健全事实认定符合客观真相、办案结果符合实体公正、办案过程符合程序公正的法律制度”。这就意味着，新时代旨在推进严格司法的法律制度改革，应当坚持以辩证唯物主义认识论为基础的“客观真实”的事实认定观，并以此为基础，坚持以辩证唯物主义实践论为基础的公正司法观，即既要强调“办案过程的程序公正”，又要强调“办案结果的实体公正”；也就是说，在实践原则和方法论上，既要坚持客观全面、实事求是的办事原则，又要坚持辩证唯物、历史唯物的方法论；在办案观上，既要兼顾办案过程和办案结果的司法公正，又要兼顾程序公正和实体公正的价值导向。简言之，即实现“过程公正与结果公正相结合”“程序公正与实体公正相结合”。因而，笔者认为，作为新时代健全法律制度的重要指导思想，它不仅适用于立法实践，也适用于司法实践，同时它还是推进以审判为中心的诉讼制度改革的重要基础。基于此，笔者认为，从理论上可将这种“旨在‘推进严格司法’的法律制度改革、司法制度改革和诉讼制度改革，特别是以审判为中心的诉讼制度改革”，简称为“旨在推进严格司法的审判中心制度改革”。根据《决定》要求，主要包括以下几方面：

（1）加强和规范司法解释和案例指导，推动旨在统一法律适用标准的司法制度改革。首先，加强和规范法院司法解释工作，完善刑事审判司法解释制度机制。[①] 根据《人民法院组织法》、《各级人民代表大会常务委员

---

① 2019 年 5 月 13 日，最高人民检察院印发修订后的《最高人民检察院司法解释工作规定》，从一般规定、立项、起草、审核、检察委员会审议、发布、备案及清理等方面，对最高人民检察院司法解释工作予以进一步规范和细化。

会监督法》和《全国人民代表大会常务委员会关于加强法律解释工作的决议》[①] 规定，针对审判工作中适用法律的具体问题，以及司法解释工作实践中经常性、常态化问题，科学完善、有序推进刑事审判司法解释制度机制改革，不断加强和规范法院司法解释工作。同时，针对《刑法》《刑事诉讼法》等法律的修正案，及时开展司法解释的制定、修改、废止，以及清理、编纂、备案和培训等工作，从而确保最新制定或修改的刑事法律规定得到准确、有效的实施，从而为刑事法律的统一适用、刑事审判的科学规范、刑事司法权威和公信力的不断提高发挥积极建设作用，最终为持续深化以审判为中心的诉讼制度改革发挥积极促进作用。其次，加强和规范案例指导工作，健全和完善案例指导制度。案例指导制度，作为中国特色社会主义司法制度的重要组成部分，对于统一法律适用标准，规范法官自由裁量权，促进司法公正、提升司法公信力，都有着重要作用。主要措施有：一是科学设定典型案例的选编标准，统一规范典型案例的编写体例，不断完善案例指导配套制度和工作机制；二是加强案例指导工作信息化、智能化建设，做好典型案例的及时发布、便利查询，不断满足广大审判人员和人民群众日益增长的对司法案件经典判例解读的需求；三是加强司法案例研究，在对司法案例全方位研究的基础上，突出强调对司法实践中经常性、常态化的争议焦点问题，或者典型、突出、疑难问题，进行概括、归纳和总结；并通过分析定性，对法律适用中的具体问题作出准确、及时的理论回应和学理阐释，继而得出科学合理的案例分析结论。因而，笔者

---

① 1981年6月10日第五届全国人民代表大会常务委员会第十九次会议通过的《全国人民代表大会常务委员会关于加强法律解释工作的决议》第2条规定：“凡属于法院审判工作中具体应用法律、法令的问题，由最高人民法院进行解释。凡属于检察院检察工作中具体应用法律、法令的问题，由最高人民检察院进行解释。最高人民法院和最高人民检察院的解释如果有原则性的分歧，报请全国人民代表大会常务委员会解释或决定。”第3条规定：“不属于审判和检察工作中的其他法律、法令如何具体应用的问题，由国务院及主管部门进行解释。”

认为，加强和规范案例指导制度，对于提高司法人员培训质量和司法人员的办案质量，提高司法权威和公信力，推动和促进以审判为中心的诉讼制度改革，都发挥着重要的建设作用。

（2）深化以审判为中心的诉讼制度改革。即旨在“推进严格司法”的以审判为中心的诉讼制度改革。根据十八届四中全会通过的《决定》，以审判制度改革为立足点，它主要有几方面：一是“确保侦查、审查起诉的案件事实证据经得起法律检验”。即就司法审判监督的角度而言，通过加强司法审判对刑事侦查、审查起诉等审前环节所查明的犯罪事实、所收集的证据的监督价值、功能和作用，确保法院据以定罪量刑的事实和证据，经得起法律的检验、经得起“法律规定的、以无罪推定原则为基础”的审判程序的检验，从而发挥审判环节在整个刑事诉讼活动中的终局决定作用。二是“全面贯彻证据裁判原则”。在严格遵循宪法和法律规定的“以事实为根据、以法律为准绳”原则的基础上，全面贯彻政策确定、法律规定的证据裁判原则，按照裁判的标准和要求，严格把握证据“三性”、举证责任和证明标准，为法院作出有罪裁判提供“足以证明‘案件事实清楚’的‘确实、充分’”的证据基础。三是“严格依法收集、固定、保存、运用证据”。根据程序法定原则要求，严格按照法定的收集程序调查收集、固定、保存、运用证据，通过庭前会议、法庭调查和法庭辩论等诉讼程序，对据以定罪量刑的证据进行审查判断、调查核实，并依法排除审前阶段收集的非法证据，为法院依法作出判决、裁定和决定提供“确实、充分”的证据基础。四是“完善证人、鉴定人出庭制度”。根据直接言词原则的要求，完善证人、鉴定人出庭作证制度；确保当事人及其辩护人、诉讼代理人在法庭调查和法庭辩论过程中的质证权和辩论权切实得到尊重和保障。五是“保证庭审在查明事实、认定证据、保护诉权、公正裁判中发挥决定性作用”。它是以审判为中心的诉讼制度改革的最核心要求，通常被概括为“以庭审为中心”。它的基本要求是“查明事实在法庭、认定证据在法庭、保护诉权在法庭、公正裁判在法庭”；它就根本上而言，是由法院定罪权和终局裁判权所决定的。具体而言：其一，“查明事实在法庭”要求，检察机关提出指控事实、被告人提出辩护事实、法院依法裁决事实，以及证人、鉴定人等诉讼参与人证明特定案件事实，都要集中在法庭，并在法庭调查和法庭辩论过程中被最终确定，从而为法庭裁判提供事实基础。其二，“认定证据在法庭”要求，检察机关提出指控犯罪的证据、被告人及其辩护人提出无罪罪轻的辩护证据、法院作出有罪无罪裁判所认定的证据，以及证人、鉴定人等诉讼参与人提供的关键证据，都要集中展示在法庭，通过法庭调查和法庭辩论等程序进行审查判断、审查核实和最终认定，从而为法庭裁判提供坚实的证据基础。其三，“保护诉权在法庭”要求，检察机关提出犯罪指控和量刑建议的诉讼请求在法庭，被告人及其辩护人提出有利于被告的、无罪辩解和罪轻辩护的诉讼请求在法庭，被害人提出部分犯罪指控的诉讼请求在法庭；法院根据事实和法律、依照法律规定的范围和程序，在法庭审判活动中对控辩双方的诉权依法予以保护（特别是依法尊重和保障被告人的辩护权），并对双方诉讼请求依法裁决。其四，“公正裁判在法庭”要求，既要做到“裁判形成在法庭”，又要做到“裁判过程公正体现在法庭”和“裁判结果公正展现在法庭”，确保“事实认定符合客观真相、办案结果符合实体公正、办案过程符合程序公正”的裁判形成在法庭，从而最终确保当事人和人民群众在每一个司法案件中都感受到公平正义。对此，笔者认为，正如审判理论和实务界所普遍认同的共识，即“诉讼以审判为中心，审判以庭审为中心”，它从根本上是由法院的定罪权和终局裁判权所决定的。因而，在整个刑事诉讼中推进以审判为中心的诉讼制度改革，并在刑事审判中推进以庭审为中心的审判制度改革，是十八届四中全会确定的这项重大改革部署的内在应有之义。[①]

（3）深化司法责任制改革，推进审判责任制度改革。司法责任制改革是新时代司法体制改革和审判权力运行机制改革的重要目标。司法责任制改革是十八届三中全会2013年11月通过的《中共中央关于全面深化改革若干重大问题的决定》明确提出的改革要求。在此需要指出的是，它是在着力“推进法治中国建设”时明确提出“推进审判责任制改革”要求的；并且，它将“完善旨在‘让审理者裁判、由裁判者负责’的主审法官、合议庭办案责任制”作为“健全司法权力运行机制”的重要组成部分和具体操作措施。随后，2014年6月，中央深化改革领导小组第3次会议审议通过《关于司法体制改革试点若干问题的框架意见》，会议指出，完善司法责任制等“都是司法体制改革的基础性、制度性措施”，要求“主审法官、合议庭法官在各自职权范围内对案件质量终身负责”。2014年十八届四中全会通过的《决定》，将推进司法责任制改革作为“推进严格司法”的重要措施；《决定》要求，“明确各类司法人员工作职责、工作流程、工作标准，实行办案质量终身负责制和错案责任倒查问责制，确保案件处理经得起法律和历史检验”。对于司法责任制改革的重要意义，正如习近平总书记在中央政治局第21次集体学习时所指出的，推进司法体制改革、健全司法权力运行机制，“要紧紧牵住司法责任制这个牛鼻子”，保证法官、检察

---

① 此外，在此值得注意的是，就完善司法管理体制和司法权力运行机制的角度而言，有审判理论和实务专家根据人民法院“一五改革纲要”和“二五改革纲要”，结合司法实践经验，提出“以审判为中心”和“以法官为主体”的司法管理理念和司法权力运行观，并系统阐述了法院管理基本理论，提出了“审判工作由庭外到庭内转变”“审判组织从集体负责到合议庭、法官负责转变”“管理模式从行政管理模式向审判管理模式转变”“管理手段从传统方式向现代化方式转变”等改革目标和价值理念。对此，笔者认为，在新时代深化以审判为中心的诉讼制度改革过程中，促进“以庭审为中心”的刑事审判制度改革有着很好的借鉴意义。对此，由于掌握资料、研究目的和方法等限制，在此不再赘述，请识者不吝赐教。

官做到“以至公无私之心，行正大光明之事”。[①] 基于前述中央的决策部署和指示精神，结合2015年《关于完善人民法院司法责任制的若干意见》等的落实情况，并根据以审判为中心的诉讼制度改革的要求，笔者认为，新时代深化司法责任制改革、推进审判责任制度改革，主要包括以下几方面：

第一，新时代司法责任范畴的逻辑内涵。[②] 从审判理论构建角度来看，所谓的“司法责任制”，在内涵上特指规范和调整司法审判主体违反法定职责或实施违法审判行为所应承担的不利后果的法律制度和纪律规范的总称。而根据最高人民法院2015年9月出台的《关于完善人民法院司法责任制的若干意见》的有关规定，在法院司法责任制改革的特定语境下，所谓“司法责任”，则是指司法审判人员（包括员额制法官、人民陪审员和执行员、法官助理、书记员、司法警察等审判辅助人员）违反法律和司法解释规定的诉讼职责，影响审判正常进行、造成不良影响或侵犯诉讼参与人合法权益，或者实施违法审判行为，情节严重或造成严重后果，依法所应承担的法律或纪律上的不利后果；在外延上，它主要包括政务纪律责任、审判纪律责任和法律责任。因而，在新时代审判理论构建和审判制度改革的特定语境中，狭义的司法责任，特指员额制法官等审判人员的审判责任。而根据《关于完善人民法院司法责任制的若干意见》的规定精神，“人民法院司法责任制改革”，被规定性地简称为“审判责任制改革”。对此，笔者从理论上将其称为“审判责任制度改革”。

---

① 2015年3月25日，习近平总书记在中共中央政治局第21次集体学习时强调，要紧紧牵住司法责任制这个牛鼻子，凡是进入法官、检察官员额的，要在司法一线办案，对案件质量终身负责。法官、检察官要有审案判案的权力，也要加强对他们的监督制约，把对司法权的法律监督、社会监督、舆论监督等落实到位，保证法官、检察官做到“以至公无私之心，行正大光明之事”，把司法权关进制度的笼子，让公平正义的阳光照进人民心田，让老百姓看到实实在在的改革成效。

② 对此，笔者认为，也可将该命题概括为“审判责任制度改革的逻辑内涵”。

第二，推进审判责任制度改革的基本宗旨。根据《关于完善人民法院司法责任制的若干意见》的制定宗旨和规定精神，推进审判责任制度改革的基本宗旨，主要有几方面：

一是“贯彻中央关于深化司法体制改革的总体部署，优化审判资源配置，明确审判组织权限”。这是从深层次的间接目的和最终宗旨层面而言的。具体而言：其一，“贯彻司法体制改革的总体部署”。根据十八届三中、四中全会精神，司法责任制改革被定位为“司法体制改革的基础性、制度性措施”和推进司法体制改革、司法权力运行机制改革的“牛鼻子”，因而新时代审判责任制度改革，作为司法责任制改革的核心组成部分，特别是在以审判为中心诉讼制度改革的特定背景下，其制度改革和实践价值就显得尤为重要。因而，推进审判责任制度改革的根本宗旨，在于坚持全面依法治国的总体部署，推进国家治理体系和治理能力现代化。其二，“优化审判资源配置”。优化司法职权配置、优化审判资源配置，是审判责任制度改革的基本宗旨之一。为减少审判权运行的行政化弊端，缓解多数发达地区“案多人少”、司法资源紧张等问题，探索建立符合司法规律、符合我国司法实际和适应司法体制改革要求的人力资源配置机制，是推进审判制度改革的重要目的和出发点。例如，总结部分地方探索审判团队办案模式的经验做法，推广在基层、中级人民法院组建由法官和法官助理、书记员以及其他必要的审判辅助人员组成的审判团队。又如，有审判业务专家主张，在区分权力属性、法官员额职数、案件繁简分流等因素的基础上，组建不同类型的审判团队：首先，以司法人员分类管理为基础，以权力属性为依据区分审判事务和辅助事务，把法官从事务性工作中解放出来专司审判业务。其次，“以法官为核心，以审判需求为导向。实行法官员额制后，审判团队应以员额法官为核心，配置比例得当的审判辅助人员。员额法官数和辅助人员数应以实际司法需求为导向原则，以合理工作量为基础，实行以案定员”。[①] 最后，“遵循繁简分流的分案模式要求。案件有繁简之分，相应的审判核心事务和辅助事务的难易、工作量也大不一样，审判团队的人员结构和数量配置应按照所办理案件的类型需求进行区分，方便案件的合理调配和分流，实现法院分工的精细化，提升审判效率”。[②] 因此，重新构建更加符合审判工作规律、法官职业特点和现实司法需求的人力资源配置机制，从而切实提高审判效率、节约司法资源、实现审判资源利用的最大化，是司法责任制改革的重要目的和宗旨。基于此，笔者认为，优化司法资源配置、优化司法职权配置，是推进审判责任制度改革的基本宗旨之一。其三，“明确审判组织权限”。根据中央“健全权力运行制约和监督体系”要求，“有权必有责、用权受监督、失职要问责、违法要追究，保证人民赋予的权力始终用来为人民谋福利”。这就意味着，要推进审判责任制度改革，就要首先“明确审判组织权限”，因为只有在明确法院内部不同审判组织的审判权限的基础上，才能够科学划分各级各类审判主体实施失职或违法审判行为时所应承担的纪律和法律责任，才能保证法院内部各种审判组织按照宪法和法律规定的审判权力分工、权限划分来履行审判职责，才能保证“惩罚犯罪，保护人民”的法律宗旨得以实现、保证人民赋予的审判权力始终为人民谋福利。因而，从推动新时代审判理论建设、完善审判主体理论的角度而言，在明确法院、审判委员会、审判庭、合议庭和独任庭等审判组织权限的基础上，厘清在法院内部各级各类审判组织中承担着特定审判职责的审判人员和审判辅助人员的诉讼职责权限，以及由此所衍生的诉讼权利义务，就成为审判责任制度改革的重要环节和必要内容，因而它也是推进新时代审判责任制度改革的重要逻辑前提

① 陈新哲：《优化法院人力资源配置找准落实司法责任制的切入点》，载《人民法院报》2017 年 5 月 2 日，第 2 版。

② 陈新哲：《优化法院人力资源配置找准落实司法责任制的切入点》，载《人民法院报》2017 年 5 月 2 日，第 2 版。

和基本宗旨之一。

二是“建立健全符合司法规律的审判权力运行机制，增强法官审理案件的亲历性，确保法官依法独立公正履行职责”。这是从直接目的和具体宗旨角度而言的。具体而言：其一，“建立健全符合司法规律的审判权力运行机制”，它要求，健全和完善审判权力运行机制，首先应当遵循司法规律，推动司法审判回归审判权的判断权和裁决权的本质属性；推动传统审判模式改革，科学区分审判权和审判管理权的性质、界限，将案件分配机制、审判长指定事项、法官审理案件的期限、法官回避事项、开庭审理和裁判文书公开等与当事人诉讼权利密切相关的程序性事项，都需要必要的管理活动予以保障。在此基础上，完善审判监督制约机制，规范审判权力的运行，就成为审判制度改革的必然选择。因而，“建立健全符合司法规律的审判权力运行机制”是审判责任制度改革的基本宗旨之一。其二，“增强法官审理案件的亲历性”，这是直接言词原则的必然要求和内在应有之义，也是贯彻直接言词原则、推进以庭审为中心的审判制度改革的核心要求。根据以审判为中心诉讼制度改革的要求，实现从“以侦查为中心”向“以审判为中心”的转变，是以审判为中心诉讼制度改革的重要目标；其基本要求就是打破传统“以案卷为中心”的办案模式，增强法官审理案件的过程性、亲历性，从而通过直接、言词的审理活动，最大限度保障法官形成符合客观真相的“内心确信”，保障审判过程符合程序公正、审判结果符合实体公正。基于此，笔者认为，“增强法官审理案件的亲历性”也是审判责任制度改革的重要目的和宗旨之一。其三，“确保法官独立公正履行职责”。在坚持党的领导和民主集中制的前提下，确保法官独立公正履行职责，是根据宪法和法律规定的依法独立审判原则，深化审判制度改革的逻辑延伸和必然要求；同时，根据以审判为中心的诉讼制度改革的核心要求，确保法官独立公正履行职责，是推进以庭审为中心的审判制度改革的必然逻辑要求。基于此，笔者认为，“确保法官独立公正履行职责”是推进审判责任制度改革的基本宗旨之一。

第三，推进审判责任制度改革的基本目标。根据《关于完善人民法院司法责任制的若干意见》的制定宗旨和规定精神，推进人民法院司法责任制改革和审判责任制度改革的基本目标，在于“让审理者裁判、由裁判者负责”和“确保人民法院依法独立公正行使审判权”。实现该目标的主要措施有以下几方面：一是“以严格的审判责任制为核心”。它要求，人民法院司法责任制改革应当贯彻十八届四中全会旨在“推进严格司法”的战略部署，并确立“审判责任制的核心地位”。即审判责任制度改革应当以严格的审判责任制为核心的人民法院司法责任制改革为首要基本目标。

二是“以科学的审判权力运行机制为前提”。它要求，人民法院司法责任制改革应当以科学的法律理论作为理论根据和支撑，并以此为基础完善审判权力运行机制。也就是说，审判责任制度改革应当“以科学的审判权力运行机制为前提的人民法院司法责任制改革”为重要基本目标。对于其理论基础，笔者认为，主要有：根据美国现代法理学和法哲学领域霍菲尔德的“法律关系模型”理论，“权力—责任”是特殊的法律关系。在霍菲尔德的分析实证主义学说看来，“责任”（Liability）与“权力”（Power）相关联，并与“豁免”（Immunity）相对；在“责任”概念的相关关系——“权力—责任”特殊法律关系中，“我能够要求你为P，而你有责任为我为P”[①]、“我能够，你必须接受”[②] 或“我能够强加，你必须接受”。[③] 从现代法律关系理论在公法领域的发展和应用来看，最典型

① 陈锐：《对霍菲尔德法律概念论的逻辑分析》，载《西南政法大学学报》2003 年第 9 期。

② 沈宗灵：《对霍菲尔德法律概念学说的比较分析研究》，载《中国社会科学》1990 年第 1 期。

③ 王涌：《寻找法律概念的“最小公分母”》，载《比较法研究》1998 年第 2 期；边慧亮：《刑事诉讼法律关系论纲》，中国人民公安大学出版社 2016 年版，第 213 页。

的例子，就是以国家刑罚权和刑事责任为基本内容的刑事实体法律关系(或刑罚权关系)；其实质也是“权力—责任”类型的法律关系。同理，从分析实证主义的法律关系理论角度分析，作为这种特殊的公法性法律关系的基本内容：“审判权力”和“审判责任”，也是作为一对相对的法律概念而出现的，这两个法律术语都旨在诠释“审判权力—审判责任”这种新型法律关系。笔者拟称之为一种特殊形态的“审判法律关系”或“审判权(力)关系”。①

三是“以明晰的审判组织权限和审判人员职责为基础”。它要求，人民法院司法责任制改革应当坚持“权责明晰、权责统一”原则，科学划分审判组织权限和审判人员职责。也就是说，审判责任制度改革应当“‘以明晰的审判组织权限和审判人员职责为基础’的人民法院司法责任制改革”作为重要基本目标。其中，所谓“权责明晰”，就是要科学划分法院内部的审判委员会、审判庭、合议庭和独任庭等审判组织的审判权限范围，以及基于指定、委派或授权代表法院履行法定职责的审判人员（包括员额制法官、人民陪审员和执行员、法官助理、书记员、司法警察等审判辅助人员）的审判职责范围，从而确保“让审理者裁判、让裁判者负责”得到落实。所谓“权责统一”，就是要在科学明晰区分“审判组织的审判权限范围”和“审判人员的审判职责范围”的基础上，科学界定、划分和

① 在此需要注意的是，审判法律关系与刑事实体法律关系的区别在于，两者在责任属性上的客观差别，即审判责任是以违反法定的审判职责以及由此所衍生的诉讼义务为前提的，因而审判责任兼具实体和程序双重属性，刑事责任只具有实体属性。同时，审判权作为国家权力的重要组成部分，它在一般意义上的抽象主体为国家，而在特殊意义上的特定主体，则是依法独立行使审判权的法院和依法履行审判职责的法官（广义，或称审判人员，包括员额制法官、人民陪审员和执行员、法官助理、书记员、司法警察等审判辅助人员）。在审判责任制度改革的特定语境中，这种特殊的审判权关系中的审判责任主体范围，通常仅限于“履行审判职责的法官”范围，并且是“违反法定职责或实施违法审判行为的法官”。审判责任具有惩罚性，它源自审判人员违反审判职责或者实施违法审判行为而产生的不利后果，因而法律责任属性是其本质属性。

设定因“违反审判职责或实施违法审判行为”所应承担的不利后果，即审判责任；从而实现审判权力、审判职责与审判责任的有机统一。此外，在此需要注意的是，审判权力、审判职责与审判责任是密切相关又有区别的法律术语。其中，审判职责与审判责任的区别在于，前者，一方面具有权力属性，是由法院审判权力派生的一种特殊权力形态；另一方面它不是基于违反法定职责或违法审判行为所应承担的不利后果，因而其“责任”属性是“第一性义务”。从这种意义上，“审判职责”通常兼具权力和义务双重属性；审判责任则具有惩罚性，是审判人员违反法定职责而在法律或纪律上所应承担的不利后果。它属于法理上的“第二性义务”。基于此，笔者认为，基于前述“审判权力—审判责任”特殊审判权关系的理论分析，结合审判权力、审判职责与审判责任等法律术语的科学界定：审判组织的审判权限、审判人员的审判职责由法院的审判权力所派生，内在固有权力属性、属“第二性权力”；审判责任，是审判人员违反审判职责中内在固有的“第一性义务”而应当承担的惩罚性后果或不利后果——法律责任或纪律责任。

四是“以有效的审判管理和监督制度为保障”。它要求，人民法院司法责任制改革应当坚持“监督有序、制约有效”原则，并确立有效的审判管理和监督制度。换言之，即审判责任制度改革应当“以有效的审判管理和监督制度为保障”为其重要基本目标。其理论基础在于，“审判权力—审判责任”这种特殊的审判法律关系，统一于审判管理和监督制度。因为这是两种共同指向的对象，也是这种审判法律关系的客体要素所在。因此，它是由刑事诉讼理论中的一般审判法律关系所衍生的一种审判监管法律关系；并且，这也是它区别于刑事诉讼理论中的一般审判法律关系之关键所在。在德国、日本和我国台湾地区的传统大陆法诉讼理论中，刑事诉讼法通常被称为“刑法之司法法”，如果就这个意义上而言，包括审判责任法等在内的司法责任法，就可称为“刑事诉讼法之司法法”。因而，正如习近平总书记指出的那样，司法责任制改革是推进司法体制改革的“牛鼻子”，建立健全以司法责任制为基本宗旨的“司法责任法”是破解很多制约司法体制改革的难题的关键所在，因而，就刑事程序法治现代化的角度而言，在传统理论上有着“小宪法”和“刑法之司法法”之称的刑事诉讼法，就不再是“法外之法”。

第四，推进审判责任制度改革的基本原则。根据《关于完善人民法院司法责任制的若干意见》的有关规定，推进审判责任制度改革的基本原则，除“坚持党的领导，坚持走中国特色社会主义法治道路”“依照宪法和法律独立行使审判权”等首要基本原则外，“权责明晰、权责统一、监督有序、制约有效”在宗旨中已经作出阐述，笔者在此仅就新的时代条件下促进审判责任制度改革实质性进展的指导原则展开阐述。主要有以下几方面：一是以法官为主体原则。根据《关于完善人民法院司法责任制的若干意见》第 2 条规定，人民法院司法责任制改革应当“遵循司法权运行规律，体现审判权的判断权和裁决权属性，突出法官办案主体地位”。它要求，审判责任制度改革应当坚持“以法官为主体”导向，强调法官在审判和处理案件过程中的主体性。主要有几方面：其一，法官是人民法院依法行使审判权、办理具体司法案件的基本主体和最小单元。主要有三方面：首先，法官是依法行使国家审判权的审判人员。我国《法官法》第 2 条规定，“法官是依法行使国家审判权的审判人员，包括最高人民法院、地方各级人民法院和军事法院等专门人民法院的院长、副院长、审判委员会委员、庭长、副庭长和审判员”。而在日常审判业务活动中，依法组成合议庭或独任庭等审判组织，因而从审判组织成员的角度看，法官是法院依法行使审判权、办理司法案件的基本主体、最小单元。其次，法官依法所行使的国家审判权在来源上具有派生性。也就是说，刑事诉讼中的具体刑事案件根据法律中的管辖规定、并系属于特定法院之后，才能由该法院的法官根据依法独立审判原则和民主集中制、依法行使该特定的具体案件的审判权。因而，就这个意义是而言，法官对具体案件的审判权，源于受理该案件的系属法院。最后，法官作为依法行使国家审判权的审判人员，既是根据法律规定在特定案件中行使具体审判权、履行审判职责的办案主体，也是违反法定审判职责或实施违法审判行为时的审判责任承担者、审判责任主体。但前者的法律地位具有优先性、是第一性的法律主体资格；后者的法律地位具有派生性、是第二性的法律主体资格。前者表现为司法权运行机制中具体诉讼案件的判断权和裁决权的主体，后者表现为司法权运行机制中以“违反法定诉讼职责或实施违法审判行为”为前提的审判责任主体。其二，法官的主体地位根源于法官是具有职业化特征的法律职业群体。“法官以行使国家审判权为专门职业，并具备独特的职业意识、职业技能、职业道德和职业地位。”① 法官职业化是在法律观念、知识、技能、制度等主客观条件的综合作用下，由以专门解决社会纠纷和独立行使国家审判权的法官群体，在日常法律职业活动中所形成的专门知识、技能、工作方法、行为方式以及思维模式等的趋势。它要求，严格的职业准入、独特的职业意识、高尚的职业道德、公正的职业形象，因而需要在审判制度改革中加强法官的职业保障、完善法官的职业监督，从而确认和保障法官在法院中的主体地位。② 其三，人民法院管理应当以服务法官为目标。法官是确保法院实现审判职能的主体，是人民法院的财富和资源。确保法官的主体地位，就是要在法院人力和财物等司法资源配置中，确保法官的审判需要为目标，使这些司法资源服从于法官的审判活动，而不是制约法官。基于前述分析，笔者认为，审判责任制度改革应当遵循“以法官为主体”原则，尊重和保障法官的主体地位。

二是以审判权为核心原则。根据《关于完善人民法院司法责任制的

① 莫远航主编：《人民法院管理理论与实务》，人民法院出版社 2007 年版，第 270 页。

② 莫远航主编：《人民法院管理理论与实务》，人民法院出版社 2007 年版，第 270 页。

若干意见》第2条规定，人民法院司法责任制改革应当“以审判权为核心，以审判监督权和审判管理权为保障”。它要求，审判责任制度改革应当坚持“以审判权为核心”的价值导向，确立审判权在法院审判权力体系中的核心地位、明确审判监督权和审判管理权的保障地位。具体而言：其一，在法院审判权力的内部分工上，审判权具有判断权、裁决权属性，审判监督权和审判管理权则具有司法行政权或监督权属性。通过法院内部审判职权的优化配置，重构法院内部审判权力运行机制，完善法院审判权力体系：作为判断权、裁决权的审判权（狭义）、法院内部具有监督权性质的审判监督权和具有司法行政权性质的审判管理权。其二，法院审判权力体系内部的审判权与审判管理权、审判监督权三者，是相辅相成、对立统一的。具体而言：首先，三者统一于法院审判权力体系，共同为法院实现宪法和法律规定的审判职能服务。其中，各级法院依据宪法和法院组织法、法官法等法律行使审判管辖权，并由受理案件的系属法院根据内部权力分工，指定审判人员、组成负责特定案件审判事务的审判组织，专门负责对特定案件行使具体的审判权，并依法作出判断和裁决；审判管理权是法院针对人财物等司法资源进行配置和管理的权力，只具有主动性、行政性，但不得对具体案件进行裁决；审判监督权是法院内部针对具体案件的审判“是否确有错误”（如审判活动的合法性、审判程序的公正性，或事实认定、法律适用等裁判结果的正确性和公正性等问题）进行依法监督的权力，它虽然具有行政性、监督性，但是不能越俎代庖、由监督者代替审理者行使裁决权。例如，根据法律特别规定，法院院长有权对确有错误的案件启动再审程序、将重大疑难案件提交审委会讨论等，但不得直接代替合议庭或者独任法官作出裁判。因而，审判监督权必须在法律规定的权限范围内，严格依照法定程序进行。其次，在具体案件的审判活动中，法院审判权力体系内部的审判权发挥着主导作用，审判管理权和审判监督权处于从属地位、发挥着审判服务和保障功能；但同时，审判管理权和审判监督权又对审判权具有一定的制约或监督作用，审判管理权和审判监督权的不当行使，又会阻碍或干扰审判权的正常行使。因而，有审判理论和实务专家认为，三者处于“对立统一的矛盾体”[①] 中；对此，笔者认为，三者相互协作、相互制约、相互影响，并统一于法院审判职能，共同服务于法院审判职能的概括、整体实现。其三，构建“以审判为中心”的法院管理工作机制。即，对法院审判权力体系内部的审判权、审判管理权和审判监督权进行优化配置，突出审判活动在法院工作中的中心地位和审判权在法院审判权力体系中的核心地位，减少审判管理权和审判监督权对审判组织和审判人员的审判权的非法干预、不当干扰等负面影响，确保“让审理者裁判、让裁判者负责”目标得以实现。

三是“权责明晰、权责统一、监督有序、制约有效”原则。根据《关于完善人民法院司法责任制的若干意见》第 2 条规定，对于“权责明晰、权责统一”和“监督有序、制约有效”原则，在对基本宗旨的理论阐述中已经述及，在此不再赘述。在此笔者拟将宏观、中观、微观三个层面对“审判权”术语的逻辑内涵的理论分析作为逻辑起点，系统阐述“权责明晰、权责统一、监督有序、制约有效”原则运行的内在机理和理论基础。

首先，我国现行宪法和人民法院组织法、法官法等法律，以及相关司法解释中所规定的“审判权”概念，尽管在法律术语上的形式相同，但其在不同性质的法律规范和不同制度、理论语境中的具体内涵却存在客观差异，因而就广义上而言，它可以涵盖整个法院审判权力体系。基于此，在“法院审判权力体系”框架下，法律术语“审判权”的内涵，从纵向上主要包括几方面：其一，它在宏观的国家制度和法律制度层面主要表现为，

---

① 莫远航主编：《人民法院管理理论与实务》，人民法院出版社 2007 年版，第 270 页。

法院整体的审判权。例如，宪法和法院组织法、刑事诉讼法等法律中关于“人民法院依法独立行使审判权”的规定。在这种意义上，它是作为国家权力的重要组成部分、国家司法权的核心组成部分，以及国家司法职能赖以实现的权力基础和制度保障。此外，在此值得注意的是，传统上存在某些深层次的、性质上属于司法责任的“构成犯罪”或者“应当追究刑事责任”的规定。例如，刑法、刑事诉讼法中规定的贪污受贿、徇私舞弊、枉法裁判等严重违法审判行为，都是因违反刑法、刑事诉讼法中关于法定审判程序、证明规则或法律强制性规定而导致“错误”裁判，造成严重后果的情形。其二，它在中观的“审判权力运行机制”层面主要表现为，审判组织的审判权限，在外延上主要涵盖合议庭和独任庭、审判庭、审判委员会等审判组织的审判权限。例如，《关于完善人民法院司法责任制的若干意见》所规定的“独任制与合议庭运行机制”、“审判委员会运行机制”和“审判管理和监督”，都是旨在健全和完善审判组织运行机制、中观层面审判权力运行机制。特别是通过建立符合司法规律的案件质量评估体系和评价机制、并确立“审判责任认定和追究”机制，在司法制度实践中探索健全和完善审判责任追究机制，构建“权责明确、权责统一、监督有序、制约有效”的人民法院司法责任制。其三，它在微观的“司法人员职责和权限”层面主要表现为，审判人员的审判权和审判职责。例如，《法官法》第2条将“法官”界定为“依法行使国家审判权的审判人员”；[①]此外，人民陪审员法和相关司法解释也有类似规定。例如，《关于完善人民法院司法责任制的若干意见》所规定的“司法人员职责和权限”、“独任

① 2019年《法官法》第2条规定：“法官是依法行使国家审判权的审判人员，包括最高人民法院、地方各级人民法院和军事法院等专门人民法院的院长、副院长、审判委员会委员、庭长、副庭长和审判员。”

庭和合议庭司法人员职责"① 和"院长庭长管理监督职责"，旨在健全和完善法官独任审理和合议庭审理案件时承办案件的法官所应承担的审判职责，以及法官助理、书记员在法官指导下所应履行的职责，并在此基础上，前述承担特定审判职责的司法人员，实施违法（或失职）审判行为时所应承担的审判责任。例如，《关于完善人民法院司法责任制的若干意见》第 25 条规定，"法官应当对其履行审判职责的行为承担责任，在职责范围内对办案质量终身负责。法官在审判工作中，故意违反法律法规的，或者因重大过失导致裁判错误并造成严重后果的，依法应当承担违法审判责任"。第 26 条明确规定追究有关司法人员违法审判责任的具体情形。②

基于前述分析，笔者认为，总体上，旨在确立和完善"权责明晰、权责统一、监督有序、制约有效"法院司法责任制的改革措施，主要是局限

---

① 《关于完善人民法院司法责任制的若干意见》第 15 条规定："法官独任审理案件时，应当履行以下审判职责：(1) 主持或者指导法官助理做好庭前会议、庭前调解、证据交换等庭前准备工作及其他审判辅助工作；(2) 主持案件开庭、调解，依法作出裁判，制作裁判文书或者指导法官助理起草裁判文书，并直接签发裁判文书；(3) 依法决定案件审理中的程序性事项；(4) 依法行使其他审判权力。"第 16 条规定：合议庭审理案件时，承办法官应当履行以下审判职责："(1) 主持或者指导法官助理做好庭前会议、庭前调解、证据交换等庭前准备工作及其他审判辅助工作；(2) 就当事人提出的管辖权异议及保全、司法鉴定、非法证据排除申请等提请合议庭评议；(3) 对当事人提交的证据进行全面审核，提出审查意见；(4) 拟定庭审提纲，制作阅卷笔录；(5) 自己担任审判长时，主持、指挥庭审活动；不担任审判长时，协助审判长开展庭审活动；(6) 参与案件评议，并先行提出处理意见；(7) 根据合议庭评议意见制作裁判文书或者指导法官助理起草裁判文书；(8) 依法行使其他审判权力。"

② 《关于完善人民法院司法责任制的若干意见》第 26 条规定："有下列情形之一的，应当依纪依法追究相关人员的违法审判责任：(1) 审理案件时有贪污受贿、徇私舞弊、枉法裁判行为的；(2) 违反规定私自办案或者制造虚假案件的；(3) 涂改、隐匿、伪造、偷换和故意损毁证据材料的，或者因重大过失丢失、损毁证据材料并造成严重后果的；(4) 向合议庭、审判委员会汇报案情时隐瞒主要证据、重要情节和故意提供虚假材料的，或者因重大过失遗漏主要证据、重要情节导致裁判错误并造成严重后果的；(5) 制作诉讼文书时，故意违背合议庭评议结果、审判委员会决定的，或者因重大过失导致裁判文书主文错误并造成严重后果的；(6) 违反法律规定，对不符合减刑、假释条件的罪犯裁定减刑、假释的，或者因重大过失对不符合减刑、假释条件的罪犯裁定减刑、假释并造成严重后果的；(7) 其他故意违背法定程序、证据规则和法律明确规定违法审判的，或者因重大过失导致裁判结果错误并造成严重后果的。"

于中观和微观层面的审判责任制度改革。具体而言：在横向维度上，①宏观上的国家审判权与审判人员“因严重违法审判行为而构成犯罪、应当追究刑事责任”的情形，就体现着“审判权力—刑事责任”的对应关系和“权责统一”的深层次要求。②中观上按照“审判权与行政管理权相分离”的原则，从审判组织的审判权力运行机制和“审判责任的认定和追究机制”上，将具有判断权、裁决权性质的审判权与具有行政权性质的审判监督权和审判管理权进行科学分离。主要体现为，以“审判监督权和审判管理权—司法行政责任”为核心内容的一种特殊的行政法律关系；也体现着中观层面的“权责明晰”和“权责统一”要求。这是新时代审判责任制度改革的重要突破口。③同时，在微观层面对应当依纪依法追究违法审判责任的情形、不得作为错案进行责任追究的情形等审判责任范围以及审判责任承担、违法审判责任追究程序。主要体现为狭义上以“审判权—审判责任”为核心内容、以“兼具权力和义务双重属性的审判职责”为中介和桥梁的特殊审判法律关系。就其构成要素而言：其主体范围，通常是审判人员，包括员额制法官、人民陪审员和执行员、法官助理、书记员、司法警察等审判辅助人员；其内容是审判人员的审判权、审判职责和审判责任，其中，“审判权”特指审判人员依据法官法等法律限定的狭义“国家审判权”，“审判职责”兼具权力和义务双重属性、是联系审判权和审判责任的桥梁、中介，“审判责任”是新时代审判责任制度改革的主要内容和制度创新、是违法（失职）审判行为所引起的惩罚性（或不利）后果。对于前述三者具体内容在此不再赘述，详见有关法律和司法解释；客体是审判人员的审判权、审判职责和审判责任共同指向的对象，即审判行为合法性、审判程序合法性和公正性，或者审判职务廉洁性、独立性、客观性或公正性。这是微观层面“权责明晰”和“权责统一”原则的具体体现。

四是辩证统一原则。即主观过错与客观行为相结合，责任与保障相结合。根据《关于完善人民法院司法责任制的若干意见》第 2 条规定，审判责任制度改革应当遵循“主观过错与客观行为相结合”和“责任与保障相结合”的原则。首先，对于两者的联系与区别，前者强调责任评价机制和归责原则的主客观相统一，它符合马克思辩证唯物主义认识论的客观要求；后者强调责任与保障的有机结合、辩证统一，这符合马克思辩证唯物主义实践论的客观要求。因而，笔者认为，从理论基础和方法论上，两者都符合马克思辩证唯物主义的立场、观点和方法论的要求。其次，它在内容上主要包括两方面：其一，“主观过错与客观行为相结合”。所谓“主观过错”，主要表现为“故意”和“重大过失”两种形态，这是构成违法审判行为或者失职审判行为的主观方面的构成要件；所谓“客观行为”，通常包括“故意实施违法审判行为，情节严重或造成严重后果”，或者“因失职审判行为，造成严重后果”等客观方面的构成要件。对此，应当根据《关于完善人民法院司法责任制的若干意见》的有关规定，结合刑法理论和民法理论中的归责原则和责任评价机制，并综合考虑司法实际情况，针对具体问题进行具体分析。其二，“责任与保障相结合”。它要求，在审判责任制度改革的特定语境中，违法、失职（或渎职）审判行为的责任必须要予以追究，而与此同时，正常、合法的履职行为也必须要予以保障。这就要求，正确处理责任与保障的辩证关系：追究审判责任不是目的，目的在于督促审判人员依法、客观、公正、独立地行使审判权和履行审判职责，因而就审判责任制度改革层面而言，它在客观上也起到某种程度上的保障作用；法官职业保障和审判业务保障的目的，都旨在解除审判人员依法独立、客观公正地履行审判职责的后顾之忧，从而鼓励和支持审判人员积极履行审判职责，将审判责任追究机制与法官职业保障、审判业务保障等机制，辩证地统一起来。

五是法官依法独立审判原则。根据《关于完善人民法院司法责任制的若干意见》第3条规定，“法官依法履行审判职责受法律保护。法官有权对案件事实认定和法律适用独立发表意见。非因法定事由，非经法定程序，法官依法履职行为不受追究”。这是我国首次以司法解释的明确规定而确立的一项司法原则和司法制度。其重要意义在于：首先，它是对我国宪法和法律规定的独立审判原则的重要补充，也是我国审判制度改革的重大突破。其次，它是尊重和保障法官在审判组织中的主体地位的重要表现，也是法官作为履行审判职责的审判组织成员承担司法责任或审判责任的重要前提。最后，它是根据宪法、人民法院组织法、法官法和刑事诉讼法等法律规定的权限和分工，在坚持党的领导和民主集中制原则的前提下，将“法院依法独立行使审判权”和“法官依法独立履行审判职责”有机结合、辩证统一，是在坚持宪法法律确立的独立审判原则的基础上，创制性确立的旨在增强法官的相对独立性的重要制度措施，具有重要的制度创制意义。

### （二）以审判为中心的刑事审判制度改革①之实践探索

作为十八届四中全会提出的全面依法治国新理念新思想新战略之一，“以审判为中心的诉讼制度改革”最初源于人民法院的司法改革实践，无论从思想理论渊源还是顶层制度设计上，以及改革目标的具体设定、改革措施的设定和落实、改革任务的全面深化和基本完成等方面，都能够从历次“人民法院改革纲要”，或者专门的司法改革规范文件中找到最初雏形、制度构想或理论渊源。因而，就这种意义上而言，“以审判为中心的诉讼制度改革”的司法改革新思想、新理念和新战略，从来都不是凭空产生，而是有着现实

---

① 在此需要注意的是，对于“以审判为中心的刑事审判制度改革”，是从横向维度上而言的。首先，纵向维度上的“以审判为中心的诉讼制度改革”，其核心内涵概括为“诉讼以审判为中心，审判以庭审为中心，庭审以证据为中心”。这是2018年7月在最高人民法院贯彻落实全面深化司法体制改革推进会精神专题视频会议上明确指出的，是审判理论界和实务界对“以审判为中心的诉讼制度改革”内涵的全面深化认识。其次，从横向维度上，它可概括为：以审判为中心的刑事侦查制度改革、刑事检察制度改革、刑事审判制度改革、刑事执行制度改革和刑事证据制度改革等方面。这是纵向维度上所谓“诉讼以审判为中心”的核心要求。因此，笔者正是在这种意义上展开理论研究和探讨的。

的司法改革实践基础、政治体制改革现实需要。同时，法院作为宪法和法律规定的国家审判机关，其司法职能、权力属性及其在整个国家司法体制中的核心地位，都决定着它在推进“以审判为中心的诉讼制度改革”进程中承担着最主要的改革任务、扮演着至关重要的角色。基于此，笔者拟从人民法院历次改革纲要和专门的司法改革规范文件等司法改革实践中的改革措施，围绕如何探索以审判为中心的刑事审判制度改革展开理论阐述。

1. 基于“人民法院改革纲要”的实践探索、规范解读和理论分析

（1）改革理念的酝酿萌芽。《人民法院第三个五年改革纲要》（以下简称“三五改革纲要”）提出“以审判和执行工作为中心”，将它作为改革和完善人民法院司法职权运行机制、优化人民法院职权配置的核心理念和价值导向，为落实人民法院三五改革期间（2009～2013）的司法改革主要任务确立了基本指针，并为2014年十八届四中全会提出“以审判为中心的诉讼制度改革”思想奠定了重要的实践基础。具体而言：首先，作为深化人民法院司法体制和工作机制改革所必须遵循的原则精神之一，它要求，“司法体制和工作机制改革必须结合审判和执行工作自身特有的规律，注重探索司法规律在特定国情、特定环境下的具体应用和体现”，并“建立符合司法规律的科学的审判制度和有效的执行工作机制”。其次，作为改革和完善法院司法职权运行机制的基本理念，它要求“优化审判业务部门之间、综合管理部门之间、审判业务部门与综合管理部门之间、上下级法院之间的职权配置，形成更加合理的职权结构和组织体系”。再次，就其理论实质而言，“三五改革纲要”中所谓“以审判和执行工作为中心”的司法改革理念，仍属“审判工作中心论”，它与2014年十八届四中全会提出的“以审判为中心的诉讼制度改革”仍有着本质上的区别。最后，在配套措施上，它要求，改革和完善刑事审判制度，改革和完善再审制度，改革和完善审判组织（包括改革和完善改革审判委员会制度、完善合议庭制度、陪审制度），改革和完

善上下级法院之间的关系，改革和完善审判管理制度，改革和完善接受外部制约与监督机制，加强司法职业保障制度建设等方面；此外，还涉及改革和完善旨在落实宽严相济刑事政策的审判制度和工作机制、旨在加强人民法院队伍建设和经费保障的体制机制、建立健全旨在司法为民工作机制，如加强和完善审判与执行公开制度等。由此可见，尽管“三五改革纲要”并未明确提出“以审判为中心的诉讼制度改革”，但贯穿其中的“以审判和执行工作为中心”的司法制度改革理念，却为十八届四中全会提出这个全面依法治国新理念新思想新战略，奠定了重要的思想理论和司法改革实践基础。

（2）改革任务的基本完成。2015 年《四五改革纲要》，根据党的十八大和十八届四中全会会议精神，明确将“建立以审判为中心的诉讼制度”作为“全面深化人民法院改革的主要任务”之一。主要有两方面：首先，在制度内涵上，贯彻十八届四中全会确定的重大决策部署，明确将“建立中国特色社会主义审判权力运行体系”作为基本目标，既要在主观上“尊重司法规律，确保庭审在保护诉权、认定证据、查明事实、公正裁判中发挥决定性作用”，又要在客观上“实现诉讼证据质证在法庭、案件事实查明在法庭、诉辩意见发表在法庭、裁判理由形成在法庭”。这是十八届四中全会精神和《四五改革纲要》对“以审判为中心的诉讼制度”内涵的规定性、政策性和原则性要求，曾被理论和实务界概括为“以庭审为中心”或者“庭审中心主义”，后经反复研究讨论、不断深化认识，又被诠释和解读为“诉讼以审判为中心，审判以庭审为中心”。尽管该战略部署在司法改革客观效果的全面实现上任重而道远，但是在客观上极大激发了法院推进司法体制、诉讼机制，特别是诉讼制度改革的积极性，并在政法领域有效推进了国家治理体系和治理能力现代化。其次，在目标确定上，《四五改革纲要》明确要求“到 2016 年年底，推动建立以审判为中心的诉讼制度，促使侦查、审查起诉活动始终围绕审判程序进行”。为确保这一目标的实现，先后出台一系列的司法解释和规范性文件，其中最重要、最权威、最全面系统的专门性规范文件有《刑事诉讼制度改革意见》和《刑事诉讼制度改革实施意见》。当前和今后很长时期内的主要任务，就是切实使这些国家司法制度和诉讼制度改革成果得到坚持和巩固、完善和发展，其关键还在于执行，从而将这项国家治理体系和治理能力建设成果转化为国家司法效能、维护社会公平正义的法治保障。再次，在理论构建和认识深化上，先后经历从最初的“以庭审为中心”，发展到“以审判为中心，以庭审为中心”，再到最终结合证据理论基础上发展为“诉讼以审判为中心，审判以庭审为中心，庭审以证据为中心”。这个认识深化过程，经历的是一个唯物辩证和历史辩证的历时性过程，无论从深层次的理论构建，还是从表层显见的术语概括和文字表述上，都能够体现出“螺旋式上升”的过程。同时，在此需要指出的是，这种认识深化既是在十八大以后的 5 年期间，建立在中央全面深化改革委员会直接领导下群策群力、由广大法学理论工作者和法律实务工作者贡献集体智慧，从而不断推进司法领域深化司法体制机制改革等改革实践的基础上的；也是在法院四五改革期间、建立在人民法院自上而下、循序探索、科学推进的司法改革实践基础上的，建立在整个政法系统全面深入开展的诉讼制度改革实践基础上的。因此，笔者认为，从方法论上而言，这种阶段性认识和结论，都符合辩证唯物和历史唯物认识论，是在立足中国实际、推进司法体制改革和诉讼制度改革过程中，坚持马克思主义辩证唯物和历史唯物的立场、观点和方法的结果。最后，展望未来，随着改革实践的深入推进、理论认识的不断深化和科学理论的积极建设，针对以审判为中心诉讼制度改革的理论研究和实践探索，在当前和今后很长时期内都将得到不断的继续深化和科学发展。

（3）改革成果的巩固和发展。2019 年《关于深化人民法院司法体制综合配套改革的意见——人民法院第五个五年改革纲要（2019—2023）》（以下简称“五五改革纲要”）提出“深化以审判为中心的刑事诉讼制度改革”，以期借此作为“健全顺应时代进步和科技发展的诉讼制度体系”的重要措施，① 从而推进国家治理体系和治理能力现代化。它是在十八届四中全会确定的以审判为中心的诉讼制度改革任务得以基本完成的基础上所提出的旨在巩固和发展诉讼制度改革成果的重要举措，是将诉讼制度改革所确立的国家制度、法律制度和司法制度切实转化为现实的司法效能的必然选择，也是向“全面建成以审判为中心的诉讼制度”的最终目标迈进的重要抓手和必然选择。

2. 在实践探索中深化认识：基于“两高三部”《刑事诉讼制度改革意见》的规范解读和理论分析

为贯彻落实《决定》的战略部署和决策要求，由中央政法委牵头、“两高三部”根据宪法法律规定、结合司法工作实际，联合制定《刑事诉讼制度改革意见》，并经中央全面深化改革委员会审议通过后颁布实施。主要措施有：

（1）坚持分工配合制约框架下的法院终局定罪权（第 1 条）。首要强调法律规定的法院终局定罪权，以及公检法机关在刑事诉讼中分工负责、

---

① 2019 年“五五改革纲要”在第七部分“健全顺应时代进步和科技发展的诉讼制度体系”中第 43 条明确规定，“推进刑事诉讼制度改革。深化以审判为中心的刑事诉讼制度改革，推进落实庭前会议制度、非法证据排除制度，完善法庭调查程序，落实证人、鉴定人、侦查人员出庭作证制度，落实和完善技术侦查证据的随案移送和法庭调查规则，确保庭审发挥实质性作用。规范认罪案件和不认罪案件的量刑程序。严格落实刑事缺席审判制度和被告人逃匿、死亡案件违法所得没收制度，细化相关操作性规定。推广应用刑事案件智能辅助办案系统，完善刑事案件不同诉讼阶段基本证据指引，配合中央有关部门将其嵌入跨部门大数据办案平台。进一步支持刑事案件律师辩护全覆盖试点，完善工作衔接机制，充分保障刑事辩护律师依法执业权利。探索建立死刑复核案件通知辩护制度，健全相关工作程序。完善刑罚执行制度，推动统一刑罚执行体制。推动完善“病残孕”罪犯的刑罚交付执行工作机制，解决判前未羁押罪犯交付执行难问题。完善刑事裁判涉财产部分执行案件移送执行机制和退出执行机制。全面推进涉案财物跨部门集中管理信息平台系统在全国法院上线运行，完善相关数据汇聚上传机制。规范刑事申诉案件立案审查标准，完善审查刑事申诉案件的程序和要求”。

互相配合、互相制约的宪法和法律原则，特别是法院在宪法和法律确定的分工负责、互相配合、互相制约的原则框架下的地位和作用（第1条）。这是以审判为中心的刑事审判制度改革的首要基本原则。主要有几方面：一是众所周知，刑事审判权是刑事审判制度的权力基础。而以审判为中心的刑事诉讼制度改革，特别是刑事审判制度改革，就必须开宗明义明确重申法院定罪权的权力基础。同时，定罪权作为法院根据宪法和法律规定所依法行使的刑事审判权的首要核心组成部分，它与量刑权共同组成刑事审判权的核心内容；然而，在我国传统的刑法原理上，定罪权的实现，是确保包括求刑权（量刑请求权或量刑建议权）、量刑权（刑罚裁量权）、行刑权（刑罚执行权）在内的国家刑罚权得以实现的重要前提和基础。因此，法院定罪权在整个国家刑事审判权力运行体系中的地位至关重要，这也就决定了定罪权在整个刑事诉讼制度中的地位和作用的重要性以及定罪权相对于法院的专属性。二是“分工负责、互相配合、互相制约”的宪法和法律原则要求，法院在办理刑事案件中对于公安机关、检察机关的犯罪追诉和程序性有罪认定具有终局确定权。因为公检法机关对犯罪嫌疑人、被告人的犯罪事实及其刑事违法性、社会危害性、应受惩罚性等的最终认识和终局确定，必然要经历一个从初步的主观认定到逐渐客观化，再到最终达致“主客观相统一”的辩证认识过程和科学认定过程。这既是“分工配合制约”原则框架的客观要求，也是辩证唯物和历史唯物主义认识论的客观要求。三是无罪推定原则精神要求，尽管公安机关、检察机关在追究犯罪时有权从程序上认定被追诉人的犯罪嫌疑，但是确定被告人犯罪成立的最终确定权只能专属于法院、且须由法院依照法定权限和程序进行定罪；因而，在被法院依法判决确定有罪前，任何人都应当在法律上被推定是无罪的。同时，公检法机关在办理刑事案件过程中，既要确保有罪者得到准确、及时的刑事追究，也要保障无罪的人不受刑事追究、被错误追究的被依法及时纠正；也就是说，一方面，对于有罪者既要保证准确、及时地查明犯罪事实，又要保证正确应用法律、正确惩罚犯罪分子；另一方面，对于无罪的人应当依照《刑事诉讼法》第16条和有关疑罪从无的规定依法作出处理。

（2）证据裁判原则要求（第2条）。主要有几点要求：一是“严格按照法律规定的证据裁判要求，没有证据不得认定犯罪事实”。证据是认定犯罪事实的基础，也是法院定罪量刑、依法作出裁判的基础。它从客观上要求，排除主观臆断、先入为主，将司法裁判确立在客观存在的证据基础上，只有主观嫌疑、没有证据证实的犯罪行为，不得认定犯罪事实。二是“人民法院作出有罪判决，都应当做到犯罪事实清楚，证据确实、充分”。这是法律规定的有罪判决的证明标准，它既不是纯粹客观的标准，也不是纯粹主观的标准，而是主客观相统一的标准。通常认为，它应当同时具备以下五方面：其一，“证据形成完整的证明体系，定罪量刑的事实都有证据证明”；① 其二，“每一个定案的证据都已经法定程序查证属实”；② 其三，“证据与证据之间、证据与案件事实之间不存在矛盾或者矛盾得到合理排除”；③ 其四，“共同犯罪案件中，被告人的地位、作用均已查清”；④ 其五，根据证据认定案件事实的过程符合逻辑和经验法则，由证据得出的结论是唯一的、排除其他可能性。⑤ 三是在证据的收集、固定、审查和运用上，“人民法院应当按照法定程序认定证据，依法作出裁判”。这是程序法定原则的要求，也是证据裁判原则的要求。四是“人民法院作出有罪判决，对于证明犯罪构成要件的事实，应当综合全案证据排除合理怀疑，对于量刑证据存疑的，应当作出有利于被告人的认定”。它要求，法院作出确定被告人有罪的判决，首先应当从主观上满足“排除合理怀疑”的证明

---

① 宋英辉等：《刑事诉讼法学》（第五版），中国人民大学出版社2016年版，第261页。

② 宋英辉等：《刑事诉讼法学》（第五版），中国人民大学出版社2016年版，第261页。

③ 宋英辉等：《刑事诉讼法学》（第五版），中国人民大学出版社2016年版，第261页。

④ 宋英辉等：《刑事诉讼法学》（第五版），中国人民大学出版社2016年版，第261页。

⑤ 参见宋英辉等：《刑事诉讼法学》（第五版），中国人民大学出版社2016年版，第261页。

标准；凡是被用于证明犯罪构成要件的事实、可能影响犯罪成立的事实或情节，应当排除合理怀疑、确保案件结论的唯一性。同时，对于量刑证据存疑、确实无法查证属实的，或者，凡是证明足以影响量刑的法定、酌定情节存疑的，应当根据无罪推定原则和刑罚谦抑性原理、作出有利于被告人的认定。

（3）完善庭前会议程序（第10条）。根据“以庭审为中心”的刑事审判制度改革要求，庭前会议制度的设置初衷，旨在开庭前解决程序性问题、提高庭审质量和诉讼效率。因而在以审判为中心的刑事诉讼制度改革中，健全和完善庭前会议制度就很有必要，特别是对于办理适用普通程序处理的刑事案件，健全庭前证据展示制度、排除非法证据、听取出庭证人名单等问题的意见，就成为深化审判制度改革、完善庭审程序的重要方向。

（4）规范法庭调查程序（第11条）①，特别是完善对证人、鉴定人的法庭质证规则（第12条）②。根据“以庭审为中心”的刑事审判制度改革要求，“规范法庭调查程序，确保诉讼证据出示在法庭、案件事实查明在法庭”就成为重要改革方向，它要求从制度设计上规范法庭调查程序，从而实现“诉讼证据出示在法庭、案件事实查明在法庭”的改革目标。主要措施有：一是所有证据全面出示原则。即凡是能够证明被告人有罪或者无罪、罪轻或者罪重的证据，都应该在法庭上出示，从而依法保障

① 第11条规定：“规范法庭调查程序，确保诉讼证据出示在法庭、案件事实查明在法庭。证明被告人有罪或者无罪、罪轻或者罪重的证据，都应当在法庭上出示，依法保障控辩双方的质证权利。对定罪量刑的证据，控辩双方存在争议的，应当单独质证；对庭前会议中控辩双方没有异议的证据，可以简化举证、质证。”

② 第12条规定：“完善对证人、鉴定人的法庭质证规则。落实证人、鉴定人、侦查人员出庭作证制度，提高出庭作证率。公诉人、当事人或者辩护人、诉讼代理人对证人证言有异议，人民法院认为该证人证言对案件定罪量刑有重大影响的，证人应当出庭作证。健全证人保护工作机制，对因作证面临人身安全等危险的人员依法采取保护措施。建立证人、鉴定人等作证补助专项经费划拨机制。完善强制证人到庭制度。”

控辩双方的质证权利、确保法庭在展示诉讼证据、查明案件事实中发挥关键作用。二是确立单独质证规则和简化庭审举证、质证程序，即对于定罪量刑的证据，控辩双方存在争议的，应当单独质证；同时，针对庭前会议中控辩双方没有异议的证据，确立简化庭审举证、质证程序，提高庭审质量和效率。三是完善对证人、鉴定人的法庭质证规则。其制度目的旨在通过完善法庭质证规则，来落实证人、鉴定人、侦查人员出庭作证制度，提高出庭作证率。针对实践中出庭作证率低、作证机制不健全等问题，完善证人出庭作证制度，采取诸如建立和完善证人强制出庭作证制度、明确证人应当出庭作证的情形，即“公诉人、当事人或者辩护人、诉讼代理人对证人证言有异议，人民法院认为该证人证言对案件定罪量刑有重大影响的”；健全证人保护工作机制、建立证人鉴定人等作证补助专项经费划拨机制。这些措施对于完善证人出庭作证制度、贯彻直接言词原则以及解决证人出庭难、出庭作证率低等问题有着积极的促进作用。

（5）完善法庭辩论规则（第13条）。根据“以庭审为中心”的刑事审判制度改革要求，完善法庭辩论规则的制度设计初衷，旨在“确保控辩意见发表在法庭”。首先，在制度设计上，根据我国法律制度和司法实际，法庭辩论应当围绕定罪问题和量刑问题分别进行，确保控辩双方在法庭审理过程中充分发表意见（包括控方的起诉意见、量刑建议和辩方的无罪或罪轻辩护意见，以及应当从轻、减轻或免除刑事处罚的量刑辩护意见等）。其次，在法庭辩论的侧重点上，对于被告人不认罪的普通案件，法庭辩论应当依次围绕定罪问题、量刑问题分别进行，定罪问题和量刑问题都是法庭辩论的重点内容；但对于被告人认罪的案件，法庭辩论主要围绕量刑问题进行，即由控辩双方充分发表量刑意见（建议）或者应当从轻、减轻或者免除刑事处罚的辩护意见，并就控辩双方的争论焦点、围绕特定的量刑问题展开辩论、发表辩论意见。最后，作为法庭辩论的主持者和裁判者，法庭应当基于其依法独立裁判的法定职责和客观公正义务，充分听取控辩双方意见，依法保障被告人及其辩护人的辩论、辩护权。

（6）完善当庭宣判制度（第14条）。根据“以庭审为中心”的刑事审判制度改革要求，“完善当庭宣判制度”的制度目的，旨在“确保裁判结果形成在法庭”。首先，对于适用速裁程序审理的案件，除附带民事诉讼的案件外，一律当庭宣判。主要理由是，速裁程序的制度初衷，就是旨在合理配置司法资源、提供庭审质量和效率、维护当事人合法权益。2016年《刑事诉讼法》尚未修改，有关速裁程序的规定适用2014年6月十二届全国人大九次会议通过的《关于授权最高人民法院、最高人民检察院在部分地区开展刑事案件速裁程序试点工作的决定》（以下简称《速裁程序试点决定》）和最高人民法院、最高人民检察院、公安部、司法部（以下简称“两高两部”）2014年制定的《关于在部分地区开展刑事案件速裁程序试点工作的办法》（以下简称《速裁程序试点办法》）。根据《速裁程序试点办法》，对于检察机关建议适用速裁程序并且按照《速裁程序试点办法》第8条规定提供相关材料的案件，人民法院经审查认为事实清楚、证据充分，人民检察院提出的量刑建议适当的，可以决定适用速裁程序，并通知人民检察院和辩护人。因此，对于这类案件，除附带民事诉讼的案件外，一律当庭宣判。这既符合速裁程序的制度设计初衷，也符合“以庭审为中心”的刑事审判制度改革要求。其次，对于适用简易程序审理的案件，一般应当当庭宣判。根据2012年《刑事诉讼法》第208、209条[①]和《刑诉法解释》第359、360条的规定，基层法院管辖的案件，符合下列条件的，可以适用简易程序审判：①案件事实清楚、证据充分的；②被告人承认自己所犯罪行，对指控的犯罪事实没有异议的；③被告人对于适用简易程序没有异议的；④人民检察院在提起公诉时，建议人民法院适用简易

① 2018年《刑事诉讼法》第214、215条作出相同规定。

程序的或者人民法院决定适用简易程序的。由此可见，采用简易程序处理的案件，通常都是案件事实清楚、证据确实充分、争议不大的案件，因而明确“适用简易程序的案件，一般应当当庭宣判”的要求，不但符合简易程序自身的制度设置初衷，而且适应“以庭审为中心”的刑事审判制度改革的要求，有利于促进司法资源合理配置、提高庭审质量和效率、维护当事人合法权益。最后，对于适用普通程序审理的案件，逐步提高当庭宣判率；此外，还要求规范定期宣判制度。对此，笔者认为，主要有几方面因素：一是对于适用普通程序审理的案件，通常被认为不具备当庭宣判条件，因为这类案件通常存在“案件事实没有查清”或者“证据没达到确实充分的证明标准”，以及裁判文书制作等情形。二是如果在庭审结束后当庭宣判、可能导致错案错判的风险，而司法责任终身负责制的实行，就必然导致司法人员出于慎重考虑而尽可能避免当庭宣判。同时，案情本身的复杂性程度和审判程序的正当性要求等因素，都在客观上导致当庭宣判率不可能很高。因此，针对这类案件所设定“逐步提高当庭宣判率”的改革目标，符合司法规律和司法实际，因而是科学、合理的。

（7）完善实体裁判制度，始终严格依法裁判（第15条）。根据以审判为中心的诉讼制度改革要求、特别是“以庭审为中心”的刑事审判制度改革要求，通过完善实体裁判制度，确保法院始终严格依法裁判，有助于提高法院裁判的权威性、公正性和司法公信力。首先，以第15条为根据所确立的严格依法裁判原则，是程序法定原则的内在要求，它要求法院办理刑事案件应当严格按照法律规定的权限、程序和步骤及方法进行，并且法院对案件作出实体处理、作出实体裁判也应当严格按照法律规定进行、始终严格依法裁判。根据现行法律规定，法院针对案件实体问题的处理，通常有有罪判决、无罪判决、疑罪判决三种情形；这是法院针对案件实体问题、依法行使刑事诉讼的终局裁判权的结果，具体而言：一是有罪判决。它要求，法院经法庭审理，认为案件事实清楚，证据确实、充分，依据法律认定被告人有罪的，应当依法作出有罪判决。二是无罪判决。它要求，法院经法庭审理，依据法律规定认定被告人无罪的，应当依法作出无罪判决。三是疑罪判决。它要求，法院经法庭审理，认为“证据不足，不能认定被告人有罪的”，应当按照法律规定的“疑罪从无”原则，依法作出无罪判决。从司法实践来看，最常见的是，有罪判决的情形；无罪判决的适用率较低、作出疑罪从无的无罪判决的适用率最低。在此需要注意的是，“疑罪从无”原则作为法律规定的旨在防止冤错案件的重要措施，尽管对于确保法院依法裁判、完善实体裁判制度而言，发挥着积极促进作用，但是其制度目的和特定功能，都决定了这种制度本身在司法实践中的适用率不可能太高，因而通常被认为是备而不用的一种制度设计。

（8）健全权利保障制度，着重完善辩护制度（第17条）。首先，根据以审判为中心的诉讼制度改革要求，健全当事人、辩护人和其他诉讼参与人的权利保障制度，贯穿于整个刑事诉讼全过程，包括但不限于审判阶段的权利保障制度完善。其次，根据“以庭审为中心”的刑事审判制度改革要求，在审判阶段强调“健全权利保障制度”，特别是“着重完善辩护制度”，有利于促进“确保案件事实查明在法庭、确保辩论辩护意见发表在法庭、确保裁判结果形成在法庭”等审判制度改革目标的实现。它主要涉及几方面：一是“依法保障当事人和其他诉讼参与人的知情权、陈述权、辩论辩护权、申请权、申诉权”。它要求，人民法院自受理案件之日起，就必须按照宪法法律和司法解释的规定，尊重和保障当事人、辩护人和其他诉讼参与人的诉讼权利，维护他们的合法权益；特别是在法庭审理过程中依法保障被告人及其辩护人的辩护权。这也就意味着，在审判制度改革语境中，法院既有义务，也有责任健全审判程序中的辩论辩护机制、完善审判制度中的辩护保障制度机制，切实维护被告人及其辩护人的宪法基本权利或诉讼基本人权。这是贯彻落实“尊重和保障人权”的宪法法律原则、完善人权司法保障制度的客观要求。二是“被告人有权获得辩护，人民法院有义务保证被告人获得辩护”。根据宪法和法律规定的辩护原则的要求，辩护权是宪法和法律赋予被告人的宪法基本权利，人民法院有义务健全辩护制度机制和履行指定辩护等法定职责、切实保障被告人获得辩护。三是“依法保障辩护人会见、阅卷、收集证据和发问、质证、辩论辩护等权利，完善便利辩护人参与诉讼的工作机制”。这既是推进以审判为中心的诉讼制度改革的客观要求，也是探索以庭审为中心的刑事审判制度改革的客观要求。此外，它还有助于促进律师辩护的“新三难”“旧三难”等问题的解决，切实维护被告人合法权益、保障辩护人辩护权利。

（9）完善法律援助制度机制，建立律师值班制度（第20条）。根据“以庭审为中心”的刑事审判制度改革探索要求，健全和完善法律援助体制机制、特别是建立值班律师制度，由法律援助机构在法院派驻值班律师，为被告人提供法律帮助；同时，积极推进完善法律援助制度，完善法律援助机构提供律师辩护的条件、程序等机制；在法律援助机制完善上，探索健全依申请的法律援助机制和办案机关通知辩护的工作机制，尽可能为没有聘请辩护律师的被告人提供法律援助，确保其辩护权得到保障。

此外，根据“以庭审为中心”的刑事审判制度改革要求，还涉及健全庭审规则和法庭纪律，依法追惩干扰司法活动、破坏诉讼秩序的行为（第18、19条）[①]；推进案件繁简分流，优化司法资源配置（第21条）[②]。

---

① 第18条规定：“辩护人或者其他任何人，不得帮助犯罪嫌疑人、被告人隐匿、毁灭、伪造证据或者串供，不得威胁、引诱证人作伪证以及进行其他干扰司法机关诉讼活动的行为。对于实施上述行为的，应当依法追究法律责任。”第19条规定：“当事人、诉讼参与人和旁听人员在庭审活动中应当服从审判长或独任审判员的指挥，遵守法庭纪律。对扰乱法庭秩序、危及法庭安全等违法行为，应当依法处理；构成犯罪的，依法追究刑事责任。”

② 第21条规定：“推进案件繁简分流，优化司法资源配置。完善刑事案件速裁程序和认罪认罚从宽制度，对案件事实清楚、证据充分的轻微刑事案件，或者犯罪嫌疑人、被告人自愿认罪认罚的，可以适用速裁程序、简易程序或者普通程序简化审理。”

3. 廓清认识基础上的全面落实：基于《刑事诉讼制度改革实施意见》[①] 以及“法庭规则”和“三项规程”[②] 等的实践探索、规范解读和理论分析为切实落实十八届三中、四中全会决策部署，中央深化改革领导小组2016年、2017年相继审议通过《刑事诉讼制度改革意见》和《关于办理刑事案件严格排除非法证据若干问题的规定》等政策文件。一方面，将以审判为中心的诉讼制度改革重点聚焦于刑事诉讼领域，系统提出完善刑事审判制度的总体方案；另一方面将党的十八大以来刑事司法领域的改革难点问题作为重要突破口，着力推进旨在预防冤假错案的非法证据排除规则，[③] 并将它逐渐确立为以审判为中心的诉讼制度改革的重要保障措施和组成部分之一。同时，紧紧围绕以审判为中心的诉讼制度改革目标和战略

① 即2017年最高人民法院制定的《关于全面推进以审判为中心的刑事诉讼制度改革的实施意见》。

② “三项规程”特指为贯彻落实中央深改组审议通过的《刑事诉讼制度改革意见》《关于办理刑事案件严格排除非法证据若干问题的规定》等决策部署，最高人民法院2017年制定出台《人民法院办理刑事案件庭前会议规程（试行）》、《人民法院办理刑事案件排除非法证据规程（试行）》和《人民法院办理刑事案件第一审普通程序法庭调查规程（试行）》并部署试点工作，全面深入推进以审判为中心的刑事诉讼制度改革。

③ 然而，囿于非法证据排除制度自身所具有的特定制度目的、功能等因素的客观制约，抛开实践中司法人员有意无意，甚至刻意地规避等主观因素的影响，这个制度本身在司法实践中的实际适用率也不可能很高。而且，就该制度本身而言，最通常、最理想的状态应该是备而不用的。因为非法证据排除程序并非办理刑事案件的必经程序，并非每个刑事案件都必然要适用的诉讼程序，只是在满足法律规定的特殊条件才适用的；同时，作为带有明显的外源性法律制度生成的一种改革探索，它源于英国、美国等判例法国家的法律制度，因而这种制度本身带有明显的英美法色彩，即便为传统大陆法国家（地区）的德国、日本所借鉴，但这种制度在生成过程中，与我国固有的社会主义司法制度本身存在一定程度和范围的排异性；换言之，它是一种具有嵌入性、移植性、异质性的法律制度。这种现象在司法实践中的具体表现，就是在某些个别极端案例中，被有意无意，甚至恶意地将法律问题政治化、意识形态化，这都在某种程度和范围内损害了司法权威和公正性，并造成消极的政治影响、法律影响和社会影响。故而，司法实践中的这些问题、倾向和经验教训是值得深刻总结的。此外，值得注意的是，在后续改革推进过程中，逐渐将这种花费大量政治、法律资源和司法改革成本的诉讼制度，发展为司法体制改革和以审判为中心的诉讼制度改革的重要保障措施和组成部分。这是符合当前我国司法实际的，也是符合我国司法改革实际的。但就一种微观层面的制度改革而言，花费如此巨大的政治、司法资源，甚至上升到中共中央深化改革的重要战略部署层面，也可谓是力度空前、世所罕见的。

部署，系统设置配套措施，制定试行“三项规程”，着力推进庭审实质化、深化以庭审为中心的刑事审判制度改革，全面深入推进以审判为中心的刑事诉讼制度改革。基于此，作为推进以审判为中心诉讼制度改革重大决策部署的基础性核心文件，正是基于《刑事诉讼制度改革实施意见》自身所具有的重要理论和实践意义，因而笔者侧重对《刑事诉讼制度改革实施意见》文本进行规范解读和理论分析。首先，在内容上，《刑事诉讼制度改革实施意见》主要分为五部分，主要是“以庭审实质化改革为核心，以强化证人、鉴定人、侦查人员出庭作证和律师辩护为重点，着力推进庭审制度改革”。[①] 具体而言，主要有以下几方面：

第一，“坚持严格司法原则，树立依法裁判理念”。即在社会主义法治建设方针指导下，坚持严格司法的根本指针和基本原则，严格遵循程序法定原则，在明确坚持证据裁判、非法证据排除、疑罪从无、程序公正等四项基本原则的基础上，促进树立依法裁判理念。特别是第4条明确指出以审判为中心的诉讼制度改革的核心要义和价值理念，即“通过法庭审判的程序公正实现案件裁判的实体公正”；并在此基础上，对法庭审判的功能和作用作出明确的制度定位和理论概括，即一方面在法庭审判的作用上，“发挥庭审在查明事实、认定证据、保护诉权、公正裁判中的决定性作用”；另一方面在法庭审判的程序功能定位和制度改革效果上，追求“确保诉讼证据出示在法庭、案件事实查明在法庭、诉辩意见发表在法庭、裁判结果形成在法庭”。

第二，“规范庭前准备程序，确保法庭集中审理”。即通过优化庭前会议等制度设计来完善庭前准备程序，确保法庭集中审理，从而将“完善庭前会议制度”作为坚持和完善被传统诉讼理论视为重要审判原则的“集中

---

① 戴长林、刘静坤：《让以审判为中心的刑事诉讼制度改革落地见效——对“三项规程”重点内容的解读》，载《人民法院报》2017年6月28日，第6版。

审理”原则的重要措施。如第 7 条规定，“控辩双方对管辖、回避、出庭证人名单等事项提出申请或者异议，可能导致庭审中断的，人民法院可以在庭前会议中对有关事项依法作出处理，确保法庭集中、持续审理”。同时，根据司法实践问题，对庭前会议的启动程序、在庭前会议中需要处理的程序性事项、控辩双方争议焦点以及其他相关事项能否达成一致意见等问题进行系统规制。

第三，“规范普通审理程序，确保依法公正审判”。即完善法庭调查程序和法庭辩论程序中的证据展示规则、质证规则、认证规则等措施，来规范和完善普通审理程序，保障法庭审判的程序公正。具体而言：其一，法庭出示、辨认、质证的一般原则（第 11 条）。即凡是与犯罪案件具有相关性的证据，无论是“证明被告人有罪或者无罪”，还是“证明被告人罪轻或者罪重”，也无论是“控方或辩方提供的”的证据，一律都应当在法庭出示，从而依法保障控辩双方的辨认、质证权。其二，在法庭审理程序中构建嵌入非法排除机制的质证规则，作为确保法庭审判程序公正的保障措施。根据第 12 条规定要求，非经法庭依照法定程序出示、辨认、质证的证据（或者非经法庭调查程序查证属实的证据），应当依法排除、不得作为定案的根据。就证据理论上而言，它将证据的出示、辨认和质证作为定案证据获得证据能力的必经程序、程序合法性要素，当然，这也并不意味着，未经法庭依照法定程序调查核实的证据，在客观上不能证明案件事实或者其合法性要素不能补正。其三，建立和完善技术侦查证据的当庭质证规则和庭外调查核实程序。根据第 13 条规定，对于技术侦查措施收集的证据，采用当庭质证认证和庭外调查核实相结合的程序模式，并赋予法庭裁量权，由法庭根据案件情况裁量决定采用何种调查方式。特别是一方面，通过嵌入特殊保护机制完善技侦证据的当庭质证规则；另一方面，通过构建公诉人、侦查人员和辩护律师的到场参与机制，来完善庭外调查核实程序，从而最大限度保证控辩双方的质证权。通常就法理上而言，技侦证据的当庭质证规则在适用效力上优于庭外调查核实规则，但是作为例外，采用职权主义模式，即通常由法庭裁量决定。其四，完善证人、鉴定人和被害人出庭作证规则（第 14、15、16 条）。其中，第 14 条通过明确申请方的协助出庭义务、完善强制出庭作证和增加远程视频作证等规定，完善证人出庭作证规则，确立职权主义和当事人主义相结合的制度模式。同时，第 15 条规定鉴定人出庭作证规则，即只有在“控辩双方对鉴定意见有异议”，并且“法院认为鉴定人有必要出庭的”的情况下，才由法院通知鉴定人出庭作证。此外，第 16 条规定明确对于出庭作证的证人、鉴定人和被害人在其本人或近亲属的人身安全面临危险的，法庭应当采取一般保护措施，以及必要时建议采取专门性保护措施。其五，完善法院在健全法律援助制度中的司法职责，特别是强调其“确保被告人依法获得法律援助”的保障义务，以及在配合扩大法律援助范围、健全值班律师制度中的义务（第 17 条）。其六，法庭在庭审中的保障义务和加强裁判说理义务。首先，根据第 18 条规定，法庭对“控辩双方在庭审（过程）中的发问、质证、辩论等诉讼权利”负有“依法保障”的义务；“对控辩双方当庭提出的申请或者异议”，负有“（当庭或庭后）作出处理”的义务。同时，法庭可以运用庭审指挥权，既可以在审理过程中归纳争议焦点、引导“针对影响定罪量刑的实质性问题”进行辩论，也有权提醒、制止那些与庭审“无关、重复或者扰乱法庭秩序等情形”的发言。其次，根据第 19 条规定，法庭负有“充分听取控辩双方的量刑建议和意见”并在此基础上“规范量刑”“保证量刑公正”的义务。最后，根据第 20 条规定，明确赋予法庭负有“加强裁判说理”，特别是“通过裁判文书展现法庭审理过程”的义务；主要是两方面，一方面是“对控辩双方的意见和争议”，负有“说明采纳与否的理由”的义务；另一方面是“对证据采信、事实认定、定罪量刑等实质性问题”，负有“阐释裁判的理由和依据”的义务。

第四，“完善证据认定规则，切实防范冤假错案”。即通过健全广泛意义上的非法证据排除规则、关联性无法确定的证据排除规则和真实性无法确认的证据排除规则，这主要是针对“不具备合法性、关联性或者真实性等证据资格（证据能力）必备要素的证据”或者“合法性、关联性、真实性无法确认的证据”，通常应当排除而不应当作为定案根据的证据排除规则。首先，其制度目的，旨在通过对我国传统证据本质理论的核心要义进行坚持和发展，立足我国司法实际，从“证据三性”等本质特征和核心要素出发、在吸收英美法系非法证据排除规则合理要素的基础上所衍生出的一种全新的证据认定规则体系。最终，以此来将不具备证据本质要求的证据材料排除在定案证据之外，确保所有定案证据都具备“三性”的实质要求，切实防范非法取证等不规范取证活动，切实防范非依法定程序的证据认定活动，切实防范有悖审判程序公正的冤假错案。其次，其理论意义在于，完全超越了最初源自英美法系的非法证据排除规则的固有内涵，实现了英美证据法规则的大陆法化、中国化、本土化，并在此基础上对我国传统证据法理论（特别是证据本质理论和证据规则理论）进行了富有成效的发展和完善。对此，笔者力图通过对《刑事诉讼制度改革实施意见》的相关规范进行系统阐述，从规范解读角度将这些证据规则进行理论化、系统化和科学化，从而通过理论概括总结出内在统一、具有规律性的，并且符合证据法理论逻辑的证据认定规则理论。总体而言，主要包括：一是非法（非合法性）证据排除规则（第 21 ~ 26 条），二是非相关性证据排除规则（第 27 条），三是非真实性证据排除规则（第 28、29、30 条），以及证明标准掌握中的存疑处理规则（第 30 条）。具体而言：

其一，非法（合法性）证据排除规则。首先，传统意义上的非法证据排除规则，属于最狭义的非合法性证据排除规则。主要包括非法言词证据排除规则和非法实物证据排除规则。根据第 21 条规定，对于“采取刑讯逼供、暴力、威胁等非法方法收集的言词证据”，法院负有依法予以排除，而不得将其作为定案根据的司法职责和法定义务；对于“收集物证、书证不符合法定程序，可能严重影响司法公正”并且“不能补正或者作出合理解释的”，法院有依法裁量确定予以排除的司法职责、权限和法定义务。其次，健全和完善审判程序中的侦查讯问合法性核查制度的审判衔接机制。这属于广泛意义上的非法证据排除规则的范畴。根据第22条规定，一方面，对于“被告人在侦查终结前接受检察人员对讯问合法性的核查询问时，明确表示侦查阶段不存在刑讯逼供、非法取证情形”，但“在审判阶段又提出排除非法证据申请，法庭经审查对证据收集的合法性没有疑问的”，法庭有依法“驳回申请”的裁量决定权。另一方面，对于“检察人员在侦查终结前对未对讯问合法性进行核查”或者“未对核查过程全程同步录音录像”，而“被告人在审判阶段提出排除非法证据申请”，并且“法院经审查对证据收集的合法性存在疑问的”，那么，法院就负有“依法进行调查”的司法职责、权限和法定义务。最后，在证据合法性的法庭调查机制上，主要有以下几方面：一是在调查阶段的设定方面，原则上应当先行当庭调查。根据第23条规定，法庭决定对证据收集的合法性进行调查的，应当先行当庭调查。但是，如果当庭调查可能导致庭审过分迟延的，也可由法庭依法裁量确定在法庭调查结束前进行调查。这是由法庭在案件审理过程中对庭审活动的组织和指挥权所决定的。二是在调查手段上，特别强调对“讯问过程录音录像”审查工作的重视。在调查过程中，如果发现“讯问笔录记载的内容与讯问录音录像存在实质性差异的”，应当以讯问录音录像为准，来对证据合法性作出判断。其理论根据在于讯问录音录像的证明力优于讯问笔录，这是由讯问录音录像的证据特点决定的。特别是在对讯问录音录像的合法性调查过程中，第24条第2款专门设定了非法证据推定原则。即对于“法律规定应当对讯问过程录音录像的案件，公诉人没有提供讯问录音录像”，或者虽然提供，但所提供的讯问录音录像“存在选择性录制、剪接、删改等情形”，导致“现有证据不能排除以非法方法收集证据情形的”，法院应当依法推定“有关供述”为非法取得、不具有合法性，因而有依法“予以排除”的司法职责和法定义务。这种情形属于被告人供述取得合法性无法确定的非合法性证据排除规则。三是需要侦查人员出庭说明情况的证据排除规则。根据第25条规定，如果“现有证据材料不能证明证据收集合法性的”，法院有权根据案情裁量确定、并通知侦查人员出庭，就有关证据材料的合法性问题说明情况；对此，有两点需要注意：一方面，《刑事诉讼制度改革实施意见》要求侦查人员必须亲自出庭，不得以签名并加盖印章的书面说明材料代替，可称为“侦查人员书面说明禁止规则”。另一方面，如果经法院依法通知，“侦查人员不出庭说明情况”，导致在客观上确实可能存在非法取证情形的（或者“不能排除以非法方法收集证据情形的”），法院应当依法推定“有关证据”为非法取得、不具有合法性，因而负有依法“予以排除”的司法职责和法定义务。这就是所谓的“需要侦查人员出庭说明情况的证据排除规则”，它属于证据合法性无法确定的非合法性证据排除规则。四是在是否排除有关证据的决定问题上，原则上应当当庭宣布。根据第26条规定，法庭在必要时，有权根据案情裁量确定、宣布休庭，经由合议庭评议或者提交审委会讨论决定后、再行开庭宣布或者再次开庭时宣布。在此值得注意的是，第26条第2款作出限制性规定，即在法庭对有关证据作出是否排除的决定前，禁止有关证据的宣读、质证；这也就意味着，在法庭对作为证据资格（或者证据能力）的核心、实质要素的证据合法性问题解决之前，不进行关联性和真实性审查认定。由此可见，从我国证据法理论上来看，特别是在证据本质属性理论体系中，证据合法性是证据的第一属性，或者说合法性是第一性的证据属性。那么，证据其他属性就是第二属性，因而，证据的关联性、真实性都属于证据的第二属性范畴。因此，笔者认为，在我国证据“三性”理论体系中，合法性是证据的首要本质属性。

其二，非关联性证据排除规则。首先，关联性规则是我国传统证据理论中的基本规则之一。它是我国证据“三性”本质属性理论在证据规则中的衍生形态和具体表现，是将我国传统的证据审查判断和运用规则中的“关联性”要素、并在借鉴吸收源自英美法系证据法理论的排除规则（特别是非法证据排除规则）的合理因素的基础上所衍生和发展出的一种新的证据认定规则。其次，在原始内涵上，它要求据以定案的证据，应当与案件事实具有关联性；与案件事实无关的证据，不得作为定案的根据。然而，随着现代科技进步、社会发展、证据法理论的科学化程度日益加深，司法实践中的诸多具体情形，难以用这个传统理论作出理论阐释和科学说明，这就造成了传统证据理论无法科学阐释很多特定（特殊）的现代证据法现象。再次，在衍生内涵上，它要求无法确定与案件事实的关联性的证据，也不得作为定案的根据。根据第 27 条规定，“通过勘验、检查、搜查等方式收集的物证、书证等证据，未通过辨认、鉴定等方式确定其与案件事实的关联的，不得作为定案的根据”。对此笔者称为“未经确定关联性的实物证据排除规则”，或者“非关联性证据排除规则”。最后，就其理论根据而言，因为无论在现代法庭科学的理论视野下，还是在现实的司法实践中，即便是客观性最强的实物证据，如果无法确定其与案件事实之间的关联的，也极有可能造成冤假错案，特别是这些证据被当作“影响定罪量刑的关键证据”时，更是如此。因此，《刑事诉讼制度改革实施意见》作出这种规定具有一定的科学性和必要性。这是科学主义、理性主义战胜和克服神秘主义、蒙昧主义在现代证据法理论、特别是现代法庭科学理论中的重要表现。此外，笔者认为，确立非关联性证据排除规则的重要理论意义，还在于科学界分了传统证据理论体系和现代证据法理论体系的理论分野。就此而言，《刑事诉讼制度改革实施意见》无论对我国司法制度层面的证据规则的创制性制度实践，还是对我国证据法理论的创造性衍化和创新性发展，都发挥着积极的推动和促进作用。

其三，非真实性证据排除规则。真实性规则是我国传统证据理论中的基本规则之一。它也是我国证据“三性”本质属性理论在证据规则中的衍生形态和具体表现，也是将我国传统证据理论中的真实性要素理论、在借鉴吸收英美证据法中的排除规则的合理要素的基础上所衍生和发展出的一种新的证据认定规则。根据第28、29、30条规定，我国在司法制度层面确立了非真实性证据排除规则。其中，所谓“非真实性证据”，在内涵上既包括不具有真实性的证据（假证据，如捏造、伪造、变造的虚假证据），也包括真实性无法确认的证据。主要有几方面：一是瑕疵证据排除规则（第28条），二是真实性无法确认的庭前证言排除规则（第29条第1款）和鉴定意见排除规则（第29条第2款），三是存疑证据排除规则（第30条）。具体而言：

一是瑕疵证据排除规则（第28条）。根据第28条规定，“收集证据的程序、方式存在瑕疵，严重影响证据真实性，不能补正或者作出合理解释的，有关证据不得作为定案的根据”。这是我国司法制度层面确立的瑕疵证据排除规则。主要有几方面：首先，所谓“瑕疵证据”，是指收集程序、方式存在瑕疵的证据。它在实质上区别于收集程序、方式违法，或者采用非法方法收集的证据，即非法证据。瑕疵证据和非法证据的关键区别在于，前者是因收集程序、方式存在瑕疵而导致缺乏证据真实性要素，后者是因采用非法方法、违反法定程序收集而导致缺乏证据合法性要素。其次，这就造成了它们在法律效果上的客观差异：非法言词证据因采用刑讯逼供、暴力、威胁等非法方法收集，故而通常不被作为定案的根据；非法实物证据因采用非法方法收集、可能严重影响司法公正，并且只有在既无法补正又无法作出合理解释的情况下，才能予以排除，而不能作为定案的根据。由此看来，瑕疵证据排除规则与非法言词证据排除规则、非法实物证据排除规则两者既有内在联系又有客观差别。最后，瑕疵证据排除规则的适用要件。根据第28条规定，主要有三方面，即“收集证据的程序、方式存在瑕疵”“严重影响证据真实性”“不能补正或者作出合理解释”。三者须同时具备，缺一不可。也就是说，对于“收集证据的程序、方式存在瑕疵”的证据，如果不影响或只是轻微影响证据真实性的，通常可以采取补救措施，要求举证方予以补正或者作出合理解释；即便是严重影响证据真实性，但是经过补正或者作出合理解释后，仍然具有证据资格（或者证据能力）的，也可以作为定案的根据。因此，对于瑕疵证据，即“收集证据的程序、方式存在瑕疵”并且“严重影响证据真实性”的证据，只有在既无法补正又无法作出合理解释的情况下，才能予以排除，不得作为定案的根据。由此可见，瑕疵证据排除规则是非真实性证据排除规则的重要表现形式。

二是真实性无法确认的庭前证言排除规则（第 29 条第 1 款）和鉴定意见排除规则（第 29 条第 2 款）。在证据法理论上，通常被称为传闻证据排除规则。众所周知，由于诸多主客观因素的制约，“证人出庭作证难”是我国司法实践中长期存在的“顽症痼疾”问题。因而近年来我国立法、司法改革通常鼓励、支持，甚至采取必要措施强制证人出庭作证。基于第 29 条第 1 款所确立的真实性无法确认的庭前证言排除规则，就是一种旨在促进证人出庭作证的倒逼措施，其在实质上是针对未出庭作证证人的庭前证言，通过否定其证据资格（或者证据能力）而否定其证据法效果的一种程序性制裁措施。主要有几种情形：首先，证人没有出庭的庭前证言排除规则。根据第 29 条第 1 款规定，“证人没有出庭作证，其庭前证言真实性无法确认的，不得作为定案的根据”。这表明，如果证人没有出庭，但是其庭前证言真实性能够确认或者有相关证据印证的，仍然可以采纳作为定案根据。只有在同时满足“证人没有出庭作证”和“其庭前证言真实性无法确认的”两项条件的前提下，法庭才能够对其庭前证言依法予以排除，而不将其采纳作为定案根据。这是庭前证言排除规则的首要基本规则，其理论根据在于证据真实性规则，即因庭前提供证言的证人不出庭作证、致使其庭前证言真实性无法得到确认，而最终导致该庭前证言不具备法庭采纳证据所必须的真实性要件。其次，证人出庭的庭前证言排除规则。这是

《刑事诉讼制度改革实施意见》第29条第1款所设置的，在证人出庭作证的情况下，如果证人当庭作出的证言与其庭前证言相互矛盾，以致其庭前证言真实性悬而未决时，法庭据以作出裁判的证据认定规则。对此，笔者认为有几点需要注意：①无论庭前证言还是庭审证言，都可能是假的，也都可能是真（实）的，也可能是“一真一假”的。②庭审证言和庭前证言相矛盾的，在都有相关证据印证的情况下，法庭应当根据“盖然性占优势”原则来对证据的真实性进行判断，同时还需要根据出庭证人能否当庭对前后证言之间的矛盾作出合理解释来作出综合判断，从而最终确定采纳何种证言。③在都没有相关证据印证的情况下，无论证人能否作出合理解释，都不能被采纳为定案的根据。④基于前述分析，笔者认为，在影响法庭对前后矛盾的证言的真实性问题做出判断的诸要素中，前者即“与相关证据印证”是客观条件（客观标准），后者即“作出合理解释”是主观条件（主观标准）。⑤此外，在考虑实践中“这些前后矛盾的证言都是假的”这种特殊情形存在的可能性，因而《刑事诉讼制度改革实施意见》第29条第1款规定还赋予法庭在一定范围内的自由裁量权，这主要取决于法庭所形成的“内心确信”。综上，笔者认为，在《刑事诉讼制度改革实施意见》第29条第1款所采用的立法模式——“合理解释＋相关证据印证＋（基于内心确信的）法庭自由裁量权”中，法庭据以判断“相互矛盾的当庭证言和庭前证言的真实性问题”所采用的是一种“主客观相统一”的标准。这符合马克思辩证唯物和历史唯物主义哲学中的主客观相统一原则。基于前述理论分析，笔者拟对第29条第1款所确立的庭前证言排除规则做出理论阐释：①根据第29条第1款规定，“证人当庭作出的证言与其庭前证言矛盾，证人能够作出合理解释，并与相关证据印证的，可以采信其庭审证言”。这表明，立法者主张出庭作证证人当庭所作出的庭审证言，在可采性和证明力上优先于庭前证言。只要证人能够对证言间的矛盾作出合理解释，并有相关证据对庭审证言予以印证的，法庭原则上就可以根据其

“内心确信”推定其为真实，并有权依其自由裁量权采信当庭所作证言。其中，“作出合理解释”和“有相关证据印证”两者是必要条件，但这并不意味着，具备这两项条件就必然被采纳作为定案的根据；还需要由法庭根据“内心确信”和综合案件情况作出裁量，最终作出“是否采信庭审证言”的决定。②根据第29条第1款规定，“不能作出合理解释，而其庭前证言与相关证据印证的，可以采信其庭前证言”。这表明，如果证人不能对当庭证言和庭前证言间的矛盾作出合理解释，但是庭前证言却能够“与相关证据印证的”，法庭可以依其自由裁量权采信庭前证言。这属于真实性无法确认的庭前证言排除规则的例外情形，它是一种基于“内心确信”的推定真实而对庭前证言予以采纳的特殊情形。最后，鉴定意见排除规则(第29条第2款)。该条款属于司法解释的强制性规定。这就意味着，在司法实践中，只要经法院通知，鉴定人拒不出庭作证的，该鉴定人所作出的鉴定意见，就不得被采纳作为定案根据。主要理由是：①鉴定意见相对于证人证言而言，证人是以其亲身感知的事实来证明案件事实的，因而具有不可替代性，所以在立法上才存在必要时强制证人到庭作证的立法情形。但是，鉴定意见则是以鉴定人基于专门知识、专业技能和实践经验所作出的判断性意见，来证明案件事实的。因而，鉴定人对于证明特定案件的事实而言，具有可替代性。②由于鉴定意见的专业性太强，很多案件中需要鉴定人出庭，就其作出鉴定意见所依据的事实根据和科学理由等问题进行说明。故而，如果鉴定人不出庭作证，就直接意味着，被用以“证明某些可能影响定罪量刑的关键情节”的鉴定意见，在法庭审理过程中无法得到充分的辨认、质证、辩论，因而有悖直接、言词原则和集中审理原则。由此，经法院通知而未出庭鉴定人的鉴定意见，其科学性、客观性和真实性就呈现悬而未决的状态，因而实践中就需要由法庭直接推定其真实性无法确认而欠缺证据真实性要件。

三是证据存疑的处置规则（第30条）。根据第30条规定，主要有三种“证据存疑”的具体情形，包括证明标准存疑、定罪证据存疑和量刑证据存疑。若从司法实践的可操作性、法律术语的概括性和精炼性等因素考虑，可从理论上将其概括为“有罪无疑”“疑罪从无”“疑刑有利被告”等审判原则。对此，笔者拟将其称为“证据裁判三原则”或者“证据存疑的裁判三原则”。具体而言：首先，证明标准存疑的“有罪无疑”原则。即在证明标准上，在案证据的证明程度存疑时所应遵循的“认定有罪须确定无疑”原则。根据第30条第1款规定，“人民法院作出有罪判决，对于定罪事实应当综合全案证据排除合理怀疑”。2012年《刑事诉讼法》修改时，将“排除合理怀疑”确立为法院作出有罪判决的必要前提条件和主观证明标准，作为对我国既有的“案件事实清楚，证据确实、充分”证明标准的重要补充。为贯彻刑事诉讼法的该项规定，第30条第1款明确重申“法院作出有罪判决”必须将“对于定罪事实应当综合全案证据排除合理怀疑”作为必要前提。这就意味着，法院作出有罪判决时，对定罪事实的证明程度，就必须达到“综合全案证据能够排除可能存在的任何合理怀疑”的证明标准，所得结论必须是唯一的。如果综合全案证据无法排除定罪事实存在其他可能性，或者综合全案证据所得结论并非唯一的，那么就意味着定罪事实认定不清，无法达到“案件事实清楚，证据确实、充分”的法定证明标准。这是有罪判决对定罪事实必须排除合理怀疑的内在、实质要求，因而笔者称其为“有罪无疑”或“有罪须确定无疑”的证据裁判原则。其次，定罪证据存疑的“疑罪从无”原则。根据第30条第2款规定，“定罪证据不足的案件，不能认定被告人有罪，应当作出证据不足、指控的犯罪不能成立的无罪判决”。该规定与刑诉法中关于“疑罪从无”的规定相衔接，它要求“认定被告人有罪，必须事实清楚，证据确实、充分”；否则，对于“定罪证据不足”“不能认定被告人有罪的”，应当依法作出“证据不足、指控的犯罪不能成立的无罪判决”。这就是定罪证据存疑的“疑罪从无”证据裁判原则。最后，量刑证据存疑的“疑刑有利被告”原则。根据第 30 条第 2 款规定，“定罪证据确实、充分，量刑证据存疑的，应当作出有利于被告人的认定”。这就意味着，在确定能够定罪的前提下，如果量刑证据存疑的，应当根据存疑有利于被告原则，依法作出予以“从轻、减轻或免除刑事处罚”的认定，或者不予“从重、加重刑事处罚”的认定。量刑证据存疑的，应予从轻、减轻、免除处罚，或者不予从重、加重处罚。简言之，即“疑刑只能从轻、减轻、从无（免除、从免），而不得从重、加重”。

第五，“完善繁简分流机制，优化司法资源配置”。刑事诉讼中的繁简分流机制与“以审判为中心”的诉讼制度改革两者之间是手段与目的、具体措施与改革总目标的关系。除对以审判为中心诉讼制度改革的保障功能和工具价值外，繁简分流机制的制度目的在于，通过对办案程序进行繁简适度的顶层设计，根据案件复杂程度、影响范围等因素综合考虑来对不同案件实施分流、分类办理，从而节约司法资源、缓解“案多人少”突出矛盾，实现司法资源优化配置、提高办案质量和效率的最终目的。同时，健全和完善繁简分流机制，是党的十八大以来贯彻落实宽严相济刑事政策的重要措施。党的十八大以来，刑事诉讼中健全和完善繁简分流机制的最主要措施，就是试点推进、全面落实刑事速裁程序和认罪认罚从宽制度改革。而且，值得注意的是，对认罪认罚从宽制度的认识深度和改革范围，已经逐渐从普通程序深化到速裁程序、简易程序和普通程序简化审程序等刑事审判程序制度设计之中。特别是习近平总书记在 2019 年中央政法工作会议上指出，“要深化诉讼制度改革，推进案件繁简分流、轻重分离、快慢分道”。这也为刑事诉讼中深化诉讼制度改革、健全和完善繁简分流机制，提供了重要指导方针。

根据《刑事诉讼制度改革实施意见》第 31 ~ 33 条规定，主要从推进速裁程序改革、认罪认罚从宽制度改革和当庭宣判制度改革等方面入手，来落实“完善繁简分流机制”的司法改革部署。具体而言：首先，在深化速裁程序改革的具体措施上，主要采取逐步扩大适用范围、针对“被告人认罪的轻微案件”的快速审理和简便裁判机制、完善运行机制等措施。其次，在深化认罪认罚从宽制度改革的具体措施上，主要采取完善当庭权利告知机制、对“被告人认罪认罚自愿性和真实性”的当庭审查机制、“当庭不认罪或者不同意适用简化审理程序”的程序转处机制。特别是第 32 条第 2 款所确认的程序转换机制，在很大程度上相当于赋予庭前认罪认罚的被告人得以当庭反悔的诉讼特权，并且它兼具实体法和程序法双重意义。即一方面，在程序法意义上看，它意味着赋予庭前认罪认罚的被告人在法庭审判过程中是否适用简化审理等程序处理案件的程序选择权；另一方面，在实体意义上看，对于认罪认罚的实体法效果，当庭认罪认罚的效果优于庭前认罪认罚，这就意味着实际上再次赋予被告人当庭确认认罪认罚或者当庭反悔的实体选择权。也就是说，第 32 条第 2 款所确认的这种转换机制，不但可能导致法庭对案件审理程序的变更，而且可能导致案件实体结果的变更。当然，在此笔者仅是作出规范解读，至于实践中的具体做法和司法改革后续决策，仍有待实践深入探索和理论深入论证。最后，在深化当庭宣判制度改革的具体措施上，根据中央决策部署和高法落实措施的有关精神，严格按照繁简分流机制的内在机理和核心要求，针对不同审理程序处理的案件分别制定不同的措施：即针对适用速裁程序审理的案件，明确作出严格要求、必须全部当庭宣判；针对适用简易程序审理的案件，原则上要求当庭宣判，只是在确实不宜或无法当庭宣判的情况下择期宣判；针对适用普通程序审理的案件，当庭宣判不作硬性要求，但在实践中应当有意识地逐步提高当庭宣判率。这就意味着，既要在司法实践中鼓励司法办案人员下意识的提高当庭宣判的案件数量，又要在司法改革政策和措施制定上为逐步提高当庭宣判的案件数量和比例、创造有利的司法制度机制环境和外部条件。对此，笔者认为这些做法都是实事求是的，符合诉讼规律和司法实际。

综上所述，除前述《刑事诉讼制度改革实施意见》等核心文件外，最高人民法院所制定的旨在推进和深化“以审判为中心的诉讼制度改革”的政策和法律文件，还有《人民法院法庭规则》和《人民法院办理刑事案件庭前会议规程（试行)》、《人民法院办理刑事案件排除非法证据规程（试行)》、《人民法院办理刑事案件第一审普通程序法庭调查规程（试行)》（“三项规程”“三个试行规程”）等基础性文件。鉴于这些文件都是在推进落实中央关于推进“以审判为中心的诉讼制度改革”的决策部署过程中所制定的重要文件，起着不可或缺的基础性作用，因而在此不得不提及。而且，尽管这些文件的制定目的、功能和侧重点各有不同，但是作为推进以审判为中心的诉讼制度改革的具体措施和重要步骤，其重要性以及理论和实践意义是不言而喻的。大体来看，新修订的法庭规则着力通过庭审秩序的制度构建和完善，从形式上保障“庭审实质化”“以庭审为中心”等审判制度改革和诉讼制度改革目标的实现；而新制定试行的“三项规程”，着力通过制定实施庭前会议规程、非法证据排除规程和法庭调查规程，从实质上保障“庭审实质化”“以庭审为中心”等审判制度改革和诉讼制度改革目标的实现。此外，由于篇幅和出版字数限制，以及有关权威解读和论述较多，对于前述《人民法院法庭规则》和“三个试行规程”的规范解读和理论分析，笔者在此不再赘述。

### （三）以审判为中心的刑事审判制度改革[①]之理论构想

以审判为中心的诉讼制度改革是十八届四中全会确定的旨在完善司法权力运行机制、推进国家治理体系和治理能力现代化的重要战略措施，应

① 在此需要注意的是，对于“以审判为中心的刑事审判制度改革”，是从横向维度上而言的。首先，纵向维度上的“以审判为中心的诉讼制度改革”，其核心内涵概括为“诉讼以审判为中心，审判以庭审为中心，庭审以证据为中心”。这是2018年7月在最高人民法院贯彻落实全面深化司法体制改革推进会精神专题视频会议上明确指出的，是审判理论界和实务界对“以审判为中心的诉讼制度改革”内涵的全面深化认识。其次，从横向维度上，它可概括为：以审判为中心的刑事侦查制度改革、刑事检察制度改革、刑事审判制度改革、刑事执行制度改革和刑事证据制度改革等方面。这是纵向维度上所谓“诉讼以审判为中心”的核心要求。因此，笔者正是在这种意义上展开理论研究和探讨的。

当始终坚持宪法和法律规定的“分工负责、互相配合、互相制约”基本原则。刑事审判制度作为审判制度和司法制度的重要组成部分，在新时代全面深化改革和全面依法治国的特定语境中，就必然成为最核心、最重要的改革对象。而设定“以审判为中心”的改革目标，则旨在重新确立和不断提高审判在整个诉讼制度体系中的中心地位、刑事审判在整个刑事诉讼制度体系中的中心地位，并在实践探索中，先后推进和实施旨在消除“庭审虚化、走过场”等弊端而确定的“庭审实质化”“以庭审为中心”等局部改革目标。随着司法体制改革和诉讼制度改革不断深化，理论界和实务界对“以审判为中心”内涵的认识得到全面深化和科学概括。正如周强院长在2019年7月25日全面深化司法体制改革推进会上所指出的，“要进一步深化以审判为中心的刑事诉讼制度改革，坚持诉讼以审判为中心、审判以庭审为中心、庭审以证据为中心”。无疑，这是对“以审判为中心”内涵的直观描述和高度概括，也是我国当前和今后很长时期全面推进“以审判为中心的刑事诉讼制度改革”的重要方向和目标。然而，作为诉讼制度改革的核心内容和主要目标，如何在“以审判为中心”宏观视角下推进刑事审判制度改革，是理论界和实务界所面临的重要课题。

对此，基于前述实践探索和规范解读的阐述和分析，并结合近年来审判理论研究和制度改革成果，笔者认为，“以审判为中心”宏观视角下的刑事审判制度改革应当涉及以下几方面：

第一，坚持庭审实质化改革方向，深入推进和全面实施庭前会议、非法证据排除、法庭调查“三个试行规程”，确保“事实查明在法庭、证据认定在法庭、法律适用在法庭、裁判形成在法庭”等庭审制度改革目标的实现。

第二，坚持司法模式科技创新方向，探索推进“跨部门大数据办案平台建设”“完善刑事案件基本证据标准指引”等措施，构建和完善“庭审为主、案卷为辅、录音录像为补充监督”的新型审判模式，构建和完善具有中国特色和具备“现代化、科技化、大数据化”等特点并适应新时代审判体系和审判能力现代化要求的新型刑事司法模式。

第三，坚持繁简分流改革方向，系统总结和科学概括刑事案件认罪认罚从宽制度、速裁程序等试点经验，探索构建和完善包括刑事和解制度、认罪认罚从宽制度、速裁制度、简易审判制度和简化审判制度等在内的刑事轻罪诉讼制度体系。

第四，坚持疑罪从无改革方向，健全和完善排除合理怀疑、定罪证据存疑不得认定、量刑证据存疑有利被告等存疑证据裁判机制，健全和完善无罪判决、不起诉决定、销案决定和不立案决定等刑事案件无罪处理诉讼制度体系、刑事无罪诉讼制度体系。

第五，坚持审判组织制度改革方向，既要探索和完善合议庭制度改革，又要探索和完善审判委员会制度，特别是审判组织工作制度，例如审委会议事规则、合议庭议事规则等工作制度。首先，对于合议庭制度改革，应当在总结传统合议庭制度实践经验的基础上，巩固和发展 2018 年《刑事诉讼法》对合议庭制度改革成果，规范和细化合议庭的组织规则和工作细则；健全和完善陪审制度，总结 2015 年人民陪审员制度改革试点经验，巩固和发展相关立法成果，构建和完善适应新时代审判体系和审判能力现代化要求的陪审制度、人民陪审员制度。其次，推进审判委员会制度改革，主要是全面推进审判委员会工作制度改革，建立和健全会议制度和审理制度相结合的工作模式，① 巩固和发展相关改革和立法成果，构建适应新时代审判体系和审判能力现代化要求的审判委员会制度。

① 2004 年最高人民法院制定的《人民法院第二个五年改革纲要（2004—2008）》第 23 条规定，“改革人民法院审判委员会制度。最高人民法院审判委员会设刑事专业委员会和民事行政专业委员会；高级人民法院、中级人民法院可以根据需要在审判委员会中设刑事专业委员会和民事行政专业委员会。改革审判委员会的成员结构，确保高水平的资深法官能够进入审判委员会。改革审判委员会审理案件的程序和方式，将审判委员会的活动由会议制改为审理制；改革审判委员会的表决机制；健全审判委员会的办事机构”。第 24 条规定“审判委员会委员可以自行组成或者与其他法官组成合议庭，审理重大、疑难、复杂或者具有普遍法律适用意义的案件”。

第六，坚持刑事审判证据制度改革方向，根据证据裁判原则，探索构建和完善审判证据规则体系，既包括庭审过程中举证、质证、认证等程序性证据规则，也包括非合法性证据排除、非真实性证据排除、非相关性证据排除以及瑕疵证据排除、传闻证据排除和存疑证据裁判规则等实体性证据规则，特别是构建和完善基于证据合法性、真实性、相关性等本质属性的证据规则体系和证据排除规则体系。前者主要包括合法性规则、真实性规则和相关性规则，后者主要包括非合法性证据排除规则、非真实性证据排除规则、非相关性证据排除规则以及瑕疵证据和传闻证据排除规则。

第七，坚持法庭审判过程的制度文明和精神文明建设方向，就是要“加强法庭秩序和礼仪建设，推进庭审活动法治进程”。首先，系统科学和全面客观地总结改革开放 40 多年来法庭审判活动的“治乱之道”和经验教训，辩证历史地考察 1979 年《人民法院法庭规则（试行)》、1993 年和 2016 年修订版《人民法院法庭规则》的制定背景及其重要理论和实践意义，积极推进庭审活动规则和行为准则建设，科学规范和有效调整审判人员、检察人员和诉讼参与人的庭审活动和诉讼行为，健全和完善庭审事故预防机制和应急处置机制（如医疗救护等)，从而在确保法院作为政权机关的机构安全和作为政法机关的政治安全，并依法保障法院审判活动正常秩序的基础上，不断巩固和增强当事人和诉讼参与人诉讼权利的司法保障力度。同时，不断巩固和持续推进庭审秩序法治建设，坚持惩治庭审违法与保障诉讼人权并重的价值导向，运用法治思维和法治方式推进法庭审判活动治理体系和治理能力现代化建设；特别是探索构建和完善包括司法处罚、行政处罚、刑事处罚以及行业自律和党纪政纪等在内的法庭审判活动治理体系和治理能力。

第八，坚持“司法责任制”改革方向，深化司法责任的法理化和法哲学化研究，通过深化审判理论和司法责任理论研究，系统论证并深入推进司法责任制度改革和审判责任制度改革，构建和完善既能够适应以审判为中心诉讼制度改革要求又能够适应新时代审判体系和审判能力现代化要求的审判责任制度体系和司法责任制度体系。

第九，深化庭审法律监督制度改革。以值班律师制度为起点，深化值班制度改革，总结值班律师制度改革的成功经验和有益启示，探索在人民法院内部设立值班检察官办公室、建立值班检察官制度，由值班检察官专门负责“重大、疑难、复杂案件”和“可能判处无期徒刑以上刑罚的案件、特别是死刑案件”以及“发回重审和再审案件”的庭审法律监督。并且，对于其他案件，例如认罪认罚案件，适用速裁程序、简易程序和简化审理程序的案件，以及适用普通审理程序的轻罪案件（或可能判处无期徒刑以下刑罚的普通案件），则无须适用值班检察官制度，一般仍由出庭支持公诉的检察官依法按照传统做法实施庭审法律监督。该理论构想的制度目的，旨在解决我国传统刑事诉讼中公诉人兼具公诉职能和法律监督职能的角色冲突和制度弊端，创造性提出针对“重大、疑难、复杂案件”等前述特定范围案件的法律监督职能优化方案，从而达到“优化检察资源配置、促进法庭审判公正”的改革效果。

综上所述，前述几点理论构想，仅是笔者通过总结实践探索有益经验、并在梳理已有理论研究成果的基础上，所提出的理论观点和建议，仅供理论和实务部门参考。同时，因研究角度、掌握资料和实践前沿动态有限性等因素制约，不足错谬之处在所难免，还请识者不吝赐教。

# 参考文献

## 一、中文著作

[1] 郑玉波:《民法总则》，台北，三民书局2003年版。

[2] 包献荣:《以审判为中心与直接言词原则》，中国政法大学出版社2018年版。

[3] 边慧亮:《刑事诉讼法律关系论纲》，中国人民公安大学出版社2016年版。

[4] 蔡敦铭:《刑事诉讼法论》，五南图书出版社1983年版。

[5] 陈瑾昆:《刑事诉讼法通义》，法律出版社2007年版。

[6] 陈朴生:《刑事诉讼法实务》，海天印刷厂有限公司1998年版。

[7] 程荣斌:《刑事诉讼法》，中国人民大学出版社2009年版。

[8] 陈瑞华:《刑事诉讼的前沿问题》，中国人民大学出版社2005年版。

[9] 刁荣华:《刑事诉讼法释疑》，汉苑出版社1976年版。

[10] 樊崇义主编:《刑事诉讼法学研究综述与评价》，中国政法大学出版社1991年版。

[11] 何挺等编译:《外国刑事司法实证研究》，北京大学出版社2014年版。

[12] 焦盛荣主编:《以审判为中心的刑事诉讼制度建设研究》，中国

政法大学出版社 2017 年版。

[13] 林东法：《刑事诉讼法》，东法公职补习班 2010 年版。

[14] 刘金国、舒国滢：《法理学》，中国政法大学出版社 2002 年版。

[15] 刘家兴、潘剑锋主编：《民事诉讼法学教程》，北京大学出版社 2013 年版。

[16] 林永谋：《刑事诉讼法论》（上），冠顺印刷事业有限公司 2006 年版。

[17] 马可：《刑事诉讼法律关系客体研究》，方志出版社 2014 年版。

[18] 莫远航主编：《人民法院管理理论与实务：以审判为中心以法官为主体》，人民法院出版社 2007 年版。

[19] 裴苍龄主编：《刑事诉讼法学概论》，兰州大学出版社 1988 年版。

[20] 宋英辉等：《刑事诉讼原理》，北京大学出版社 2014 年版。

[21] 宋英辉等：《外国刑事诉讼法》，北京大学出版社 2011 年版。

[22] 宋英辉主编：《刑事诉讼法学研究评述（1978—2008）》，北京师范大学出版社 2009 年版。

[23] 童建明：《燕赵检察理论文库：以审判为中心视角下的公诉实务研究》，中国检察出版社 2017 年版。

[24] 王利明主编：《司法改革研究》，法律出版社 2000 年版。

[25] 王敏远等：《重构诉讼体制：以审判为中心的诉讼制度改革》，中国政法大学出版社 2016 年版。

[26] 翁玉荣：《最新实用刑事诉讼法》（上），新学林出版股份有限公司 2005 年版。

[27] 徐静村主编：《刑事诉讼法学》（第三版）（上），法律出版社 2003 年版。

[28] 夏勤：《刑事诉讼法要论》，中国政法大学出版社 2012 年版。

[29] 王勇飞、张贵成：《中国法理学研究综述与评价》，中国政法大

学出版社 1992 年版。

[30] 张建伟:《刑事司法体制原理》, 中国人民公安大学出版社 2002 年版。

[31] 周伟主编:《刑事诉讼法》, 北京大学出版社 2006 年版。

[32] 张卫平:《程序公正实现中的冲突与衡平——外国民事诉讼研究引论》, 成都出版社 1993 年版。

## 二、中文论文

[1] 边慧亮:《刑事诉讼三元本质论》, 载《理论探索》2015 年第 5 期。

[2] 边慧亮:《对认罪认罚从宽制度若干问题的规范解读和理性反思》, 载李昌盛主编:《刑事司法论丛》(第 5 卷), 中国检察出版社 2018 年版。

[3] 鲍杰、黄奇:《审判为中心视野下检察工作的转型与应对——对"两高三部"〈意见〉的理解与思考》, 载《检察调研与指导》2017 年第 1 期。

[4] 卞建林:《审判中心视野下的诉审关系》, 载《人民检察》2016 年第 Z1 期。

[5] 卞建林:《扎实推进以审判为中心的刑事诉讼制度改革》, 载《人民法院报》2016 年 10 月 11 日版。

[6] 卞建林:《以审判为中心: 刑事诉讼制度的重大改革》, 载《紫光阁》2016 年第 12 期。

[7] 卞建林:《刑事诉讼模式的演化与流变——以海峡两岸刑事司法改革为线索》, 载《政法论坛》2019 年第 1 期。

[8] 卞建林、郭志媛:《诉讼模式下的证明责任》, 载《甘肃政法学院学报》2008 年第 6 期。

[9] 卞建林、倪润：《证据裁判原则在我国的确立与贯彻》，载《贵州民族大学学报（哲学社会科学版）》2015年第4期。

[10] 卞建林、魏晓娜：《从起诉效力看刑事审判中的罪名变更》，载《诉讼法论丛》2000年第2期。

[11] 卞建林、谢澍：《“以审判为中心”视野下的诉讼关系》，载《国家检察官学院学报》2016年第1期。

[12] 白少康：《刑事侦查法律关系研究》，载《西北大学学报（哲学社会科学版）》2006年第4期。

[13] 陈邦达：《推进监察体制改革应当坚持以审判为中心》，载《法律科学（西北政法大学学报）》2018年第6期。

[14] 褚福民：《侦审关系视野下的侦查制度改革》，载《苏州大学学报（哲学社会科学版）》2018年第4期。

[15] 褚福民：《以审判为中心与国家监察体制改革》，载《比较法研究》2019年第1期。

[16] 蔡杰、冯亚景：《试论和谐刑事侦查关系之构建》，载《政法学刊》2005年第3期。

[17] 陈光中、步洋洋：《审判中心与相关诉讼制度改革初探》，载《政法论坛》2015年第2期。

[18] 陈光中、李章仙：《论庭审模式与查明案件事实真相》，载《法学杂志》2017年第6期。

[19] 陈光中、兰哲：《监察制度改革的重大成就与完善期待》，载《行政法学研究》2018年第4期。

[20] 陈光中、魏晓娜：《论我国司法体制的现代化改革》，载《中国法学》2015年第1期。

[21] 蔡萌生：《实战、理论、改革：中国刑事侦查现状与发展趋势——新时代刑事侦查改革理论与实务热点问题研讨会综述》，载《中国

刑警学院学报》2019 年第 3 期。

［22］陈瑞华：《审判中心主义改革的理论反思》，载《苏州大学学报（哲学社会科学版）》2017 年第 1 期。

［23］陈实：《刑事庭审实质化的维度与机制探讨》，载《中国法学》2018 年第 1 期。

［24］陈苏豪：《完善认罪认罚从宽应当坚持以审判为中心》，载《刑事法评论》2017 年第 1 期。

［25］陈世杰：《浅论以审判为中心背景下侦查工作的特征转化》，载《法制博览》2019 年第 15 期。

［26］陈卫东：《司法改革的中国叙事》，载《中国法律评论》2014 年第 1 期。

［27］陈卫东：《司法机关依法独立行使职权研究》，载《中国法学》2014 年第 2 期。

［28］陈卫东：《司法“去地方化”：司法体制改革的逻辑、挑战及其应对》，载《环球法律评论》2014 年第 1 期。

［29］陈卫东：《以审判为中心：解读、实现与展望》，载《社会学科文摘》2016 年第 9 期。

［30］陈卫东：《“以审判为中心”与审前程序改革》，载《中国检察官》2017 年第 5 期。

［31］陈卫东、司楠：《审判中心主义场域下刑事辩护制度的再造》，载《浙江工商大学学报》2018 年第 1 期。

［32］陈卫东、赵恒：《刑事证据制度重点问题实施状况调研报告》，载《证据科学》2014 年第 6 期。

［33］陈闻高：《侦查本质论》，载《上海公安高等专科学校学报》2012 年第 3 期。

［34］陈文曲、周赛男：《以审判为中心的当代中国法庭礼仪的完善》，

载《三峡大学学报（人文社会科学版)》2017 年第 S1 期。

[35] 陈玉忠:《论刑事侦查关系》，载《河北大学学报（哲学社会科学版)》1997 年第 22 卷第 1 期。

[36] 种政:《论以审判为中心的辩护制度改革》，载《广西政法管理干部学院学报》2017 年第 6 期。

[37] 戴长林、刘静坤:《让以审判为中心的刑事诉讼制度改革落地见效——对“三项规程”重点内容的解读》，载《人民法院报》2017 年 6 月 28 日版。

[38] 戴长林、刘静坤:《在新起点上深入推进刑事诉讼制度改革》，载《人民法院报》2018 年 2 月 3 日版。

[39] 戴长林、刘静坤:《〈关于全面推进以审判为中心的刑事诉讼制度改革的实施意见〉的理解与适用》，载《人民司法（应用)》2017 年第 10 期。

[40] 董红民、麻伟静:《刑事审前程序法律援助工作实证研究》，载《中国司法》2018 年第 2 期。

[41] 戴萍、陈鹏飞:《以审判为中心的诉讼制度改革对检察机关的影响及应对》，载《广东行政学院学报》2015 年第 8 期。

[42] 樊传明:《审判中心论的话语体系分歧及其解决》，载《法学研究》2017 年第 5 期。

[43] 樊崇义:《“以审判为中心”与“分工负责、互相配合、互相制约”关系论》，载《法学杂志》2015 年第 11 期。

[44] 樊崇义、张中:《论刑事司法体制改革与诉讼结构之调整》，载《环球法律评论》2006 年第 5 期。

[45] 樊崇义:《以审判为中心与证据裁判原则》，载《人民法治》2017 年第 7 期。

[46] 樊崇义:《值班律师制度是实现司法人权保障的重大举措》，载

《人民法治》2019 年第 11 期。

［47］樊崇义、张中：《论以审判为中心的诉讼制度改革》，载《中州学刊》2015 年第 1 期。

［48］高保德等：《“以审判为中心”背景下的诉审关系探究——以天水检察机关的司法实践为样本》，载《发展》2018 年第 12 期。

［49］龚举文：《审判中心主义与职务犯罪侦查的理论辨析及其制度构建》，载《法学评论》2015 年第 6 期。

［50］高涵：《以审判为中心背景下的刑事辩护制度研究》，载《潍坊学院学报》2017 年第 3 期。

［51］郭华：《“以审判为中心”的理念解析》，载《人民检察》2017 年第 15 期。

［52］郭松：《透视“以侦查案卷为中心的审查起诉”》，载《法学论坛》2010 年第 4 期。

［53］郭天武、严林雅：《检察权运行的现状分析与路径优化——以实现以审判为中心的诉讼改革为视角》，载《河南大学学报（社会科学版）》2016 年第 6 期。

［54］高一飞：《“审判中心”的观念史》，载《国家检察官学院学报》2018 年第 4 期。

［55］顾永忠：《检察长列席审委会会议制度应当取消——写在〈人民法院组织法〉修改之际》，载《甘肃政法学院学报》2017 年第 4 期。

［56］郭志媛：《对抗与合作：我国刑事诉讼改革的模式定位》，载《中国司法》2006 年第 12 期。

［57］洪浩：《从“侦查权”到“审查权”——我国刑事预审制度改革的一种进路》，载《法律科学（西北政法大学学报）》2018 年第 1 期。

［58］侯建军：《以审判为中心的理性认识与司法应对》，载《人民司法》2016 年第 34 期。

［59］黄翀：《以审判为中心的刑事侦诉关系的反思与重构》，载《东方法学》2017 年第 4 期。

［60］霍宪丹：《坚持以审判为中心进一步健全鉴定人出庭作证制度的探索与思考》，载《中国司法鉴定》2017 年第 6 期。

［61］黄祥青：《推进以审判为中心的刑事诉讼制度改革的若干思考》，载《法律适用》2018 年第 1 期。

［62］黄莺：《“以审判为中心”背景下诉侦关系优化的思考》，载《现代法治研究》2017 年第 4 期。

［63］霍艳丽、余德厚：《论以审判为中心完善刑事案卷移送方式》，载《法律适用》2016 年第 12 期。

［64］贾佳：《论建立以审判为中心的冤假错案防范机制》，载《警学研究》2019 年第 1 期。

［65］贾磊：《以审判为中心的刑事诉讼制度改革再思考》，载《哈尔滨工业大学学报（社会科学版）》2018 年第 4 期。

［66］揭萍：《犯罪构成视野下的侦查取证新论——“以审判为中心”诉讼制度改革实践路径探索》，载《现代法学》2017 年第 5 期。

［67］冀祥德：《控辩平等之现代内涵解读》，载《政法论坛》2007 年第 6 期。

［68］冀祥德：《关于控辩平等原则演进的思考》，载《河北法学》2008 年第 7 期。

［69］焦应达：《大陆法系对新中国法的影响》，载《内蒙古师范大学学报（哲学社会科学版）》2010 年第 2 期。

［70］柯大平：《侦查活动的结构要素新探》，载《西安政治学院学报》2002 年第 8 期。

［71］蓝冰：《德国新民事诉讼法律关系理论及启示》，载《政治与法律》2008 年第 1 期。

［72］罗灿、邵新：《以审判为中心诉讼制度中的法庭规则》，载《人民司法（应用）》2016 年第 25 期。

［73］李春燕：《以审判为中心诉讼制度改革背景下完善鉴定人出庭的对策》，载《中国司法鉴定》2017 年第 4 期。

［74］刘道前、丁寒：《“以审判为中心”的德国刑事诉讼制度》，载《现代世界警察》2017 年第 7 期。

［75］李奋飞：《对立案与侦查关系的再认识》，载《法学家》2006 年第 3 期。

［76］李奋飞：《论控辩关系的三种样态》，载《中外法学》2018 年第 3 期。

［77］刘方权、曹文安：《刑事诉讼程序法律责任论》，载《江苏警官学院学报》2005 年第 2 期。

［78］刘溉：《“庭审实质化”对侦诉审关系的影响及适用》，载《中国检察官》2016 年第 23 期。

［79］刘广三：《刑事司法中审判权与检察权的关系》，载《山东审判》2013 年第 6 期。

［80］刘广三、程功：《以审判为中心视野下庭前证言运用探究》，载《山东警察学院学报》2018 年第 4 期。

［81］刘计划：《以审判为中心刑事诉讼制度改革中的几个认识问题》，载《苏州大学学报（哲学社会科学版）》2017 年第 1 期。

［82］刘静坤：《论司法证明实质化——以侦查人员出庭作证为切入点》，载《法律适用》2017 年第 3 期。

［83］李立景等：《对抗与对话：论以审判为中心视野下的新型检律关系》，载《广西社会科学》2017 年第 6 期。

［84］刘林呐、蔡涛：《中法检警关系比较研究》，载《国家检察官学院学报》2010 年第 6 期。

[85] 卢乐云、曾亚：《以审判为中心改革下的检察运行机制转型》，载《中南大学学报（社会科学版）》2017 年第 3 期。

[86] 刘仁文：《论我国刑事法庭被告人席位的改革》，载《政法论坛》2017 年第 4 期。

[87] 李蓉、张小兵：《诉讼制度改革背景下主办侦查员的责任制——以命案侦查为视角》，载《求索》2017 年第 7 期。

[88] 刘少军：《推进以审判为中心诉讼制度改革的三个维度》，载《学术界》2017 年第 5 期。

[89] 刘少军、马玉婷：《庭审实质化视角下量刑程序完善研究》，载《西部法学评论》2017 年第 3 期。

[90] 罗维鹏：《法院中心、庭审中心与法官中心：对“以审判为中心”的认识框架》，载《四川师范大学学报（社会科学版）》2016 年第 6 期。

[91] 刘文强：《以审判为中心视野下现场勘查工作存在的问题与应对策略实证研究》，载《山东警察学院学报》2018 年第 4 期。

[92] 李文胜等：《以审判为中心，着力提升侦查工作水平》，载《现代世界警察》2017 年第 7 期。

[93] 李文艳、杨新强：《以审判为中心下出庭公诉应把握的“五个关系”》，载《中国检察官》2017 年第 3 期。

[94] 李欣：《以审判为中心的诉讼模式对检察工作的影响》，载《中国检察官》2018 年第 3 期。

[95] 刘秀明：《诉讼构造与程序时效：英美法系审前缺席审判的理论基础》，载《河北法学》2011 年第 8 期。

[96] 刘晓燕、章志远：《以审判为中心视野下我国刑事侦查程序的完善》，载《重庆社会科学》2017 年第 12 期。

[97] 李勇：《“以审判为中心”的精髓与支柱》，载《人民法院报》

2016年5月26日版。

［98］李勇：《审判中心主义背景下出庭公诉的对策研究》，载《中国刑事法杂志》2016年第5期。

［99］李玉华：《论控辩平等对抗》，载《政法论坛》2004年第2期。

［100］兰跃军：《审判中心视野下的新型侦诉审辩关系》，载《刑事法评论》2017年第1期。

［101］兰跃军：《刑事辩护全覆盖背景下新型侦辩、诉辩和审辩关系》，载《学术界》2018年第6期。

［102］刘用军：《审判中心实现的双重路径》，载《河南财经政法大学学报》2017年第5期。

［103］李智：《以审判为中心背景下的侦诉关系》，载《人民检察》2016年第14期。

［104］李章仙：《解析审辩冲突——基于典型案例的考量》，载《云南大学学报（法学版）》2015年第5期。

［105］李章仙：《刑事审辩关系：模式的异化与回归》，载《学术交流》2017年第4期。

［106］龙宗智：《“以审判为中心”的改革及其限度》，载《中外法学》2015年第4期。

［107］龙宗智：《庭审实质化的路径和方法》，载《法学研究》2015年第5期。

［108］闵春雷：《以审判为中心：内涵解读及实现路径》，载《法律科学（西北政法大学学报）》2015年第3期。

［109］马东新：《以审判为中心视角下公诉制度的架构》，载《人民检察》2017年第12期。

［110］马贵翔、林婧：《迈向以审判为中心的刑事诉讼》，载《中国社会科学报》2019年5月14日版。

[111] 马璐：《媒体与侦查关系的相关研究》，载《四川警察学院学报》2013 年第 2 期。

[112] 彭俊磊、郑红军：《审判中心视域下的认罪认罚从宽制度改革完善思考——基于司法公正的价值目标追求》，载《法律适用》2018 年第 15 期。

[113] 潘金贵、王志坚：《以审判为中心背景下监察调查与刑事司法的衔接机制研究——兼评〈刑事诉讼法（修正草案）〉相关条文》，载《社会科学研究》2018 年第 6 期。

[114] 秦国文、董邦俊：《论“以审判为中心”视野下新型检律关系之构建》，载《浙江工商大学学报》2015 年第 3 期。

[115] 孙长永、王彪：《论刑事庭审实质化的理念、制度和技术》，载《中国检察官》2017 年第 15 期。

[116] 孙长永：《审判中心主义及其对刑事程序的影响》，载《现代法学》1999 年第 4 期。

[117] 沈德咏：《论以审判为中心的诉讼制度改革》，载《中国法学》2015 年第 3 期。

[118] 石坚、邱雅娴：《警务大数据对侦查模式改革的影响——“以审判为中心”为研究背景》，载《中国刑事警察》2018 年第 4 期。

[119] 史立梅：《庭审实质化背景下证人庭前证言的运用及其限制》，载《环球法律评论》2017 年第 6 期。

[120] 史立梅、范琳：《司法体制改革背景下刑事审判合议庭运行机制问题研究》，载《贵州民族大学学报（哲学社会科学版）》2015 年第 2 期。

[121] 施鹏鹏、谢文：《审判中心主义的源与流——以日本刑事诉讼为背景的制度谱系考》，载《江苏社会科学》2018 年第 5 期。

[122] 孙运利：《“以审判为中心”对公安刑事侦查工作的影响及应

对》，载《山东警察学院学报》2018 年第 1 期。

［123］单子洪：《案卷笔录中心主义“治愈”论》，载《犯罪研究》2015 年第 5 期。

［124］陶建军：《公诉主导型刑事指控体系的构建——以审判为中心背景下刑事诉讼审前程序侦诉关系为视角》，载《人民检察》2017 年第 19 期。

［125］童建明：《对以审判为中心诉讼制度改革的思考与应对——以检察机关公诉工作为视角》，载《人民检察》2016 年第 12 期。

［126］田圣斌：《“以审判为中心”诉讼制度背景下我国检察工作转型研究》，载《新疆大学学报（哲学·人文社会科学版)》2017 年第 6 期。

［127］田圣庭：《以审判为中心视野下的控辩对抗》，载《学习与实践》2018 年第 2 期。

［128］王海等：《审判为中心视野下的无罪、撤回起诉案件分析——以 X 省检察机关所办案件为样本》，载《三峡大学学报（人文社会科学版)》2018 年第 1 期。

［129］王海仁：《适应以审判为中心的刑事诉讼制度改革提升公安机关刑事执法水平》，载《公安学刊（浙江警察学院学报)》2017 年第 3 期。

［130］汪海燕：《论刑事庭审实质化》，载《中国社会科学》2015 年第 2 期。

［131］王满生、谷声燕：《以审判为中心诉讼制度改革的三项突破》，载《江西师范大学学报（哲学社会科学版)》2019 年第 3 期。

［132］王敏远：《以审判为中心的诉讼制度改革问题初步研究》，载《法律适用》2015 年第 6 期。

［133］王守安、韩成军：《审判中心主义视野下我国刑事证明模式的重塑》，载《政法论丛》2016 年第 5 期。

［134］万旭：《论人民陪审员制度改革对全面贯彻证据裁判的影响》，

载《新疆大学学报（哲学·人文社会科学版）》2017 年第 4 期。

[135] 魏建文：《以审判为中心对检察环节非法证据排除工作的影响及其应对》，载《法学杂志》2016 年第 5 期。

[136] 魏晓娜：《以审判为中心的刑事诉讼制度改革》，载《法学研究》2015 年第 4 期。

[137] 魏晓娜：《审判中心视角下的证据法基本概念》，载《证据科学》2016 年第 3 期。

[138] 魏晓娜：《审判中心视角下的有效辩护问题》，载《当代法学》2017 年第 3 期。

[139] 魏晓娜、范培根：《我国刑事诉讼纵向构造的宏观思考和改革建议》，载《国家检察官学院学报》2002 年第 2 期。

[140] 王晓双、刘少军：《"以审判为中心"的诉讼制度改革之涵义、要求与实现》，载《淮海工学院学报（人文社会科学版）》2017 年第 9 期。

[141] 王峣：《"以审判为中心"诉讼制度改革中的侦查工作》，载《法学杂志》2017 年第 2 期。

[142] 谢波：《"以审判为中心"对公安机关侦查工作的影响》，载《天中学刊》2017 年第 5 期。

[143] 谢波：《以审判为中心视野下公安刑侦工作的问题及其改革》，载《长白学刊》2017 年第 1 期。

[144] 徐静村：《法检两院的宪法定位与司法改革》，载《法学》2017 年第 2 期。

[145] 徐静村：《中国司法改革的动态、展望与挑战》，载《甘肃政法学院学报》2017 年第 1 期。

[146] 熊秋红：《审判中心视野下的律师有效辩护》，载《当代法学》2017 年第 6 期。

[147] 王燃：《以审判为中心的诉讼制度改革：大数据司法路径》，载

《暨南学报（哲学社会科学版）》2018 年第 7 期。

［148］谢澍：《论刑事证明标准之实质递进性——“以审判为中心”语境下的分析》，载《法商研究》2017 年第 3 期。

［149］谢佑平、万毅：《刑事控审分离原则的法理探析》，载《西南师范大学学报（人文社会科学版）》2002 年第 3 期。

［150］谢佑平、万毅：《侦查法律关系论纲》，载《中国人民公安大学学报》2003 年第 1 期。

［151］谢佑平、闫自明：《宪政与司法：刑事诉讼中的权力配置与运行》，载《中国法学》2005 年第 4 期。

［152］向泽选：《控辩对抗的审前模式——兼论检察机关如何因应“以审判为中心”》，载《政法论坛》2017 年第 3 期。

［153］杨波：《审判中心下印证证明模式之反思》，载《法律科学（西北政法大学学报）》2017 年第 3 期。

［154］杨代雄：《萨维尼法学方法论中的体系化方法》，载《法制与社会发展》2006 年第 6 期。

［155］扬捷等：《调整工作模式对接直接言词原则》，载《人民检察》2017 年第 4 期。

［156］闫俊瑛、冯英菊：《建立以审判为中心刑事诉讼机制刍议》，载《人民检察》2018 年第 19 期。

［157］杨亮：《侦审关系论》，中国人民公安大学诉讼法学专业 2017 年博士学位论文。

［158］姚莉、卞建林：《公诉审查制度研究》，载《政法论坛（中国政法大学学报）》1998 年第 3 期。

［159］杨矿生：《新法律、新权能、新风险新〈律师法〉实施对侦辩、控辩关系的影响及律师的风险防范》，载《中国律师》2008 年第 7 期。

［160］杨矿生：《律师法的修改与控辩关系的变化》，载《人民检察》

2008 年第 7 期。

[161] 叶青：《以审判为中心的诉讼制度改革之若干思考》，载《法学》2015 年第 7 期。

[162] 杨宇冠：《以审判为中心与撤回起诉》，载《人民法院报》2017 年 5 月 15 日版。

[163] 杨赞：《侦查阶段的辩护制度与侦辩关系》，载《人民检察》2013 年第 15 期。

[164] 闫召华：《刑事非法证据“柔性排除”研究》，载《中外法学》2018 年第 4 期。

[165] 张斌、罗维鹏：《庭审实质化的技术路径反思与政治路径证成》，载《法制与社会发展》2017 年第 3 期。

[166] 钟朝阳：《“以审判为中心”新解及司改路径的调整》，载《中国人民公安大学学报（社会科学版）》2018 年第 1 期。

[167] 赵贵龙：《迈向司法结构主义：以审判为中心诉讼结构的形成》，载《中国应用法学》2019 年第 3 期。

[168] 周洪波、昝春芳：《刑事庭审实质化视野中的公诉证据标准》，载《江海学刊》2017 年第 6 期。

[169] 朱晋峰：《以审判为中心诉讼制度改革背景下科学证据审查的困境及出路》，载《法律适用》2018 年第 13 期。

[170] 张吉喜：《论以审判为中心的诉讼制度》，载《法律科学（西北政法大学学报）》2015 年第 3 期。

[171] 张建伟：《以审判为中心的认识误区与实践难点》，载《国家检察官学院学报》2016 年第 1 期。

[172] 张龙军、周硕鑫：《“以审判为中心”语境下审查逮捕机制的改革思考》，载《中国检察官》2018 年第 11 期。

[173] 邹明理：《关于新刑诉法中“技术侦查措施”规定的理解》，

载《四川警察学院学报》2013 年第 2 期。

［174］张能全：《论以审判为中心的刑事程序改革与刑事司法职权优化配置》，载《现代法学》2017 年第 4 期。

［175］张鹏莉、李尧：《论“以审判为中心”对侦查取证的指引作用》，载《证据科学》2018 年第 2 期。

［176］张全涛、唐益亮：《以审判为中心的诉讼制度改革研究现状、解读与展望——基于 2014—2016 年 419 篇学术文献的研究分析》，载《中国应用法学》2017 年第 4 期。

［177］张童：《刑事诉讼制度改革走向以审判为中心》，载《人民法院报》2018 年 10 月 23 日版。

［178］左卫民、赵开年：《侦查监督制度的考察与反思——一种基于实证的研究》，载《现代法学》2006 年第 6 期。

［179］左卫民：《地方法院庭审实质化改革实证研究》，载《中国社会科学》2018 年第 6 期。

［180］张小玲：《审判中心背景下审前侦诉关系之重塑》，载《政法论坛》2016 年第 3 期。

［181］赵颖等：《以审判为中心背景下侦查思路的选择》，载《中国人民公安大学学报（社会科学版）》2017 年第 6 期。

［182］赵运恒：《当前新型控辩关系浅谈》，载《中国律师》2014 年第 7 期。

［183］甄贞、孟军：《审查起诉程序研究》，载《法学杂志》2005 年第 4 期。

［184］张志清：《刑事诉讼如何以审判为中心》，载《人民法院报》2016 年 10 月 17 日版。

［185］张泽涛：《“以审判为中心”的内涵及其制度完善》，载《法学》2016 年第 11 期。

## 三、中文译著

[1] [苏] 维辛斯基：《苏维埃法律上的诉讼证据理论》，王之相译，法律出版社 1957 年版。

[2] [法] 皮埃尔 · 尚邦：《法国的刑事预审起诉制度》，陈春龙等译，载《环球法律评论》1989 年第 6 期。

[3] [英] 丹宁：《法律的正当程序》，李克强等译，群众出版社 1984 年版。

[4] [美] 约翰 · 罗尔斯：《正义论》，何怀宏等译，中国社会科学出版社 1988 年版。

[5] [美] 本杰明 · 卡多佐：《司法过程的性质》，苏力译，商务印书馆 1998 年版。

[6] [美] 米尔伊安 · R. 达马斯卡：《司法和国家权力的多种面孔》，郑戈译，中国政法大学出版社 2004 年版。

[7] [美] 马尔科姆 · M. 菲利：《程序即是惩罚：基层刑事法院的案件处理》，魏晓娜译，中国政法大学出版社 2014 年版。

[8] [苏] 蒂里切夫等：《苏维埃刑事诉讼》，张仲麟等译，法律出版社 1984 年版。

[9] [美] E. 霍贝尔：《原始人的法》，严存生等译，贵州人民出版社 1992 年版。

[10] [奥] 凯尔森：《共产主义的法律理论》，王明扬译，商务印书馆 1962 年版。

[11] [奥] 凯尔森：《法与国家的一般理论》，沈宗灵译，中国大百科全书出版社 1996 年版。

[12] [奥] 曼弗雷德 · 诺瓦克：《〈公民权利和政治权利国际公约〉评注》，孙世彦等译，生活 · 读书 · 新知三联书店 2008 年版。

[13] [德] 萨维尼：《当代罗马法体系》，朱虎译，中国法制出版社 2010 年版。

[14] [德] 克劳思·罗科信：《刑事诉讼法》，吴丽琪译，法律出版社 2003 年版。

[15] [英] 梅因：《古代法》，沈景一译，商务印书馆 1959 年版。

[16] [美] 康芒斯：《制度经济学》（下），于树生译，商务印书馆 1962 年版。

[17] [法] 孟德斯鸠：《论法的精神》（上册），张雁深译，商务印书馆 1997 年版。

[18] [日] 松尾浩也：《日本刑事诉讼法》，丁相顺、张凌译，中国人民大学出版社 2005 年版。

[19] [日] 田口守一：《刑事诉讼法》，刘迪等译，法律出版社 2000 年版。

[20] [日] 西原春夫主编：《日本刑事法的形成于特色》，李东海等译，法律出版社与成文堂 2001 年版。

[21] [日] 中村英郎：《新民事诉讼法讲义》，陈刚等译，法律出版社 2001 年版。

[22] [日] 土本武司：《日本刑事诉讼法要义》，董璠舆、宋英辉译，五南图书出版股份有限公司 1997 年版。

[23] [德] 托马斯·魏根特：《德国刑事诉讼程序》，岳礼玲、温小洁译，中国政法大学出版社 2004 年版。

[24] [俄] 《俄罗斯联邦刑事诉讼法典》，黄道秀译，中国政法大学出版社 2002 年版。

[25] [韩] 《韩国刑事诉讼法》，马相哲译，中国政法大学出版社 2004 年版。

[26] [英]《英国刑事诉讼法（选编）》，程味秋、陈瑞华、杨宇冠译

校，中国政法大学出版社 2001 年版。

［27］［美］爱伦·豪切斯泰勒·斯戴丽、南希·弗兰克：《美国刑事法院诉讼程序》，陈卫东、徐美君译，中国人民大学出版社 2002 年版。

［28］［美］伟恩·R. 拉费弗、杰罗德·H. 伊斯雷尔、南西·J. 金：《刑事诉讼法》，卞建林、沙丽金译，中国政法大学出版社 2003 年版。

［29］［法］卡斯东·斯特法尼、乔治·勒瓦索、贝尔纳·布洛克：《法国刑事诉讼法精义》，罗结珍译，中国政法大学出版社 1999 年版。

［30］［法］《法国刑事诉讼法》，余叔通、谢朝华译，中国政法大学出版社 1997 年版。

［31］［德］《德国刑事诉讼法典》，李昌珂译，中国政法大学出版社 1995 年版。

［32］［德］汉斯·海因里希·耶赛克、托马斯·魏根特：《德国刑法教科书》，徐久生译，中国法制出版社 2001 年版。

## 四、外文著作、论文

［1］Andrew Sanders and Richard Young, *Criminal Justice*, Butterworths, 2000.

［2］Charles H. Whitebread, *Criminal Procedure—An Analysis of Constitutional Cases and Concepts*, St. Paul, MN., the Foundation Press, Inc., 2015.

［3］E. Adamson Hoebel, *The Law of primitive Man*, Harvard University Press, 1983.

［4］Hans Kelsen, *General Theory of Law and State*, New Brun-Swick, Tran-Saction Pub-Lishers, 2006.

［5］H. L. A. Hart, *Varieties of Responsibility*, 83 Law Quarterly Review 346, 1967.

[6] R. A. Duff, *Trial and Publishments* (*Cambridge Studies in Philosophy*), Cambridge University press, 1986.

[7] Yele Kamisar, Wayne R. Lafave, Jerold H. Isreal, Nancy King, *Modern Criminal Procedure*, West Group, 1999.

# 后　　记

首先感谢合作导师宋英辉教授自我 2014 年 7 月进站以来两年多时间里所给予的关心、包容和理解，宋老师敬业、认真、专注的工作作风让我非常信服、钦佩和敬重。师大校训“学为人师、行为世范”就像是一面镜子，老师的科学严谨、求真务实的品德和言传身教、耳濡目染，让我终身受益，本人之所以能够自由求学、访师求教、深入基层实务部门挂职锻炼拓展思维，以及能够通过学习和锻炼慢慢对自己所学、所为、所思有一个全面深入的反省和认识，无不得益于宋老师宽容的心胸和开放的思维；同时，宋老师温文尔雅、博学多识、为人谦和、热情，让我时时感受到慈父般的温暖，在此真心感谢宋老师的知遇之恩，也感谢师母和沙沙老师给予的关心和帮助。

衷心感谢高铭暄教授、储槐植教授、樊崇义教授、赵秉志教授和张远煌教授的热情关怀、栽培和提携，感谢他们给予的关心和帮助；也衷心感谢中国政法大学陈光中教授、刘玫教授，感谢他们在这两年多时间里所给予的提携、栽培和帮助，感谢他们在事业和生活上所给予的关心和帮助。

非常感谢刑科院的卢建平教授、刘志伟教授、刘广三教授、黄风教授、王秀梅教授、吴宗宪教授、阴建峰教授、周振杰教授、袁彬教授、史丽梅教授，感谢院办郭雅婷老师、徐啸宇老师、王敏茜老师、付佳老师等的关心和帮助，感谢刑科院所有的老师、同事和朋友们；也非常感谢何挺老师、王贞会老师、李瑾博士、马丽亚博士、尹泠然博士，以及感谢所有的同门师兄弟姐妹们给予的帮助和支持，他们谦和、友好、互助友爱的态度和品质都让我感到非常的温暖和开心！

感谢师大刑科院的各位老师，感谢北师大法学两院的校友们，感谢人事处夏凡老师和其他老师们，感谢博士后联谊会的各位同仁，感谢挂职的各位挂友们，感谢在这两年多时间里所有给予过帮助的亲朋好友们，让我渡过了人生中弥足珍贵的快乐时光，能够在师大结识这么多的老师、同事和朋友，得到他们的帮助和支持，我真的感到非常的荣幸和感恩。也非常感谢中国博士后基金会、广西钦州市委组织部的领导们和政法系统的同仁们给予的帮助和支持，让我能够在博士后期间获得锻炼提升自己、促进事业长足进步、实现曾经人生理想的宝贵机会和重要平台，感谢他们在工作、学习和生活中所给予的热情关心和帮助。

最后，深深地感恩亲爱的父母给予的极大期许、包容、理解和支持，深深感谢亲爱的兄弟姊妹们给予的期望、包容、鼓励和支持。特别感谢边慧琴老师、边慧丽女士长期给予的资助、鼓励和支持。在此祝福所有的老师、亲人和朋友，希望他们都能够人生幸福、美满！

2020 年 7 月于京郊寓所

# 中国法学会后期资助项目文丛

BOOK SERIES FUNDED BY CHINA LAW SOCIETY

1. 《行政程序法典化研究》姜明安 等著
2. 《解读青年马克思的黑格尔法哲学批判》姚远 著
3. 《清代“杀一家三人”律、例辨析》吴杰 著
4. 《中央地方关系中的民主集中制研究》苗泳 著
5. 《证券内幕交易构成要件比较研究》曹理 著
6. 《欧洲婚姻财产法的未来》樊丽君 译
7. 《德国刑法教义学上的客观处罚条件》王钰 著
8. 《结果加重犯的基本原理与认定规则研究》邓毅丞 著
9. 《刑事诉讼中法院职权调查问题研究》林铁军 著
10. 《人民陪审员角色研究》刘方勇 著
11. 《非典型劳动者权益保护研究》班小辉 著
12. 《创新与反垄断——互联网企业滥用行为之法律规制研究》仲春 著
13. 《不得援引国家豁免的商业交易诉讼研究》纪林繁 著
14. 《国家侵权的国际私法问题研究》李华成 著

15.《法律的空间意象性》朱垭梁 著

16.《罗马体育法要论》赵毅 著

17.《〈大清律例〉律目研究》张田田 著

18.《陕派律学家事迹纪年考证》闫晓君 著

19.《论行政法上的意思表示——兼论行政行为构成中的意识要件》田勇军 著

20.《新农村建设中保障农民政治参与权利的制度创新研究》蔡振亚 王为东 著

21.《国家赔偿法研究述评》上官丕亮 主编

22.《个人信息与权利配置——个人信息自决权的反思和出路》刘金瑞 著

23.《从“大陆”走向“混合”的路易斯安那民法典》李宁 著

24.《防控网络恐怖活动立法研究》皮勇 著

25.《背信犯罪：当代社会的白领犯罪》刘荣 译

26.《刑事诉讼中的鉴定意见质证制度研究》王跃 著

27.《互联网规制的国际贸易法律问题研究》孙南翔 著

28.《相关市场界定研究——以技术许可协议为视角》周围 著

29.《外资并购国家安全审查制度的平衡机制研究》杨静 著

30.《司法改革背景下裁判文书说理繁简分流研究》罗灿 著

31.《当代中国法制的政治逻辑》瞿郑龙 著

32.《美国行政法规的司法审查研究》杨蕾 著

33. 《非上市公司股份交易法律问题研究》黄爱学 著

34. 《中国商事立法研究》张保红 著

35. 《日本民事再审事由研究——以判例分析为中心》翟志文 著

36. 《论民法教义体系与家庭法的对立与融合：现代家庭法的谱系生成》刘征峰 著

37. 《香港与内地刑事法制冲突问题研究》马正楠 著

38. 《刑事程序性法律后果研究》马永平 著

39. 《抢劫罪量刑经验研究》赵学军 著

40. 《生态安全义务履行与人的致灾性法律控制》王建平 著

41. 《税法的分配功能研究》侯卓 著

42. 《裁判结果透明化的制度审思和完善路径》胡玉明 著

43. 《德国判例使用方法研究》高尚 著

44. 《现代性视域下的法律数字研究》高一飞 著

45. 《商周刑罚制度研究》魏晓立 著

46. 《面向行政任务的听证程序构造》石肖雪 著

47. 《我国物流法律私法体系之建构——以方法论为视角》张敏 著

48. 《再保险法》杨帆 译

49. 《金融稳定法论》袁达松 著

50. 《中国民事检察监督制度的改革与完善研究》路志强 著

51.《规范论在刑法解释中的作用》李世阳 著

52.《北京市盗窃罪量刑实证研究——以2736份判决书为样本》董晓华 著

53.《德国证据禁止规则研究——法典与判例的有效融合》张袁 著

54.《中国主权观的演进与发展》杨永红 著

55.《中国涉外商事仲裁裁决撤销：机制与实证》张春良 等著

56.《国际投资背景下的跨国公司与人权保护》隽薪 著

57.《法律解释权模式研究》徐凤 著

58.《中国共产党党内法规理论逻辑研究》侯嘉斌 著

59.《行政课予义务诉讼研究》胡煜 著

60.《民法典体系化的哲学》许中缘 著

61.《当代知识产权研究与实践的生态逻辑：基于马克思主义的反思》薛华 著

62.《实现担保物权非讼程序研究》李林启 著

63.《共同过失犯罪理论争鸣与探索》王东明 著

64.《交通犯罪对策研究》杨宁 译

65.《以审判为中心诉讼制度改革视野下的刑事诉讼法律关系研究》边慧亮 著

66.《科学测谎之认知脑电的法庭证据适用原理和方法》刘洪广 著

67.《金融科技监管法律制度构建研究》张永亮 著

68.《生态利益的物权法表达》项波 孟春阳 著

**69.《亚投行技术援助机制构建研究》**孟于群 著

**70.《海上人身伤亡赔偿法比较研究》**刘焕省 著

**71.《涉外监护法律适用理论与实证研究》**秦红嫚 著